EDUGORILLA PUBLICATION

बिहार पुलिस

अग्निशामक भर्ती परीक्षा

नवीनतम संस्करण अभ्यास किट

10 टेस्ट्स
10 मॉक टेस्ट्स

वास्तविक परीक्षा प्रारूप पर आधारित टेस्ट

✓ पूर्णतः संशोधित और अद्यतन

✓ सभी बहुविकल्पीय प्रश्नो का विस्तृत विश्लेषण

शीर्षक	: बिहार पुलिस अग्निशामक भर्ती परीक्षा
लेखक का नाम	: **Mr. Rohit Manglik**
प्रकाशक	: **EduGorilla Community Pvt. Ltd.**
प्रकाशक का पता	: 12/651 प्रथम तल, अरविन्दो पार्क के सामने, निकट जामा मस्जिद, इंदिरा नगर लखनऊ, उत्तर प्रदेश, 226016, भारत।

कॉपीराइट EduGorilla

ISBN : 978-93-90893-94-2

द्वितीय संस्करण

अस्वीकरण EduGorilla

Compiled and created by EduGorilla Community Pvt. Ltd

EduGorilla Community Pvt. Ltd. द्वारा मुद्रित

रोहित मांगलिक
सीईओ, *EduGorilla*

प्रिय छात्रों,

एक बहुत ही प्रचलित कहावत है कि "सफलता उन्हीं को मिलती है जो उसके लिए कड़ी मेहनत करते हैं।" लेकिन मैंने लोगों को उनकी परीक्षाओं के लिए दिन-रात एक करके मेहनत करते हुए देखा है, पर फिर भी वे सफल नहीं हो पाते। तो वहीं दूसरी ओर, कुछ लोग बस आधी मेहनत करके परीक्षा में सफलता प्राप्त करते हैं। तो, क्या वे किस्मत वाले हैं? नहीं मेरा मानना है, कि ऐसा इसलिए है क्योंकि वे सिर्फ कड़ी नहीं बल्कि कुशल तरीके से अपनी तैयारी करते हैं। इसी तरह आपको भी अपनी परीक्षाओं की तैयारी के लिए अपनी योजना बनानी चाहिए, ताकि आपकी भी सफलता की संभावना बढ़ सके। तो तैयार हो जाइये EduGorilla के साथ अपनी परीक्षा में चयन होने की संभावना को 16 गुना बढ़ाने के लिए।

EduGorilla आपको न केवल कड़ी मेहनत करने में मदद करता है, बल्कि एक स्मार्ट और योजनाबद्ध तरीके से तैयारी करने में भी सहायता प्रदान करता है। EduGorilla की तैयारी पैकेज के साथ आप अपने परीक्षा में चयन होने के रास्ते को सहज और मनोरंजक बना सकते हैं। अपनी तैयारी के लिए सही रास्ता खोजना मुश्किल हो सकता है, यदि आप ये नहीं जानते कि आपको किस दिशा में जाना है। चिंता न करें हम आपके साथ खड़े हैं! EduGorilla आपकी सफलता में आपका मार्गदर्शक बनेगा। हमारे तैयारी पैकेज के साथ आप रणनीतिक रूप से तैयारी कर, अपनी परीक्षा में सिर्फ एक ही प्रयास में सफल हो सकते हैं।

EduGorilla के तैयारी पैकेज में शामिल हैं-

- टेस्ट सीरीज़
- किताबें

हमारे तैयारी पैकेज को सभी तरह के नये बदलवों, विशेषज्ञों की राय एवं छात्रों के प्रतिक्रिया के अनुसार तैयार किया गया है। जो आपको परीक्षा के प्रत्येक चरण की चयन प्रक्रिया को पार करने के योग्य बनाता है।

हमारी किताबें शिक्षकों और विशेषज्ञों द्वारा आपकी परीक्षा के लिए तैयार की गई हैं, 150+ वर्षों के अनुभव के साथ; ताकि आपको आसान, कुशल और प्रभावी शिक्षण प्रदान किया जा सके। हमारी स्मार्ट किताबें न सिर्फ आपको प्रश्नों के उत्तर देने की समझ देती हैं, अपितु आपके अभ्यास के लिए समान रूप के प्रश्न भी प्रदान करती हैं।

EduGorilla की सक्षम टेस्ट सीरीज आपको वास्तविक अनुभव और आत्मविश्वास प्रदान करती हैं, जिसके माध्यम से आप केवल एक प्रयास में अपनी ऑफलाइन अथवा ऑनलाइन परीक्षा पास कर सकते हैं। वर्तमान में हम 83,000+ मॉक टेस्ट्स और 1,440+ प्रतियोगी एवं शैक्षणिक परीक्षाओं की तैयारी कराते हैं।

अर्थात, EduGorilla आपकी तैयारी में आपकी सहायता करने का कोई भी मौका नहीं छोड़ता है और परीक्षा के सभी चरणों को कवर करता है, ताकि परीक्षा की तैयारी के लिए आपको कहीं और भटकना ना पड़े।

हम आपको डिफेन्स, बैंकिंग, टीचिंग और अन्य राष्ट्रीय एवं राज्य स्तरीय परीक्षाओं के लिए सम्पूर्ण तैयारी पैकेज प्रदान करते हैं। अत: इससे कोई फर्क नहीं पड़ता कि आप किस परीक्षा के लिए तैयारी कर रहे हैं, क्योंकि आप सफलता हासिल करेंगे।

आपको परीक्षा की शुभकामनाएं!

रोहित मांगलिक,
संस्थापक और मुख्य कार्यकारी अधिकारी, EduGorilla

प्रस्तावना

EduGorilla छात्रों को उनकी परीक्षा में सफल होने के लिए मार्गदर्शन प्रदान करता है। जिसको ध्यान में रखते हुए हमारे कुल 150+ वर्षों का अनुभव रखने वाले प्रतिष्ठित विशेषज्ञों ने कड़े प्रयासों के द्वारा "बिहार पुलिस : अग्निशामक भर्ती परीक्षा" को तैयार किया है। इस किताब के प्रश्नों को हाल ही में परीक्षा के पाठ्यक्रम और पैटर्न में हुए सभी बदलावों को ध्यान में रखकर बनाया गया है। वो प्रश्न जिनकी बिहार पुलिस अग्निशामक परीक्षा परीक्षा में आने कि संभावना काफी प्रबल है, उनको इस किताब मे रखा गया है। आप EduGorilla की "बिहार पुलिस : अग्निशामक भर्ती परीक्षा" के माध्यम से अपनी सफलता की संभावना को 16 गुना बढ़ा सकते हैं।

EduGorilla ये अपनी संपूर्ण तैयारी पैकेज के माध्यम से साकार करता है। इस किट में आपको प्रश्न अच्छी तरह अवधारित एवं संरचित रूप मे मिलेंगे जिन्हे आपकी जरूरतों के अनुसार बनाया गया है। इसके माध्यम से आपको स्मार्ट तरीके से परीक्षा के लिए अभ्यास करने में मदद मिलेगी। साथ ही आपको सहायक, समाधान और स्मार्ट उत्तर पत्रिका भी प्रदान की जायेंगी। जिससे आप अपना मूल्यांकन स्वयं कर सकते हैं। आप स्वयं की समीक्षा कर, उन सभी बिन्दुओं पर खुद को बेहतर तरीके से तैयार कर सकते हैं।

EduGorilla आपको अपनी परीक्षा में सफलता दिलाने और आपके लक्ष्य को हासिल करने में आपकी सहायता करने का वादा करता हैं। हम अपने प्रतिभागियों पर पूरा भरोसा करते हैं और उन्हें मेरिट सूची के शीर्ष पर देखते हैं। शीर्ष स्थान की ओर आपका पहला कदम है हमारे साथ तैयारी शुरू करना। EduGorilla की "बिहार पुलिस : अग्निशामक भर्ती परीक्षा" की विशेषताएं कुछ इस प्रकार हैं।

➤ अच्छी तरह से शोध किया हुआ पाठ्यक्रम

➤ उच्च गुणवत्ता

➤ विस्तृत उत्तर और विश्लेषण

➤ स्मार्ट उत्तर पत्रिका

➤ परीक्षा सुसंगत प्रश्न

इस प्रकार EduGorilla आपकी तैयारी को मजबूत और आपको परीक्षा में सफल होने के योग्य बनाता है।

बिहार पुलिस अग्निशामक परीक्षा
परीक्षा की योग्यता, परीक्षा पैटर्न, विषय को जानने
के लिए QR कोड को स्कैन करें।

Book ID: 0723

विषय-सूची

Q.1 अगस्त 2022 में किस देश ने रूसी राज्य द्वारा संचालित परमाणु ऊर्जा कंपनी 'एएसई' के साथ 2.25 बिलियन डॉलर का समझौता किया है?

[RBI Assistant, 2020], [UPSSSC Rajasva Lekhpal, 2015]

A. भारत **B.** चीन
C. जापान **D.** दक्षिण कोरिया

Q.2 मानव विकास सूचकांक - 2016 में भारत को कितने अंकप्राप्त हुए हैं?

[UPPSC Staff Nurse, 2017], [UPSSSC Rajasva Lekhpal, 2015]

A. 0.623 **B.** 0.624 **C.** 0.625 **D.** 0.626

Q.3 किसे मिस यूनिवर्स 2021 का ताज पहनाया गया है?

A. रोशनारा इब्राहिम **B.** नोआ कोचबास
C. हरनाज़ संधू **D.** नंदिता बन्ना

Q.4 2022 में संयुक्त राष्ट्र महिला कोर बजट में भारत का क्या योगदान है?

[Delhi Forest Guard, 2021], [HSSC Canal Patwari, 2021]

A. यूएसडी 10,000 **B.** यूएसडी 50,000
C. यूएसडी 100,000 **D.** यूएसडी 500,000

Q.5 निम्नलिखित में से किसे मार्च 2020 में मुख्य सूचना आयुक्त (CIC) के रूप में नियुक्त किया गया था?

[SSC MTS, 2021]

A. अजय भूषण पांडेय **B.** अजय भूषण पांडेय
C. अजय भूषण पांडेय **D.** बिमल जुल्का

Q.6 2020 में टूर डे फ्रांस किसने जीता?

[SSC MTS, 2021]

A. सेप कुस (Sepp Kuss)
B. रूडी मोलार्ड (Rudy Molard)
C. रोमैन सिकार्ड (Romain Sicard)
D. तडेज पोगाकर (Tadej Pogacar)

Q.7 2022-23 के लिए सेल्युलर ऑपरेटर्स एसोसिएशन ऑफ इंडिया (सीओएआई) के नए अध्यक्ष के रूप में किसे नामित किया गया है?

A. प्रमोद के मित्तल **B.** पी बालाजी
C. अजय पुरी **D.** सहस मल्होत्रा

Q.8 शिकायतों, योजनाओं, कार्यक्रमों और नीतियों की निगरानी के लिए किस राज्य के ऊर्जा विभाग ने 'संभव' प्लेटफॉर्म / पोर्टल लॉन्च किया है?

A. राजस्थान **B.** उत्तर प्रदेश
C. मध्य प्रदेश **D.** बिहार

Q.9 निम्न में से 'सत्याग्रह' शब्द का सही संधि-विच्छेद कौन-सा है?

A. सत्ता+ग्रह **B.** सत्य+आग्रह
C. सत्य+ग्रह **D.** सत्य+आगरह

Q.10 'कवीश्वर' शब्द का सही संधि-विच्छेद ज्ञात करें।

A. कवि+ईश्वर **B.** कविश+वर
C. कवि+इश्वर **D.** कवी+ईश्वर

Q.11 'बाघिन' का पुल्लिंग क्या होगा?

A. बाघी **B.** बाग़ **C.** बाघ **D.** बाघा

Q.12 विदुषी का पुल्लिंग रूप होगा:

A. विदवान **B.** विदाता **C.** विद्वान **D.** विद्योता

Q.13 निम्न में भूतकाल का उदाहरण है:

A. मैं जाता हूँ। **B.** राम घर गया था।
C. वह आ रहा है। **D.** वह पुस्तक पढ़ेगा।

Q.14 निम्नलिखित शब्दों में से कौन-सा शब्द विशेषण है?

A. शासन **B.** अनुशासन
C. अनुशंसा **D.** अनुशासित

Q.15 'शीला अपने कपड़े <u>खयं</u> धोती है।' रेखांकित शब्द सर्वनाम शब्द का उचित भेद है-

A. पुरुषवाचक सर्वनाम **B.** निजवाचक सर्वनाम
C. निश्चयवाचक सर्वनाम **D.** इनमें से कोई नहीं

Q.16 '<u>स्वतंत्रता</u> सबको प्यारी होती है।' वाक्य के रेखांकित शब्द का संज्ञा भेद है -

A. जातिवाचक संज्ञा **B.** भाववाचक संज्ञा
C. गुणवाचक संज्ञा **D.** इनमें से कोई नहीं

Q.17 'सावधान' का सही संधि-विच्छेद है:

[UPSSSC Junior Assistant, 2020]

A. साव + धान **B.** सा + वधान
C. स + आवधान **D.** स + अवधान

Q.18 'तरनि तनूजा तट तमाल तरुवर बहु छाए' में कौन सा अलंकार है?

A. अनुप्रास **B.** यमक **C.** उत्प्रेक्षा **D.** उपमा

Ques (19-23):Direction: Read the passage carefully and select the best answer to each question out of the four alternatives.

The Ebola virus causes an acute, serious illness that is often fatal if untreated. Ebola virus disease (EVD) first appeared in 1976 in two simultaneous outbreaks, one in what is now, Nzara, South Sudan, and the other in Yambuku, Democratic Republic of Congo. The latter occurred in a village near the Ebola River, from which the disease takes its name. The 2014 - 2016 outbreak in West Africa was the largest and most complex Ebola outbreak since the virus was first discovered in 1976. There were more cases and deaths in this outbreak than all others combined. It also spread between countries, starting in Guinea then moving across land borders to Sierra Leone and Liberia.

The virus family Filoviridae includes three genera: Cuevavirus, Marburgvirus, and Ebolavirus. Within the genus Ebolavirus, five species have been identified: Zaire, Bundibugyo, Sudan, Reston and Taï Forest. The first three, Bundibugyo ebolavirus, Zaire ebolavirus, and Sudan ebolavirus have been associated with large outbreaks in Africa. The virus causing the 2014 - 2016 West African outbreak belongs to the Zaire ebolavirus species.

It is thought that fruit bats of the Pteropodidae family are natural Ebola, virus hosts. Ebola is introduced into the human population through close contact with the blood, secretions, organs or other bodily fluids of infected animals such as chimpanzees, gorillas, fruit bats, monkeys, forest antelope and porcupines found ill or dead or in the rainforest.

Q.19 How did the Ebola Virus get its name?

A. It is not known how the virus was named Ebola

B. The name was kept on the name of the person who was first diagnosed with it

C. It was kept on the name of a river near the village where the virus was first reported

D. Ebola is the name of the Vaccine used to cure it

Q.20 Which of the following is not the genus of the virus family Filoviridae?

A. Cuevavirus **B.** Ebolavirus

C. Hyphomycetes **D.** Marburgvirus

Q.21 The virus causing the 2014–2016 West African outbreak belonged to which ebolavirus species?

A. Bundibugyo **B.** Sudan

C. Reston **D.** Zaire

Q.22 Which of the following is not the way the Ebola virus is introduced into human body?

A. Through contaminated water

B. Through fruit bats

C. Through infected animals

D. Through antelope and porcupines

Q.23 Which of the following is the opposite in meaning to the word "outbreak"?

A. Berserk **B.** Epidemic

C. Doldrums **D.** Insurgence

Q.24 In the following question, some part of the sentence may have errors. Find out which part of the sentence has an error and select the appropriate option. If the sentence is free from error, select 'No error'.

The actress (A)/ with all her fans (B)/ are sent to the theatre. (C)/ No error

A. A **B.** B **C.** C **D.** No Error

Q.25 In the following question, a sentence has been given in Active/Passive Voice. Out of the four alternatives suggested, select the one which best expresses the same sentence in Passive/Active Voice.

He was not given the information he needed.

A. Somebody was not given the information he needed.

B. The information he needed wasn't given to him.

C. He needed the information he wasn't given.

D. They didn't give him the information he needed.

Q.26 In the following question, a sentence has been given in Direct/Indirect Speech. Out of the four alternatives suggested, select the one which best expresses the same sentence in Indirect/Direct Speech.

Tom said to me, "I shall meet you at the station".

A. Tom told me that he would meet me at the station.

B. Tom told me that he will meet me at the station.

C. Tom told me that I would meet me at the station.

D. Tom told me that he would have met me at the station.

Q.27 Choose the correct option from the given alternatives and improve the bracketed part of the sentence.

400 million people speak English as (there first language).

A. There native language

B. Their first language

C. His first language

D. No improvement

Q.28 A sentence is given below in jumbled order. Arrange the sentence in the right order to form a meaningful and coherent sentence.

I will sign

P) the cheque

Q) the work

R) when you finish

A. PQR **B.** PRQ **C.** RPQ **D.** QPR

Q.29 किसी वर्ग की भुजा एवं वृत्त के व्यास का अनुपात $3 : 10$ है। वृत्त की परिधि 220 मीटर है। वर्ग का क्षेत्रफल ज्ञात कीजिए।

A. 441 वर्ग मीटर **B.** 361 वर्ग मीटर

C. 576 वर्ग मीटर **D.** 625 वर्ग मीटर

Q.30 यदि दो धनात्मक संख्याओं का गुणनफल 1575 है और उनका अनुपात $7 : 9$ है, तो बड़ी संख्या है:

A. 45 **B.** 135 **C.** 35 **D.** 63

Q.31 दो संख्याओं का ल.स.म. उनके म.स.प. का 20 गुना है। ल.स.म. और म.स.प. का योग 2520 है। यदि एक संख्या 480 है, तो दूसरी संख्या है:

A. 400 **B.** 480 **C.** 520 **D.** 600

Q.32 एक बॉक्स में, 8 लाल, 7 नीले और 6 हरेंग की गेंद हैं। एक गेंद को यादृच्छिक रूप से निकाला जाता है। क्या प्रायिकता है कि यह न तो लाल है और न ही हरा है?

A. $\frac{1}{3}$ **B.** $\frac{3}{4}$ **C.** $\frac{7}{19}$ **D.** $\frac{8}{21}$

Q.33 यदि $\frac{2a+b}{a+4b} = 3$ है, तो $\frac{a+b}{a+2b}$ का मान ज्ञात कीजिए।

A. $\frac{5}{9}$ **B.** $\frac{2}{7}$ **C.** $\frac{10}{9}$ **D.** $\frac{10}{7}$

Q.34 एक वृत्त और एक आयत के क्षेत्रफल का योग 1166 वर्ग सेमी है। वृत्त का व्यास 28 सेमी है। वृत्त की परिधि और आयत के परिमाप का योग क्या है, यदि आयत की लंबाई 25 सेमी है?

A. 186 सेमी **B.** 182 सेमी

C. 184 सेमी **D.** इनमें से कोई नहीं

Q.35 $\left(1+\frac{1}{x}\right)\left(1+\frac{1}{x+1}\right)\left(1+\frac{1}{x+2}\right)\left(1+\frac{1}{x+3}\right)$ का मान ज्ञात कीजिये।

A. $1+\frac{1}{x+4}$ **B.** $x+4$ **C.** $\frac{1}{x}$ **D.** $\frac{x+4}{x}$

Q.36 यदि बिंदु (2, -2) और (-1, x) के बीच की दूरी 5 है, तो x का मान ज्ञात कीजिए।

A. -2 **B.** 2 **C.** -1 **D.** 1

Q.37 यदि $\tan\theta = 1$, तो $\frac{8\sin\theta + 5\cos\theta}{\sin^3\theta - 2\cos^3\theta + 7\cos\theta}$ का मान ज्ञात कीजिए।

A. 2 **B.** $2\frac{1}{2}$ **C.** 3 **D.** $\frac{4}{5}$

Q.38 तीन सिक्के को उछाले जाने पर अधिक से अधिक दो बार चित आने की प्रायिकता ज्ञात कीजिये।

A. $\frac{3}{4}$ **B.** $\frac{1}{4}$ **C.** $\frac{3}{8}$ **D.** $\frac{7}{8}$

Q.39 हड़प्पा के खंडहरों की खोज किसने की थी?

A. चार्ल्स मैसन   **B.** डॉ. साहनी
C. एम. व्हीलर   **D.** एम. एस. वाट्स

Q.40 निम्नलिखित में से कौन सा दुनिया का सबसे ऊँचा पठार है?

A. दक्कन का पठार   **B.** तिब्बत का पठार
C. कोलंबिया का पठार   **D.** कटंगा का पठार

Q.41 भारत का कौन सा राज्य पटसन (जूट) का सर्वाधिक उत्पादन करता है?

I. बिहार
II. ओडिशा
III. पश्चिम बंगाल
IV. झारखंड

A. II   **B.** I   **C.** III   **D.** IV

Q.42 राज्यसभा के पदेन अध्यक्ष कौन हैं?

A. भारत के प्रधान मंत्री
B. भारत के राष्ट्रपति
C. भारत के उपराष्ट्रपति
D. भारत के मुख्य न्यायाधीश

Q.43 तृतीयक क्षेत्र का दूसरा नाम है:

A. सेवा क्षेत्र   **B.** प्राथमिक क्षेत्र
C. विनिर्माण क्षेत्र   **D.** सार्वजनिक क्षेत्र

Q.44 मुद्रा आपूर्ति की सबसे तरल माप कौन सी है?

A. M_1 **B.** M_2 **C.** M_3 **D.** M_4

Q.45 संसद में "भारतीय दंड संहिता" कब पारित हुई?

A. 7 जून 1860   **B.** 6 अक्टूबर 1860
C. 21 सितंबर 1872   **D.** 27 सितंबर 1873

Q.46 भारत के किस राज्य में रबी की फसलें उगाई जाती हैं?

I. पंजाब
II. हिमाचल प्रदेश

A. केवल I   **B.** केवल II
C. I और II दोनों   **D.** इनमे से कोई नहीं

Q.47 निम्न में से कोन सी जगह सिंधु घाटी सभ्यता का स्थान नहीं है?

A. कालीबंगा   **B.** रोपड़   **C.** पाटलीपुत्र   **D.** लोथल

Q.48 भारत के संविधान के किस अनुच्छेद के अंतर्गत सशस्त्र बलों के सदस्यों के मौलिक अधिकारों को विशेष रूप से प्रतिबंधित किया जा सकता है?

A. अनुच्छेद 21   **B.** अनुच्छेद 25
C. अनुच्छेद 33   **D.** अनुच्छेद 19

Q.49 ऋग वैदिक स्तोत्र की सबसे बड़ी संख्या निम्नलिखित में से किस देवता को समर्पित थी?

A. सोम   **B.** इंद्र   **C.** अग्नि   **D.** वरुण

Q.50 __________ मैग्मा के अतिक्रमण और घनीकरण से पृथ्वी की सतह के नीचे आग्नेय चट्टान का एक बड़ा पिंड है।

A. बाथोलिथ   **B.** लैकोलिथ   **C.** फैकोलिथ   **D.** सिल

Q.51 गिफेन वस्तुएँ एक प्रकार का माल है जिसका-

A. मूल्य प्रभाव नकारात्मक है और आय प्रभाव सकारात्मक है
B. मूल्य प्रभाव और आय प्रभाव दोनों सकारात्मक हैं
C. मूल्य प्रभाव और आय प्रभाव दोनों नकारात्मक हैं
D. मूल्य प्रभाव सकारात्मक है और आय प्रभाव नकारात्मक है

Q.52 'काराकोरम दर्रा' किन दो देशों को जोड़ता है?

A. भारत और पाकिस्तान
B. पाकिस्तान और चीन
C. भारत और चीन
D. पाकिस्तान और अफगानिस्तान

Q.53 निम्नलिखित में से कौन सा वेद सबसे प्राचीन है?
[AFCAT, 2021], [Uttarakhand Public Service Commission (UKPSC), 2011]

A. यजुर्वेद   **B.** ऋग्वेद   **C.** सामवेद   **D.** अथर्ववेद

Q.54 मनुष्यों के अधिकारों का घोषणा किससे संबंधित है?

A. रूसी क्रांति
B. फ्रांसीसी क्रांति
C. अमेरिका का स्वाधीनता संग्राम
D. इंग्लैंड की यशस्वी (गलोरियस) क्रांति

Q.55 बाजार में एकाधिकार की स्थिति निम्न में से किसको संदर्भित करती है?

A. एक विक्रेता एक खरीदार
B. कई विक्रेता, एक खरीदार
C. कई विक्रेता, कई खरीदार
D. एक विक्रेता, कई खरीदार

Q.56 निम्नलिखित में से किस ईंधन का उपयोग ताप विद्युत संयंत्रों में नहीं किया जाता है?

A. ईंधन तेल   **B.** प्राकृतिक गैस
C. यूरेनियम   **D.** कोयला

Q.57 निम्नलिखित शासकों में से किसने किला-आई-कुहाना के पास पानी की टंकी/जलाशय बनाया है?

A. बलबन   **B.** इल्तुतमिश
C. अलाउद्दीन खिलजी   **D.** इनमे से कोई भी नहीं

Q.58 इनमें से कौन सी फसल तिलहनी फसल नहीं है?

A. सरसों   **B.** तिल   **C.** मूंगफली   **D.** बाजरा

Q.59 कौन सा अनुच्छेद प्रेस की स्वतंत्रता से संबंधित है?

A. अनुच्छेद 19(1) A   **B.** अनुच्छेद 20
C. अनुच्छेद 22   **D.** अनुच्छेद 21

Q.60 भारत में कृषि और ग्रामीण विकास के लिए वित्त प्रदान करने के लिए शीर्ष बैंकिंग संस्थान कौन सा है?

A. RBI   **B.** SEBI
C. IBRD   **D.** NABARD

Q.61 'नीलगिरी पहाड़ियों' को ______ के रूप में जाना जाता है।

A. चाय का खजाना   **B.** दुनिया की छत
C. पहाड़ियों का राजा   **D.** नीले पर्वत

Q.62 ____ लोदी राजवंश का संस्थापक था।

A. सुल्तान इब्राहिम   **B.** अला-उद-दीन लोदी
C. इब्राहिम लोदी   **D.** बहलूल लोदी

Q.63 भारत में कितने मुख्य उद्योग हैं?

A. 5   **B.** 8   **C.** 3   **D.** 10

Q.64 नागालैंड को राज्य की स्थिति देने के लिए किस संशोधन के तहत विशेष प्रावधान को अपनाया गया था?

A. 10वां संशोधन
B. 12वां संशोधन
C. 13वां संशोधन
D. 14वां संशोधन

Q.65 सागौन के पेड़ निम्नलिखित प्रकार के जंगलों में उगते हैं

A. समशीतोष्ण वन
B. उष्णकटिबंधीय पर्णपाती वन
C. शुष्क पर्णपाती वन
D. बीच के जंगल

Q.66 ऋग्वेदिक काल में, अरण्यानी ______ की देवी थी।

A. वन   **B.** नदी   **C.** भूमि   **D.** भोर

Q.67 बक्सर के युद्ध (1764) के समय बंगाल का नवाब कौन था?

A. मीर कासिम
B. मीर जाफ़र
C. निजाम-उद-दौला
D. शुजा-उद-दौला

Q.68 उत्रीसवीं शताब्दी के उत्तरार्ध के दौरान भारतीय पूंजीपतियों के हाथों में एकमात्र प्रमुख उद्योग था-

A. सूती कपड़ा
B. जूट
C. लोहा और इस्पात
D. इनमें से कोई नहीं

Q.69 निम्नलिखित में से कौन सा रंग इंद्रधनुष में नहीं होता है?

A. बैंगनी   **B.** नारंगी   **C.** पीला   **D.** भूरा

Q.70 1773 के विनियमन अधिनियम के बारे में निम्नलिखित में से कौन सा कथन सही है?

A. इस अधिनियम ने कलकत्ता में एक सर्वोच्च न्यायालय बनाया
B. इसने ब्रिटिश ताज से शक्तियों को ईस्ट इंडिया कंपनी को हस्तांतरित कर दिया
C. इस अधिनियम द्वारा दिवानी अदालत और फौजदारी अदालत की स्थापना की गई
D. इनमे से कोई नहीं

Q.71 जब प्राकृतिक संसाधनों का दोहन करके वस्तुओं का उत्पादन किया जाता है, तो यह एक गतिविधि है:

A. प्राथमिक क्षेत्र
B. द्वितीयक क्षेत्र
C. तृतीयक क्षेत्र
D. सेवा क्षेत्र

Q.72 ईस्ट इंडिया कंपनी के प्रारंभिक काल में वेस्टर्न प्रेसीडेंसी कहाँ स्थित थी?

[Madhya Pradesh Public Service Commission (MPPSC), 2018]

A. सूरत   **B.** सतारा   **C.** बंबई   **D.** पणजी

Q.73 निम्नलिखित में से कौन सा कथन सतत विकास की अवधारणा को सबसे बेहतर तरीके से समझाता है?

A. प्राकृतिक संसाधनों का कम से कम उपयोग
B. हमारे लाभ के लिए प्राकृतिक संसाधनों का उपयोग
C. प्राकृतिक संसाधनों का विवेकपूर्ण उपयोग करें ताकि वे आने वाली पीढ़ियों के लिए उपलब्ध रहें
D. हमारी भावी पीढ़ी के लिए हमारे प्राकृतिक संसाधनों का संरक्षण

Q.74 उच्चतम न्यायालय की घोषित सीट कहाँ स्थित है?

A. दिल्ली   **B.** मुंबई   **C.** चंडीगढ़   **D.** अलाहबाद

Q.75 भौतिकी के मूल नियम क्या हैं?

A. पारम्परिक भौतिकी
B. परमाणु भौतिकी
C. (A) और (B) दोनों
D. उपर्युक्त में से कोई नहीं

Q.76 लाल चींटियों में निम्नलिखित में से कौन सा अम्ल पाया जाता है?

A. हाइड्रोक्लोरिक अम्ल
B. ऑक्सालिक अम्ल
C. फॉर्मिक अम्ल
D. बोरिक अम्ल

Q.77 जीव विज्ञान की शाखा जो जीवों और पर्यावरण के परस्पर क्रिया से संबंधित है:

A. फाइटोजियोग्राफी
B. पुराजीव विज्ञान
C. इकोलॉजी
D. जीवाश्मिकी

Q.78 निम्नलिखित में से किसका उपयोग नाभिकीय विखंडन अभिक्रिया में उत्पन्न अतिरिक्त न्यूट्रॉन को अवशोषित करने के लिए एक नियंत्रण छड़ के रूप में किया जाता है?

A. लौह
B. एल्युमीनियम
C. कैडमियम
D. निकल

Q.79 दृश्यमान स्पेक्ट्रम क्या है?

A. सूरज की रोशनी में लाल रंग से बैंगनी रंग तक स्पेक्ट्रम
B. सूरज की रोशनी में बैंगनी रंग से लाल रंग तक स्पेक्ट्रम
C. सूरज की रोशनी में पीले रंग से बैंगनी रंग तक स्पेक्ट्रम
D. सूरज की रोशनी में बैंगनी रंग से पीले रंग तक स्पेक्ट्रम

Q.80 निम्नलिखित में से कौन से स्वर्ण के अयस्क है?

A. कैलावेराइट
B. कार्नलाइट
C. केओलिन
D. ऐल्यूनाइट

Q.81 इंसुलीन हार्मोन है-

A. ग्लाईकोलीपिड
B. फैटी एसिड
C. पेप्टाइड
D. स्टेराल

Q.82 अंगूर निम्नलिखित में से किस अम्ल के स्रोत हैं?

A. सिट्रिक अम्ल
B. टार्टरिक अम्ल
C. वसिक अम्ल
D. ब्यूटिरिक अम्ल

Q.83 अगर गुरुत्वाकर्षण बल न हो, तो निम्नलिखित में से कौन-सा तरल पदार्थ के लिए लागू नहीं होगा?

A. चिपचिपापन
B. पृष्ठ तनाव
C. दबाव
D. ऊपरी दबाव

Q.84 समस्थानिक के बारे में निम्नलिखित में से कौन सा सही है?

A. वे परमाणु जिनके परमाणु क्रमांक समान तथा द्रव्यमान संख्या भिन्न होते हैं
B. वे परमाणु जिनकी द्रव्यमान संख्या समान तथा परमाणु क्रमांक भिन्न होते हैं
C. विभिन्न तत्वों के वे परमाणु जिनमें समान संख्या में न्यूट्रॉन होते हैं
D. वे परमाणु / अणु / आयन जिनमें समान संख्या में न्यूट्रॉन होते हैं

Q.85 निम्नलिखित में से क्या 'वंशानुगत' रोग नहीं है?

A. थैलेसीमिया
B. वर्णांधता
C. हीमोफीलिया
D. ल्यूकेमिया

Q.86 वायु में ध्वनि का वेग किस पर निर्भर नहीं करता है?

A. वायु का घनत्व
B. वायु का तापमान
C. वायु का दबाव
D. वायु की आर्द्रता

Q.87 दीप्त तीव्रता की SI इकाई क्या है?

A. मोल   **B.** केल्विन   **C.** कैन्डेला   **D.** एम्पीयर

Q.88 ल्यूसिफ़ेरिन निम्नलिखित में से किस कीड़े में पाया जाता है?

A. जुगनू
B. मरूमक्षिका
C. घरेलू मक्खी
D. फल मक्खी

Q.89 जीवाणु 'इशचेरिचिया कोलाई', जिसे ई. कोलाई के नाम से भी जाना जाता है, आमतौर पर इसमें पाया जाता है:

A. मानव मस्तिष्क   **B.** फलीदार पौधों

C. मानव आंत   **D.** धान के खेतों

Q.90 गर्म करने पर द्रव का घनत्व _______।

A. कम होता है

B. बढ़ जाता है

C. बदलता नही है

D. दबाव के अनुसार घटता या बढ़ता है

Q.91 निम्नलिखित में से कौन सी भौतिक मात्रा सदिश मात्रा है?

A. द्रव्यमान   **B.** गति   **C.** समय   **D.** वेग

Q.92 अंतर्राष्ट्रीय समुद्री संगठन का मुख्यालय कहाँ स्थित है?

A. पेरिस   **B.** बर्लिन   **C.** हेग   **D.** लंदन

Q.93 'एनेमोफिली' परागण का एक रूप है जिसमें पराग को _______ द्वारा वितरित किया जाता है।

A. तितलियों   **B.** चींटियों

C. हवा   **D.** मधुमक्खियों

Q.94 निम्नलिखित में से कौन सा पौधों के लिए आवश्यक सूक्ष्म पोषक तत्व नहीं है?

A. जस्ता   **B.** क्रोमियम

C. मैंगनीज   **D.** मोलिब्डेनम

Q.95 सूर्य अपनी ऊर्जा कैसे प्राप्त करता है?

A. गुरुत्वाकर्षण दबाव से   **B.** परमाणु विखंडन से

C. परमाणु संलयन से   **D.** इनमें से कोई नहीं

Q.96 निम्न में से कौन सा उपकरण धमनीय रक्तचाप को मापता है?

A. रक्तदाबमापी   **B.** जलकथनांकमापी

C. घनत्वमापी   **D.** स्फिगमोस्कोप

Q.97 निम्नलिखित में से क्या ऑक्सीऐसिड नहीं बनाता?

A. सल्फर   **B.** क्लोरीन   **C.** नाइट्रोजन   **D.** फ्लोरीन

Q.98 राजस्थान में खारे पानी की कौन सी झील स्थित है?

A. सांभर झील   **B.** चिल्का झील

C. बारापानी   **D.** डल झील

Q.99 "एडवांटेज इंडिया: द स्टोरी ऑफ इंडियन टेनिस" नामक पुस्तक किसने लिखी है?

A. सानिया मिर्जा   **B.** अनिंद्य दत्ता

C. विजय अमृतराज   **D.** महेश भूपति

Q.100 म्यांमार की राष्ट्रीय मुद्रा क्या है?

A. नोंगतुम   **B.** यूरो   **C.** रियाल   **D.** कयात

// स्मार्ट उत्तर पुस्तिका //

सही उत्तर — उन छात्रों के प्रतिशत को इंगित करता है जिन्होंने प्रश्नों का सही उत्तर दिया था।

छोड़ दिया — उन छात्रों के प्रतिशत को इंगित करता है जिन्होंने प्रश्नों को छोड़ दिया था।

प्रश्न संख्या	उत्तर	सही उत्तर / छोड़ दिया	प्रश्न संख्या	उत्तर	सही उत्तर / छोड़ दिया	प्रश्न संख्या	उत्तर	सही उत्तर / छोड़ दिया	प्रश्न संख्या	उत्तर	सही उत्तर / छोड़ दिया	प्रश्न संख्या	उत्तर	सही उत्तर / छोड़ दिया
1	D	87.35 % / 0.0 %	17	D	60.45 % / 1.74 %	33	C	62.75 % / 1.97 %	49	B	50.34 % / 1.8 %	65	B	54.6 % / 1.23 %
2	B	32.58 % / 3.24 %	18	A	65.97 % / 1.67 %	34	B	64.14 % / 1.12 %	50	A	51.83 % / 1.6 %	66	A	66.52 % / 1.6 %
3	C	29.99 % / 3.3 %	19	C	60.06 % / 1.03 %	35	D	65.44 % / 1.56 %	51	B	58.79 % / 1.43 %	67	A	52.91 % / 1.88 %
4	D	82.49 % / 0.0 %	20	C	44.31 % / 1.76 %	36	B	57.23 % / 1.26 %	52	C	85.44 % / 0.0 %	68	A	47.24 % / 1.22 %
5	D	21.17 % / 4.77 %	21	D	42.77 % / 1.84 %	37	A	43.62 % / 1.26 %	53	B	82.18 % / 0.0 %	69	D	79.79 % / 0.0 %
6	D	19.08 % / 4.97 %	22	A	57.45 % / 1.71 %	38	D	44.6 % / 1.31 %	54	B	46.48 % / 1.27 %	70	A	40.06 % / 1.06 %
7	A	27.81 % / 3.06 %	23	C	54.02 % / 1.87 %	39	A	46.68 % / 1.1 %	55	D	45.22 % / 1.71 %	71	A	63.4 % / 1.91 %
8	B	31.95 % / 4.76 %	24	C	82.69 % / 0.0 %	40	B	57.33 % / 1.58 %	56	C	84.66 % / 0.0 %	72	A	58.48 % / 1.78 %
9	B	55.26 % / 1.36 %	25	D	25.24 % / 4.64 %	41	C	46.82 % / 1.69 %	57	B	49.43 % / 1.31 %	73	D	65.11 % / 1.07 %
10	A	63.95 % / 1.31 %	26	A	62.96 % / 1.2 %	42	C	82.85 % / 0.0 %	58	D	80.98 % / 0.0 %	74	A	80.3 % / 0.0 %
11	C	49.69 % / 1.56 %	27	B	89.87 % / 0.0 %	43	A	40.78 % / 1.73 %	59	A	59.35 % / 1.62 %	75	C	86.65 % / 0.0 %
12	C	57.2 % / 1.88 %	28	B	81.15 % / 0.0 %	44	A	41.38 % / 1.01 %	60	D	55.77 % / 1.32 %	76	C	85.08 % / 0.0 %
13	B	77.22 % / 0.0 %	29	A	54.5 % / 1.77 %	45	B	63.22 % / 1.14 %	61	D	60.48 % / 1.4 %	77	C	67.58 % / 1.44 %
14	D	67.9 % / 1.23 %	30	A	77.13 % / 0.0 %	46	C	76.44 % / 0.0 %	62	D	50.48 % / 1.23 %	78	C	68.33 % / 1.3 %
15	B	47.46 % / 1.58 %	31	D	41.27 % / 1.42 %	47	C	57.49 % / 1.96 %	63	B	56.61 % / 1.06 %	79	A	84.18 % / 0.0 %
16	B	47.3 % / 1.74 %	32	A	54.23 % / 1.6 %	48	C	43.81 % / 1.91 %	64	C	67.1 % / 1.17 %	80	A	82.8 % / 0.0 %

प्रश्न संख्या	उत्तर	सही उत्तर / छोड़ दिया
81	C	45.64 % / 1.16 %
82	B	81.94 % / 0.0 %
83	D	40.44 % / 1.59 %
84	A	80.7 % / 0.0 %

प्रश्न संख्या	उत्तर	सही उत्तर / छोड़ दिया
85	D	45.16 % / 1.69 %
86	C	84.77 % / 0.0 %
87	C	89.53 % / 0.0 %
88	A	40.02 % / 1.42 %

प्रश्न संख्या	उत्तर	सही उत्तर / छोड़ दिया
89	C	40.29 % / 1.83 %
90	A	81.55 % / 0.0 %
91	D	84.46 % / 0.0 %
92	D	45.77 % / 1.19 %

प्रश्न संख्या	उत्तर	सही उत्तर / छोड़ दिया
93	C	53.51 % / 1.03 %
94	B	87.93 % / 0.0 %
95	C	50.95 % / 1.04 %
96	A	82.68 % / 0.0 %

प्रश्न संख्या	उत्तर	सही उत्तर / छोड़ दिया
97	D	52.71 % / 1.9 %
98	A	86.88 % / 0.0 %
99	B	56.62 % / 1.85 %
100	D	47.18 % / 1.93 %

कार्य विश्लेषण	
औसत अंक (%)	57.0%
टॉपर्स स्कोर (%)	71.0%
आपका स्कोर	

//संकेत और समाधान//

1. दक्षिण कोरिया ने अगस्त 2022 में एक रूसी राज्य द्वारा संचालित परमाणु ऊर्जा कंपनी 'एएसई' के साथ 2.25 अरब डॉलर के समझौते पर हस्ताक्षर किए हैं।

- मिस के पहले परमाणु ऊर्जा संयंत्र के लिए घटक प्रदान करने के लिए इस पर हस्ताक्षर किए गए हैं।
- एएसई एक सरकारी स्वामित्व वाले रूसी परमाणु समूह रोसाटॉम की सहायक कंपनी है।
- दक्षिण कोरिया ने संयुक्त अरब अमीरात में परमाणु ऊर्जा रिएक्टर बनाने के लिए 20 अरब डॉलर के अनुबंध पर भी हस्ताक्षर किए हैं।

अतः विकल्प (D) सही है।

2. मानव विकास सूचकांक - 2016 में भारत को 0.624 अंक प्राप्त हुए हैं।

मानव विकास सूचकांक 2016:

- 2016 के मानव विकास सूचकांक (HDI) में 188 देशों में भारत 131वें स्थान पर था।
- भारत ने 0.624 अंक प्राप्त किया और उसे मध्यम मानव विकास श्रेणी में रखा गया।
- संयुक्त राष्ट्र विकास कार्यक्रम (UNDP) द्वारा प्रकाशित मानव विकास रिपोर्ट (HDR) 2016 शीर्षक के तहत हाल ही में सूचकांक का अनावरण किया गया था।

अत: विकल्प (B) सही है।

3. 2000 में लारा दत्ता के खिताब जीतने के दो दशक बाद, चंडीगढ़ की रहने वाली भारत की हरनाज़ संधु को मिस यूनिवर्स 2021 का ताज पहनाया गया है।

उसने पराग्वे और दक्षिण अफ्रीका के प्रतियोगियों को हराया।

13 दिसंबर 2021 को इज़राइल के इलियट में आयोजित प्रतियोगिता में उन्हें ताज पहनाया गया।

भारत ने इससे पहले 1994 में सुष्मिता सेन और 2000 में लारा दत्ता के साथ दो बार प्रतिष्ठित ताज जीता था।

अतः विकल्प (C) सही है।

4. भारत ने अपने मुख्य बजट के लिए संयुक्त राष्ट्र महिला, लैंगिक समानता और महिला सशक्तिकरण के लिए संयुक्त राष्ट्र एजेंसी के लिए 500,000 अमरीकी डालर का योगदान दिया है।

संयुक्त राष्ट्र में भारत के स्थायी प्रतिनिधि टी.एस.तिरुमूर्ति ने घोषणा की कि भारत ने महिलाओं के नेतृत्व वाले विकास और लैंगिक समानता की अपनी साझेदारी की पुष्टि की है। संयुक्त राष्ट्र महिला कार्यकारी निदेशक, सीमा बहौस ने भारत को इसके योगदान के लिए धन्यवाद दिया।

अतः विकल्प (D) सही है।

5. बिमल जुल्का को मार्च 2020 में मुख्य सूचना आयुक्त (CIC) के रूप में नियुक्त किया गया था।

राष्ट्रपति भवन की विज्ञप्ति के अनुसार सूचना आयुक्त बिमल जुल्का को मुख्य सूचना आयुक्त (सीआईसी) नियुक्त किया गया है। राष्ट्रपति राम नाथ कोविंद ने राष्ट्रपति भवन में आयोजित एक समारोह में केंद्रीय सूचना आयोग में जुल्का को सीआईसी के रूप में पद की शपथ दिलाई।

सुधीर भार्गव के 11 जनवरी को सेवानिवृत्त होने के बाद से पारदर्शिता प्रहरी एक प्रमुख के बिना काम कर रहा है और 11 की स्वीकृत संख्या (सीआईसी सहित) के मुकाबले छह सूचना आयुक्तों की कम संख्या में है।

अतः विकल्प (D) सही है।

6. 2020 में टूर डे फ्रांस तडज पोगाकर ने जीता।

तडज पोगाकर एक स्लोवेनियाई साइकिल चालक है जो वर्तमान में यूसीआई वर्ल्डटीम यूएई टीम अमीरात के लिए सवारी करता है। उन्होंने टूर डी फ्रांस के 2020 और 2021 संस्करण जीते, प्रत्येक टूर के दौरान तीन अलग-अलग जर्सी जीती, लगभग चार दशकों में कुछ अनदेखी।

2019 में, वह 20 साल की उम्र में टूर ऑफ़ कैलिफ़ोर्निया जीत के साथ यूसीआई वर्ल्ड टूर रेस जीतने वाले सबसे कम उम्र के साइकिलिस्ट बन गए। बाद में वर्ष में, अपने पहले ग्रैंड टूर में, पोगाकर ने वुट्टा एन एस्पाना के तीन चरणों में जीत हासिल की। एक समग्र तीसरे स्थान की समाप्ति और युवा राइडर का खिताब। अपने टूर डी फ्रांस की शुरुआत और अगले वर्ष दोनों में, उन्होंने तीन चरणों और कुल मिलाकर दौड़, साथ ही साथ पहाड़ों और युवा-सवार वर्गीकरण जीते, इन तीन वर्गीकरणों को एक साथ जीतने वाले एकमात्र सवार बन गए।

अतः विकल्प (D) सही है।

7. प्रमोद के मित्तल को 2022-23 के लिए सेल्युलर ऑपरेटर्स एसोसिएशन ऑफ इंडिया (सीओएआई) के नए अध्यक्ष के रूप में नामित किया गया है।

मित्तल पहले सीओएआई के उपाध्यक्ष थे, जिनके सदस्यों में रिलायंस जियो, भारती एयरटेल और वोडाफोन आइडिया (VIL) शामिल हैं। मित्तल सीओएआई के अध्यक्ष के रूप में अजय पुरी की जगह लेंगे।

वोडाफोन आइडिया (VIL) के मुख्य नियामक और कॉर्पोरेट मामलों के अधिकारी पी बालाजी 2022-23 के लिए एसोसिएशन के उपाध्यक्ष होंगे।

अतः विकल्प (A) सही है।

8. ऊर्जा और शहरी विकास मंत्री अरविंद शर्मा ने उत्तर प्रदेश में दो विभागों के सार्वजनिक शिकायतों और निगरानी कार्यक्रमों और योजनाओं के निपटान के लिए संभव (सिस्टमिक एडमिनिस्ट्रेशन मैकेनिज्म फॉर ब्रिंगिंग हैप्पीनेस एंड वैल्यू) पोर्टल लॉन्च किया है।

अतः विकल्प (B) सही है।

9. 'सत्याग्रह" शब्द का सही संधि-विच्छेद है- 'सत्य+आग्रह', जिसका अर्थ 'सत्य का आग्रह करना' होता है। अन्य विकल्प त्रुटिपूर्ण हैं।

दो वर्णों के मेल से होने वाले विकार को संधि कहते हैं। इस मिलावट को समझकर वर्णों को अलग करते हुए पदों को अलग-अलग कर देना संधि-विच्छेद है।

अतः सही विकल्प (B) है।

10. 'कवीश्वर' शब्द का सही संधि-विच्छेद 'कवि + ईश्वर' है तथा यहाँ 'दीर्घ संधि' है।

जब दो शब्दों की संधि करते समय (अ, आ) के साथ (अ, आ) हो तो 'आ' बनता है, जब (इ, ई) के साथ (इ, ई) हो तो 'ई' बनता है, जब (उ, ऊ) के साथ (उ, ऊ) हो तो 'ऊ' बनता है, इसे ही हम दीर्घ संधि कहते है।

अतः सही विकल्प (A) है।

11. दिए गए विकल्पों में 'बाघिन' शब्द का पुल्लिंग 'बाघ' होगा। अन्य विकल्प अनुचित हैं।

वे संज्ञा शब्द जो हमें पुरुष जाति के व्यक्ति, वस्तु आदि का बोध कराते हैं, वे पुल्लिंग शब्द कहलाते हैं। जैसे: बकरा, घोड़ा, लड़का, आदमी, शेर, हाथी, भेड़िया, खटमल, बन्दर, कुत्ता, बालक, शिशु पत्रकार, राजा, राजकुमार आदि।

अतः सही विकल्प (C) है।

12. 'विदुषी' का पुल्लिंग 'विद्वान' है।

वे संज्ञा शब्द जो हमें पुरुष जाति के व्यक्ति, वस्तु आदि का बोध कराते हैं, वे पुल्लिंग शब्द कहलाते हैं। जैसे: बकरा, घोड़ा, लड़का, आदमी, शेर, हाथी, भेड़िया, खटमल, बन्दर, कुत्ता, बालक, शिशु, पत्रकार, राजा, राजकुमार आदि।

अतः सही विकल्प (C) है।

13. दिये गये वाक्यों में 'राम घर गया था' वाक्य भूतकाल (पूर्ण भूतकाल) का वाक्य है। इस काल में क्रिया के व्यापार की समाप्ति का बोध होता है। जबकि 'मै जाता हूँ', 'वह आ रहा है' वर्तमान काल का तथा 'वह पुस्तक पढ़ेगा' भविष्य काल का वाक्य है।

अत: विकल्प (B) सही है।

14. अनुशासित विशेषण शब्द है। किसी संज्ञा अथवा सर्वनाम की विशेषता बतलाने वाले शब्द 'विशेषण' कहलाते हैं।

जैसे- 1. राम अच्छा लड़का है।

2. मोहन एक अनुशासित विद्यार्थी है।

अत: विकल्प (D) सही है।

15. "शीला अपने कपड़े स्वयं धोती है।" वाक्य में रेखांकित शब्द 'स्वयं' निजवाचक सर्वनाम है। जो सर्वनाम शब्द कर्ता के स्वयं के लिए प्रयुक्त होते हैं उन्हें निजवाचक सर्वनाम कहते हैं;

जैसे-स्वयं, आप ही, खुद, स्वत: आदि।

अत: विकल्प (B) सही है।

16. 'स्वतंत्रता सबको प्यारी होती है।' वाक्य में रेखांकित शब्द 'स्वतंत्रता' भाववाचक संज्ञा है। वे शब्द जो किसी भाव, गुण, दशा आदि का बोध कराते हैं, 'भाववाचक संज्ञा' कहलाते हैं।

जैसे- लालिमा, मिठास, घृणा, यौवन, क्रोध आदि।

अत: विकल्प (B) सही है।

17. स + अवधान = सावधान में दीर्घ संधि है। दीर्घ संधि में समान स्वर मिलकर दीर्घ हो जाते हैं।

इसके अन्य उदाहरण हैं:

भोजन + आलय = भोजनालय,

अन्न + अभाव = अन्नाभाव

पृथ्वी + ईश = पृथ्वीश

अत: विकल्प (D) सही है।

18. 'तरनि तनूजा तट तमाल तरुवर बहु छाए' में अनुप्रास अलंकार है। जहाँ समान वर्ण की अनेक बार पुनरावृत्ति हो, वहाँ अनुप्रास अलंकार होता है।

अत: विकल्प (A) सही है।

19. It is given in the first paragraph that the virus first appeared at two places in 1976. Out of these two places, one was found in a village near the river "Ebola" in Yambuku, Democratic Republic of Congo.

Hence, the correct option is (C).

20. There are only three genera of virus family Filoviridae has been given in the passage which are Cuevavirus, Marburgvirus, and Ebolavirus.

Hence, the correct option is (C).

21. It is clearly mentioned in the following line of the passage, "The virus causing the 2014–2016 West African outbreak belongs to the Zaire ebolavirus species".

Hence, the correct option is (D).

22. As mentioned in the passage, the Ebola virus can infect the human body through the blood, secretions, organs or other bodily fluids of infected animals such as chimpanzees, gorillas, fruit bats, monkeys, forest antelope and porcupines found ill or dead or in the rainforest. The aspects of its affecting the human body through contaminated water is nowhere mentioned in the passage.

Hence, the correct option is (A).

23. Outbreak = a sudden and unusual occurrence of something, such as a war or a disease

Doldrums = unsuccessful or showing no activity or development

Berserk = out of control with anger or excitement; wild or frenzied.

Epidemic = a widespread occurrence of an infectious disease in a community at a particular time.

Insurgence = an act of rebellion

So, the correct opposite meaning of the given word "outbreak" is "doldrums".

Hence, the correct option is (C).

24. If the subject is joined by 'as well as', 'with', 'along with', 'together with' etc. the verb will agree with the first subject. Here, the first subject is "the actress" which is singular; hence, the verb used should also be singular. Hence, replace 'are' with 'is'. So, the correct sentence is-

The actress with all her fans is sent to the theatre.

Hence, the correct option is (C).

25. The given sentence is in passive form and its structure is:

Passive: Object + was/were (not) + verb (IIIrd form) + (by + subject).

Its active structure would be:

Active: Subject + did not + verb (Ist form) + object.

It is optional to include the part (By + subject) in the passive voice. In sentences where the subject is hidden or not given, we need to create a subject accordingly.

The active form of the given sentence would be:

They didn't give him the information he needed.

Hence, the correct option is (D).

26. The given sentence is of direct speech. "Said to" will change to "told". Since the reporting verb is in the past tense, changes will be made to the reported verb. "Shall" will change to "would" as the pronoun "I" will change to "he". Option (A) follows the rules correctly, so, it is the correct answer. So, the answer is-

Tom told me that he would meet me at the station.

Hence, the correct option is (A).

27. The word "there" refers to a place, "their" means belonging to, or associated with, a group of people. Here, "their" should be used in place of there. So, the correct sentence is-

400 million people speak English as their first language.

Hence, the correct option is (B).

28. As the work can't be signed, so P follows the opening statement as it talks about the signing of the cheque. The next statement will be the condition on which the cheque will get signed. So, R follows P. The concluding statement would be Q as it talked about the work that is yet to be finished. Thus, the correct option is PRQ as only that arrangement would make a coherent paragraph.

The correct formation would be, 'I will sign the check when you finish the work'.

Hence, the correct option is (B).

29. यह दिया गया है कि वृत्त की परिधि $= 220$ मीटर

$$\Rightarrow 2\pi r = 220$$

यहाँ $2r$ अथवा $d = 70$ और $\left(\pi = \frac{22}{7}\right)$

माना कि वर्ग की भुजा a मीटर है।

तो, प्रश्नानुसार,

$$\Rightarrow \frac{a}{70} = \frac{3}{10}$$

$$\Rightarrow a = 21 \text{ मीटर}$$

इसलिए, वर्ग का क्षेत्रफल $= a \times a = 21 \times 21 = 441$ वर्ग मीटर

अतः विकल्प (A) सही है।

30. माना कि संख्या $7x$ और $9x$ हैं।

प्रश्न के अनुसार,

$$\Rightarrow 7x \times 9x = 1575$$

$$\Rightarrow 63x^2 = 1575$$

$$\Rightarrow x^2 = 25$$

$$\Rightarrow x = 5$$

इसलिए, बड़ी संख्या है,

$$= 9x$$

$$= 9 \times 5$$

$$= 45$$

अतः विकल्प (A) सही है।

31. माना म.स.प. $= x$

तो, ल.स.म. $= 20x$

यह दिया गया है कि म.स.प. और ल.स.म. का योग $= 2520$

$$\Rightarrow x + 20x = 2520$$

$$\Rightarrow 21x = 2520$$

$$\Rightarrow x = 120$$

इसलिए, म.स.प. $= 120$

और ल.स.म. $= 120 \times 20 = 2400$

यह दिया गया है कि एक संख्या 480 है।

माना दूसरी संख्या y है।

$$\Rightarrow y \times 480 = 120 \times 2400$$

$$\Rightarrow y = \frac{120 \times 2400}{480} = 600$$

अतः विकल्प (D) सही है।

32. गेंदों की कुल संख्या $= (8 + 7 + 6) = 21$

माना कि $E =$ निकाली गई गेंद न ही लाल है और न ही हरी

$E =$ निकाली गयी गेंद नीली है

$$\therefore n(E) = 7$$

$$\therefore P(E) = \frac{n(E)}{n(S)} = \frac{7}{21} = \frac{1}{3}$$

अतः विकल्प (A) सही है।

33. यह दिया गया है कि

$$\Rightarrow \frac{2a+b}{a+4b} = 3$$

$$\Rightarrow 2a + b = 3(a + 4b)$$

$$\Rightarrow 2a + b = 3a + 12b$$

$$\Rightarrow -a = 11b$$

$$\Rightarrow a = -11b$$

$$\therefore \frac{a+b}{a+2b} = \frac{-11b+b}{-11b+2b}$$

$$= \frac{-10b}{-9b}$$

$$= \frac{10}{9}$$

अतः विकल्प (C) सही है।

34. वृत्त का क्षेत्रफल $= \pi r^2 = \frac{22}{7} \times (14)^2 = 616$ सेमी^{2}

इसलिए, प्रश्नानुसार,

आयत का क्षेत्रफल $= 1166 - 616 = 550$ सेमी^{2}

आयत की चौड़ाई $= \frac{550}{25} = 22$ सेमी

इसलिए, अभीष्ट योग $= 2\pi r + 2(l + b) = 2 \times \frac{22}{7} \times 14 + 2(25 + 22) = 182$ सेमी

अतः विकल्प (B) सही है।

35. दिया गया समीकरण है,

$$\left(1 + \frac{1}{x}\right)\left(1 + \frac{1}{x+1}\right)\left(1 + \frac{1}{x+2}\right)\left(1 + \frac{1}{x+3}\right)$$

प्रत्येक पद का ल.स.म. लेने पर,

$$\Rightarrow \left(\frac{x+1}{x}\right)\left(\frac{x+1+1}{x+1}\right)\left(\frac{x+2+1}{x+2}\right)\left(\frac{x+3+1}{x+3}\right)$$

$$\Rightarrow \frac{(x+1)}{x}\frac{(x+2)}{(x+1)}\frac{(x+3)}{(x+2)}\frac{(x+4)}{(x+3)}$$

$$\Rightarrow \frac{1}{x}\times(x+4)$$

$$\Rightarrow \frac{x+4}{x}$$

अत: विकल्प (D) सही है।

36. हम जानते हैं कि दो बिंदुओं (x_1, y_1) और (x_2, y_2) के बीच की दूरी-

$$d = \sqrt{(x_2-x_1)^2 + (y_2-y_1)^2},$$ यहाँ d= बिंदुओं के बीच की दूरी

इसलिए, प्रश्न के अनुसार,

$$\Rightarrow \sqrt{(x_2-x_1)^2 + (y_2-y_1)^2} = 5$$
$$\Rightarrow \sqrt{(2+1)^2 + (-2-x)^2} = 5$$
$$\Rightarrow \sqrt{9 + (-2-x)^2} = 5$$
$$\Rightarrow 9 + (-2-x)^2 = 25$$
$$\Rightarrow (2+x)^2 = 16$$
$$\Rightarrow 2+x = 4$$
$$\Rightarrow x = 2$$

अत: विकल्प (B) सही है।

37. यह दिया गया है कि,

$$\tan\theta = 1$$

अर्थात् $\theta = 45°$

θ का यह मान दिए गए समीकरण में रखने पर,

$$\Rightarrow \frac{8\sin\theta+5\cos\theta}{\sin^3\theta - 2\cos^3\theta + 7\cos\theta}$$
$$\Rightarrow \frac{8\sin45°+5\cos45°}{\sin^3 45° - 2\cos^3 45° + 7\cos45°}$$
$$\Rightarrow \frac{8\times\frac{1}{\sqrt2}+5\times\frac{1}{\sqrt2}}{\left(\frac{1}{\sqrt2}\right)^3 - 2\left(\frac{1}{\sqrt2}\right)^3 + 7\left(\frac{1}{\sqrt2}\right)}$$
$$\Rightarrow \frac{\frac{1}{\sqrt2}(8+5)}{\frac{1}{\sqrt2}\left[\frac{1}{2}-2\left(\frac{1}{2}\right)+7\right]}$$
$$\Rightarrow \frac{13\times2}{1-2+14}$$
$$\Rightarrow \frac{26}{13} = 2$$

अत: विकल्प (A) सही है।

38. तीन सिक्के को उछाले जाने पर S= {TTT, TTH, THT, HTT, THH, HTH, HHT, HHH}

माना E = वह घटना जिसमे अधिक से अधिक दो बार चित आता है

इसलिए, E ={TTT, TTH, THT, HTT, THH, HTH, HHT}

$$\therefore P(E) = \frac{n(E)}{n(S)} = \frac{7}{8}$$

अतः विकल्प (D) सही है।

39. चार्ल्स मैसन (1800-1853) एक ब्रिटिश ईस्ट इंडिया कंपनी के सैनिक और एक्सप्लोरर जेम्स लुईस का उपनाम था। वह पहले व्यक्ति थे जिन्होंने पंजाब में साहिवाल के पास हड़प्पा के खंडहरों की खोज की थी, जो वर्तमान में पाकिस्तान में स्तिथ है।

अतः विकल्प (A) सही है।

40. तिब्बत का पठार दुनिया का सबसे ऊँचा पठार है। तिब्बत के पठार को "दुनिया की छत" के रूप में भी जाना जाता है। यह क्षेत्र उत्तर में कुनलुन पर्वत और उससे जुड़ी पर्वतमाला और दक्षिण और दक्षिण पश्चिम में हिमालय और काराकोरम पर्वतमाला के बीच स्थित है।

अतः विकल्प (B) सही है।

41. पश्चिम बंगाल में पटसन (जूट) का सर्वाधिक उत्पादन होता है।

भारत में जूट की खेती मुख्य रूप से देश के पूर्वी क्षेत्र तक ही सीमित है। जूट की फसल सात राज्यों - पश्चिम बंगाल, असम, उड़ीसा, बिहार, उत्तर प्रदेश, त्रिपुरा और मेघालय के लगभग 83 जिलों में उगाई जाती है। अकेले पश्चिम बंगाल में कच्चे जूट का 50 प्रतिशत से अधिक उत्पादन किया जाता है।

अतः विकल्प (C) सही है।

42. भारत का उपराष्ट्रपति राज्यसभा का पदेन सभापति होता है।

भारत के संविधान के अनुसार, अनुच्छेद 64 और 89 (1) कहता है कि भारत के उपराष्ट्रपति राज्यसभा के पदेन अध्यक्ष होंगे। वह इसके सत्र की अध्यक्षता करते हैं और राज्यसभा के दैनिक मामलों का ध्यान रखते हैं।

उपराष्ट्रपति का निर्वाचन एक निर्वाचक मंडल के सदस्यों द्वारा किया जाता है। जिसमें संसद के दोनों सदनों के सदस्य एकल हस्तांतरणीय मत के अनुपातिक प्रतिनिधित्व की प्रणाली के अनुसार होते है और इस तरह के चुनाव में मतदान गुप्त मतदान द्वारा होता है। इसका अर्थ है कि संसद के दोनों सदन उपराष्ट्रपति के चुनाव में भूमिका निभाते हैं।

अतः विकल्प (C) सही है।

43. तृतीयक क्षेत्र का दूसरा नाम सेवा क्षेत्र है।

आर्थिक क्षेत्र कई मानदंडों के आधार पर वर्गीकृत आर्थिक गतिविधियों का समूह है। इसे प्राथमिक, माध्यमिक और तृतीयक क्षेत्रों में वर्गीकृत किया जा सकता है। प्राथमिक, द्वितीयक और तृतीयक क्षेत्रों में विभिन्न उत्पादन गतिविधियाँ अर्थव्यवस्था के भीतर बहुत बड़ी संख्या में वस्तुओं और सेवाओं का उत्पादन करती हैं।

अतः विकल्प (A) सही है।

44. मुद्रा आपूर्ति की सबसे तरल माप M_1 है।

किसी विशेष समय में जनता के बीच प्रचलन में धन का कुल स्टॉक मुद्रा आपूर्ति कहलाता है। RBI ने मुद्रा आपूर्ति के चार वैकल्पिक उपायों के लिए आंकड़े प्रकाशित किए हैं। M_1, M_2, M_3 और M_4 ।

M_1 और M_2 को संकीर्ण धन के रूप में जाना जाता है। M_3 और M_4 को व्यापक धन के रूप में जाना जाता है।

अतः विकल्प (A) सही है।

45. "भारतीय दंड संहिता" 6 अक्टूबर 1860 को संसद में पारित हुई।

1833 के चार्टर एक्ट के तहत स्थापित भारत के पहले कानून आयोग की सिफारिशों पर लॉर्ड थॉमस बबिंगटन मैकाले की अध्यक्षता में 1860 में इस संहिता का मसौदा तैयार किया गया था। यह 1862 के शुरुआती ब्रिटिश राज काल के दौरान ब्रिटिश भारत में लागू हुआ था।

अतः विकल्प (B) सही है।

46. पंजाब और हिमाचल प्रदेश राज्य रबी फसलें उगाई जाती हैं। रबी की फसलें वे होती हैं जो सर्दियों में बोई जाती हैं और वसंत में काटी जाती हैं। जौ, चना, रेपसीड, सरसों, गेहूं रबी फसलों के कुछ उदाहरण हैं।

अतः विकल्प (C) सही है।

47. पाटलीपुत्र सिंधु घाटी सभ्यता का स्थान नहीं है।

सिंधु घाटी सभ्यता सिंध, बलूचिस्तान, अफगानिस्तान, पश्चिम पंजाब, गुजरात, उत्तर प्रदेशा, हरियाणा, राजस्थान, जम्मू और कश्मीर, पंजाब के हिस्सों को समाविष्ट करती है। सिंधु सभ्यता की जगहें हड़प्पा, मोहनजोदड़ो, कालीबंगा, लोथल, रंगपुर, सुरकोतड़ा, मालावन, चन्हुदरो, बालाकोट, रोपड़, बनावाली और धोलवीरा हैं।

अतः विकल्प (C) सही है।

48. भारत के संविधान के अनुच्छेद 33 के तहत, सशस्त्र बलों के सदस्यों के मौलिक अधिकारों को विशेष रूप से प्रतिबंधित किया जा सकता है।

अनुच्छेद 33 संसद को सशस्त्र बलों, अर्ध-सैन्य बलों, पुलिस बलों, खुफिया एजेंसियों के सदस्यों या इसी तरह की सेवाओं के सदस्यों के मौलिक अधिकारों को प्रतिबंधित करने, संशोधित करने या निरस्त करने का अधिकार देता है। यह उनके कर्तव्यों के उचित निर्वहन करने के लिए आवश्यक है जो प्रकृति में संवेदनशील और जरूरी हैं।

अतः विकल्प (C) सही है।

49. ऋग वैदिक स्तोत्र की सबसे बड़ी संख्या भगवान इंद्र को समर्पित थी। सबसे महत्वपूर्ण भगवान इंद्र को ऋग्वेद में पुरंदर या किलों के तोड़ने वाला भी कहा जाता था। 255 स्तोत्र इंद्र को समर्पित थी।

अतः विकल्प (B) सही है।

50. बाथोलिथ मेग्मा के अतिक्रमण और घनीकरण से पृथ्वी की सतह के नीचे आग्नेय चट्टान का एक बड़ा पिंड है। वे सतह पर केवल तब दिखाई देते हैं जब अनुदैर्घ्य प्रक्रियाएं अतिव्यापी सामग्री को हटा देती हैं। ये दानेदार ढांचा हैं और मैग्मा कक्षों का ठंडा भाग है।

अतः विकल्प (A) सही है।

51. गिफेन वस्तुएँ एक प्रकार का माल है जिसका मूल्य प्रभाव और आय प्रभाव दोनों सकारात्मक हैं।

गिफेन वस्तुएँ एक कम आय, एक गैर-लक्जरी उत्पाद है जो मानक आर्थिक और उपभोक्ता मांग सिद्धांत को धता बताता है। कीमत बढ़ने पर गिफेन के सामान की मांग बढ़ जाती है और जब कीमत गिर जाती है। अर्थमिति में, यह एक ऊपर की ओर झुकी हुई मांग वक्र में परिणत होती है, जो मांग के मूल नियमों के विपरीत होती है, जो नीचे की ओर झुकी हुई मांग वक्र का निर्माण करती है।

अतः विकल्प (B) सही है।

52. काराकोरम दर्रा भारत के सीमावर्ती क्षेत्रों (जम्मू और कश्मीर का क्षेत्र) और चीन (शिनजियांग स्वायत्त क्षेत्र) पर स्थित है। यह लद्दाख के लेह और तारिम घाटी में यारकंद के बीच सबसे ऊँचा दर्रा है।

अतः विकल्प (C) सही है।

53. ऋग्वेद सबसे पुराना वेद है। वेद प्राचीन भारत में 1500-1000 ईसा पूर्व के बीच लिखी गई हिंदू और अन्य प्राचीन धार्मिक ग्रंथों का संग्रह हैं।

अतः विकल्प (B) सही है।

54. अगस्त 1789 में फ्रांस के राष्ट्रीय संविधान सभा द्वारा मनुष्य और नागरिक के अधिकारों की घोषणा पारित किया गया, जो फ्रांसीसी क्रांति और मानव और नागरिक अधिकारों के इतिहास का एक मूल दस्तावेज है। डिक्लेरेशन का सीधा प्रभाव जनरल जेफैटे के साथ काम करने वाले थॉमस जेफरसन पर पड़ा,

जिन्होंने इसे पेश किया। यह "प्राकृतिक अधिकार" के सिद्धांत से भी प्रभावित था, मनुष्य के अधिकारों को सार्वभौमिक माना जाता है।

अतः विकल्प (B) सही है।

55. एकाधिकार एक बाजार की स्थिति को संदर्भित करता है जिसमें कमोडिटी के कई खरीदारों के साथ केवल एक विक्रेता होता है।

एकाधिकार: एक एकाधिकार बाजार से जुड़े लक्षण एकल विक्रेता को बाजार नियंत्रक के साथ-साथ मूल्य निर्माता भी बनाते हैं।

अतः विकल्प (D) सही है।

56. यूरेनियम का उपयोग ताप विद्युत संयंत्रों में नहीं किया जाता है।

एक ताप विद्युत केंद्र एक विद्युत संयंत्र है जिसमें पारंपरिक स्रोतों की रासायनिक ऊर्जा को ऊष्मीय ऊर्जा में परिवर्तित किया जाता है जिसे फिर से विद्युत शक्ति में परिवर्तित किया जाता है। भाप उत्पन्न करने के लिए प्रयुक्त ईंधन के आधार पर, ताप विद्युत संयंत्रों को कोयला, गैस, डीजल और प्राकृतिक गैस के रूप में वर्गीकृत किया जा सकता है।

अतः विकल्प (C) सही है।

57. इल्तुतमिश द्वारा किला-आई-कुहना के पास पानी के भंडारण के लिए पानी की टंकी का निर्माण किया गया था। 1530 और 1545 के बीच हुमायूँ और शेरशाह द्वारा निर्मित मक्का की दिशा में किला-आई-कुहना मस्जिद की दीवार, यह दिल्ली में पुराण किला के अंदर स्थित है। इल्तुतमिश कुतुब अल-दीन ऐबक का दामाद था।

अतः विकल्प (B) सही है।

58. बाजरा तिलहनी फसल नहीं है।

तेल की फसलों को आमतौर पर तिलहनी फसल कहा जाता है जिसमें से खाद्य तेल या औद्योगिक तेल निकाला जा सकता है। तेल फसलों के कुछ परिचित उदाहरण सूरजमुखी तेल, और तिल का तेल, मूंगफली का तेल, सरसों का तेल आदि हैं, जबकि चावल, गेहूं, बाजरा धान फसलों का एक उदाहरण हैं।

अतः विकल्प (D) सही है।

59. प्रेस की स्वतंत्रता की गारंटी देने के लिए हमारे संविधान में कोई विशेष प्रावधान नहीं है क्योंकि प्रेस की स्वतंत्रता को व्यापक स्वतंत्रता अभिव्यक्ति में शामिल किया गया है जो कि अनुच्छेद 19(1) A द्वारा गारंटी दी गई है।

अभिव्यक्ति की स्वतंत्रता का अर्थ है, न केवल अपने विचारों को व्यक्त करने की स्वतंत्रता बल्कि दूसरों के विचारों और मुद्रण सहित साधनों से भी।

अतः विकल्प (A) सही है।

60. NABARD देश के ग्रामीण क्षेत्र के लिए जिम्मेदार एक विकास बैंक है। यह कृषि और ग्रामीण विकास के लिए वित्त प्रदान करने वाला शीर्ष बैंकिंग संस्थान है। इसका मुख्यालय मुंबई में स्थित है।

अतः विकल्प (D) सही है।

61. 'नीलगिरी पहाड़ियों' को नीले पर्वत के रूप में जाना जाता है। नीलगिरि पहाड़ियाँ दक्षिण में नीचे पश्चिमी घाट का एक हिस्सा हैं और डोडा बीटा यहाँ की सबसे ऊँची चोटी है। पहाड़ियाँ कर्नाटक, केरला और तमिलनाडु राज्यों के त्रि-जंक्शन पर स्थित हैं। नीलगिरि पहाड़ियों के शोला जंगलों में पाए जाने वाले नीलकुरंजी फूलों (बैंगनी-नीले फूलों) के नाम पर इन पहाड़ों का नाम रखा गया है।

अतः विकल्प (D) सही है।

62. लोदी वंश की स्थापना बहलूल खान लोदी ने की थी। लोदी वंश एक अफगानी राजवंश था। लोदी वंश दिल्ली सल्तनत का अंतिम राजवंश था, जिसने 1451 से 1526 तक शासन किया।

अतः विकल्प (D) सही है।

63. भारत में 8 मुख्य उद्योग हैं जैसे बिजली, इस्पात, रिफाइनरी उत्पाद, कच्चा तेल, कोयला, सीमेंट, प्राकृतिक गैस और उर्वरक। आठ मुख्य उद्योग में औद्योगिक उत्पादन सूचकांक (IIP) में शामिल वस्तुओं के वजन का 40.27% शामिल है। ये विशेष उद्योग अन्य सभी उद्योगों की रीढ़ के रूप में कार्य करते हैं।

अतः विकल्प (B) सही है।

64. 13वां संशोधन अधिनियम 1962, यह संशोधन भारत सरकार और नागालैंड पीपुल्स कन्वेंशन के नेताओं के बीच समझौते को लागू करने के लिए पारित किया गया था। यह समझौता नागालैंड को एक राज्य के रूप में मानने के लिए किया गया था। इसने संविधान में एक नया अनुच्छेद 371A जोड़ा, जिसमें नागालैंड के प्रशासन के लिए कुछ विशेष प्रावधान हैं।

अतः विकल्प (C) सही है।

65. सागौन के पेड़ उष्णकटिबंधीय पर्णपाती वनों में उगते हैं। सागौन की लकड़ी मध्यम कठोर होती है, और सागौन टिकाऊ और अग्नि प्रतिरोधी होता है। यह दुनिया में सबसे मूल्यवान लकड़ी के पेड़ों में से एक है। उष्णकटिबंधीय पर्णपाती वन भारत के सबसे व्यापक वन हैं। उन्हें मानसून वन भी कहा जाता है।

अतः विकल्प (B) सही है।

66. ऋग्वेदिक काल में अरण्यणी वन की देवी थी। सरस्वती को नदी का देवी माना जाता था। पृथ्वी को भूमि की देवी माना जाता था और उषा को भोर की देवी माना जाता था।

अतः विकल्प (A) सही है।

67. बक्सर के युद्ध (1764) के समय मीर कासिम बंगाल का नवाब था। मीर कासिम ने अवध के नवाब, शुजा-उद-दौला, और मुगल सम्राट शाह आलम- II के साथ गठबंधन किया और 22 अक्टूबर 1764 ई. को बक्सर में ब्रिटिश सेना के साथ लड़ाई लड़ी।

अतः विकल्प (A) सही है।

68. उन्नीसवीं शताब्दी के उत्तरार्ध के दौरान भारतीय पूंजीपतियों के हाथों में एकमात्र प्रमुख उद्योग सूती कपड़ा था। वर्तमान में, सूती कपड़ा उद्योग भारत का सबसे बड़ा संगठित उद्योग है। देश में वर्तमान में 1,719 कपड़ा मिलें हैं, जिनमें से 188 मिलें सार्वजनिक क्षेत्र में, 147 सहकारी क्षेत्र में और 1,384 निजी क्षेत्र में हैं।

अतः विकल्प (A) सही है।

69. भूरा रंग इंद्रधनुष में नहीं होता है। इंद्रधनुष में सात रंग होते हैं: लाल, नारंगी, पीला, हरा, नीला, इंडिगो और बैंगनी।

अतः विकल्प (D) सही है।

70. 1773 के रेग्युलेटिंग एक्ट ने कलकत्ता में सुप्रीम कोर्ट बनाया। यह पहली भारतीय संसदीय अनुसमर्थन और प्राधिकरण था जिसने अपनी भारतीय संपत्ति के संबंध में ईस्ट इंडिया कंपनी की शक्तियों और अधिकारों को परिभाषित किया। बंगाल के प्रेसीडेंसी में चार पार्षदों के साथ गवर्नर-जनरल की नियुक्ति इस अधिनियम द्वारा हुई थी। इसे बाद में गवर्नर-जनरल काउंसिल कहा गया।

अतः विकल्प (A) सही है।

71. प्राथमिक क्षेत्र में प्राकृतिक संसाधनों का दोहन करके वस्तुओं का उत्पादन किया जाता है। अर्थव्यवस्था के प्राथमिक क्षेत्र में कोई भी उद्योग शामिल है जो कच्चे माल की निकासी और उत्पादन में शामिल है, जैसे कि खेती, लॉगिंग, शिकार, मछली पकड़ने और खनन। श्वेत क्रांति, नीली क्रांति, और हरित क्रांति को अर्थव्यवस्था के प्राथमिक क्षेत्र को बढ़ावा देने के लिए प्रख्यापित किया जाता है।

अतः विकल्प (A) सही है।

72. ईस्ट इंडिया कंपनी के प्रारंभिक काल में वेस्टर्न प्रेसीडेंसी सूरत में स्थित थी। वेस्टर्न प्रेसीडेंसी में पहली ब्रिटिश समझौता 1618 में हुआ था जब ईस्ट इंडिया कंपनी ने सूरत में एक कारखाना स्थापित किया था।

अतः विकल्प (A) सही है।

73. 'हमारी भावी पीढ़ी के लिए हमारे प्राकृतिक संसाधनों का संरक्षण' सतत विकास की अवधारणा को सबसे बेहतर तरीके से समझाता है।

"सतत विकास" की अवधारणा ब्रांटलैंड आयोग रिपोर्ट (1987) के बाद सामान्य उपयोग में आई, जिसे औपचारिक रूप से पर्यावरण सहायता विकास (WCED) पर विश्व आयोग की रिपोर्ट कहा जाता है। सतत विकास वह विकास है जो वर्तमान पीढ़ी की जरूरतों को पूरा करने के लिए भावी पीढ़ी की जरूरतों को पूरा किए बिना उनकी जरूरतों को पूरा करता है।

अतः विकल्प (D) सही है।

74. भारत के संविधान ने दिल्ली को सर्वोच्च न्यायालय की सीट घोषित किया है।

लेकिन भारत के मुख्य न्यायाधीश राष्ट्रपति की सलाह पर किसी अन्य स्थान को भारत के सर्वोच्च न्यायालय की सीट घोषित कर सकते हैं।

अतः विकल्प (A) सही है।

75. भौतिकी के मूल नियम दो श्रेणियों में आते हैं: शास्त्रीय भौतिकी जो कि अवलोकनीय दुनिया (शास्त्रीय यांत्रिकी) और परमाणु भौतिकी से संबंधित है जो प्राथमिक और उप-परमाणु कणों (कांटम यांत्रिकी) के बीच की बातचीत से संबंधित है।

अतः विकल्प (C) सही है।

76. लाल चींटियों में फॉर्मिक अम्ल पाया जाता है।

फॉर्मिक अम्ल, जिसे व्यवस्थित रूप से मेथनोइक अम्ल कहा जाता है, सबसे सरल कार्बोक्जिलिक अम्ल है, और इसका रासायनिक सूत्र $HCOOH$ है। यह रासायनिक संश्लेषण में एक महत्वपूर्ण मध्यवर्ती है और स्वाभाविक रूप से होता है, सबसे विशेष रूप से कुछ चींटियों में पाया जाता है।

अतः विकल्प (C) सही है।

77. इकोलॉजी जीव विज्ञान की शाखा है जो जीवों और उनके पर्यावरण का अध्ययन करती है। अध्ययन की वस्तुओं में एक-दूसरे के साथ और उनके पर्यावरण के अजैव घटकों शामिल है। इसमें जैव विविधता, वितरण, बायोमास और जीवों की आबादी शामिल है।

अतः विकल्प (C) सही है।

78. कैडमियम की छड़ का उपयोग परमाणु विखंडन प्रतिक्रिया में उत्पन्न अतिरिक्त न्यूट्रॉन को अवशोषित करने के लिए नियंत्रण छड़ के रूप में किया जाता है।

D_2 - ड्यूटेरियम या गैस जैसे हीलियम (He) या CO_2 का उपयोग शीतलक के रूप में किया जाता है।

अतः विकल्प (C) सही है।

79. दृश्यमान स्पेक्ट्रम विद्युतचुंबकीय स्पेक्ट्रम का वह हिस्सा है जो मानव आंख को दिखाई देता है। स्पेक्ट्रम में उन सभी रंगों को शामिल नहीं किया गया है जो मानव आंखों और मस्तिष्क को अलग कर सकते हैं। न्यूटन ने स्पेक्ट्रम को सात नामित रंगों में विभाजित किया: लाल, नारंगी, पीला, हरा, नीला, इंडिगो और वायलेट।

अतः विकल्प (A) सही है।

80. कैलावेराइट स्वर्ण का अयस्क है।

स्वर्ण का टेलुराइड, रासायनिक सूत्र $AuTe_2$ के साथ एक धातु खनिज, लगभग 3% स्वर्ण की जगह चांदी के साथ। कैलावेराइट और सिल्वनाइट सोने के प्रमुख

टेलुराइड अयस्कों का प्रतिनिधित्व करते हैं, हालांकि ऐसे अयस्क सामान्य रूप से स्वर्ण के मामूली स्रोत हैं।

अतः विकल्प (A) सही है।

81. हार्मोन इंसुलिन एक पेप्टाइड है। पेप्टाइड हार्मोन अग्न्याशय में बीटा कोशिकाओं द्वारा और कुछ टेलोस्ट मछली में ब्रॉकमैन शरीर द्वारा निर्मित होता है। यह रक्त से कंकाल की मांसपेशियों और वसा ऊतक में ग्लूकोज के अवशोषण को बढ़ावा देकर और ऊर्जा के बजाय उपयोग किए जाने वाले वसा को संग्रहित करके कार्बोहाइड्रेट और वसा के चयापचय को नियंत्रित करता है। इंसुलिन यकृत द्वारा ग्लूकोज के उत्पादन को भी रोकता है।

अतः विकल्प (C) सही है।

82. अंगूर टार्टरिक अम्ल के स्रोत हैं।

यहाँ विभिन्न प्रकार के अम्ल के कुछ स्रोत दिए गए हैं:

भोजन	अम्ल
सिट्रिक अम्ल	खट्टे फल
लैक्टिक अम्ल	दही
ब्यूटिरिक अम्ल	बासी मक्खन
टार्टरिक अम्ल	अंगूर
एसीटिक अम्ल	सिरका
वसिक अम्ल	वसा
मेलिक अम्ल	सेब

अतः विकल्प (B) सही है।

83. यदि कोई गुरुत्वाकर्षण बल नहीं होगा, तो एक तरल पदार्थ पर ऊपरी दबाव नहीं होगा। "जब किसी पिंड को किसी तरल पदार्थ में डुबोया जाता है, तो वह अपना वजन कम कर देता है या उस पर एक ऊपर की ओर जोर पड़ता है, जो विस्थापित किए गए तरल के बराबर मात्रा के वजन के बराबर होता है।"

अतः विकल्प (D) सही है।

84. समस्थानिक: वे परमाणु जिनके परमाणु क्रमांक समान तथा द्रव्यमान संख्या भिन्न होते हैं।

समभारिक: वे परमाणु जिनकी द्रव्यमान संख्या समान तथा परमाणु क्रमांक भिन्न होते हैं।

समन्यूट्रॉनिक: विभिन्न तत्वों के वे परमाणु जिनमें समान संख्या में न्यूट्रॉन होते हैं।

समइलेक्ट्रॉनी: परमाणुओं / अणुओं / आयनों में समान इलेक्ट्रॉनों की संख्या।

अतः विकल्प (A) सही है।

85. ल्यूकेमिया 'वंशानुगत' रोग नहीं है। ल्यूकेमिया एक आनुवांशिक बीमारी है क्योंकि यह एक व्यक्ति के DNA से संबंधित है।

अतः विकल्प (D) सही है।

86. वायु में ध्वनि का वेग वायु के दबाव पर निर्भर नहीं करता है।

वायु को एक आदर्श गैस मानते हुए, ध्वनि की गति केवल तापमान पर निर्भर करती है। जैसे जैसे वायुवायु का तापमान बढ़ता है, वैसे वैसे ध्वनि की गति बढ़ती है। ध्वनि की गति पूरी तरह से वायु के दबाव से स्वतंत्र होती है क्योंकि वायु का दबाव और वायु का घनत्व एक ही तापमान पर एक दूसरे के समानुपाती होते हैं।

अतः विकल्प (C) सही है।

87. दीप्त तीव्रता की SI इकाई कैन्डेला है।

यहाँ कुछ मूलभूत इकाइयाँ दी गई हैं:

भौतिक मात्रा	SI इकाई	प्रतीक

समय	सेकंड	S
विद्युत प्रवाह	एम्पीयर	A
लंबाई	मीटर	M
द्रव्यमान	किलोग्राम	Kg
पदार्थ की मात्रा	मोल	Mol
तापमान	केल्विन	K
दीप्त तीव्रता	कैन्डेला	Cd

अतः विकल्प (C) सही है।

88. ल्यूसिफ़ेरिन एक काबनिक पदार्थ है, जो ल्यूसिफ़ेरिन जुगनू नामक कीड़े में पाया जाता है या कीड़ों में मौजूद होता है।

जैसे कि जुगनू जो एंजाइम ल्यूसिफ़ेरेज़ की क्रिया द्वारा ऑक्सीकृत होने पर प्रकाश पैदा करता है। जुगनू ल्यूसिफ़ेरिन का उपयोग लूसिफ़ेरिन-लूसिफ़ेरेज़ सिस्टम में किया जाता है जिसके लिए सह-कारक के रूप में एटीपी की आवश्यकता होती है। इसका उपयोग ऊर्जा या जीवन की उपस्थिति के जैव-संकेतक के रूप में भी किया जा सकता है।

अतः विकल्प (A) सही है।

89. 'इशचेरिचिया कोलाई' को ई. कोलाई के रूप में भी जाना जाता है जो आमतौर पर गर्म रक्त के साथ मानव और जानवरों के आंत में पाया जाता है।

ई. कोलाई जीवाणु में कुछ खाद्य विषाक्तता का भी कारण बनते हैं लेकिन इसके अधिकांश उपभेद हानिरहित हैं।

शिगा विष-उत्पादक ई. कोलाई (STEC) गंभीर खाद्य जनित बीमारियों का कारण बन सकता है।

अतः विकल्प (C) सही है।

90. गर्म होने पर द्रव का घनत्व कम हो जाता है।

जब किसी पदार्थ को गर्म किया जाता है तो उसकी मात्रा बढ़ जाती है और इसलिए घनत्व कम हो जाता है। ठोस पदार्थों में, मात्रा में वृद्धि नगण्य होती है और इसलिए घनत्व में भी कमी होती है। तरल पदार्थ और गैसों में, जैसे जैसे तापमान बढ़ता है, वैसे वैसे मात्रा बढ़ जाती है और इसलिए घनत्व काफी कम हो जाता है।

अतः विकल्प (A) सही है।

91. वेग एक सदिश मात्रा है।

जिन भौतिक मात्राओं में केवल परिमाण होता है लेकिन कोई भी दिशा नहीं होती उन्हें अदिश मात्रा कहा जाता है। उदाहरण के लिए - भौतिक मात्राएँ जैसे गति, द्रव्यमान, आयतन, समय, कार्य ऊर्जा, शक्ति आदि को अदिश मात्रा कहा जाता है।

भौतिक मात्राएँ जिनमें परिमाण के साथ-साथ दिशा भी होती है, उन्हें सदिश राशियाँ कहा जाता है। उदाहरण के लिए - भौतिक मात्राएं जैसे बल, त्वरण, वेग, विस्थापन, टॉर्क आदि को सदिश मात्रा कहा जाता है।

अतः विकल्प (D) सही है।

92. अंतर्राष्ट्रीय समुद्री संगठन का मुख्यालय लंदन में स्थित है। अंतर्राष्ट्रीय समुद्री संगठन (IMO) संयुक्त राष्ट्र की एक विशेष एजेंसी है जो अंतरराष्ट्रीय शिपिंग की सुरक्षा और सुरक्षा में सुधार और जहाजों से समुद्री प्रदूषण को रोकने के उपायों के लिए जिम्मेदार है।

अतः विकल्प (D) सही है।

93. 'एनेमोफिली' परागण का एक रूप है जिसमें पराग को हवा द्वारा वितरित किया जाता है।

इसे वायुपरागण भी कहा जाता है जो घास, अधिकांश शंकुधारी और कई पर्णपाती पेड़ों में प्रमुख है। अन्य आम एनामोफिलस पौधे हैं ओक, स्वीट चेस्टनट, एल्डर आदि।

अतः विकल्प (C) सही है।

94. क्रोमियम पौधों के लिए आवश्यक सूक्ष्म पोषक तत्व नहीं है।

एक पौधे को विकसित होने के लिए कार्बन, हाइड्रोजन और ऑक्सीजन जैसे रासायनिक तत्व आवश्यक पोषक तत्व हैं जो हवा और पानी से उपलब्ध हो सकते हैं।

नाइट्रोजन, फास्फोरस, पोटेशियम, मैंगनीज और मोलिब्डेनम जैसे तत्व एक पौधे को विकसित होने के लिए आवश्यक तत्व हैं। पौधे इन पोषक तत्वों को मिट्टी और उर्वरकों से प्राप्त कर सकते हैं। क्रोमियम को एक गंभीर पर्यावरण प्रदूषक माना जाता है।

अतः विकल्प (B) सही है।

95. परमाणु संलयन से सूर्य को अपनी ऊर्जा मिलती है।

- परमाणु संलयन एक प्रतिक्रिया है जिसमें दो या दो से अधिक परमाणु नाभिक एक या एक से अधिक भिन्न परमाणु नाभिक और उप-परमाणु कण (न्यूट्रॉन या प्रोटॉन) बनाने के लिए पर्याप्त रूप से करीब आते हैं।

    $$1H_2 + 1H_2 \rightarrow 2He_4$$

- हाइड्रोजन बम एक अत्यंत शक्तिशाली बम है जिसकी विनाशकारी शक्ति हाइड्रोजन (ड्यूटेरियम और ट्रिटियम) के समस्थानिकों के परमाणु संलयन के दौरान एक ट्रिगर के रूप में परमाणु बम का उपयोग करके ऊर्जा के तेजी से प्रकाशन से आती है।

- सूर्य परमाणु संलयन का सबसे अच्छा उदाहरण है जिसमें परमाणुओं के छोटे नाभिक बहुत उच्च तापमान और दबाव में बड़े नाभिक में जुड़ते हैं।

- यह संलयन सूर्य के केंद्र के अंदर होता है और ऊर्जा बाद में सूर्य की सतह पर चली जाती है।

- यह सौर विकिरण के उत्पादन के लिए जिम्मेदार है।

अतः विकल्प (C) सही है।

96. रक्तदाबमापी धमनीय रक्तचाप को मापता है।

एक रक्तदाबमापी, जिसे ब्लड प्रेशर मॉनिटर या ब्लड प्रेशर गेज के रूप में भी जाना जाता है, एक रक्तचाप को मापने के लिए इस्तेमाल किया जाने वाला एक उपकरण है, जो एक नियंत्रित तरीके से कफ के नीचे धमनी को छोड़ता है और एक नियंत्रित तरीके से मरकरी या एरोइड मैनोमीटर को छोड़ता है। दबाव को मापें।

अतः विकल्प (A) सही है।

97. फ्लोरीन इतना विद्युतीय होता है कि, ऑक्सीजन को बांधने के लिए, यह एक सकारात्मक रूप से आवेशित होने चाहिए क्योंकि ऑक्सीजन भी एक बहुत ही विद्युतीय परमाणु है, इसलिए ऐसा नहीं हो सकता। इसलिए फ्लोरिन ऑक्सीऐसिड नहीं बनाता है।

अतः विकल्प (D) सही है।

98. राजस्थान में खारे पानी की सांभर झील स्थित है।

सांभर खारे पानी की झील (साल्ट लेक) भारत की सबसे बड़ी अंतर्देशीय खारे पानी की झील है। यह कटोरे के आकार की झील है, जो ऐतिहासिक सांभर लेक टाउन को घेरे हुए है, जो राजस्थान के जयपुर शहर से दक्षिण पश्चिम में 96 किलोमीटर और अजमेर शहर से 64 किलोमीटर उत्तर पूर्व में राष्ट्रीय राजमार्ग 8 पर स्थित है।

अतः विकल्प (A) सही है।

99. अनिंद्य दत्ता ने "एडवांटेज इंडिया: द स्टोरी ऑफ इंडियन टेनिस" नामक पुस्तक को लिखा है। पुस्तक वेस्टलैंड प्रकाशन द्वारा प्रकाशित की गई है।

पुस्तक पुरुषों और महिलाओं दोनों के पक्षों के लिए भारतीय टेनिस का व्यापक इतिहास प्रदान करती है।

अतः विकल्प (B) सही है।

100. म्यांमार की राष्ट्रीय मुद्रा कयात है। नोंग्लुम भूटान की मुद्रा है। ऐसे कई देश हैं जो यूरो का उपयोग अपनी मुद्रा के रूप में उपयोग करते हैं। उनमें से कुछ ऑस्ट्रिया, बेल्जियम, साइप्रस, एस्टोनिया, फिनलैंड, फ्रांस, जर्मनी आदि हैं। रियाल ईरान, ओमान और यमन की मुद्रा है।

अतः विकल्प (D) सही है।

Q.1 निम्नलिखित में से किसे जुलाई 2022 में भारत के 15वें राष्ट्रपति के रूप में चुना गया है?

A. निर्मला सीतारमण
B. स्वाति पीरामली
C. हिमा कोहली
D. द्रौपदी मुर्मू

Q.2 2022 लॉरियस स्पोर्ट्समैन ऑफ द ईयर किसे चुना गया है?

[Delhi Forest Guard, 2021]

A. मार्सेल ह्यूगो
B. मैक्स वर्स्टपिन
C. राफेल नडाल
D. रॉबर्ट लेवानडॉस्की

Q.3 29 अप्रैल 2022 को किस मिशन के तहत INS घड़ियाल महत्वपूर्ण जीवन रक्षक दवाएं वितरित के लिए कोलंबो पहुंचा?

A. MAITRI-22
B. DOSTI-IV
C. MISSION DOSTI
D. SAGAR IX

Q.4 निम्नलिखित में से किसने मेक्सिको के अकापुल्को में आयोजित मैक्सिकन ओपन 2022 जीता है?

A. राफेल नडाल
B. नोवाक जोकोविच
C. रोजर फ़ेडरर
D. अलेक्जेंडर ज्वेरेव

Q.5 चैंपियंस लीग 2022 के लिए सेंट पीटर्सबर्ग के प्रतिस्थापन के रूप में यूनियन ऑफ यूरोपियन फुटबॉल एसोसिएशन (यूईएफए) द्वारा किस शहर को चुना गया है?

[Delhi Forest Guard, 2021]

A. पेरिस
B. ब्रसेल्स
C. लंदन
D. म्यूनिख

Q.6 किस राज्य में, भारत का पहला शुद्ध हरित हाइड्रोजन संयंत्र अप्रैल 2022 में चालू हुआ?

A. असम
B. कर्नाटक
C. गुजरात
D. पंजाब

Q.7 निम्नलिखित में से किस शहर में, इंडिया ग्लोबल फोरम (IGF) का पहला संस्करण मार्च 2022 में आयोजित किया गया था?

[Delhi Forest Guard, 2021]

A. बेंगलुरू
B. पणजी
C. मुंबई
D. चेन्नई

Q.8 चल रहे सिंगापुर इंटरनेशनल में भारोत्तोलन में स्वर्ण पदक किसने जीता?

[Delhi Forest Guard, 2021]

A. मीराबाई चानू
B. स्वाति सिंह
C. कुंजारानी देवी
D. कर्णम मल्लेश्वरी

Q.9 बिहार के किस वैज्ञानिक और उनकी टीम ने बैक्टीरिया की पहचान करने के लिए एक नई तकनीक का आविष्कार किया है?

[UPSSSC Rajasva Lekhpal, 2015]

A. डॉ. अमर त्रिपाठी
B. रवि भूषण पांडेय
C. डॉ. उज्ज्वल वर्मा
D. डॉ. राधाकृष्ण प्रसाद

Q.10 एल एंड टी ने ग्रीन हाइड्रोजन प्रौद्योगिकी विकसित करने के लिए ____ के साथ सहयोग किया।

A. आईआईटी बॉम्बे
B. आईआईटी दिल्ली
C. आईआईटी कानपुर
D. आईआईटी मद्रास

Q.11 रोमन कैथोलिक चर्च का केन्द्र कहाँ था?

A. फ्रांस
B. इंग्लैंड
C. रोम
D. ज़र्मनी

Q.12 ________ पुनर्जागरण का केंद्र बना।

A. जापान
B. जर्मनी
C. इटली
D. चीन

Q.13 जलियांवाला बाग नरसंहार का आदेश किसने दिया?

A. रेगिनाल्ड डायर
B. वारेन हेस्टिंग्स
C. जॉन शोर
D. जॉन एडम

Q.14 भारत कब एक धर्मनिरपेक्ष राष्ट्र बना?

A. 1972
B. 1976
C. 1970
D. 1975

Q.15 भारत का मार्टिन लूथर किसे कहा गया है?

A. राजा राममोहन राय
B. स्वामी दयानंद सरस्वती
C. स्वामी विवेकानंद
D. स्वामी श्रद्धानंद

Q.16 भारत के किस प्रधानमंत्री ने भारतीय शांति सेना को श्रीलंका भेजा?

A. राजीव गांधी
B. इंदिरा गांधी
C. अटल विहारी वाजपेयी
D. डॉ मनमोहन सिंह

Q.17 निम्नलिखित में से कौन सा 'राष्ट्रीय राजनीतिक दल' है?

[CBSE Class X, 2014]

A. समाजवादी पार्टी
B. राष्ट्रीय जनता दल
C. राष्ट्रीय लोकदल
D. बहुजन समाज पार्टी

Q.18 उच्चतम न्यायालय के न्यायाधीश को कौन हटा सकता है?

A. उच्चतम न्यायालय के मुख्य न्यायाधीश
B. केवल राष्ट्रपति
C. केवल संसद
D. संसद और राष्ट्रपति दोनों

Q.19 संप्रभुता का अर्थ है-

A. अधूरा नियंत्रण
B. पूरा नियंत्रण
C. आंशिक नियंत्रण
D. इनमें से कोई नहीं

Q.20 मुक्त भारत में शिक्षा पर पहली राष्ट्रीय नीति वर्ष में शुरू की गई थी:

A. 1947
B. 1964
C. 1968
D. 1986

Q.21 लोकतंत्र को सफल बनाने के लिए क्या किए जाने की जरूरत है?

A. बेरोजगारों को रोजगार
B. सुदृढ़ पंचायती राज
C. नागरिकों को ईमानदार और उत्तरदायी होना चाहिए
D. उपरोक्त सभी

Q.22 नस्लवाद का अर्थ होता है -

A. रंगभेद
B. अलगाववाद
C. साम्प्रदियता
D. इनमें से कोई नहीं

Q.23 डॉ. अम्बेडकर का जन्म .... में हुआ था।

A. महाराष्ट्र
B. मध्य प्रदेश
C. कर्नाटक
D. गुजरात

Q.24 महिलाओं के मताधिकार से सम्बन्धित सफ्रागेट्स मूवमेन्ट किस देश में चलाया गया था?

A. ग्रेट ब्रिटेन
B. चीन
C. भारत
D. फ्रांस

Q.25 राज्य सभा के सदस्य का कार्यकाल है-

A. 6   B. 5   C. 4   D. 8

Q.26 लोकसभा का एक और नाम क्या है?
A. राज्य परिषद   B. उच्च सदन
C. लोगों की सभा   D. संसद

Q.27 फ्रांस में 'आतंक का राज ' किसके शासनकाल को कहते हैं?
A. नेपोलियन बोनापार्ट   B. लुई -XVI
C. रॉब्सपियर   D. मिराब्यो

Q.28 गाँधी-इरविन समझौते पर हस्ताक्षर होने वाला वर्ष
A. अवधि ब्रिटिश शासन का अंत
B. सविनय अवज्ञा की अवधि का अंत (सत्याग्रह)
C. रयोटवारी प्रणाली की अवधि का अंत
D. जमींदारों की अवधि का अंत

Q.29 राष्ट्र संघ में _____ सदस्य-राज्य शामिल थे।
A. 50   B. 78   C. 58   D. 55

Q.30 आसफ जाह ने _______ में हैदराबाद राज्य की स्थापना की थी।
A. 1724   B. 1720   C. 1625   D. 1780

Q.31 निम्नलिखित में से कौन डोडा और अनंतनाग (जम्मू और कश्मीर) के बीच स्थित है?
A. बनिहाल पास   B. पालघाट
C. शेनकोटा   D. थलघाट

Q.32 भारतीय वानस्पतिक सर्वेक्षण (बोटनिकल सर्वे ऑफ़ इंडिया) का मुख्यालय कहां है?
A. लखनऊ   B. दार्जिलिंग
C. कोलकाता   D. ऊटकमण्ड

Q.33 'सुंदरी वृक्ष' निम्नलिखित में से किसकी एक विशेष प्रकार की वनस्पति है?
A. मैंग्रोव वनस्पति   B. कंटक वन
C. पर्वत वनस्पति   D. टैगा वनस्पति

Q.34 समुद्र तट के निकट नमकीन पानी में उगने वाले पौधों को___________ कहते हैं
A. हेलोफाइट्स   B. ज़ीरोफाइट्स
C. हेलोफाइट   D. सैप्रोफाइट्स

Q.35 नदी, जो 'बिहार का शोक ' कहलाती है-
A. गंगा   B. बागमती   C. कोसी   D. महानंदा

Q.36 चन्द्रमा की घूर्णन अवधि है-
A. 24 घंटे   B. 28 दिन   C. 12 घंटे   D. 1 वर्ष

Q.37 तमिलनाडु में सर्दियों की बारिश _________ के कारण होती है।
A. उत्तर-पूर्व व्यापार हवाएं
B. अरब सागर पर अवसाद
C. तिब्बत से आ रही ठंडी हवाएं
D. पश्चिमी विक्षोभ

Q.38 प्रायद्वीपीय भारत की सबसे बड़ी नदी कौन-सी है ?
A. नर्मदा   B. कावेरी   C. गोदावरी   D. महानदी

Q.39 बेसल कन्वेंशन निम्नलिखित से संबंधित है:
A. खतरनाक कचरे और उनके निपटान के सीमा पार आंदोलनों
B. ओज़ोन परत की कमी
C. सतत विकास
D. पृथ्वी शिखर सम्मेलन

Q.40 भारत में रेल की शुरुवात किस वर्ष में हुई थी?
A. 1848   B. 1853   C. 1875   D. 1880

Q.41 गोरखपुर विश्व का सबसे लंबा रेलवे प्लेटफॉर्म निम्नलिखित में से किस राज्य में स्थित है?
A. ओडिशा   B. पश्चिम बंगाल
C. उतार प्रदेश   D. छत्तीसगढ

Q.42 निम्नलिखित उद्योगों में से कौन सा भारी उद्योग नहीं है।
A. कॉटन टेक्सटाइल   B. सीमेंट
C. आयरन एंड स्टील   D. जहाज निर्माण

Q.43 पंजाब में ऊनी वस्त्र उद्योग का प्रमुख केंद्र
A. कानपुर   B. लुधियाना   C. मुर्शिदाबाद   D. पानीपत

Q.44 कारक, जो जलवायु को प्रभावित नहीं करता , वह है-
A. अक्षांश   B. समुद्र से दूरी
C. पृथ्वी की परिक्रमण गति   D. पृथ्वी की परिभ्रमण गति

Q.45 'शांति से बैठकर अपना कार्य कीजिए वाक्य में रेखांकित शब्द किस क्रियाविशेषण का प्रकार है?
A. कालवाचक   B. स्थानवाचक
C. रीतिवाचक   D. परिमाणवाचक

Q.46 'यह घर मेरा है और वह तुम्हारा' रेखांकित शब्द क्या है?
A. संज्ञा   B. प्रविशेषण
C. सार्वनामिक विशेषण   D. सर्वनाम

Q.47 विशेषण शब्दों के भेदों का सही विकल चुनकर लिखें- तुम जितना खाओगे उतने ही ताकतवर बनोगे।
A. रीतिवाचक-क्रियाविशेषण
B. स्थानवाचक-क्रियाविशेषण
C. परिमाणवाचक-क्रियाविशेषण
D. कालवाचक-क्रियाविशेषण

Q.48 'बहुव्रीहि' समास में-
A. पूर्वपद प्रधान होता है
B. उत्तर (द्वितीय) पद प्रधान होता है
C. तृतीय पद प्रधान होता है
D. दोनों पद प्रधान होते हैं।

Q.49 पाठ + शाला = पाठशाला के मेल को कहा जाएगा-
A. संधि   B. समास   C. द्वित्व   D. संयोग

Q.50 विटामिन C मौजूद है:
A. टमाटर में   B. पपीता में
C. अमरूद में   D. उपरोक्त सभी

Q.51 रेटिनोल किस विटामिन का वैज्ञानिक नाम है?
A. विटामिन A   B. विटामिन D
C. विटामिन K   D. विटामिन C

Q.52 ऑस्ट्रेलिया का राष्ट्रीय पशु क्या है?
A. कंगारू   B. शेर   C. टाइगर   D. जिराफ

Q.53 'संयुक्त राष्ट्र दिवस' मनाया जाता है-
A. 24 अक्टूबर   B. 14 नवंबर
C. 10 दिसंबर   D. 23 सितंबर

Q.54 यूनेस्को (UNESCO) का मुख्यालय स्थित है-

A. रोम **B.** जिनेवा **C.** पेरिस **D.** न्यूयोर्क

Q.55 संतोष ट्रॉफी किससे सम्बन्धित है?

A. फुटबॉल **B.** क्रिकेट **C.** शतरंज **D.** टेनिस

Q.56 'जय जवान जय किसान' का नारा किसने दिया?

A. जवाहरलाल नेहरू **B.** इंदिरा गांधी
C. लालबहादुर शास्त्री **D.** शुभास चंद्र बोस

Ques (57-59):Direction: Fill in the blank by choosing the right option.

Q.57 Neither new year's eve nor valentine's day _________ a national holiday in India.

A. were **B.** are **C.** is **D.** be

Q.58 Either historical occasions or distinguished persons _________ commemorated on secular holidays.

A. has **B.** is **C.** have **D.** are

Q.59 I bought all these books _________ only ₹ 700.

A. in **B.** by **C.** with **D.** for

Q.60 Identify the word which is always used as a singular:

A. Spectacles **B.** Scissors
C. Measles **D.** Trousers

Q.61 The young one of a goat is a kid and that of a hen is:

A. Foal **B.** Chick **C.** Puppy **D.** Baby

Q.62 Direction: Word which means most nearly the same as the underlined word.

He did not know that Raman was a treacherous friend.

A. Sincere **B.** Truthful
C. Brave **D.** False and Disloyal

Q.63 Which one of the following pairs is incorrect?

A. Rooster-Hen **B.** Patriarch-Matriarch
C. Stag- Hind **D.** Boar-Dame

Ques (64-68):Directions: Read the passage closely and pick up the answer for each question.

There is no general agreement about how the planets were formed. The most widely accepted theory is that about 5000 million years ago swirling clouds of matter began to condense.

Through the action of centrifugal force, the heavier molecules were concentrated near the centre of the eddies, and the lighter, gaseous material was thrown out towards the periphery. Such is the theory. What is known is that nine satellites began orbiting around the sun.

These are the planets. The planet on which man lives is the third closest to the sun, with the third shortest orbit. It also has been something none of the others has - an atmosphere that can support life in all the manifold forms that exist on our planet. There may be satellites circling other stars in other parts of the universe that have the right ingredients for some sort of life to evolve, but the earth is the only one in the solar system.

Q.64 The theory of the formation of the planets.

A. Is generally agreed upon by everyone
B. Covers a very wide area

C. Is widely known
D. It is fairly well-known

Q.65 According to the passage, the planets are:

A. Nothing but condensed clouds
B. A collection of gaseous material
C. A collection of condensed swirling material
D. A collection of centrifugal forces

Q.66 One essential difference between the earth and the-

A. The atmosphere of the earth makes possible the presence of life on it
B. The earth draws the heavier molecules into its centre through the action of centrifugal force
C. Only the earth is on the periphery of the solar system
D. The earth has the capacity to come into closer contact with the sun

Q.67 The writer claims that the life-supporting atmosphere

A. Is there on other planets in the solar system
B. Maybe there on other satellites in the universe
C. May evolve on other satellites circling other stars in the universe
D. Cannot evolve anywhere outside the earth

Q.68 A planet is a 'heavenly body' which moves round

A. The sun
B. A star
C. A satellite of the solar system
D. The universe

Q.69 भारत में खरीफ फसल का मौसम होता है-

A. जनवरी से मार्च **B.** अप्रैल से जून
C. जुलाई से अक्टूबर **D.** दिसंबर से मार्च

Q.70 जैवमण्डल में रासायनिक पोषकों का चक्रण होता है-

A. पानी से **B.** हवा से
C. पृथ्वी से **D.** उपरोक्त सभी

Q.71 प्रोटीन संश्लेषण होता है-

A. राइबोसोम्स में
B. माइटोकॉन्ड्रिया में
C. एंडोप्लाज्मिक रेटिकुलम में
D. सेल की दीवार में

Q.72 खाद्य-श्रृंखला में उत्पादक, प्रकाश (सौर) ऊर्जा को बदलते हैं-

A. ऊष्मीय ऊर्जा में **B.** भौतिक ऊर्जा में
C. गतिज ऊर्जा में **D.** रासायनिक ऊर्जा में

Q.73 2-4 D है-

A. एक खरपतवारनाशक **B.** चूहानाशक
C. रासायनिक खाद **D.** नई किस्म की बीज

Q.74 पुनरुद्भवन की विशेष क्षमता पायी जाती है-

A. मोलस्का में **B.** कॉडेंटा में
C. पॉरीफेरा में **D.** इकाइनोडर्मेटा में

Q.75 आहार- श्रृंखला में मौजूद मेढक, टिड्डा घास और साँप में यदि घास प्रथम पोषी स्तर पर है, तो तृतीय पोषी स्तर पर होगा-

A. मेढक **B.** सांप
C. टिड्डी **D.** मेढक और सांप दोनों

Q.76 दिसम्बर 1984 में घटी भोपाल गैस दुर्घटना में किस जहरीली गैस का रिसाव हुआ था?

A. हाइड्रोजन सायनायड

B. मिथाइल आइसोसायनेट

C. कार्बन मोनोक्साइड

D. उपरोक्त में से कोई नहीं

Q.77 एक खाद्य - श्रृंखला के कुछ ही चरण हैं, क्योंकि हर चरण पर ऊर्जा-

A. घटती है

B. बढ़ती है

C. पहले घटती है फिर बढ़ती है

D. पहले बढ़ती है फिर घटती है

Q.78 आपतन कोण के बीच का कोण है:

A. प्रसंग किरण तथा दर्पण की सतह

B. परावर्तित किरण तथा दर्पण की सतह

C. सतह पर सामान्य तथा प्रसंग किरण

D. सतह पर अभिलम्ब तथा परावर्तित किरण

Q.79 स्व-सहायता समूह में, ऋण गतिविधियों के बारे में अधिकांश निर्णय निम्न द्वारा लिए जाते हैं:

A. बैंकों   **B.** सदस्य

C. गैर-सरकारी संगठन   **D.** सहयोगी

Q.80 दिए गए ग्राफ से, त्वरण का मान है-

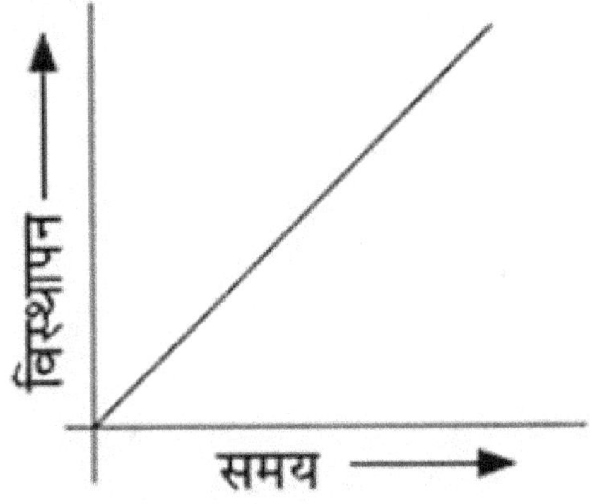

A. + ve   **B.** - ve   **C.** शून्य   **D.** परिवर्तनीय

Q.81 अश्व यदि एकाएक चलना प्रारम्भ कर दे, तो अश्वारोही के पीछे की तरफ गिरने की आशांका का कारण है-

A. जड़त्व आघूर्ण   **B.** द्रव्यमान का संरक्षण

C. विश्राम जड़त्व   **D.** गति का तीसरा नियम

Q.82 किसी प्रतिरोध से प्रवाहित होने वाली विद्युत धारा के कारण उत्पन्न ऊष्मा-

A. विद्युत् धारा के वर्ग के समानुपाती होती है

B. विद्युत् धारा के वर्ग के व्युक्रमानुपाती होती है

C. विद्युत् धारा के व्युक्रमानुपाती होती है

D. समय के व्युक्रमानुपाती होती है

Q.83 प्रकाश की एक किरण एक माध्यम, जिसका अपवर्तनांक μ_1 से चलकर दूसरे माध्यम में प्रवेश करती है। जिसका अपवर्तनांक μ_2, है, अगर आपतन कोण i तथा अपवर्तन कोण r हो, तब $\dfrac{\sin i}{\sin r}$ का मान होता है:

A. μ_1 **B.** μ_2 **C.** $\dfrac{\mu_1}{\mu_2}$ **D.** $\dfrac{\mu_2}{\mu_1}$

Q.84 दोनों द्रव्यमानों के बीच गुरुत्वाकर्षण बल का मान होगा-

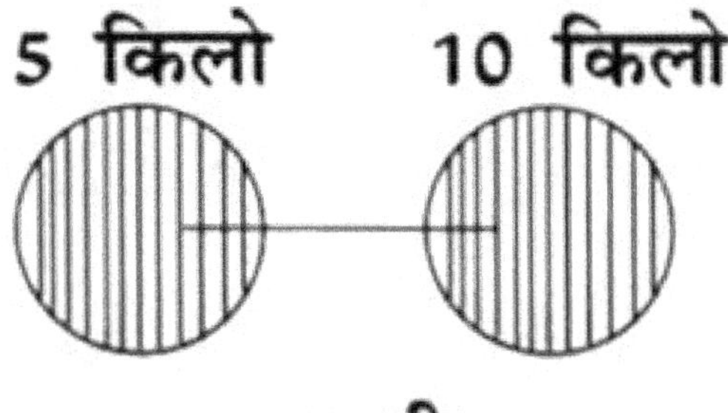

A. $\dfrac{G}{2}$ न्यूटन   **B.** $\dfrac{G}{4}$ न्यूटन   **C.** $2G$ न्यूटन   **D.** शून्य

Q.85 कोई स्थिर बल किसी वस्तु पर 100 सेकण्ड के लिए काम कर रहा है, जो वेग का मान 18 किमी/घण्टा से 36 किमी/घण्टा कर देता है। बल का मान है-

A. 25 न्यूटन   **B.** 2.5 न्यूटन

C. 2500 न्यूटन   **D.** 0.25 न्यूटन

Q.86 यदि किसी द्विघात समीकरण के मूलों का योग एवं गुणनफल क्रमश: 6 और 3 है, तो समीकरण है -

A. $x^2 - 6x + 3 = 0$ **B.** $x^2 + 6x - 3 = 0$

C. $x^2 - 3x + 6 = 0$ **D.** $x^2 + 3x - 6 = 0$

Q.87 यदि $\sqrt{1 + \dfrac{25}{144}} = 1 + \dfrac{x}{12}$ हो, तो x बराबर है -

A. 1   **B.** 2   **C.** 5   **D.** 9

Q.88 यदि एक वृत्त के त्रिज्यखण्ड की त्रिज्या R है और वह वृत्त के केन्द्र पर $x°$ का कोण बनाता है, तो त्रिज्यखण्ड का क्षेत्रफल होगा -

A. $\dfrac{x}{180} \times 2\pi R$ **B.** $\dfrac{x}{360} \times 2\pi R$

C. $\dfrac{x}{380} \times \pi R^2$ **D.** $\dfrac{x}{360} \times \pi R^2$

Q.89 दिया हुआ है कि म.स. प. $(253, 440) = 11$ और ल.स.प. $253 \times R$ तो R का मान है-

A. 400   **B.** 40   **C.** 440   **D.** 253

Q.90 एक वृत्त की जीवा केंद्र में $45°$ का कोण बनाती है। यदि वृत्त की त्रिज्या की लंबाई 28 सेमी है। तो छोटे लघुखण्ड का क्षेत्रफल है-

A. 302 सेमी²   **B.** 303 सेमी²   **C.** 308 सेमी²   **D.** 304 सेमी²

Q.91 यदि एक त्रिभुज के शीर्षाभिमुख कोण 130° है, तो उसके आधार के समद्विभाजकों के बीच का कोण होगा-

A. 65°   **B.** 100°   **C.** 130°   **D.** 155°

Q.92 गुणनफल $81 \times 82 \times 83 \times \ldots \ldots \times 89$ में इकाई का अंक होगा-

A. 0   **B.** 2   **C.** 6   **D.** 8

Q.93 यदि α और β द्विघात समीकरण $3x^2 + 8x + 2 = 0$ $x^2 + \dfrac{8}{3}x + \dfrac{2}{3} = 0$ के मूल हों, तो $\dfrac{1}{\alpha} + \dfrac{1}{\beta} = ?$

A. $-\dfrac{3}{8}$ **B.** $\dfrac{2}{3}$ **C.** -4 **D.** 4

Q.94 एक बैग में 5 लाल गेंदें और कुछ नीली गेंदें हैं। यदि नीली गेंद निकालने की संभावना लाल गेंद से दोगुनी है, तो एक बैग में नीले रंग की गेंदों की संख्या है:

A. 5　　　　**B.** 10　　　　**C.** 15　　　　**D.** 20

Q.95

$$[\csc(75°+\theta) - \sec(15°-\theta) - \tan(55°+\theta) + \cot(35°-\theta)]$$ अ

भिव्यक्ति का मान क्या है:

A. 1　　　　**B.** -1　　　　**C.** 0　　　　**D.** $\frac{1}{2}$

Ques (96-100):निर्देश: दिए गए गद्यांश को पढ़कर नीचे दिए गए प्रश्न का उत्तर दीजिये।

जब कोई वीर पुरुष किसी को क्षमा करता है तो वह सुनने और देखने में अच्छा लगता है। लेकिन जब कोई कायर और कमजोर व्यक्ति किसी को क्षमा करने की बात करता है, तो यह उपहास की बात हो जाती है। यदि हम अपने को बड़ा मानते हैं, हम बलशाली और विद्वान हैं, हम बड़े प्रबुद्ध हैं, तो फिर यही क्षमा हमारे जीवन का अलंकार बन जाता है। शिक्षक बच्चों को पढाते हैं, बच्चों का काम होता है-भूल करना। यदि शिक्षक उनकी भूलों को क्षमा कर देते हैं तो यहाँ शिक्षक की गरिमा बढ़ती है, मर्यादा बढ़ती है। इससे उनको सपि का परिचय मिलता है. लेकिन यदि बच्चों को उनकी किसी प्रकार की छोटी-मोटी भूलों के लिए सजा दी जाए, उन्हें पीटा जाए, डॉटा-फटकारा जाए, उन्हें नीचा दिखाने का प्रयास किया जाए तो उस व्यक्ति या शिक्षक को हम क्षमाशील नहीं कह सकते। ऐसा करना हमारी भूल ही होगी।

यह हमारी कौन-सी महानता होगी कि किसी ने कुछ भूल कर दी और हमने उसके बदले उसे दो हाथ लगा दिए। मनुष्य के समान कोई दूसरा आत्मघाती जीव इस संसार में खोजना मुश्किल है। इस संसार में सिर्फ मनुष्य ही एक ऐसा प्राणी है, जो सिर्फ अपना ही नुकसान करने के पीछे पड़ा रहता है। इसके सिवा संसार में ऐसा और कोई दूसरा जीव नहीं है, जो अपना नुकसान करने की ताक में लगा रहता हो। हम जो भूल करते चले जा रहे हैं, उससे हमारे ही शरीर का क्षय होता है, हमारा ही शरीर टूटता है, विकृत होता जा रहा है। फिर भी मनुष्य गलती पर गलती करता चला जा रहा है।

Q.96 कायर और कमजोर व्यक्ति का कौन-सा कार्य उपहास का कारण बन जाता है?

A. दूसरों का उपहास करना　　　**B.** दूसरों की सेवा करना
C. किसी को क्षमा करना　　　**D.** डटकर मुकाबला करना

Q.97 क्षमा हमारे जीवन का अलंकार कब बनता है?

A. जब हम किसी को क्षमा करते हैं
B. बलवान, विद्वान और प्रबुद्ध होने पर भी दूसरों को क्षमा करना
C. जब हम बढ़ा-चढ़ाकर बात करते हैं
D. जब हम पूरी तरह कमज़ोर हों

Q.98 शिक्षक की गरिमा और मर्यादा कब बढ़ती है?

A. जब वह छात्रों को दण्ड देता है।
B. जब वह शिक्षक के काप को केवल नौकरी समझता है।
C. जब शिक्षक छात्रों की भूलों को क्षमा कर देता है।
D. जब वह छात्रों की बात को अनसुनी करता है।

Q.99 मनुष्य को आत्मघाती जीव क्यों कहा जाता है?

A. मनुष्य सभी का हित चाहता है
B. मनुष्य के समान हितकारी कोई नहीं है
C. मनुष्य केवल अपना हित करता है
D. मनुष्य हमेशा अपना नुकसान करने को तत्पर रहता है

Q.100 'गरिमा' का विशेषण बनाइए।

A. गौरव　　　　**B.** लघिमा
C. गरिमामय　　　　**D.** गरिमा बाला

// स्मार्ट उत्तर पुस्तिका //

सही उत्तर — उन छात्रों के प्रतिशत को इंगित करता है जिन्होंने प्रश्नों का सही उत्तर दिया था।

छोड़ दिया — उन छात्रों के प्रतिशत को इंगित करता है जिन्होंने प्रश्नों को छोड़ दिया था।

प्रश्न संख्या	उत्तर	सही उत्तर / छोड़ दिया	प्रश्न संख्या	उत्तर	सही उत्तर / छोड़ दिया	प्रश्न संख्या	उत्तर	सही उत्तर / छोड़ दिया	प्रश्न संख्या	उत्तर	सही उत्तर / छोड़ दिया	प्रश्न संख्या	उत्तर	सही उत्तर / छोड़ दिया
1	D	76.92 % / 0.0 %	17	D	68.6 % / 1.21 %	33	A	16.17 % / 3.49 %	49	D	84.36 % / 0.0 %	65	B	45.53 % / 1.84 %
2	C	64.2 % / 1.81 %	18	D	65.29 % / 1.8 %	34	A	41.23 % / 1.44 %	50	D	65.11 % / 1.25 %	66	A	55.67 % / 1.05 %
3	D	41.95 % / 1.92 %	19	B	61.11 % / 1.44 %	35	C	49.77 % / 1.9 %	51	A	52.87 % / 1.64 %	67	B	47.81 % / 1.99 %
4	A	44.07 % / 1.33 %	20	D	13.62 % / 4.15 %	36	B	81.04 % / 0.0 %	52	A	88.34 % / 0.0 %	68	A	83.18 % / 0.0 %
5	A	48.69 % / 1.51 %	21	D	43.04 % / 1.53 %	37	A	45.4 % / 1.99 %	53	A	48.09 % / 1.25 %	69	C	43.0 % / 1.1 %
6	A	59.04 % / 1.91 %	22	A	65.71 % / 1.2 %	38	C	87.02 % / 0.0 %	54	C	65.32 % / 1.71 %	70	D	43.0 % / 1.47 %
7	A	42.75 % / 1.3 %	23	B	52.01 % / 1.22 %	39	A	62.01 % / 1.12 %	55	A	78.31 % / 0.0 %	71	A	46.6 % / 1.77 %
8	A	48.84 % / 1.08 %	24	A	55.66 % / 1.82 %	40	B	50.45 % / 1.96 %	56	C	63.39 % / 1.65 %	72	D	43.09 % / 1.05 %
9	C	46.62 % / 1.07 %	25	A	84.81 % / 0.0 %	41	C	52.6 % / 1.1 %	57	C	59.35 % / 1.62 %	73	A	46.65 % / 1.94 %
10	A	48.77 % / 1.12 %	26	C	88.48 % / 0.0 %	42	A	59.52 % / 1.78 %	58	D	46.57 % / 1.69 %	74	C	28.95 % / 4.45 %
11	C	62.29 % / 1.78 %	27	C	60.71 % / 1.9 %	43	D	47.32 % / 1.08 %	59	D	63.41 % / 1.03 %	75	A	58.12 % / 1.9 %
12	C	54.28 % / 1.0 %	28	B	67.12 % / 1.42 %	44	D	40.79 % / 1.01 %	60	C	44.21 % / 1.42 %	76	B	69.33 % / 1.47 %
13	A	88.55 % / 0.0 %	29	C	17.63 % / 3.49 %	45	C	78.29 % / 0.0 %	61	B	51.6 % / 1.64 %	77	A	64.88 % / 1.03 %
14	B	58.0 % / 1.75 %	30	A	62.15 % / 1.61 %	46	C	48.29 % / 1.34 %	62	D	50.98 % / 1.28 %	78	C	60.03 % / 1.7 %
15	B	65.95 % / 1.65 %	31	A	61.28 % / 1.67 %	47	C	59.96 % / 1.74 %	63	D	63.46 % / 1.03 %	79	B	46.96 % / 1.48 %
16	A	68.62 % / 1.86 %	32	C	52.13 % / 1.47 %	48	C	61.56 % / 1.36 %	64	D	42.65 % / 1.77 %	80	C	44.83 % / 1.71 %

प्रश्न संख्या	उत्तर	सही उत्तर / छोड़ दिया
81	C	21.99 % / 3.25 %
82	A	64.03 % / 1.34 %
83	D	20.4 % / 4.29 %
84	A	45.25 % / 1.1 %

प्रश्न संख्या	उत्तर	सही उत्तर / छोड़ दिया
85	D	12.04 % / 4.14 %
86	A	40.12 % / 1.25 %
87	A	65.98 % / 1.2 %
88	D	46.56 % / 1.64 %

प्रश्न संख्या	उत्तर	सही उत्तर / छोड़ दिया
89	B	68.15 % / 1.63 %
90	C	43.49 % / 1.37 %
91	D	63.74 % / 1.16 %
92	A	45.08 % / 1.67 %

प्रश्न संख्या	उत्तर	सही उत्तर / छोड़ दिया
93	C	52.46 % / 1.27 %
94	B	12.33 % / 4.89 %
95	C	21.97 % / 3.88 %
96	C	88.45 % / 0.0 %

प्रश्न संख्या	उत्तर	सही उत्तर / छोड़ दिया
97	B	86.94 % / 0.0 %
98	C	83.18 % / 0.0 %
99	D	45.13 % / 1.53 %
100	C	59.69 % / 1.78 %

कार्य विश्लेषण

औसत अंक (%)	61.0%
टॉपर्स स्कोर (%)	71.0%
आपका स्कोर	

//संकेत और समाधान//

1. झारखंड के पूर्व राज्यपाल और राष्ट्रीय जनतांत्रिक गठबंधन की उम्मीदवार द्रौपदी मुर्मू को 21 जुलाई 2022 को भारत के 15वें राष्ट्रपति के रूप में चुना गया है।

वह इस पद के लिए चुनी जाने वाली पहली आदिवासी महिला हैं और सबसे कम उम्र की भी हैं।

उन्होंने निर्वाचक मंडल के वोटों का 64.03% जीतकर विपक्षी उम्मीदवार यशवंत सिन्हा को हराया।

अत: विकल्प (D) सही है।

2. एफ 1 चैंपियन मैक्स वेरस्टैपेन को 2022 लॉरियस स्पोर्ट्समैन ऑफ द ईयर चुना गया है।

जमैका ओलंपिक स्प्रिंटर एलेन थॉम्पसन-हेरा को स्पोर्ट्सवुमेन ऑफ द ईयर चुना गया है।

अतः विकल्प (C) सही है।

3. INS घड़ियाल, मिशन SAGAR IX के हिस्से के रूप में, 29 अप्रैल 2022 को कोलंबो पहुंचा और 107 प्रकार की महत्वपूर्ण जीवनरक्षक दवाओं के 760 किलोग्राम से अधिक का वितरण किया। इसका उद्देश्य चल रहे संकट के दौरान श्रीलंका को महत्वपूर्ण चिकित्सा सहायता प्रदान करना था। मई 2020 से, भारतीय नौसेना ने 18 मित्र देशों गें दस जहाजों को तैनात करते हुए, ऐसे आठ मिशन सफलतापूर्वक संपन्न किए हैं।

अतः विकल्प (D) सही है।

4. राफेल नडाल ने मेक्सिको के अकापुल्को में आयोजित मैक्सिकन ओपन 2022 जीता है। नडाल, जिन्होंने पहली बार 2005 में खिताब जीता था और 2013 और 2020 में इसे फिर से लिया था, ने एक सेट गिराए बिना अकापुल्को ड्रॉ के माध्यम से 2022 के अपने तीसरे सीधे खिताब का दावा किया।

अतः विकल्प (A) सही है।

5. रूस को यूईएफए द्वारा चैंपियंस लीग फाइनल की मेजबानी से 25 फरवरी 2022 को हटा दिया गया था और यूक्रेन पर रूस के आक्रमण के बाद सेंट पीटर्सबर्ग की जगह पेरिस ने ले ली थी। फ्रांस ने आखिरी बार 16 साल पहले चैंपियंस लीग फाइनल की मेजबानी की थी, जब बार्सिलोना ने 2006 के फाइनल में आर्सेनल को हराया था।

अतः विकल्प (A) सही है।

6. ऑयल इंडिया लिमिटेड ने 20 अप्रैल 2022 को असम में अपने जोरहाट पंप स्टेशन पर भारत का पहला 99.999% शुद्ध हरित हाइड्रोजन पायलट संयंत्र चालू किया। इसकी प्रति दिन 10 किलोग्राम की स्थापित क्षमता है और इसे 3 महीने के रिकॉर्ड समय में चालू किया गया था। संयंत्र मौजूदा 500kW सौर संयंत्र द्वारा 100 kW आयन एक्सचेंज मेम्ब्रेन (AEM) इलेक्ट्रोलाइज़र ऐरे का उपयोग करके उत्पन्न बिजली से हरित हाइड्रोजन का उत्पादन करता है।

भारत में पहली बार AEM तकनीक का इस्तेमाल किया जा रहा है। इस संयंत्र से भविष्य में हरित हाइड्रोजन का उत्पादन 10 किलो प्रति दिन से बढ़ाकर 30 किलो प्रतिदिन करने की उम्मीद है। कंपनी ने प्राकृतिक गैस के साथ हरित हाइड्रोजन के सम्मिश्रण और OIL के मौजूदा बुनियादी ढांचे पर इसके प्रभाव पर IIT गुवाहाटी के सहयोग से एक विस्तृत अध्ययन शुरू किया है। कंपनी मिश्रित ईंधन के वाणिज्यिक अनुप्रयोगों के लिए उपयोग के मामलों का अध्ययन करने की भी योजना बना रही है।

अतः विकल्प (A) सही है।

7. बेंगलुरु में इंडिया ग्लोबल फोरम (IGF) 7 और 8 मार्च 2022 को आयोजित किया किया गया था। IGF अंतर्राष्ट्रीय व्यापार और वैश्विक नेताओं के लिए एजेंडा-सेटिंग फोरम है।

इसमें कौशल विकास एवं उद्यमिता राज्य मंत्री श्री. राजीव चंद्रशेखर भाग लेंगे। यह बेंगलुरु में IGF का पहला संस्करण है। पिछले संस्करणों की मेजबानी दुबई और UK में की गई थी।

अतः विकल्प (A) सही है।

8. मीराबाई चानू ने सिंगापुर इंटरनेशनल में भारोत्तोलन में स्वर्ण पदक जीता।

भारोत्तोलन में 2020 टोक्यो ओलंपिक की रजत पदक विजेता, मीराबाई चानू ने 25 फरवरी 2022 को चल रहे सिंगापुर इंटरनेशनल में स्वर्ण पदक जीता। इस जीत ने उन्हें बर्मिंघम में आगामी 2022 राष्ट्रमंडल खेलों में एक स्थान सुरक्षित करने में भी मदद की। नए भार वर्ग —55 किग्रा में प्रतिस्पर्धा करते हुए चानू ने स्नैच में कुल 191 किग्रा- 86 किग्रा और क्लीन एंड जर्क में 105 किग्रा भार उठाकर स्वर्ण पदक जीता।

अतः विकल्प (A) सही है।

9. बिहार के युवा वैज्ञानिक डॉ. उज्जवल वर्मा और उनकी टीम ने बैक्टीरिया की पहचान के लिए एक नई तकनीक का आविष्कार किया है। कदमकुआं पटना के रहने वाले और कर्नाटक के मणिपाल इंस्टीट्यूट ऑफ टेक्नोलॉजी में इलेक्ट्रॉनिक्स एंड कम्युनिकेशन इंजीनियरिंग के प्रोफेसर डॉ. उज्जवल वर्मा ने चीनी को धागों गें डालकर और बैक्टीरिगा को खिलाने के लिए कल्चर डिश में डालकर चीनी के रासायनिक परिवर्तन को देखा है।

अतः विकल्प (C) सही है।

10. लार्सन एंड टुब्रो (एलएंडटी) ने हरित हाइड्रोजन प्रौद्योगिकी के सह-शोध और विकास के लिए बॉम्बे, महाराष्ट्र में भारतीय प्रौद्योगिकी संस्थान के साथ एक समझौते पर हस्ताक्षर किए। इस साझेदारी के तहत, एलएंडटी अपनी इंजीनियरिंग विशेषज्ञता, उत्पाद स्केल-अप और व्यावसायीकरण की जानकारी का उपयोग करेगा, जबकि आईआईटी बॉम्बे स्वदेशी वैश्विक-प्रतिस्पर्धी प्रौद्योगिकियों को विकसित करने के लिए हाइड्रोजन प्रौद्योगिकियों और विश्व स्तरीय प्रौद्योगिकीविदों में अपने अत्याधुनिक अनुसंधान का उपयोग करेगा।

अतः विकल्प (A) सही है।

11.

- रोमन कैथोलिक चर्च का केन्द्र रोम मे था।
- कैथोलिक चर्च की सीट के रूप में वेटिकन का इतिहास 4 वीं शताब्दी में रोम में सेंट पीटर की कब्र के ऊपर एक बेसिलिका के निर्माण के साथ शुरू हुआ।
- यह क्षेत्र एक लोकप्रिय तीर्थ स्थल और वाणिज्यिक जिले में विकसित हुआ।

अतः विकल्प (C) सही है।

12.

- इटली पुनर्जागरण का केंद्र बना।
- 14 वीं सदी के अंत में, एक मुट्ठी भर इतालवी विचारकों ने घोषणा की कि वे एक नए युग में रह रहे हैं।
- उन्होंने कहा कि "मध्य युग" खत्म हो गया, नया युग सीखने और साहित्य, कला और संस्कृति का "पुनर्जन्म" होगा।

अतः विकल्प (C) सही है।

13.

- रेजिनाल्ड डायर ने 'जलियांवाला बाग' नरसंहार का आदेश दिया।

- कर्नल रेजिनाल्ड एडवर्ड हैरी डायर - जिसे अमृतसर का कसाई भी कहा जाता है।

- जलियांवाला बाग नरसंहार को अमृतसर का नरसंहार भी कहा जाता है, 13 अप्रैल, 1919 की घटना, जिसमें ब्रिटिश सैनिकों ने एक खुले स्थान पर निहत्थे भारतीयों की एक बड़ी भीड़ पर पंजाब क्षेत्र में अमृतसर (अब पंजाब राज्य में) में जलियांवाला बाग के नाम से गोलीबारी की। भारत के, कई सौ लोगों को मार डाला और कई सैकड़ों को घायल कर दिया।

अतः विकल्प (A) सही है।

14.

- भारत में धर्मनिरपेक्षता का अर्थ है राज्य द्वारा सभी धर्मों का समान व्यवहार।

- 1976 में लागू भारत के संविधान के 42वें संशोधन के साथ संविधान की प्रस्तावना में जोर देकर कहा गया कि भारत एक धर्मनिरपेक्ष राष्ट्र है।

- भारत में आधिकारिक राज्य धर्म नहीं है।

अतः विकल्प (B) सही है।

15.

- स्वामी दयानंद सरस्वती को भारत के मार्टिन लूथर के रूप में जाना जाता है।

- स्वामी दयानंद सरस्वती ने महिलाओं के लिए समान अधिकारों को बढ़ावा देकर हमारे समाज में योगदान दिया, जैसे कि महिलाओं के लिए शिक्षा का अधिकार, भारतीय धर्मग्रंथों को पढ़ना।

- उन्होंने अछूतों की स्थिति के उत्थान की कोशिश की।

अतः विकल्प (B) सही है।

16. राजीव गांधी ने भारतीय शांति सेना को श्रीलंका भेजा।

कारण-

- श्रीलंका में गृहयुद्ध को समाप्त करना।

- भारत को डर था कि अगर श्रीलंका में तमिलों को आजादी मिल जाती है तो भारत में तमिल अलगाववादी ताकतें भारत के लिए अखंडता का सवाल पैदा कर सकती हैं।

- यह नया देश सुरक्षा का मुद्दा था क्योंकि इसका नेतृत्व चरमपंथी लोगों ने किया था।

अतः विकल्प (A) सही है।

17.

- बहुजन समाज पार्टी (बसपा) भारत की तीसरी सबसे बड़ी राष्ट्रीय राजनीतिक पार्टी है।

- इसका गठन बहुजनों का प्रतिनिधित्व करने के लिए किया गया था, जिसमें अनुसूचित जातियों, अनुसूचित जनजातियों और अन्य पिछड़ी जातियों के लोगों के साथ-साथ अन्य धार्मिक अल्पसंख्यकों का उल्लेख किया गया था।

अतः विकल्प (D) सही है।

18. जज को हटाने का प्रस्ताव संसद के दोनों सदनों में विशेष बहुमत के साथ पारित किया जाना चाहिए, जबकि पद से हटाने का फैसला राष्ट्रपति द्वारा लिया जाता है।

संविधान का अनुच्छेद 124 (4):

- अनुच्छेद में कहा गया है कि सर्वोच्च न्यायालय के एक न्यायाधीश को राष्ट्रपति के एक आदेश के अलावा उनके कार्यालय से नहीं हटाया जा सकता है।

- उस सदन की कुल सदस्यता के बहुमत से समर्थित संसद के प्रत्येक सदन द्वारा आदेश पारित किया जाना चाहिए।

- बहुमत को उस सदन के दो तिहाई सदस्यों से कम नहीं होना चाहिए।

अतः विकल्प (D) सही है।

19.

- संप्रभुता एक सरकार का अधिकार है कि वह अपने क्षेत्र पर पूर्ण नियंत्रण करे।

- एक संप्रभु सरकार देश, पानी, या हवा में कानूनों का एकमात्र निर्माता है जहां अंतरराष्ट्रीय कानून कहता है कि यह संप्रभु है।

- संप्रभुता किसी राज्य या राज्य को शासित करने का अधिकार है जो स्वशासी है।

- संप्रभुता का एक उदाहरण एक राजा की शक्ति अपने लोगों पर शासन करने के लिए है।

अतः विकल्प (B) सही है।

20.

- भारत सरकार ने 1986 में राष्ट्रीय शिक्षा नीति शुरू की थी।

- इसका मुख्य उद्देश्य समाज के सभी वर्गों को शिक्षा प्रदान करना था, जिसमें अनुसूचित जातियों, अनुसूचित जनजातियों, अन्य पिछड़ा वर्ग और महिलाओं पर विशेष ध्यान दिया गया, जो सदियों से शैक्षिक अवसरों से वंचित थे।

अतः विकल्प (D) सही है।

21.

- अब्राहम लिंकन के शब्दों में अपने देश की स्वतंत्रता के लिए अपने प्राणों की आहुति देने वाले "लोगों की सरकार, लोगों द्वारा, लोगों के लिए, पृथ्वी से नाश नहीं होगी" का सम्मान सफल लोकतंत्र की प्रकृति को दर्शाता है।

- लोकतंत्र सरकार की एक जीवित प्रणाली है जिसे केवल बार-बार पुनर्निर्मित करके समृद्ध किया जा सकता है।

- यह एक जनमत संग्रह द्वारा मजबूत किया जा सकता है यदि किसी प्रश्न का उत्तर साधारण हां या नहीं में दिया जा सकता है।

अतः विकल्प (D) सही है।

22.

- जातिवाद कुछ जातियों को दूसरी जातियों से उत्कृष्ट मानना और भिन्न जाति के लोगों से अनुचित व्यवहार करना है।

- रंगभेद एक ऐसी नीति है जो दक्षिण अफ्रीका के श्वेत अल्पसंख्यक और गैर-श्वेत बहुमत के बीच संबंधों को नियंत्रित करती है और गैर-श्वेतों के खिलाफ नस्लीय अलगाव और राजनीतिक और आर्थिक भेदभाव को मंजूरी देती है।

- रंगभेद प्रणाली के तहत, दक्षिण अफ्रीकी लोगों को चार अलग-अलग जातियों में वर्गीकृत किया गया था: सफेद, काले, रंगीन और भारतीय / एशियाई, लगभग 80% दक्षिण अफ्रीकी आबादी को काले रंग में वर्गीकृत किया गया, 9% को सफेद, 9% को रंगीन और 2% भारतीय / एशियाई के रूप में वर्गीकृत किया गया।

अतः विकल्प (A) सही है।

23.

- डॉ. अंबेडकर का जन्म मध्य प्रदेश के महू में हुआ था। हालाँकि, उनके पिता महाराष्ट्र के रत्नागिरी जिले के अंबादे गाँव के निवासी थे।

- डॉ. अंबेडकर नगर, जिसे आमतौर पर महू के रूप में जाना जाता है, भारत के मध्य प्रदेश राज्य में इंदौर जिले में एक छावनी है।
- यह इंदौर शहर से 23 किलोमीटर दक्षिण-पश्चिम में मुंबई-आगरा रोड पर स्थित है।
- मध्य प्रदेश सरकार द्वारा इस शहर का नाम बदलकर 2003 में डॉ. अंबेडकर नगर रखा गया।

अतः विकल्प (B) सही है।

24.

- महिलाओं के मताधिकार से सम्बन्धित सफ्रागेट्स मूवमेन्ट ग्रेट ब्रिटेन में चलाया गया था।
- महिला मताधिकार आंदोलन महिलाओं को वोट देने और पद के अधिकारो के लिए संघर्ष था।
- 19वीं सदी के मध्य में, कई देशों में महिलाये-सबसे विशेष रूप से, अमेरिका और ब्रिटेन-मताधिकार के लिए लड़ने के लिए संगठनों का गठन किया।

अतः विकल्प (A) सही है।

25. राज्यसभा एक स्थायी सदन है और यह विघटन के अधीन नहीं है। हालांकि राज्यसभा के एक तिहाई सदस्य हर दूसरे साल के बाद रिटायर हो जाते हैं। एक सदस्य जो पूर्ण अवधि के लिए चुना जाता है वह छह वर्ष की अवधि के लिए कार्य करता है।

अतः विकल्प (A) सही है।

26. संघ की विधायिका, जिसे संसद कहा जाता है, में राष्ट्रपति और दो सदन होते हैं, जिन्हें राज्य परिषद (राज्यसभा) और लोगों की सभा (लोकसभा) के नाम से जाना जाता है।

अतः विकल्प (C) सही है।

27.

- आतंक का राज 5 सितंबर, 1793 को शुरू हुआ, जिसमें रॉब्सपियर ने घोषणा की कि आतंक 'दिन का क्रम' होगा। यह 27 जुलाई 1794 को समाप्त हुआ, जब रॉब्सपियर को सत्ता से हटा दिया गया और निष्पादित किया गया।
- फ्रांसीसी क्रांति के दौरान आतंक का शासनकाल एक काला और हिंसक दौर था।
- रैडिकल क्रांतिकारीयो ने सरकार का नियंत्रण ले लिया।

अतः विकल्प (C) सही है।

28.

- गाँधी-इरविन समझौता, 5 मार्च, 1931 को भारतीय राष्ट्रवादी आंदोलन के नेता मोहनदास क. गांधी और लॉर्ड इरविन (बाद में लॉर्ड हैलिफ़ैक्स), भारत के ब्रिटिश वायसराय (1926-31) के बीच हस्ताक्षरित समझौता।
- यह ब्रिटिश शासन के खिलाफ भारत में सविनय अवज्ञा (सत्याग्रह) की अवधि के अंत को चिह्नित करता है जिसे गांधी और उनके अनुयायियों ने नमक मार्च (मार्च-अप्रैल 1930) के साथ शुरू किया था।

अतः विकल्प (B) सही है।

29.

- राष्ट्र संघ में 58 सदस्य राष्ट्र शामिल थे।
- राष्ट्र संघ को आधिकारिक रूप से वर्साय की संधि द्वारा स्थापित किया गया था।

- राष्ट्र संघ 10 जनवरी, 1920 को प्रथम विश्व युद्ध के अंत में विजयी मित्र देशों की शक्तियों की पहल पर स्थापित अंतर्राष्ट्रीय सहयोग के लिए एक संगठन था।
- विश्व शांति की स्थापना के प्रयास में राष्ट्र संघ का गठन किया गया था। इसके सदस्य देशों ने देशों के बीच विवादों को निपटाने में मदद करके युद्धों को रोकने की आशा की। संघ ने निष्पक्ष श्रम स्थितियों को स्थापित करने, वैश्विक स्वास्थ्य में सुधार, वैश्विक हथियारों के व्यापार को नियंत्रित करने और यूरोप में अल्पसंख्यकों की रक्षा करने का भी लक्ष्य रखा।

अतः विकल्प (C) सही है।

30.

- आसफ जाह ने 1724 में हैदराबाद राज्य की स्थापना की।
- हैदराबाद राज्य की स्थापना निज़ाम अल-मुल्क (आसफ जाह) द्वारा की गई थी, जो 1713 से 1721 तक मुग़ल बादशाहों के अधीन दक्खन (प्रायद्वीपीय भारत) के वाइसराय थे और जिन्होंने 1724 में आसफ़ जाह के तहत फिर से इस पद पर कार्य फिर से शुरू किया।

अतः विकल्प (A) सही है।

31.

- बनिहाल दर्रा पीर पंजाल रेंज में 2,832 मीटर की अधिकतम ऊंचाई पर एक पहाड़ी दर्रा है।
- यह जम्मू और कश्मीर के मध्य क्षेत्र में कश्मीर घाटी को बाहरी हिमालय और दक्षिण में मैदानी इलाकों से जोड़ता है।
- कश्मीरी भाषा में 'बनिहाल' का मतलब बर्फ़ीला तूफ़ान है।

अतः विकल्प (A) सही है।

32. कोलकाता भारतीय वनस्पति सर्वेक्षण का मुख्यालय है।

इसमें निम्नलिखित इकाइयां शामिल हैं:

- क्रिप्टोगेमी
- पर्यावरण-विज्ञान
- पुस्तकालय
- फार्माकोग्नोसी
- प्लांट केमिस्ट्री
- प्रकाशन और तकनीकी

अतः विकल्प (C) सही है।

33. हेरिटिएरा फॉर्म्स परिवार मालवासे में मैंग्रोव वृक्ष की एक प्रजाति है। इसके सामान्य नामों में सुंदर, सुंदरी, जेकानाज़ो और पिनलेकनज़ो शामिल हैं। यह बांग्लादेश और भारत के सुंदरबन की प्रमुख मैंग्रोव वृक्ष प्रजाति है और इसमें लगभग 70% पेड़ शामिल हैं।

अतः विकल्प (A) सही है।

34. एक हेलोफाइट एक ऐसा पौधा है जो उच्च लवणता के पानी में बढ़ता है वह अपनी जड़ों के माध्यम से या नमक स्प्रे द्वारा नमकीन पानी के संपर्क में जाता है, नमकीन पानी जैसे नमकीन अर्ध-रेगिस्तान, मैंग्रोव दलदल, दलदल, और स्लाव, और समुद्र तट।

अतः विकल्प (A) सही है।

35.

- कोसी नदी को कोशी भी कहा जाता है, जिसे बिहार का शोक कहा जाता है।

- कोशी की लंबाई लगभग 720 किमी लंबी है और यह तिब्बत, नेपाल और बिहार में लगभग 74,500 किमी² के क्षेत्र में फैली है।

- बारिश के मौसम में सबसे ज्यादा समय राज्य को प्रभावित करने के कारण नदी ने बिहार का नाम रोशन किया।

- बाढ़ कृषि भूमि को प्रभावित करती है और ग्रामीण अर्थव्यवस्था को नष्ट करती है। इस नदी से आने वाली बाढ़ से लगभग 21,000 किमी² क्षेत्र प्रभावित होता है।

अतः विकल्प (C) सही है।

36.

- चंद्रमा पृथ्वी के चारों ओर एक प्रतिवर्त दिशा में घूमता है।

- घूर्णन की अवधि लगभग 28 दिन है।

- एक खगोलीय वस्तु की घूर्णन अवधि वह समय है जब वस्तु पृष्ठभूमि सितारों के सापेक्ष घूर्णन की अपनी धुरी के चारों ओर एक घूर्णन को पूरा करने में लग जाती है। यह वस्तु के सौर दिवस से अलग है।

अतः विकल्प (B) सही है।

37. तमिलनाडु में सर्दियों के मौसम में उत्तर-पूर्व व्यापारिक हवाओं से सबसे अधिक बारिश होती है। इसके अलावा, इस अवधि के दौरान बंगाल की खाड़ी में कई कम दबाव वाले सिस्टम विकसित होते हैं और तमिलनाडु के पूर्वी तट की ओर बढ़ते हैं जिससे भारी वर्षा होती है।

अतः विकल्प (A) सही है।

38.

- गोदावरी प्रायद्वीपीय भारत की सबसे बड़ी नदी है और भारतीय प्रायद्वीप में सबसे बड़ा जलग्रहण क्षेत्र नदी भी है।

- गोदावरी को दक्षिण गंगा के रूप में भी जाना जाता है - दक्षिण गंगा, गंगा के बाद भारत की दूसरी सबसे लंबी नदी, प्रायद्वीपीय भारत की सबसे लंबी नदी।

- यह त्र्यंबकेश्वर, नासिक (महाराष्ट्र) से निकलती है और बंगाल की खाड़ी में विचरण करने से पहले छत्तीसगढ़, तेलंगाना और आंध्र प्रदेश राज्यों के माध्यम से अपनी यात्रा के दौरान कुल 1465 किलोमीटर की दूरी तय करती है।

अतः विकल्प (C) सही है।

39.

- बेसल कन्वेंशन सतत विकास ज्ञान मंच के लिए है।

- खतरनाक कचरे के ट्रांसबाउंड्री आंदोलनों के नियंत्रण पर बेसल कन्वेंशन और उनके निपटान को 22 मार्च 1989 को बेसल, स्विट्जरलैंड में प्लेनिपोटेंटियरीज के सम्मेलन द्वारा अपनाया गया और 1992 में लागू हुआ।

अतः विकल्प (A) सही है।

40.

- भारत की पहली पैसेंजर ट्रेन को छत्रपति शिवाजी टर्मिनस और ठाणे के बीच चलाया गया था। इसने 57 मिनट में 21 मील की दूरी कवर की, इसे 16 अप्रैल, 1853 को दोपहर 3:35 बजे रवाना किया गया था।

- यह एक भाप इंजन द्वारा संचालित यात्री ट्रेन थी।

- लॉर्ड डलहौजी को भारतीय रेलवे के पिता के रूप में जाना जाता है।

अतः विकल्प (B) सही है।

41.

- गोरखपुर जंक्शन रेलवे स्टेशन (स्टेशन कोड: GKP) भारत के उत्तर प्रदेश राज्य के गोरखपुर शहर में स्थित है।

- इसके पास दुनिया का सबसे लंबा रेलवे प्लेटफॉर्म है।

- यह पूर्वोत्तर रेलवे के मुख्यालय के रूप में कार्य करता है। स्टेशन कक्षा A-1 की सुविधा प्रदान करता है।

अतः विकल्प (C) सही है।

42.

- सूती कपड़ा उद्योग भारी उद्योग नहीं है।

- भारी उद्योग एक ऐसा उद्योग है जिसमें बड़े या भारी उत्पाद, बड़े और भारी उपकरण, और सुविधाएं (जैसे भारी उपकरण, बड़ी मशीन उपकरण, विशाल इमारतें और बड़े पैमाने पर बुनियादी ढाँचा) और जटिल प्रक्रियाएँ शामिल हैं।

अतः विकल्प (A) सही है।

43.

- पंजाब में ऊनी कपड़ा उद्योग का अग्रणी केंद्र पानीपत है।

- पंजाब ऊनी वस्तुओं के निर्माण में अन्य सभी राज्यों का नेतृत्व करता है। धारीवाल सबसे बड़ा केंद्र है। अन्य केंद्र अमृतसर, लुधियाना और खरड़ हैं। इस उद्योग को भाखड़ा नंगल डैम से पनबिजली और कश्मीर व कुमाऊं क्षेत्रों से ऊन का लाभ मिलता है।

अतः विकल्प (D) सही है।

44. समय की लंबी अवधि में वायुमंडलीय स्थिति के सामान्यीकरण को जलवायु कहा जाता है। यह किसी विशेष क्षेत्र में मौसम का दीर्घकालिक पैटर्न है।

निम्नलिखित कारक हैं जो किसी भी स्थान की जलवायु को प्रभावित करते हैं:

- भूमध्य रेखा से दूरी: भूमध्य रेखा के पास स्थित स्थानों में भूमध्य रेखा से दूर स्थित स्थानों की तुलना में अधिक गर्म जलवायु होती है क्योंकि वे सीधे सूर्य की किरणें प्राप्त करते हैं।

- ऊंचाई: ऊंचाई पर स्थित स्थानों की तुलना में मैदानी इलाकों की तुलना में अधिक ठंडी जलवायु होती है।

- प्रचलित हवाएँ: जिन स्थानों पर तट पर चलने वाली हवाओं का अनुभव होता है, वहाँ से दूर-दूर की हवाओं का अनुभव करने वाले स्थानों की तुलना में अधिक वर्षा होती है।

- महासागरीय धाराएँ: गर्म धाराओं पर उड़ने वाली हवाएँ ठंडी धाराओं पर बहने वाली हवाओं की तुलना में अधिक वर्षा लाती हैं।

- समुद्र से दूरी: समुद्र के पास स्थित क्षेत्र मध्यम जलवायु का अनुभव करते हैं, जबकि समुद्र से दूर स्थित क्षेत्र अत्यधिक जलवायु का अनुभव करते हैं।

अतः विकल्प (D) सही है।

45. रीतिवाचक क्रिया विशेषण की परिभाषा:

- ऐसे अविकारी शब्द जो हमें क्रिया के होने के तरीके या विधि के बारे में बताते हैं, वे शब्द रीतिवाचक क्रियाविशेषण कहलाते हैं।

- जैसे: खरगोश तेज़ दौड़ता है। इस वाक्य में दौड़ना क्रिया है एवं तेज़ शब्द से हमें दौड़ने कि रफ़्तार अथवा विधि पता चल रही है। जो भी शब्द हमें किसी क्रिया के होने के तरीके का बोध कराते हैं वे शब्द रीतिवाचक क्रियाविशेषण कहलाते हैं।

- 'शांति से बैठकर अपना कार्य कीजिए वाक्य में रेखांकित शब्द रीतिवाचक क्रियाविशेषण का प्रकार है।

अतः विकल्प (C) सही है।

46. योगिक सर्वनाम वे होते हैं जो मूल सर्वनामों में प्रत्यय लगाने से बनते हैं। सर्वनाम का रूपांतरित रूप जो संज्ञा की विशेषता बताता है उसे यौगिक सार्वनामिक विशेषण कहते हैं।

जैसे :- ऐसा आदमी, कैसा घर, जैसा देश, उतना काम आदि।

'यह घर मेरा और वह तुम्हारा' रेखांकित शब्द सार्वनामिक विशेषण है।

उदाहरण: अगर तुम्हें कोई ऐसा आदमी दिखाई दे तो मुझे तुरंत खबर करना।

अतः विकल्प (C) सही है।

47. परिमाणवाचक विशेषण: "वह विशेषण जो अपने विशेष्यों की निश्चित अथवा अनिश्चित मात्रा (परिमाण) का बोध कराए वह 'परिमाणवाचक विशेषण' कहलाता है।"

तुम जितना खाओगे उतने ही ताकतवर बनोगे मे परिमाणवाचक-क्रियाविशेषण है।

अतः विकल्प (C) सही है।

48. बहुव्रीहि समास की परिभाषा:

"अन्यपदार्थप्रधानो बहुव्रीहिः" 'अनेकमन्यपदार्थ'- बहुव्रीहि समास में समस्तपदों में विद्यमान दो में से कोई पद प्रधान न होकर तीसरे अन्य पद की प्रधानता होती है। इसमें अनेक प्रथमान्त सुबन्त पदों का समस्यमान पदों से अन्य पद के अर्थ में बहुव्रीहि समास होता है। जैसे- शुक्लम् अम्बरं यस्याः सा = शुक्लाम्बरा, लम्बं उदरं यस्य सः = लम्बोदरः, महान् आत्मा यस्य सः = महात्मा ।

बहुव्रीहि समास के उदाहरण:

शुक्लम् अम्बरं यस्याः सा = शुक्लाम्बरा

लम्बं उदरं यस्य सः = लम्बोदरः

महान् आत्मा यस्य सः = महात्मा

अतः विकल्प (C) सही है।

49. पाठ + शाला = पाठशाला के मेल को संयोग कहा जाएगा।

दो अलग-अलग शब्दों का आपस में योग संयोग कहलाता है।

अतः विकल्प (D) सही है।

50.

- खट्टे फल, अमरूद, टमाटर, ब्रोकली, पपीता, मटर आदि में विटामिन सी मौजूद होता है।
- विटामिन सी पानी में घुलनशील विटामिन होता है। सामान्य विकास और विकास के लिए इसकी जरूरत है।
- विटामिन की बची हुई मात्रा मूत्र के माध्यम से शरीर को छोड़ देती है। हालांकि शरीर में इन विटामिनों का एक छोटा सा भंडार रहता है, लेकिन शरीर में कमी को रोकने के लिए इन्हें नियमित रूप से लेना पड़ता है।

अतः विकल्प (D) सही है।

51.

- रेटिनॉल विटामिन ए का वैज्ञानिक नाम है।
- विटामिन ए स्वस्थ दांत, कंकाल और नरम ऊतक, बलगम झिल्ली और त्वचा को बनाने और बनाए रखने में मदद करता है।
- इसे रेटिनॉल के नाम से भी जाना जाता है क्योंकि यह आंख के रेटिना में रंजक पैदा करता है।
- विटामिन ए अच्छी दृष्टि को बढ़ावा देता है, खासकर कम रोशनी में।

विटामिन ए दो रूपों में पाया जाता है:

- रेटिनॉल: रेटिनॉल विटामिन ए का एक सक्रिय रूप है। यह जानवरों के जिगर, दूध और कुछ गढ़वाले खाद्य पदार्थों में पाया जाता है।
- कैरोटेनोइड्स: कैरोटेनॉयड गहरे रंग के डाई (पिगमेंट) होते हैं। वे पौधों के खाद्य पदार्थों में पाए जाते हैं जो विटामिन ए के सक्रिय रूप में बदल सकते हैं।

अतः विकल्प (A) सही है।

52.

- कंगारू ऑस्ट्रेलिया का राष्ट्रीय पशु है।
- इसका वैज्ञानिक नाम मैक्रोपस रुफस है।
- सामान्य सिद्धांत यह है कि कंगारू विशेष रूप से पिछड़े चलने में अच्छा नहीं है, इसलिए वे ऑस्ट्रेलिया के राष्ट्रीय पशु हैं जो एक राष्ट्र के रूप में आगे बढ़ने के दृढ़ संकल्प को दर्शाता है।

अतः विकल्प (A) सही है।

53.

- संयुक्त राष्ट्र दिवस एक वार्षिक स्मारक दिवस है, जो 24 अक्टूबर 1945 को संयुक्त राष्ट्र की आधिकारिक रचना को दर्शाता है।
- संयुक्त राष्ट्र दिवस 1945 में संयुक्त राष्ट्र के चार्टर में प्रवेश की सालगिरह को चिह्नित करता है। सुरक्षा परिषद के पांच स्थायी सदस्यों सहित अपने हस्ताक्षरकर्ताओं के बहुमत से इस संस्थापक दस्तावेज के अनुसमर्थन के साथ, संयुक्त राष्ट्र आधिकारिक तौर पर अस्तित्व में आया।

अतः विकल्प (A) सही है।

54.

- यूनेस्को के 195 सदस्य और 8 एसोसिएट सदस्य हैं और यह सामान्य सम्मेलन और कार्यकारी बोर्ड द्वारा शासित है।
- महानिदेशक की अध्यक्षता वाला सचिवालय इन दोनों निकायों के निर्णयों को लागू करता है।
- संगठन के दुनिया भर में 50 से अधिक क्षेत्र कार्यालय हैं और इसका मुख्यालय पेरिस में स्थित है।

अतः विकल्प (C) सही है।

55.

- संतोष ट्रॉफी एक भारतीय फुटबॉल टूर्नामेंट है जिसमें देश के राज्यों के साथ-साथ कुछ सरकारी संस्थान भाग लेते हैं।
- यह 1941 से प्रतिवर्ष आयोजित किया जाता है।
- बंगाल 1941 में आयोजित प्रतियोगिता का पहला विजेता था।
- ट्रॉफी का नाम संतोष के दिवंगत महाराजा सर मन्मथ नाथ रॉय चौधरी के नाम पर रखा गया है, जो अब बांग्लादेश में है।

अतः विकल्प (A) सही है।

56. 1965 में रामलीला मैदान में एक सार्वजनिक रैली के दौरान प्रधानमंत्री लाल बहादुर शास्त्री द्वारा 'जय जवान जय किसान' का नारा, दिया गया। इस नारे ने भारत के भीतर एक नई ऊर्जा का संचार किया, जो सीमा पर पाकिस्तान (जय जवान) से लड़ रहा था और घर (जय किसान) पर भारी भोजन की कमी से जूझ रहा था।

अतः विकल्प (C) सही है।

57. Neither new year's eve nor valentine's day is a national holiday in India.

Hence, the correct option is (C).

58. Either historical occasions or distinguished persons are commemorated on secular holidays.

Hence, the correct option is (D).

59. I bought all these books for only ₹ 700.

Hence, the correct option is (D).

60. Some nouns especially those ending in -s- although plural in form, are singular in number and in meaning: news, measles, mumps, calculus, rickets, billiards, molasses, dizziness. These nouns require singular verb forms.

Hence, the correct option is (C).

61. The young one of a goat is a kid and that of a hen is a chick.

Hence, the correct option is (B).

62. Some common synonyms of treacherous are disloyal, faithless, false, perfidious, and traitorous.

Hence, the correct option is (D).

63.

- A male chicken is considered a cockerel before one year of age. After one year, he is considered a rooster.

- In any case, the patriarch has come to mean the male head of a family or clan, while matriarch is used if the head of a family or clan is female.

- hind is a female deer, especially a red deer at least two years old, or hind can be (archaic) a servant, especially an agricultural labourer while stag is an adult male deer.

- Boar is a male pig.

- Dame is sometimes perceived as insulting when used to refer generally to a woman unless it is a woman of rank or advanced age.

Hence, the correct option is (D).

64. Can be derived from "The most widely theory".

Hence, the correct option is (D).

65. From the lines in the passage, 'There is no general agreement about how the planets were formed. The most widely accepted theory is that about 5000 million years ago swirling clouds of matter began to condense.'

So, the planets are a collection of gaseous material.

Hence, the correct option is (B).

66. From the lines in the passage "It also has been something, none of the others has - an atmosphere that can support life in all the manifold forms that exist on our planet."

One essential difference between the earth and the atmosphere of the earth makes possible the presence of life on it.

Hence, the correct option is (A).

67. From the passage "There may be satellites circling other planets".

Hence, the correct option is (B).

68. From the lines in the passage "What is known is that nine satellites began orbiting around the sun."

A planet is a 'heavenly body' that moves around the sun.

Hence, the correct option is (A).

69.

- बारिश के मौसम में बोई जाने वाली फसलों को खरीफ की फसल कहा जाता है। (जिसे भारत में गर्मियों या मानसून की फसल के रूप में भी जाना जाता है)।

- दक्षिण-पश्चिम मानसून के मौसम में जुलाई में पहली बारिश की शुरुआत के साथ आमतौर पर खरीफ फसलों की बुवाई की जाती है।

- सर्दी के मौसम में बोई जाने वाली फसलों को रबी की फसल कहा जाता है। (जिसे पाकिस्तान और भारत में 'शीतकालीन फसल' के रूप में भी जाना जाता है)।

अतः विकल्प (C) सही है।

70.

- जीवमंडल एक वैश्विक पारिस्थितिकी तंत्र है जो जीवित जीवों (बायोटा) और अजैविक (गैर-जीवित) कारकों से बना है जिससे वे ऊर्जा और पोषक तत्व प्राप्त करते हैं। पृथ्वी के पर्यावरणीय क्षेत्र। पृथ्वी के पर्यावरण में वायुमंडल, हाइड्रोस्फीयर, लिथोस्फीयर और जीवमंडल शामिल हैं।

- जीवमंडल में रासायनिक पोषक तत्वों का घूर्णन हवा, पानी, मिट्टी, जानवरों आदि द्वारा किया जाता है।

अतः विकल्प (D) सही है।

71.

- राइबोसोम्स को प्रोटीन कारखानों के रूप में जाना जाता है क्योंकि वे प्रोटीन संश्लेषण का मुख्य स्थल हैं।

- वे राइबोन्यूक्लिक एसिड और प्रोटीन से बने होते हैं।

- वे एक कोशिका के साइटोप्लाज्म में मौजूद होते हैं या माइटोकॉन्ड्रिया और क्लोरोप्लास्ट के मैट्रिक्स में स्वतंत्र रूप से होते हैं और किसी न किसी एंडोप्लाज्मिक रेटिकुलम पर भी मौजूद होते हैं।

- प्रोटीन संश्लेषण माइटोकॉन्ड्रिया, क्लोरोप्लास्ट, साइटोप्लाज्म और आरईआर में भी होता है।

अतः विकल्प (A) सही है।

72.

- फूड चेन या फूड वेब में प्रोड्यूसर्स सूर्य की रोशनी लेते हैं और प्रकाश संश्लेषण के जरिए इसे खाने में बदल देते हैं।

- यह समूह पृथ्वी पर जीवों के सबसे बड़े समूह की रचना करता है।

- चीनी (एक रसायन) प्रकाश संश्लेषण से परिणाम है।

- जिसमें पौधे या शैवाल सूरज की रोशनी, कार्बन डाइऑक्साइड और पानी लेते हैं और भोजन (चीनी) और ऑक्सीजन का उत्पादन करते हैं।

- प्रभावी रूप से, सूर्य की ऊर्जा खाद्य वेब में ऊर्जा हस्तांतरण की शुरुआत को ट्रिगर करती है।

अतः विकल्प (D) सही है।

73.

- 2,4-डाइक्लोरोफेनोक्सीसिकेटिक एसिड रासायनिक सूत्र $C_8H_6Cl_2O_3$ के साथ एक कार्बनिक यौगिक है जिसे आमतौर पर इसके \ आम नाम 2,4-D द्वारा संदर्भित किया जाता है।

- 2-4 D एक व्यापक रूप से इस्तेमाल किया जाने वाला शाकनाशी है।1940 के दशक के बाद से 2-4 D को एक कीटनाशक के रूप में इस्तेमाल किया गया है । इसका उपयोग टर्फ, लॉन, जलीय स्थलों, वानिकी स्थलों और विभिन्न प्रकार के क्षेत्र, फल और सब्जी फसलों सहित कई स्थानों पर किया जाता है। इसका उपयोग खट्टे पौधों के विकास को विनियमित करने के लिए भी किया जा सकता है।

अतः विकल्प (A) सही है।

74.

- उत्थान पौधों या जानवरों में पूर्ण कार्य करने के लिए क्षतिग्रस्त या लापता कोशिकाओं, ऊतकों, अंगों और यहां तक कि पूरे शरीर के अंगों को बदलने या बहाल करने की प्राकृतिक प्रक्रिया है।

- पुनर्जनन शरीर के एक हिस्से से पूरे जीव में विकसित होने की क्षमता है।

- पोरिफेरा जलीय अकशेरुकीय जानवरों का एक समूह है जिसमें स्पंज शामिल हैं।

अतः विकल्प (C) सही है।

75.

- एक पारिस्थितिकी तंत्र में खाद्य श्रृंखला को एक ट्रॉफिक स्तर से अगले उच्च ट्रॉफिक स्तर तक भोजन के पारित होने के रूप में परिभाषित किया गया है।

- एक ट्रॉफिक स्तर से अगले स्तर तक भोजन के हस्तांतरण के परिणामस्वरूप इन ट्रॉफिक स्तरों के माध्यम से ऊर्जा का मार्ग होता है।

- एक चरागाह खाद्य श्रृंखला में, प्रारंभिक जीव घास हैं।

- वे उत्पादक हैं जो सौर ऊर्जा का उपयोग करके भोजन का उत्पादन करते हैं।

- टिड्डी प्राथमिक उपभोक्ता। वे पौधे खाते हैं। वे शाकाहारी हैं।

- मेंढक माध्यमिक उपभोक्ता हैं । वे टिड्डी खाते हैं। वे मांसाहारी हैं।

- सांप तृतीयक उपभोक्ता हैं। ये मांसाहारी होते हैं और मेंढक खाते हैं।

अतः विकल्प (A) सही है।

76. 2 दिसंबर, 1984 की रात को, यूनियन कार्बाइड इंडिया लिमिटेड (यूसीआईएल) के कीटनाशक कारखाने से निकलने वाले रासायनिक, मिथाइल आइसोसाइनेट (एमआईसी) ने भोपाल शहर को एक विशाल गैस कक्ष में बदल दिया। यह भारत की पहली बड़ी औद्योगिक आपदा थी।

अतः विकल्प (B) सही है।

77.

- खाद्य श्रृंखला के केवल कुछ चरण हैं क्योंकि हर चरण में ऊर्जा कम हो जाती है।

- ऊर्जा को ट्रॉफिक स्तरों के बीच स्थानांतरित किया जाता है जब एक जीव दूसरे को खाता है और अपने शिकार के शरीर से ऊर्जा-समृद्ध अणुओं को प्राप्त करता है। हालांकि, ये स्थानांतरण अक्षम हैं, और यह अक्षमता खाद्य श्रृंखला की लंबाई को सीमित करती है।

- जब ऊर्जा एक ट्रॉफिक स्तर में प्रवेश करती है, तो इसमें से कुछ को बायोमास (जीवों के शरीर के हिस्से के रूप में) में संग्रहीत किया जाता है। यह वह ऊर्जा है जो अगले ट्रॉफिक स्तर तक उपलब्ध है क्योंकि केवल बायोमास के रूप में संग्रहीत ऊर्जा को खाया जा सकता है। अंगूठे के एक नियम के रूप में, केवल एक ट्रॉफिक स्तर (प्रति यूनिट समय) में बायोमास के रूप में संग्रहीत ऊर्जा का लगभग 10% अगले ट्रॉफिक स्तर (प्रति यूनिट समय) के रूप में बायोमास के रूप में संग्रहीत होता है।

अतः विकल्प (A) सही है।

78.

- सामान्य रेखा प्रसंग किरण और परावर्तित किरण के बीच के कोण को दो समान कोणों में विभाजित करती है।

- प्रसंग किरण और सामान्य के बीच के कोण को प्रसंग के कोण के रूप में जाना जाता है।

- परावर्तित किरण और सामान्य के बीच के कोण को प्रतिबिंब के कोण के रूप में जाना जाता है।

अतः विकल्प (C) सही है।

79.

- स्व-सहायता समूहों में, बचत और ऋण गतिविधियों के बारे में अधिकांश निर्णय सदस्यों द्वारा लिए जाते हैं।

- स्व-सहायता समूहों में सदस्य एक-दूसरे की समस्याओं को हल करने में मदद करते हैं।

- वे छोटी बचत को प्रोत्साहित करते हैं और इन बचत को बैंक में रखा जाता है। किसी भी सदस्य द्वारा जरूरत पड़ने पर पैसे का इस्तेमाल किया जा सकता है।

- स्व-सहायता समूहों में लगभग 10 से 20 सदस्य होते हैं। समूह को पंजीकृत होने की आवश्यकता नहीं है।

अतः विकल्प (B) सही है।

80.

- दिए गए ग्राफ में विस्थापन एक समान है, इसलिए इसमें स्थिर वेग है और जब वेग स्थिर होता है तो त्वरण शून्य होता है।

- त्वरण समय के संबंध में किसी वस्तु के वेग के परिवर्तन की दर है। त्वरण सदिश राशियाँ हैं (इसमें उनका परिमाण और दिशा होती है)।

अतः विकल्प (C) सही है।

81.

- जब एकअश्व अचानक चलना शुरू करता है, तो सवार जड़त्व (विश्राम जड़त्व) या न्यूटन के पहले कानून के कारण पिछड़ जाता है।

- क्योंकि शरीर आराम की स्थिति में था और जब अश्व अचानक शरीर को हिलाने लगता है तो निचला शरीर अस्थिर हो जाता है लेकिन ऊपरी शरीर आराम की स्थिति में रहता है जिसके कारण वह एक झटका महसूस करता है और यह पीछे की तरफ गिरने की आशांका का कारण है।

अतः विकल्प (C) सही है।

82. जब किसी चालक से धारा प्रवाहित होता है, तो चालक में ऊष्मा ऊर्जा उत्पन्न होती है। विद्युत प्रवाह का ताप प्रभाव तीन कारकों पर निर्भर करता है:

- प्रतिरोध, एक उच्च प्रतिरोध अधिक ऊष्मा पैदा करता है।

- समय, जितना अधिक समय उतनी अधिक मात्रा में ऊष्मा उत्पन्न होती है।

- धारा की मात्रा, उतनी ही अधिक होगी जितनी मात्रा में ऊष्मा उत्पन्न होती है।

तो, एक विद्युत प्रवाह द्वारा उत्पादित ताप प्रभाव $H = I^2Rt$ द्वारा दिया जाता है। इस समीकरण को जूल के विद्युत ताप के समीकरण कहा जाता है।

अतः विकल्प (A) सही है।

83. स्नेल के अपवर्तन के नियम का उपयोग करके जब प्रकाश की एक किरण अपवर्तक सूचकांक μ_1 वाले माध्यम से दूसरे माध्यम में अपवर्तनांक μ_2 वाले माध्यम से जाती है।

$$\mu_1 \times \sin i = \mu_2 \times \sin r \quad \frac{\sin i}{\sin r} = \frac{\mu_2}{\mu_1}$$

अतः विकल्प (D) सही है।

84. दिया है:

$$m_1 = 5\text{kg}$$

$$m_2 = 10\text{kg}$$

F = द्रव्यमानों के बीच गुरुत्वाकर्षण बल

$$F = G\frac{m_1 m_2}{r^2}$$

$$= G\frac{5 \times 10}{10^2}$$

$$= \frac{G}{2}$$

अतः विकल्प (A) सही है।

85. दिया है:

मास (m) = 5 किलोग्राम

समय (t) = 100 सेकंड

प्रारंभिक वेग (u) = 18 किमी / घंटा

अंतिम वेग (v) = 36 किमी / घंटा

बल (F) = ma

$$= \frac{m(v-u)}{t}$$

$$= \frac{5(36-18)}{100} \times \frac{5}{18}$$

= 0.25 न्यूटन

अतः विकल्प (D) सही है।

86. दिया है:

द्विघात समीकरण के मूलों का योग ($\alpha + \beta$) = 6

द्विघात समीकरण के मूलों का गुणनफल ($\alpha \times \beta$) = 3

$$x^2 - (\alpha + \beta)x + \alpha\beta$$

$$x^2 - (6)x + 3$$

$$x^2 - 6x + 3 = 0$$

अतः विकल्प (A) सही है।

87. दिया है:

$$\sqrt{\frac{144}{144} + 25} = \sqrt{\frac{169}{144}}$$

$$\frac{13}{12} = 1 + \frac{x}{12}$$

$$\frac{13}{12} - 1 = \frac{x}{12}$$

$$\frac{1}{12} = \frac{x}{12}$$

$$x = 1$$

अतः विकल्प (A) सही है।

88. वृत्त का क्षेत्र $= \pi r^2$

वृत्त के $360°$ क्षेत्र $= \pi r^2$

$x°$ क्षेत्र के लिए$= \frac{\pi r^2}{360} \times x$

अतः विकल्प (D) सही है।

89. दिया है:

$$x = 253, \, y = 440$$

ल.स.प$= 253 \times R$

म.स.प$= 11$

$x \times y =$ ल.स.प $\times$ म.स.प.

$$253 \times 440 = 253 \times R \times 11$$

$$440 = R \times 11$$

$$R = 40$$

अतः विकल्प (B) सही है।

90. दिया है:

वृत्त की त्रिज्या = 28 सेमी

केंद्र में कोण $= 45°$

क्षेत्र का क्षेत्रफल $= \frac{45°}{360°}\pi r^2$

$$= \frac{45}{360} \times \frac{22}{7} \times 28 \times 28$$

$$= \frac{(22 \times 4 \times 28)}{8}$$

$$= \frac{2464}{8}$$

$$= 308 \text{ सेमी}^2$$

अतः विकल्प (C) सही है।

91.

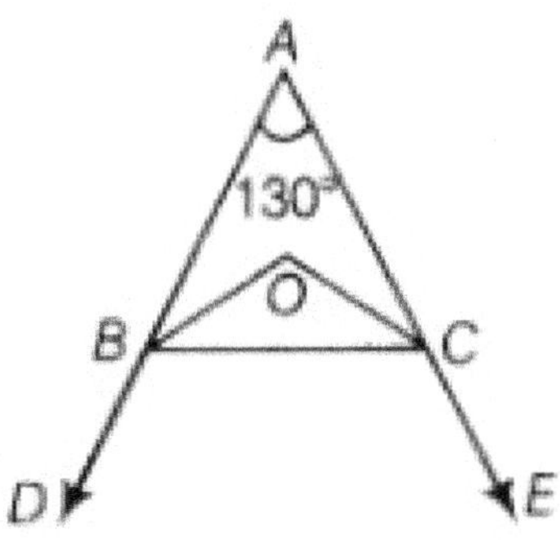

माना त्रिकोण के कोण $\angle A, \angle B,$ और $\angle C$ है।

$\triangle ABC$ में,

$\angle A + \angle B + \angle C = 180°$ [त्रिभुज के सभी आंतरिक कोणों का योग $180°$ है]

$\Rightarrow \frac{1}{2}\angle A + \frac{1}{2}\angle B + \frac{1}{2}\angle C = \frac{180°}{2} = 90°$ [दोनों पक्षों को 2 से विभाजित करना]

$\Rightarrow \frac{1}{2}\angle B + \frac{1}{2}\angle C = 90° - \frac{1}{2}\angle A$ [$\because \triangle OBC$ में, $\angle OBC + \angle BCO + \angle COB = 180°$]

[चूँकि, क्रमशः $BO, \frac{\angle B}{2} + \frac{\angle C}{2} + \angle BOC = 180°$ के रूप में और $OC, \angle ABC$ और $\angle BCA,$ के कोण द्विभाजक हैं]

$\Rightarrow 180° - \angle BOC = 90° - \frac{1}{2}\angle A$

$\therefore \angle BOC = 180° - 90° + \frac{1}{2}\angle A = 90° + \frac{1}{2}\angle A$

$= 90° + \frac{1}{2} \times 130° = 90° + 65°$ [$\because \angle A = 130°$ (दिया है)]

$= 155°$

अतः विकल्प (D) सही है।

92. दिया है:

$81 \times 82 \times 83 \times ...... \times 89$ दी गई श्रृंखला में 85 और 82 से 5 और 2 इकाई अंक हैं और 5 और 2 का गुणनफल से इकाई अंक 0 के रूप में दिया जाएगा।

अतः विकल्प (A) सही है।

93. दिया है:

$\alpha + \beta = \frac{-b}{a} = \frac{-8}{3}$

$\alpha\beta = \frac{c}{a} = \frac{2}{8}$

प्रश्न के अनुसार:

$\frac{1}{\alpha} + \frac{1}{\beta} = \frac{\beta + \alpha}{\alpha\beta}$ .....(i)

$3x^2 + 8x + 2 = 0 \quad x^2 + \frac{8}{3}x + \frac{2}{3} = 0$

$\alpha + \beta = \frac{-8}{3}$ ....(ii)

$\alpha\beta = \frac{2}{3}$ .....(iii)

(I) और (iii) को (i) में डाले:

$= \frac{\frac{-8}{3}}{\frac{2}{3}} = -4$

अतः विकल्प (C) सही है।

94. माना बैग में नीली गेंदों की संख्या $= x$

बैग में गेंदों की कुल संख्या $= 5 + x$ [लाल गेंद की संख्या $= 5$]

नीली गेंद निकालने की संभावना = [नीली गेंद की संख्या/ कुल गेंदों की संख्या]

$P(B) = \frac{x}{5+x}$

लाल गेंद निकालने की संभावना = [लाल गेंद की संख्या/ कुल गेंदों की संख्या]

$P(R) = \frac{5}{5+x}$

दिया है:

$P(B) = 2P(R)$

$\frac{x}{5+x} = 2\left(\frac{5}{5+x}\right)$

$x = 10$

अतः विकल्प (B) सही है।

95. दिया है:

$= \operatorname{cosec}(75° + \theta) - \sec(15° - \theta) - \tan(55° + \theta) + \cot(35° - \theta)$

$= \operatorname{cosec}(75° + \theta) - \operatorname{cosec}[90° - (15° - \theta)] - \tan(55° + \theta) + \tan[90° - (35° - \theta)]$

$= \operatorname{cosec}(75° + \theta) - \operatorname{cosec}(75° + \theta) - \tan(55° + \theta) + \tan(55° + \theta)$

$= 0$

अतः विकल्प (C) सही है।

96. किसी को क्षमा करना कायर और कमजोर व्यक्ति का उपहास का कारण बन जाता है।

अतः विकल्प (C) सही है।

97. क्षमा हमारे जीवन का अलंकार तब बनता है जब हम बलवान्, विद्वान और प्रबुद्ध होने पर भी दूसरों को क्षमा करते है।

अतः विकल्प (B) सही है।

98. शिक्षक की गरिमा और मर्यादा बढ़ती है जब शिक्षक छात्रों की भूलों को क्षमा कर देता है।

अतः विकल्प (C) सही है।

99. मनुष्य को आत्मघाती जीव कहा जाता है क्योंकी मनुष्य हमेशा अपना नुकसान करने को तत्पर रहता है।

अतः विकल्प (D) सही है।

100. 'गरिमा' का विशेषण गरिमामय है।

अतः विकल्प (C) सही है।

Q.1 अंतर्राष्ट्रीय वित्तीय सेवा केंद्र प्राधिकरण (IFSCA) और __________ ने अप्रैल 2022 में एक समझौता ज्ञापन पर हस्ताक्षर किए हैं।

A. बजाज फाइनेंस लिमिटेड

B. आदित्य बिड़ला फाइनेंस लिमिटेड

C. मुथूट फाइनेंस लिमिटेड

D. GVFL लिमिटेड

Q.2 महिला और बाल विकास मंत्रालय ने पीएम केयर्स फॉर चिल्ड्रन योजना को 28 __________ तक बढ़ा दिया था।

A. फरवरी 2022

B. मार्च 2022

C. फरवरी 2022

D. दिसंबर 2022

Q.3 निम्नलिखित में से किस राष्ट्रीय उद्यान में आठ अफ्रीकी चीतों को स्थानांतरित किया गया है?

[Delhi Forest Guard, 2020]

A. कुनो पालपुर नेशनल पार्क

B. जिम कॉर्बेट नेशनल पार्क

C. रणथंभौर नेशनल पार्क

D. काजीरंगा नेशनल पार्क

Q.4 किस संस्थान ने 'महिलाएं और लड़कियां पीछे छूट गईं: महामारी प्रतिक्रियाओं में स्पष्ट अंतराल' रिपोर्ट जारी की?

[Delhi Forest Guard, 2021]

A. विश्व आर्थिक मंच

B. विश्व बैंक

C. यूएन वुमैन

D. नीति आयोग

Q.5 इंटरनेशनल गर्ल्स इन आईसीटी डे 2022 का विषय क्या था जो हर साल अप्रैल में चौथे गुरुवार को मनाया जाता है?

A. पहुंच और सुरक्षा

B. अगली पीढ़ी को प्रेरणा

C. केस फॉर चेंज, कनेक्टेड वीमेन, IoT और टेक 4 गर्ल्स

D. शक्ति परिवर्तन: नवाचार और रचनात्मकता में महिलाएं

Q.6 तरकारी एक्सप्रेस बिहार के निम्नलिखित में से किस शहर से शुरू की गई थी?

A. दरभंगा **B.** पटना **C.** गया **D.** मुंगेर

Q.7 किस संस्थान ने 'इंडिया डिजिटल समिट 2022' की शुरुआत की?

[UPSSSC Rajasva Lekhpal, 2015]

A. इंटरनेट एंड मोबाइल एसोसिएशन ऑफ इंडिया (आईएएमएआई)

B. भारतीय उद्योग परिसंघ (सीआईआई)

C. इलेक्ट्रॉनिक्स और आईटी मंत्रालय

D. नीति आयोग

Q.8 निम्नलिखित में से किस क्षेत्र में नोबेल पुरस्कार, 2018 की घोषणा नहीं की गई?

[Super TET Paper - I, 2019]

A. चिकित्सा

B. साहित्य

C. भौतिक विज्ञान

D. रसायन विज्ञान

Q.9 निम्नलिखित में से किस क्षेत्र में भारत और रूस के बीच जनवरी 2022 में पैसेज अभ्यास आयोजित किया गया था?

A. लाल सागर

B. अरब सागर

C. दक्षिण चीन सागर

D. भूमध्य सागर

Q.10 सॉफ्ट बैंक, __________ और फॉक्सकॉन टेक्नोलॉजी ग्रुप ने एक संयुक्त उपक्रम SBG क्लीनटेक बनाया है, जो ग्रीन एनर्जी प्रोजेक्ट्स में 10 वर्षों में लगभग $20 बिलियन का निवेश करेगा।

A. भारती एन्टरप्राइजेज़

B. अडानी लिमिटेड

C. टाटा ग्रुप

D. रिलायन्स इण्डस्ट्रीज़

Ques (11-15):निर्देश: निम्नलिखित गद्यांश को ध्यान पूर्वक पढ़िए और निम्नलिखित प्रश्नों के उत्तर उपयुक्त विकल्पों के द्वारा दीजिये -

आज विकास मॉडल में मानवीय विकास की जगह आर्थिक विकास को ज्यादा तवज्जो दी जाती है। अध्ययन बताते हैं कि विस्थापन तथा आजीविका से बेदखली व विकास की वर्तमान सोच का ही नतीजा है कि ताकतवर और भी ज्यादा ताकतवर बनते जा रहे हैं तथा कमजोर पहले से कहीं ज्यादा अभावग्रस्त होकर और भी हाशिए पर चले जाते हैं। यही वजह है कि विस्थापन के अध्ययन में 'विकास के प्रतिमान' केंद्र में आ जाते हैं। लोगों को उनके संसाधनों से अलग करने की प्रक्रिया औपनिवेशिक काल में ही शुरू हो गई थी और आजादी के बाद योजनाबद्ध विकास में यह और भी ज्यादा बढ़ी। यही नहीं, विस्थापन और अभाव की प्रकृति में भी बदलाव आया, पहले महज प्रक्रिया आधारित दखल से बढ़कर यह भूमि और उनकी आजीविका के सीधे नुकसान तक पहुँच गई। धीरे-धीरे इसकी तीव्रता बढ़ी लेकिन जागरूकता और पुनर्वास दोनों ही क्षेत्रों में कमजोर रही। इसका मुख्य कारण यह है कि विकास के प्रतिमान औपनिवेशिक देशों से लिए किए गए और स्वतंत्र भारत के निर्णयकारी लोगों द्वारा जस के तस लागू कर दिए गए। योजनाकारों ने ये अहम निर्णय 'राष्ट्र निर्माण' के सिद्धान्त के आधार पर लिए। इसमें यह माना गया कि कुछ लोगों को विकास की कीमत जरूर चुकानी होगी लेकिन यह इस मायने में लाभप्रद भी होगा कि विकास के फायदे सभी तक पहुँच जाएंगे। आधुनिकीकरण के नाम पर पूँजीपतियों ने अपना निवेश किया और यहाँ के प्राकृतिक संसाधनों पर ज़ोर आजमाए। बहुत ही कम लोगों ने महसूस किया था कि उपनिवेशवादी देश अपने उपनिवेशों का शोषण कर अमीर बनते जा रहे हैं। इसीलिए गांधीजी ने औद्योगिकीकरण का नहीं, उद्योगवाद का विरोध किया था। वे ऐसे विकास के विरोधी थे जो उस तकनीक और उपभोग की राह पर चलता था जो बहुमत की पहुँच से बहुत दूर था।

Q.11 दिए गए गद्यांश का उचित शीर्षक बताइए।

A. विकास बनाम विस्थापन

B. आर्थिक विकास

C. विस्थापन और आजीविका

D. इनमें से कोई नहीं

Q.12 विकास के प्रतिमान किसके केंद्र में आ जाते हैं?

A. आजीविका अध्ययन में

B. विकास के अध्ययन में

C. विस्थापन के अध्ययन में

D. इनमें से कोई नहीं

Q.13 पूँजीपतियों ने किसके नाम पर निवेश किया?

A. विस्थापन के

B. विकास के

C. समाज के

D. आधुनिकीकरण के

Q.14 गांधीजी ने किसका विरोध किया?

A. आधुनिकीकरण

B. उद्योगवाद

C. उपनिवेशवाद

D. विकास

Q.15 गांधीजी कैसे विकास के विरोधी थे?

A. जो पूंजीवाद से प्रभावित था।

B. जो बहुमत की पहुँच से दूर था।

C. जो आधुनिकता की ओर था।

D. संसाधनों की ओर था।

Q.16 दिए गए विकल्पों में से शुद्ध वर्तनी वाला शब्द कौन-सा है?

A. सर्वोपरी   **B.** परीहास   **C.** गरीमा   **D.** पुनीत

Q.17 इनमें से तालव्य वर्ण कौन से हैं?

A. क, ख, ग   **B.** प, फ, ब   **C.** च, छ, ज   **D.** त, ठ, द

Q.18 दिए गए विकल्पों में से 'कलाकार' शब्द में प्रत्यय है।

A. अकार   **B.** कर   **C.** कार   **D.** र

Q.19 निम्नलिखित में से 'गृहप्रवेश' में कौन-सा समास है?

A. तत्पुरुष समास   **B.** द्वंद्व समास

C. बहुब्रीहि समास   **D.** द्विगु समास

Q.20 दिए गए विकल्पों में से 'मानव' शब्द से विशेषण बनेगा।

A. मानवीकरण   **B.** मान्यता

C. मनुष्य   **D.** मानवीय

Ques (21-25):Directions: Read the passage given below and answer the following questions by selecting the correct/most appropriate options.

The strength of Indian democracy lies in its tradition, in the fusion of the ideas of democracy and national independence which was the characteristic of the Indian national movement long before independence. Although the British retained supreme authority over India until 1947, the provincial elections of 1937 provided a real exercise in democratic practice before national independence. During the Pacific War, India was not overrun or seriously invaded by the Japanese and after the war was over, the transfer of power to a government of the Indian Congress Party was a peaceful one as far as Britain was concerned. By 1947, 'Indianization' had already gone far in the Indian Civil Service and army, so that the new government could start with effective instruments of central control.

After independence, however, India was faced with two vast problems, the first, that of economic growth from a very low level of production, and the second was that of ethnic diversity and the aspirations of sub nationalities. The Congress leadership was more aware of the former problem than of the second; as a new political elite, which had rebelled not only against the British Raj, but also against India's social order; they were conscious of the need to initiate economic development and undertake social reforms, but as nationalists who had led a struggle against the alien rule on behalf of all parts of India, they took the cohesion of the Indian nation too much for granted and underestimate the centrifugal forces of ethnic division, which were bound to be accentuated rather than diminished as the popular masses were more and more drawn into politics. The Congress Party was originally opposed to the idea of recognizing any division of India on a linguistic basis and preferred to retain the old provinces of British India which often cut across linguistic boundaries; it was only in response to strong pressures from below that the principle of linguistic states was conceded as the basis of a federal 'Indian Union'. The rights granted to the States created new problems for the Central Government. The idea of making Hindi the national language of a united India was thwarted by the recalcitrance of the speakers of other important Indian languages and the autonomy of the States rendered central economic planning extremely difficult.

Land reforms remained under the control of the States and many large-scale economic projects required a degree of cooperation between the Central Government and one or more of the States which it was found impossible to achieve. Coordination of policies was difficult to even when the Congress Party was in power both in the States and at the Centre; when a Congress government in Delhi was confronted with non-Congress parties in office in the States, it became much harder.

Q.21 India was not overrun by the Japanese during the Pacific War because—

A. Japan had friendly relations with Britain

B. Japan was interested in India's freedom

C. Japan was skeptical about its success in War

D. None of the above

Q.22 Why was the linguistic reorganization of the States accepted?

A. The States were not cooperating with the Central Government.

B. Non-Congress governments in the States demanded such a reorganization of the States.

C. No common national language could be emerged.

D. Strong pressures from the States were exerted on the Central Government to create such States.

Q.23 Which one of the following statements is NOT TRUE in the context of the passage?

A. The Congress Party was originally opposed to the idea of division of States on a linguistic basis.

B. Economic development and social reforms were initiated soon after independence

C. The political elite in India rebelled against the British Raj.

D. The Congress leadership was fully aware of the problems of ethnic diversity in India at the time of independence.

Q.24 Which, according to the passage, can be cited as an exercise in democratic practice in India before independence?

A. The handing over of the power by the British to India

B. The Indianization of the Indian Civil Service

C. Several democratic institutions created by the Indian National Congress

D. None of the above

Q.25 Which one of the following issues was not appropriately realized by the Central Government?

A. The ethnic diversity of the people

B. A national language for the country

C. Implementation of the formulated policies

D. Center-state relations

Q.26 No sooner did I reach the station when the train left.

A. No sooner did   **B.** the train left

C. station when   **D.** I reach the

Q.27 Directions: Fill in the blanks in the following sentences with the help of options that follow.

The same song _________ two times.

A. singing
B. was sung
C. singed
D. sings

Q.28 Direction: A part of the sentence may or may not have an error. Find out which part has an error and mark that part as your answer. If there are no errors, mark 'No error' as your answer.

He shifts, moving the arm away from his face, and bringing it up over his head, to rest himself on the pillow behind him.

A. himself on the pillow behind him.
B. from his face, and bringing it
C. up over his head, to rest
D. He shifts, moving the arm away

Q.29 Choose the correct sentence from the following.

A. Rita and me are eating pancakes.
B. You, she and I are very irresponsible.
C. She advised me to read this book.
D. Neither of these three girls is intelligent.

Q.30 Direction: Select the correct passive form of the given sentence.

The Headmaster cannot teach so many children.

A. So many children cannot be taught by the headmaster.
B. The Headmaster cannot teach many children.
C. Many children cannot taught by the headmaster.
D. So many children are to be taught by the headmaster.

Q.31 आयत की लंबाई और चौड़ाई क्रमशः Math input error सेमी और Math input error सेमी है। यदि लंबाई 20% और चौड़ाई में 10% की वृद्धि हुई है तो आयत के क्षेत्र में प्रतिशत परिवर्तन क्या है?

A. 30%
B. 31%
C. 32%
D. 33%

Q.32 $\triangle ABC$ में, DE भुजाओं AB और AC के मध्य बिंदुओं को मिलाने वाली रेखा है। यदि भुजा का मान $BC = 8$ सेमी है तो DE का मान क्या है?

A. 4 सेमी
B. 6 सेमी
C. 8 सेमी
D. 5 सेमी

Q.33 यदि एक आयत का क्षेत्रफल Math input error सेमी 2 और चौड़ाई Math input error सेमी है, तो विकर्ण की लम्बाई क्या है?

A. 24 सेमी
B. 25 सेमी
C. 15 सेमी
D. 17 सेमी

Q.34 यदि a+b = 8 और ab = 15 है, तो a³+b³ का मान क्या है?

A. 136
B. 152
C. 148
D. इनमे से कोई नहीं

Q.35 सबसे बड़ी 5 अंकीय संख्या कौन सी है जो 39 से पूरी तरह से विभाज्य है?

A. 99999
B. 99998
C. 99967
D. 99996

Q.36 वह न्यूनतम मान क्या होगा, जिसे Math input error में जोड़ा जाना चाहिए कि यह $5, 9, 13$ और Math input error से पूर्णतः विभाज्य हो?

A. 25
B. 50
C. 29
D. 35

Q.37 यदि cot θ = $\dfrac{21}{20}$, तो cosec θ का मान क्या है?

A. $\dfrac{21}{29}$
B. $\dfrac{29}{21}$
C. $\dfrac{20}{29}$
D. $\dfrac{29}{20}$

Q.38 17,18,28,19,16,18,17,29,18 आकड़ों का रेंज और बहुलक ज्ञात कीजिये।

A. 12 और 18
B. 13 और 18
C. 12 और 17
D. 11 और 17

Q.39 जब Math input error सिक्कों को एक साथ उछाला जाता है तो अधिक से अधिक Math input error हेड आने की प्रायिकता ज्ञात कीजिए।

A. $\dfrac{2}{3}$
B. $\dfrac{1}{4}$
C. $\dfrac{1}{3}$
D. $\dfrac{1}{2}$

Q.40 बिंदु P (1,4) और Q (4,0) के बीच की दूरी______है।

A. 4
B. 5
C. 6
D. 3

Q.41 जैन धर्म का पहला संस्थापक किसे माना जाता है?

A. पार्श्वनाथ
B. ऋषभदेव
C. नेमिनाथ
D. अरिष्टनेमि

Q.42 प्रसिद्ध गायत्री मंत्र किसके द्वारा बनाया गया था?

A. मनु
B. कौशितक्य
C. विश्वामित्र
D. उद्रत्री

Q.43 लोथल प्राचीन सिंधु घाटी सभ्यता का एक शहर है जो _______ में स्थित है।

A. गुजरात
B. मध्य प्रदेश
C. राजस्थान
D. उत्तर प्रदेश

Q.44 मुगल काल की आधिकारिक भाषा थी।

A. उर्दू
B. फ़ारसी
C. तुर्की
D. अरबी

Q.45 निम्नलिखित में से कौन दिल्ली सल्तनत के सैय्यद राजवंश से संबंधित है?

A. शमसुद्दीन इल्तुतमिश
B. घियासुद्दीन बलबन
C. रज़िया सुल्ताना
D. खिज्र खान

Q.46 दक्षिण भारत के हिंदू मंदिरों में, विमना को संदर्भित किया जाता है:

A. मुख्य देवता के घर में रखें
B. मुख्य मंदिर के ऊपर मंदिर की मीनार
C. मंदिर के शीर्ष पर संरचना की तरह एक पत्थर की डिस्क
D. एक मानक स्तंभ के साथ मंदिर के मुख्य देवता का पर्वत या वाहन

Q.47 कर्नाटक युद्ध (1740-1763) निम्नलिखित यूरोपीय शक्तियों में से किसके बीच लड़ा गया था?

A. डच और पुर्तगाली
B. अंग्रेजी और फ्रांसिसी
C. फ्रेंच और डच
D. अंग्रेजी और डच

Q.48 स्थानीय स्वशासन के जनक के रूप में किसे जाना जाता है?

A. लॉर्ड डलहौजी
B. बालगंगाधर तिलक
C. लॉर्ड रिपन
D. लॉर्ड बैंटिक

Q.49 भारत में किस ब्रिटिश वायसराय ने बंगाल विभाजन को अंजाम दिया?

A. लॉर्ड कैनिंग
B. लॉर्ड लिटन
C. लॉर्ड डलहौजी
D. लॉर्ड कर्जन

Q.50 व्यक्तिगत सत्याग्रह 'का निरीक्षण करने वाला पहला व्यक्ति कौन था?

A. महात्मा गांधी
B. गोविंद बल्लभ पंत
C. सरदार वल्लभभाई पटेल
D. विनोबा भावे

Q.51 इनमें से क्या भारत के सर्वोच्च न्यायालय के अधिकार क्षेत्र में नहीं है?

A. अपीलीय
B. मूल
C. सलाहकार
D. वित्तीय

Q.52 लिथोस्फीयर में शामिल हैं-

[UPSC NDA, 2019]

A. ऊपरी और निचला आवरण
B. परत और कोर
C. परत और ऊपर की ओर ठोस आवरण
D. आवरण और कोर

Q.53 निम्नलिखित में से कौन सी स्थिति कॉफी की खेती को बढ़ाने के लिए उपयुक्त है?
A. गर्म, गीली जलवायु और अच्छी तरह से सूखी दोमट मिट्टी
B. भारी वर्षा और जलोढ़ मिट्टी के साथ एक गर्म क्षेत्र
C. एक मिट्टी के साथ शुष्क जलवायु जिसमें अच्छी तरह से पानी है
D. कोई भी क्षेत्र जहाँ धूप और पानी प्रचुर मात्रा में उपलब्ध हैं

Q.54 नालको निम्नलिखित में से किस उद्योग से संबंधित है?
A. एल्युमीनियम उद्योग
B. लौह इस्पात उद्योग
C. पीतल उद्योग
D. सीमेंट उद्योग

Q.55 धारवाड़ चट्टानें निम्नलिखित में से कौन-से अयस्कों से समृद्ध हैं?
A. लोहा
B. सीसा
C. मैंगनीज
D. उपरोक्त सभी

Q.56 दुनिया में प्राकृतिक गैस का सबसे बड़ा भंडार ___ में स्थित है?
A. स्पेन
B. रूस
C. अमेरिका
D. ऑस्ट्रेलिया

Q.57 अम्ल या क्षारीय मिट्टी का दूसरा नाम है:
A. रेगर
B. बांगड़
C. कल्लर
D. खादर

Q.58 _____मृदा में पानी का परकोलेशन दर सबसे कम है।
A. चिकनी मिट्टी
B. रेतीला
C. कंकड़
D. चिकनी बलुई मिट्टी का

Q.59 भारत में राष्ट्रीय राजमार्गों का सबसे लंबा नेटवर्क किस राज्य में है?
A. राजस्थान
B. मध्य प्रदेश
C. उत्तर प्रदेश
D. तमिलनाडु

Q.60 पर्यावरण प्रदूषण बड़े पैमाने पर कहाँ हुआ है?
A. ग्रामीण और शहरी क्षेत्रों में
B. औद्योगिक और शहरी क्षेत्रों में
C. औद्योगिक और ग्रामीण क्षेत्रों में
D. उपर्युक्त सभी

Q.61 निम्नलिखित में से कौन सा निकाय भारत के राष्ट्रपति के अप्रत्यक्ष चुनाव के निर्वाचक मंडल में शामिल नहीं होता है?
A. लोक सभा
B. राज्य सभा
C. विधान सभा
D. विधान परिषद्

Q.62 भारत में संसदीय मामलों में शून्यकाल कब पेश किया गया था?
A. 1964
B. 1962
C. 1968
D. 1960

Q.63 भारत के संविधान की आठवीं अनुसूची भाषाओं से संबंधित है। कितनी भाषाएँ 8वीं अनुसूची का हिस्सा हैं?
A. 19
B. 22
C. 18
D. 16

Q.64 भारतीय संविधान की कौन सी अनुसूची 'दलबदल विरोधी कानून' से संबंधित है?
A. 9वीं अनुसूची
B. 10वीं अनुसूची
C. 11वीं अनुसूची
D. 12वीं अनुसूची

Q.65 इनमें से सरकार का प्रमुख कौन है?
A. भारत के राष्ट्रपति
B. भारत के प्रधानमंत्री
C. भारत के वित्तमंत्री
D. विदेश सचिव

Q.66 वर्तमान में, भारतीय संविधान द्वारा कितने मौलिक अधिकारों को मान्यता दी गई है?
A. पाँच मौलिक अधिकार
B. छह मौलिक अधिकार
C. सात मौलिक अधिकार
D. आठ मौलिक अधिकार

Q.67 भारत के राष्ट्रपति को कितनी बार चुना जा सकता है?
A. दो बार
B. कितनी भी बार
C. तीन बार
D. छह बार

Q.68 अंडमान और निकोबार द्वीप समूह की न्यायिक राजधानी है:
A. पोर्ट ब्लेयर
B. कोलकाता
C. गुवाहाटी
D. चेन्नई

Q.69 भारत के सर्वोच्च न्यायालय में न्यायाधीशों की संख्या बढ़ाने की शक्ति _______ में निहित है।
A. भारत के राष्ट्रपति
B. संसद
C. भारत के मुख्य न्यायाधीश
D. विधि आयोग

Q.70 'गोपनीयता का अधिकार' किस अनुच्छेद के तहत एक मौलिक अधिकार है?
A. अनुच्छेद 21
B. अनुच्छेद 16
C. अनुच्छेद 13
D. अनुच्छेद 32

Q.71 माना जाता है कि लोकसभा द्वारा पारित धन विधेयक को राज्य सभा द्वारा भी पारित किया जाता है, यदि उच्च सदन के भीतर ___ तक कोई कार्यवाही नहीं होती है।
A. 10 दिन
B. 14 दिन
C. 3 सप्ताह
D. एक महीना

Q.72 किसी अर्थव्यवस्था के विकास की दर को किसके संदर्भ में मापा जाता है?
A. प्रति व्यक्ति आय
B. औद्योगिक विकास
C. गरीबी रेखा से ऊपर उठने वाले व्यक्तियों की संख्या
D. राष्ट्रीय आय

Q.73 विनेश फोगाट एक उम्दा भारतीय _____ हैं।
A. मुक्केबाज
B. धावक
C. पहलवान
D. सुमो पहलवान

Q.74 कितने भारतीय गेंदबाजों ने अंतर्राष्ट्रीय टेस्ट क्रिकेट में हैट्रिक ली है?
A. तीन
B. चार
C. दो
D. एक

Q.75 एलिफेंटा की गुफाएँ किस देवता को समर्पित हैं?
A. शिव
B. तीर्थंकर महावीर
C. विष्णु
D. बुद्ध

Q.76 निम्नलिखित में से कौन सा लोक नृत्य पंजाब से संबंधित है?
A. गिद्दा नृत्य
B. अकिरी नृत्य
C. मोनीयो अशो
D. लूर नृत्य

Q.77 निम्नलिखित में से कौन चिकनकारी कढ़ाई के लिए एक प्रसिद्ध स्थान है?
A. रांची
B. लखनऊ
C. रायपुर
D. इंदौर

Q.78 'मयूरभंज छऊ' किस राज्य का लोक नृत्य है?
A. उड़ीसा
B. राजस्थान
C. महाराष्ट्र
D. कर्नाटक

Q.79 इकबाल पुरस्कार _____ साहित्य में रचनात्मक लेखन को सम्मानित करने के लिए प्रस्तुत किया जाता है।
A. खरोष्ठी
B. उर्दू
C. पारसी
D. हिंदी

Q.80 निम्नलिखित में से कौन नोबेल शांति पुरस्कार प्राप्त करने वाली पहली भारतीय महिला थी?

A. मदर टेरेसा **B.** नरगिस दत्त
C. इंदिरा गाँधी **D.** सरोजिनी नायडू

Q.81 'मिल्कमैन ऑफ इंडिया' के नाम से किसे जाना जाता है?

A. आर.एस. सोढ़ी **B.** नॉर्मन बोरलॉग
C. जी.एच. विल्स्टर **D.** वी. कुरियन

Q.82 उस समाज सुधारक का नाम बताइए जिसे 'आधुनिक नर्सिंग का संस्थापक दार्शनिक' माना जाता था।

A. मदर टेरेसा **B.** कस्तूरबा गांधी
C. सरोजिनी नायडू **D.** फ्लोरेंस नाइटिंगेल

Q.83 दो बार माउंट एवरेस्ट पर चढ़ने वाली दुनिया की पहली महिला कौन है?

A. शेरपा तेनजिंग **B.** एडमंड हिलेरी
C. प्रेमलता अग्रवाल **D.** संतोष यादव

Q.84 खाना पकाने वाली गैस मुख्य रूप से निम्नलिखित दो गैसों का मिश्रण है

A. मीथेन और ईथेन **B.** ईथेन और प्रोपेन
C. प्रोपेन और ब्यूटेन **D.** ब्यूटेन और पेंटेन

Q.85 प्लास्टर ऑफ पेरिस का निर्माण ____ के उष्मण द्वारा किया जाता है।

A. ग्रेफ़ाइट **B.** जिप्सम **C.** जिंक **D.** लीड

Q.86 क्लोरीन की विरंजन क्रिया _____ द्वारा होती है।

A. अपघटन **B.** जल-अपघटन
C. अवकरण **D.** ऑक्सीकरण

Q.87 तालाब के मैल या हरे शैवाल वाले रास्ते पर चलते हुए हम फिसलते हैं, क्योंकि:

A. गति का जड़त्व
B. घर्षण शून्य होता है
C. पैरों और पथ के बीच घर्षण बढ़ जाता है।
D. पैरों और पथ के बीच घर्षण कम हो जाता है।

Q.88 ध्वनि की स्वरमान निम्न से संबंधित है:

A. आवृति **B.** तीव्रता **C.** आयाम **D.** प्रबलता

Q.89 एक लेंस की शक्ति की SI इकाई क्या है?

A. हेटर्स **B.** लुमेन **C.** ओम **D.** डायोप्टर

Q.90 वृद्धावस्था में कैल्शियम की कमी से कौन सी बीमारी होती है?

[UPTET Social Studies, 2019]

A. ऑस्टियोपोरोसिस **B.** रक्ताल्पता
C. अस्थिमृदुता **D.** सुखंडी

Q.91 पादप जगत में 'फर्न ओर फर्न सहयोगी' किस समूह से संबंधित हैं?

A. जिमनोस्पर्म **B.** थैलोफाइटा
C. ब्रायोफाइटा **D.** पर्टिडोफाइटा

Q.92 निम्नलिखित में से किसे राष्ट्रीय आय भी कहा जाता है?

A. बाजार मूल्य पर एन.एन.पी.
B. बाजार मूल्य पर जी.एन.पी.
C. उत्पादन लागत पर एन.एन.पी
D. उत्पादन लागत पर जी.एन.पी

Q.93 निम्नलिखित में से किस अर्थव्यवस्था में, "प्रॉफिट मोटिव एंड सोशल वेलफेयर" दोनों होते हैं?

A. पूंजीवादी अर्थव्यवस्था **B.** मिश्रित अर्थव्यवस्था
C. समाजवादी अर्थव्यवस्था **D.** इनमे से कोई भी नहीं

Q.94 निम्नलिखित में से कौन एक कार्यशील पूँजी है?

A. भवन **B.** धन **C.** मशीन **D.** उपकरण

Q.95 निम्नलिखित में से कौन सा संबंध सत्य है?

[SSC MTS, 2019]

A. जीएनपी ≡ जीडीपी / विदेश से शुद्ध कारक आय
B. जीएनपी ≡ जीडीपी + विदेश से शुद्ध कारक आय
C. जीएनपी ≡ जीडीपी ≡ विदेश से शुद्ध कारक आय
D. जीएनपी ≡ जीडीपी × विदेश से शुद्ध कारक आय

Q.96 निम्नलिखित में से कोन एक पर्यावरणीय समस्या नहीं है?

[MPTET Paper I - Varg 3, 2012]

A. पानी की बर्बादी **B.** पानी का संरक्षण
C. वनों की कटाई **D.** भूमि का कटाव

Q.97 वायु गुणवत्ता सूचकांक_____ है।

A. एक वायु प्रदूषक मापने का यंत्र
B. वायु की गुणवत्ता दिखाने के लिए एक मापने का पेमाना
C. आर्द्रता के स्तर को मापने का यंत्र
D. वर्षा के पूर्वानुमान का यंत्र

Q.98 अंतरिक्ष पर्यटक के रूप में अंतरिक्ष में जाने वाले पहले भारतीय कौन थे?

A. विक्रम साराभाई **B.** संतोष जॉर्ज
C. राकेश शर्मा **D.** सतीश धवन

Q.99 निम्नलिखित में से कौन भारत और चीन के बीच की सीमा रेखा है?

A. रेडक्लिफ रेखा **B.** मैकमोहन रेखा
C. डूरंड रेखा **D.** पाक जलडमरूमध्य

Q.100 निम्न में से कौन सा गर्म रक्त वाला जानवर है?

A. कछुआ **B.** साँप **C.** बन्दर **D.** छिपकली

// स्मार्ट उत्तर पुस्तिका //

सही उत्तर उन छात्रों के प्रतिशत को इंगित करता है जिन्होंने प्रश्नों का सही उत्तर दिया था।

छोड़ दिया उन छात्रों के प्रतिशत को इंगित करता है जिन्होंने प्रश्नों को छोड़ दिया था।

प्रश्न संख्या	उत्तर	सही उत्तर / छोड़ दिया	प्रश्न संख्या	उत्तर	सही उत्तर / छोड़ दिया	प्रश्न संख्या	उत्तर	सही उत्तर / छोड़ दिया	प्रश्न संख्या	उत्तर	सही उत्तर / छोड़ दिया	प्रश्न संख्या	उत्तर	सही उत्तर / छोड़ दिया
1	D	65.2 % / 1.02 %	17	C	65.23 % / 1.8 %	33	B	86.66 % / 0.0 %	49	D	56.89 % / 1.8 %	65	B	77.51 % / 0.0 %
2	A	46.59 % / 1.54 %	18	C	80.7 % / 0.0 %	34	B	85.62 % / 0.0 %	50	D	45.29 % / 1.23 %	66	B	81.36 % / 0.0 %
3	A	76.97 % / 0.0 %	19	B	63.25 % / 1.43 %	35	D	80.51 % / 0.0 %	51	D	87.88 % / 0.0 %	67	B	50.11 % / 1.76 %
4	C	69.46 % / 1.92 %	20	D	59.73 % / 1.11 %	36	A	46.21 % / 1.56 %	52	C	77.4 % / 0.0 %	68	B	68.69 % / 1.44 %
5	A	83.34 % / 0.0 %	21	D	81.04 % / 0.0 %	37	D	86.54 % / 0.0 %	53	A	51.93 % / 1.95 %	69	B	60.2 % / 1.28 %
6	B	52.1 % / 1.03 %	22	D	81.4 % / 0.0 %	38	B	50.13 % / 1.32 %	54	A	82.33 % / 0.0 %	70	A	86.4 % / 0.0 %
7	A	31.2 % / 4.03 %	23	D	40.24 % / 1.59 %	39	D	65.16 % / 1.66 %	55	D	80.26 % / 0.0 %	71	B	63.0 % / 1.62 %
8	B	63.15 % / 1.19 %	24	C	83.59 % / 0.0 %	40	B	81.69 % / 0.0 %	56	B	67.28 % / 1.63 %	72	D	79.58 % / 0.0 %
9	B	69.73 % / 1.63 %	25	A	88.59 % / 0.0 %	41	B	53.4 % / 1.38 %	57	C	78.2 % / 0.0 %	73	C	83.59 % / 0.0 %
10	A	21.93 % / 4.15 %	26	C	80.29 % / 0.0 %	42	C	65.07 % / 1.06 %	58	A	77.78 % / 0.0 %	74	A	69.08 % / 1.13 %
11	A	45.28 % / 1.49 %	27	B	80.15 % / 0.0 %	43	A	82.66 % / 0.0 %	59	C	86.86 % / 0.0 %	75	A	53.74 % / 1.7 %
12	C	81.8 % / 0.0 %	28	A	64.28 % / 1.73 %	44	B	85.62 % / 0.0 %	60	B	78.79 % / 0.0 %	76	A	87.57 % / 0.0 %
13	D	76.32 % / 0.0 %	29	D	59.93 % / 1.69 %	45	D	86.89 % / 0.0 %	61	D	49.3 % / 1.19 %	77	B	88.7 % / 0.0 %
14	B	77.97 % / 0.0 %	30	A	76.57 % / 0.0 %	46	B	58.86 % / 1.72 %	62	B	22.39 % / 3.35 %	78	A	49.73 % / 1.42 %
15	B	88.15 % / 0.0 %	31	C	54.88 % / 1.44 %	47	B	63.57 % / 1.06 %	63	B	86.68 % / 0.0 %	79	B	26.73 % / 4.93 %
16	D	56.71 % / 1.92 %	32	A	47.84 % / 1.57 %	48	C	83.8 % / 0.0 %	64	B	89.01 % / 0.0 %	80	A	80.78 % / 0.0 %

प्रश्न संख्या	उत्तर	सही उत्तर / छोड़ दिया
81	D	76.49 % / 0.0 %
82	D	77.43 % / 0.0 %
83	D	52.29 % / 1.64 %
84	C	66.92 % / 1.85 %

प्रश्न संख्या	उत्तर	सही उत्तर / छोड़ दिया
85	B	89.34 % / 0.0 %
86	D	40.08 % / 1.88 %
87	D	88.74 % / 0.0 %
88	A	88.24 % / 0.0 %

प्रश्न संख्या	उत्तर	सही उत्तर / छोड़ दिया
89	D	80.95 % / 0.0 %
90	A	78.85 % / 0.0 %
91	D	49.71 % / 1.79 %
92	C	85.78 % / 0.0 %

प्रश्न संख्या	उत्तर	सही उत्तर / छोड़ दिया
93	B	29.85 % / 4.72 %
94	B	53.4 % / 1.73 %
95	B	68.85 % / 1.8 %
96	B	47.06 % / 1.29 %

प्रश्न संख्या	उत्तर	सही उत्तर / छोड़ दिया
97	B	65.75 % / 1.72 %
98	B	68.68 % / 1.98 %
99	B	78.18 % / 0.0 %
100	C	86.94 % / 0.0 %

कार्य विश्लेषण	
औसत अंक (%)	57.0%
टॉपर्स स्कोर (%)	59.0%
आपका स्कोर	

//संकेत और समाधान//

1. अंतर्राष्ट्रीय वित्तीय सेवा केंद्र प्राधिकरण (IFSCA) और GVFL लिमिटेड ने गिफ्ट सिटी, गुजरात में IFSCA के कार्यालय में एक समझौता ज्ञापन पर हस्ताक्षर किए।

GIFT IFSC में फिनटेक पारितंत्र को समर्थन और सुविधा प्रदान करने के लिए सहयोग और सहभागिता के लिए इस पर हस्ताक्षर किए गए हैं। IFSCA एक एकीकृत नियामक है जो IFSC में वित्तीय उत्पादों, वित्तीय सेवाओं और संस्थानों के विकास और विनियमन के लिए जिम्मेदार है।

अत: विकल्प (D) सही है।

2. महिला और बाल विकास मंत्रालय ने 28 फरवरी 2022 तक पीएम केयर्स फॉर चिल्ड्रन योजना को बढ़ा दिया था। पहले यह योजना 31 दिसंबर 2021 तक वैध थी। यह योजना उन सभी बच्चों को कवर करती है, जिन्होंने 11 मार्च 2020 से कोविड- 19 महामारी के कारण माता-पिता, जीवित माता-पिता, या कानूनी अभिभावक/दत्तक माता-पिता/एकल दत्तक माता-पिता दोनों को खो दिया है।

अत: विकल्प (A) सही है।

3. दक्षिण अफ्रीका के नामीबिया के आठ अफ्रीकी चीतों को मध्य प्रदेश के कुनो पालपुर राष्ट्रीय उद्यान में स्थानांतरित किया गया है।

चीतों के राष्ट्रीय उद्यान में आने के बाद, वे बड़े बाड़ों में स्थानांतरित होने से पहले संगरोध चरण के दौरान छोटे बाड़ों में रहेंगे। 1952 के बाद से भारत में धीरे-धीरे चीते विलुप्त होने शुरू हो गए, उसके बाद तब 2009 में 'अफ्रीकी चीता इंट्रोडक्शन प्रोजेक्ट इन इंडिया' शुरू किया गया था।

अत: विकल्प (A) सही है।

4. यूएन वुमेन ने हाल ही में 'महिलाएं और लड़कियां पीछे छूट गईं: महामारी प्रतिक्रियाओं में स्पष्ट अंतराल' शीर्षक से एक नई रिपोर्ट जारी की।

रिपोर्ट के अनुसार, महिलाओं को सरकार से कोविड 19 राहत मिलने की संभावना कम थी। बच्चों के साथ रहने वाले 20 प्रतिशत कामकाजी पुरुष की तुलना में बच्चों के साथ रहने वाली 29 प्रतिशत कामकाजी माताओं ने अपनी नौकरी खो दी। रिपोर्ट के अनुसार, बच्चों के साथ रहने वाली एकल महिलाओं को अधिक पीछे छोड़ दिया गया।

अत: विकल्प (C) सही है।

5. इंटरनेशनल गर्ल्स इन आईसीटी डे 2022 का विषय पहुंच और सुरक्षा था। यह हर साल अप्रैल में चौथे गुरुवार को मनाया जाता है। इंटरनेशनल गर्ल्स इन आईसीटी डे का उद्देश्य प्रौद्योगिकी में लड़कियों और महिलाओं के प्रतिनिधित्व को बढ़ाने के लिए एक वैश्विक आंदोलन को प्रेरित करना है।

अत: विकल्प (A) सही है।

6. बिहार के सहकारिता मंत्री सुभाष सिंह ने 24 अगस्त, 2021 को तरकारी एक्सप्रेस का शुभारंभ किया। यह पटना के निवासियों को उनके दरवाजे पर आधी कीमत पर सब्जियां पहुंचाने की सेवा है। सब्जियां सीधे किसानों के खेतों से प्राप्त होती हैं और पटना के सभी मोहल्लों में ई-रिक्शा से पहुंचती हैं।

अत: विकल्प (B) सही है।

7. इंडिया डिजिटल समिट 2022 के 16वें संस्करण का आयोजन इंटरनेट एंड मोबाइल एसोसिएशन ऑफ इंडिया (आईएएमएआई) द्वारा किया गया था।

शिखर सम्मेलन के दौरान '10 मिलियन डिजिटल रूप से सक्षम सूक्ष्म उद्यमियों का निर्माण' शीर्षक वाली रिपोर्ट भी जारी की गई। रिपोर्ट में कहा गया है कि रोजगार सृजन और जीडीपी में योगदान दोनों के लिए सूक्ष्म-उद्यमी भारतीय अर्थव्यवस्था का एक महत्वपूर्ण हिस्सा हैं।

अत: विकल्प (A) सही है।

8. साहित्य क्षेत्र में नोबेल पुरस्कार, 2018 की घोषणा नहीं की गई।

स्वीडिश अकादमी ने कहा है कि #MeToo घोटाले के कारण 70 वर्षों में पहली बार 2018 में साहित्य के लिए कोई नोबेल पुरस्कार नहीं दिया जाएगा।

पोलिश उपन्यासकार ओल्गा टोकार्चुक और ऑस्ट्रियाई लेखक पीटर हैंडके, दो लेखक जिनके काम यूरोप की धार्मिक, जातीय और सामाजिक गलत रेखा में गहराई से जुड़े हुए हैं, ने क्रमशः साहित्य के लिए 2018 और 2019 के नोबेल पुरस्कार जीते।

अत: विकल्प (B) सही है।

9. भारत और रूस की नौसेनाओं ने 14 जनवरी 2022 को अरब सागर में एक पासिंग अभ्यास किया।

भारतीय नौसेना के स्वदेशी रूप से डिजाइन और निर्मित निर्देशित-मिसाइल विध्वंसक आईएनएस कोच्चि ने रूसी संघ की नौसेना के विध्वंसक एडमिरल ट्रिब्यूट्स के साथ अभ्यास किया। यह सुनिश्चित करने के लिए एक पासिंग अभ्यास किया जाता है कि इसमें भाग लेने वाली दो नौसेनाएं आपदा या युद्ध के समय में सुचारू रूप से समन्वय और संवाद करने में सक्षम हों।

अत: विकल्प (B) सही है।

10. सॉफ्ट बैंक, भारती एन्टरप्राइजेज़ और फॉक्सकॉन टेक्नोलॉजी ग्रुप ने एक संयुक्त उपक्रम SBG क्लीनटेक बनाया है, जो ग्रीन एनर्जी प्रोजेक्टों में 10 वर्षों में लगभग $20 बिलियन का निवेश करेगा।

जापान मुख्यालय दूरसंचार और इंटरनेट प्रमुख सॉफ्टबैंक कॉर्प ("सॉफ्टबैंक"), प्रमुख भारतीय व्यापार समूह भारती एंटरप्राइजेज लिमिटेड ("भारती") और ताइवान स्थित शीर्ष डिजाइन और विनिर्माण सेवा प्रदाता फॉक्सकॉन टेक्नोलॉजी ग्रुप ("फॉक्सकॉन"), योजनाओं के साथ आए। भारत में स्वच्छ और सुरक्षित ऊर्जा को अपनाने को बढ़ावा देने के लिए एक संयुक्त उद्यम, एसबीजी क्लीनटेक लिमिटेड ("एसबीजी क्लीनटेक") बनाने के लिए। कुछ शर्तों के अधीन, तीनों कंपनियां संयुक्त रूप से उद्यम में निवेश करेंगी।

अत: विकल्प (A) सही है।

11. प्रस्तुत गद्यांश में देश के विकास के बारे में बताया गया है जहाँ विकास के इस पथ पर आर्थिक विकास को ही महत्वपूर्ण सिद्ध किया जा रहा है। ऐसे में आम लोगों के लिए आजीविका की समस्या विस्थापन का कारण बनती जा रही है। गद्यांश में विस्थापन तथा आजीविका से बेदखली का समाज पर पड़े बहुत ही बुरे असर के विषय में चर्चा की गई है जहाँ अमीर और भी अमीर बनते जा रहे हैं और गरीब और भी गरीब में तब्दील हो रहे हैं। इसलिए इसका उचित शीर्षक 'विकास और विस्थापन' होगा।

अत: विकल्प (A) सही है।

12. प्रस्तुत गद्यांश के अनुसार विस्थापन के मुख्य कारणों पर विचार करने पर विकास की आर्थिक अंध विचारधारा मुख्य कारण के तौर पर उभरती है जहाँ पर सामाजिक और आम आदमी के विकास के बारे में विचार न कर सिर्फ आर्थिक पक्ष को मुख्य तौर से देखा जाता रहा है। औपनिवेशिक काल से लेकर अब तक लोगों को उनके संसाधनों से अलग करने की प्रक्रिया योजनाबद्ध तरीके से चलते रही। इस प्रकार विस्थापन के अध्ययन में विकास के प्रतिमान (सिर्फ आर्थिक विकास) केंद्र में आ जाते हैं। अत: सही विकल्प 'विस्थापन के अध्ययन में' है।

अत: विकल्प (C) सही है।

13. प्रस्तुत गद्यांश के अनुसार आधुनिकीकरण के नाम पर पूँजीपतियों ने अपना निवेश किया और यहाँ के प्राकृतिक संसाधनों पर ज़ोर आजमाए। इसके पीछे योजनाकारों का मत 'राष्ट्र निर्माण' का सिद्धांत था जिसमें विकास की कीमत

कुछ लोगों को चुकानी होती पर इसके फायदे सभी तक पहुँच जाते। इसीलिए सही विकल्प 'आधुनिकीकरण' है।

अतः विकल्प (D) सही है।

14. प्रस्तुत गद्यांश के अनुसार उपनिवेशवादी देश अपने उपनिवेशों का शोषण कर अमीर बनते जा रहे थे। इसीलिए गांधीजी ने औद्योगीकीकरण का नहीं, उद्योगवाद का विरोध किया था। ताकि भारत में समाज के गरीब तबके का शोषण न हो। इसीलिए सही विकल्प 'उद्योगवाद' है।

अतः विकल्प (B) सही है।

15. प्रस्तुत गद्यांश के अनुसार गांधीजी ऐसे विकास के विरोधी थे जो उस तकनीक और उपभोग की राह पर चलता था जो बहुमत की पहुँच से बहुत दूर था या उसका शोषण करता था। इसलिए वे उद्योगवाद के विरोधी थें। इसीलिए सही उत्तर 'जो बहुमत की पहुँच से दूर था' है।

अतः विकल्प (B) सही है।

16. "पुनीत" इसका सही उत्तर है। अन्य विकल्प इसके उचित उत्तर नहीं हैं।

स्पष्टीकरण:

अशुद्ध शब्द	शुद्ध शब्द
सर्वोपरी	सर्वोपरि
परीहास	परिहास
गरीमा	गरिमा

अतः विकल्प (D) सही है।

17. 'च, छ, ज' इसका सही उत्तर है क्योंकि ये तालव्य वर्ण हैं। अन्य विकल्प इसके गलत उत्तर होंगे।

स्पष्टीकरण:

कंठय वर्ण- क, ख, ग, घ, ङ

तालव्य वर्ण- च, छ, ज, झ, ञ

मूर्धन्य वर्ण- ट, ठ, ड, ढ, ण

दंत्य वर्ण- त, थ, द, ध, न

ओष्ठय वर्ण- प, फ, ब, भ, म

अतः विकल्प (C) सही है।

18. 'कार' इस प्रश्न का सही उत्तर है। अन्य विकल्प त्रुटि पूर्ण हैं।

कला शब्द में कार प्रत्यय के योग से कलाकार शब्द बना है।

विशेष:

प्रत्यय- वे शब्दांश, जो यौगिक शब्द बनाते समय बाद में लगते हैं। जैसे-

1. अक- पाठक

2. आई- पढ़ाई

अतः विकल्प (C) सही है।

19. 'गृहप्रवेश' में 'तत्पुरुष समास' है। इसके अन्य विकल्प अनुचित उत्तर होंगे।

स्पष्टीकरण:

'गृहप्रवेश' अर्थात गृह में प्रवेश। इस शब्द में 'में' विभक्ति चिन्ह का लोप होने के कारण यहा तत्पुरुष समास होगा।

अतः विकल्प (B) सही है।

20. 'मानव' शब्द से 'मानवीय' विशेषण बनेगा।

विशेषण: जो शब्द संज्ञा या सर्वनाम की विशेषता बताते हैं, विशेषण कहलाते हैं। जैसे- मानव संज्ञा है लेकिन मानवीयता विशेषण शब्द है क्योंकि यह व्यक्ति का एक गुण है।

अतः विकल्प (D) सही है।

21. The following is mentioned in the passage:

"During the Pacific War, India was not overrun or seriously invaded by the Japanese and after the war was over, the transfer of power to a government of the Indian Congress Party was a peaceful one as far as Britain was concerned."

According to the passage, at the end of the Pacific war, the power was given to a government of the Indian Congress Party peacefully.

Hence, the correct option is (D).

22. The following is mentioned in the passage:

"The Congress Party was originally opposed to the idea of recognizing any division of India on a linguistic basis and preferred to retain the old provinces of British India which often cut across linguistic boundaries; it was only in response to strong pressures from below that the principle of linguistic states was conceded as the basis of a federal 'Indian Union'."

According to the passage, the linguistic reorganization of the States was accepted because strong pressures from the States were exerted on the Central Government to create such States.

Hence, the correct option is (D).

23. Option (A) is true. According to the passage, "The Congress Party was originally opposed to the idea of recognizing any division of India on a linguistic basis".

Option (B) is true. According to the passage, "The Congress leadership was more aware of the former problem than of the second; as a new political elite, which had rebelled not only against the British Raj but also against India's social order; they were conscious of the need to initiate economic development and undertake social reforms"

Option (C) is true. According to the passage, "The Congress leadership was more aware of the former problem than of the second; as a new political elite, which had rebelled not only against the British Raj"

Option (D) is not true. According to the passage, "After independence, however, India was faced with two vast problems, the first, that of economic growth from a very low level of production, and the second was that of ethnic diversity and the aspirations of sub nationalities. The Congress leadership was more aware of the former problem than of the second"

Hence, the correct option is (D).

24. The following is mentioned in the passage:

"By 1947, 'Indianization' had already gone far in the Indian Civil Service and army, so that the new government could start with effective instruments of central control."

According to the passage, the Indianization of the Indian Civil Service can be cited as an exercise in democratic practice in India before independence.

Hence, the correct option is (C).

25. The following is mentioned in the passage:

"After independence, however, India was faced with two vast problems, the first, that of economic growth from a very low level of production, and the second was that of ethnic diversity and the aspirations of sub nationalities. The Congress leadership was more aware of the former problem than of the second"

According to the passage, the 'ethnic diversity of the people was not appropriately realized by the central government.

Hence, the correct option is (A).

26. In the sentence, 'than' will be used instead of 'when'.

Some conjunctions such as: 'No sooner...than', 'Hardly/scarcely...when', are used in a pair.

Correct sentence: No sooner did I reach the station than the train left.

Hence, the correct option is (C).

27. The simple past is a verb tense that is used to talk about things that happened or existed before now.

The structure is given below:

- Subject + V2 + object.
- In the simple past tense, we make passive verb forms by putting 'was/were' before the past participle form of the verb.
- Since the given sentence is in the passive form of voice, 'was sung' will be the most appropriate choice.

Correct Sentence: "The same song was sung two times."

Hence, the correct option is (B)

28.

- In this sentence 'rest on the pillow' will use instead of 'rest himself on the pillow'.
- Because 'Rest' is an intransitive verb that does not take a reflexive pronoun after it.

Correct sentence: He shifts moving the arm away from his face and bringing it up over his head to rest on the pillow behind him.

Hence, the correct option is (A).

29.

- Option (A) is incorrect because the sentence has two subjects and 'me' is used as an object. Example: She has told me to read books. Therefore, 'me' should be replaced with 'I' in order to make the sentence correct.
- Option (B) is incorrect. If the sentence is about accepting guilt or mistake, the order is First, Second, Third person[Rule 123]. The given sentence is expressing a flaw. So, the arrangement of the pronouns should be 'I', 'you', and 'she'.
- Option (C) is grammatically correct.

- Option (D) is incorrect. 'Neither' should be replaced with 'none' because the sentence is talking about more than two girls.

Hence, the correct option is (D).

30. The following sequence is to be followed while changing the voice of an assertive sentence.

- Figure out the subject and object of the sentence, here the subject is 'The headmaster' and the object is 'so many children'
- Interchange the position of the subject and object while converting to passive voice.
- No case change in the subject is required 'The Headmaster' stays the same. if he or she' were to be used, the case would then be changed to 'Him/his or her' while converting to passive voice.
- Place 'by' before 'The Headmaster' when converting to passive voice.
- Use the third form 'taught' of the main verb 'teach'.

Correct answer: 'So many children cannot be taught by the Headmaster.'

Hence, the correct option is (A).

31. हम जानते हैं कि, क्षेत्रफल $=$ लंबाई $\times$ चौड़ाई

प्रश्नानुसार,

$= 12 \times 20$

$= 240$

नया क्षेत्रफल $= 12 \times \frac{100+20}{100} \times 20 \times \frac{100+10}{100}$

$= 316.8$

क्षेत्रफल में प्रतिशत परिवर्तन $= \frac{(316.8-240)}{240} \times 100$

$= 32\%$

अतः विकल्प (C) सही है।

32. दिया है:

DE,AB और AC के मध्य बिंदुओं को मिलाने वाले बिंदुओं द्वारा बनाई गई रेखा है।

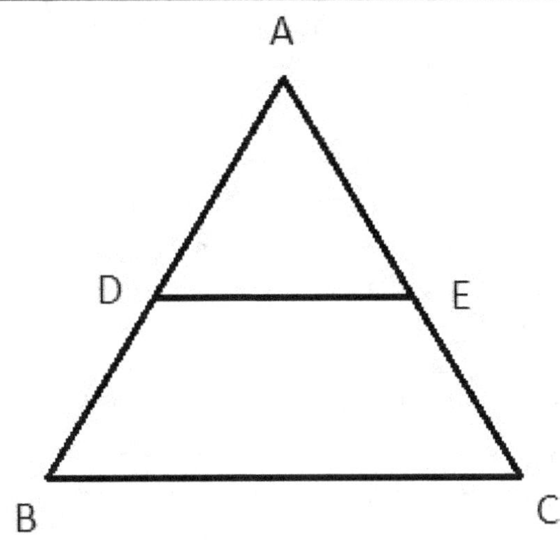

इसलिए,

मध्य बिंदु प्रमेय द्वारा,

DE = $\dfrac{BC}{2}$

DE = 4 सेमी

अतः विकल्प (A) सही है।

33. आयत का क्षेत्रफल = लम्बाई × चोड़ाई

$\Rightarrow 168 =$ लम्बाई $\times 7$

$\Rightarrow$ लम्बाई $= \dfrac{168}{7}$

$\Rightarrow$ लम्बाई $= 24$ सेमी

हम जानते हैं कि,

विकर्ण $^2 =$ लम्बाई $^2 +$ चोड़ाई

$\Rightarrow$ विकर्ण $^2 = 24^2 + 7^2 = 576 + 49 = 625$

$\therefore$ विकर्ण $= 25$ सेमी

अतः विकल्प (B) सही है।

34. हम जानते हैं कि,

$a^3 + b^3 = (a+b)(a^2 + b^2 - ab)$ .....(i)

और, $(a+b)^2 = a^2 + b^2 + 2ab$

प्रश्नानुसार,

$\Rightarrow (8)^2 = a^2 + b^2 + 2 \times 15$

$\Rightarrow 64 = a^2 + b^2 + 30$

$\Rightarrow a^2 + b^2 = 34$

समीकरण (i) में रखने पर,

$\Rightarrow a^3 + b^3 = (8)(34-15)$

$\Rightarrow a^3 + b^3 = 152$

अतः विकल्प (B) सही है।

35. सबसे बड़ी 5 अंकों की संख्या 99999 है।

जब हम 99999 को 32 से विभाजित करते हैं तो हमें शेषफल 3 प्राप्त होता है।

इसलिए,

आवश्यक संख्या = 99999-3 = 99996 है जो 39 से पूरी तरह से विभाज्य है।

अतः विकल्प (D) सही है।

36. (5,9,13,15) का ल.स.म

ल.स.म = 3×3×5×13

= 585

शेषफल $= \dfrac{2900}{585} = 560$

अभीष्ट उत्तर = 585 – 560 = 25

अतः विकल्प (A) सही है।

37. दिया हुआ है,

$\cot θ = \dfrac{21}{20}$

हम जानते हैं,

$\cot θ =$ आधार/ लम्ब

तथा, $\operatorname{cosec} θ =$ कर्ण/ लम्ब

पाइथागोरस प्रमेय द्वारा,

कर्ण = $\sqrt{(लम्ब^2 + आधार^2)}$

कर्ण $= \sqrt{20^2 + 21^2} = \sqrt{400 + 441} = \sqrt{841} = 29$

इस प्रकार, $\operatorname{cosec} θ = \dfrac{29}{20}$

अतः विकल्प (D) सही है।

38. हम जानते हैं कि,

रेंज = अधिकतम मान - न्यूनतम मान = 29 - 16 = 13

बहुलक = अधिकतम आवर्ती मान

$\therefore$ 18 को 3 बार दोहराया गया हैं।

बहुलक = 18

$\therefore$ दिये गये आकड़ों का रेंज और बहुलक 13 और 18 हैं।

अतः विकल्प (B) सही है।

39. उपरोक्त प्रश्न के लिए नमूना स्थान S हे

$S = \{(H,H,H),(H,H,T),(H,T,H),(T,H,H),(T,T,H),(T,H,T),(H,T,T),(T,T,T)\}$

माना कि E घटना है: "सिक्कों में अधिक से अधिक 1 हेड आते हैं"।

घटना E को निम्न रुप से व्यक्त किया जा सकता है:

$\mathbf{E = \{(H,T,T),(T,H,T),(T,T,H),(T,T,T)\}}$

$\therefore P(E)$ की प्रायिकता दी गई है $= \dfrac{n(E)}{n(S)} = \dfrac{4}{8} = \dfrac{1}{2}$

अतः विकल्प (D) सही है।

40. हम जानते हैं कि,

दो बिंदु (x_1, y_1) और (x_2, y_2) के बीच की दूरी $\sqrt{(x_2 - x_1) + (y_2 - y_1)}$ है।

इस प्रकार, आवश्यक दूरी

$$= \sqrt{(4-1)^2 + (0-4)^2}$$
$$= \sqrt{9 + 16} = \sqrt{25} = 5$$

अतः विकल्प (B) सही है।

41. 'ऋषभदेव' को जैन धर्म का पहला वास्तविक संस्थापक माना जाता है।

वह जैन धर्म के पहले तीर्थंकर हैं और यह भी कहा जाता है कि वो लाखों सालों तक जीवित रहे।

अतः विकल्प (B) सही है।

42.

- गायत्री मंत्र सूर्य को संबोधित आध्यात्मिक उत्तेजना के लिए एक प्रार्थना है।
- इसे विश्वामित्र ने बनाया था।
- यह मंत्र ऋग्वेद में तीसरे मंडला से लिया गया है।

अतः विकल्प (C) सही है।

43.

- लोथल प्राचीन सिंधु घाटी सभ्यता का एक शहर है जो गुजरात में स्थित है।
- प्राचीन समय में, यह अपने मोतियों और रत्नों के व्यापार सहित महत्वपूर्ण और समृद्ध व्यापारिक केंद्र था।
- इसे यूनेस्को द्वारा विश्व धरोहर स्थल के रूप में नामित किया गया है।

अतः विकल्प (A) सही है।

44.

- मुगल साम्राज्य की आधिकारिक भाषा फारसी थी क्योंकि पहला मुगल सम्राट बाबर, अफगानिस्तान से आया था।
- फ़ारसी ईरान की एक मूल भाषा है और अफगानिस्तान में भी इस्तेमाल की गई थी।
- इसलिए जब मुगल भारत आए, तो उन्होंने अपने साथ फारसी भाषा को खरीदा।

अतः विकल्प (B) सही है।

45. खिज्र खान दिल्ली सल्तनत के सैय्यद राजवंश से संबंधित हैं।

- यह दिल्ली सल्तनत का चौथा राजवंश था।
- खिज्र खान सैय्यद राजवंश के संस्थापक थे।
- वह मुल्तान के गवर्नर थे।
- उनकी 1421 में मृत्यु हो गई थी।

अतः विकल्प (D) सही है।

46. शिखर या विमना: वे मुख्य मंदिर के ऊपर मंदिर की मीनार। शिखर उत्तर भारतीय मंदिरों में पाया जाता है और विमना दक्षिण भारतीय मंदिरों में पाया जाता है।

अतः विकल्प (B) सही है।

47. यह मुख्य रूप से दो कारणों से यूरोप में अंग्रेजी और फ्रेंच के बीच के युद्धों से मेल खाता था : वाणिज्यिक हितों की सुरक्षा के लिए।

दक्षिण भारत और यूरोप में राजनीतिक विकास ने अपने दावों को लड़ने के लिए प्रीटेक्स प्रदान किया जिसकी परिणति तीन कर्नाटक युद्धों में हुई।

अतः विकल्प (B) सही है।

48. लॉर्ड रिपन ने 1882 में स्थानीय स्वशासन की शुरुआत की।

- इसे 1882 में एक प्रस्ताव द्वारा पारित किया गया था।'
- लॉर्ड रिपन 1880-84 तक भारत के वायसराय बने रहे।
- 1882 में एक प्रस्ताव ने भारत में स्थानीय स्वशासन की संस्था की स्थापना की।

अतः विकल्प (C) सही है।

49. बंगाल का विभाजन ब्रिटिश वायसराय लॉर्ड कर्जन ने किया था।

- लॉर्ड कर्जन जुलाई 1905 को 20 बंगाल का विभाजन।
- विभाजन अक्टूबर 1905 को 16 प्रभाव में आया।
- विभाजन के समय, बंगाल ब्रिटिश भारत का सबसे बड़ा प्रांत था जिसमें बिहार और उड़ीसा के कुछ भाग शामिल थे।
- अंग्रेजों ने तर्क दिया कि विभाजन प्रशासनिक सुविधा के लिए था।
- बंगाल का विभाजन विभाजन और शासन की ब्रिटिश नीति का एक उदाहरण है।

अतः विकल्प (D) सही है।

50.

- पावनार में व्यक्तिगत सत्याग्रह आंदोलन के नेता आचार्य विनोबा भावे ने इस आंदोलन की शुरुआत की।
- आचार्य विनोबा भावे ने 17 अक्टूबर 1940 को व्यक्तिगत सत्याग्रह शुरू किया।
- व्यक्तिगत सत्याग्रह आंदोलन स्वतंत्रता की तलाश करने के लिए नहीं था बल्कि वाक् स्वतंत्रता के अधिकारों की पुष्टि करने के लिए था।

अतः विकल्प (D) सही है।

51. भारत के सर्वोच्च न्यायालय में मूल, अपीलीय, याचिका और सलाहकार क्षेत्राधिकार है।

सर्वोच्च न्यायालय का किसी भी विवाद से संबंधित मामले में मूल अधिकार क्षेत्र है -

भारत सरकार बनाम और एक या एक से अधिक राज्य

भारत सरकार और एक तरफ राज्य और दूसरी तरफ राज्य

राज्य बनाम राजकीय

अतः विकल्प (D) सही है।

52.

- पृथ्वी के स्थलमंडल में ऊपरी आवरण और परत होते हैं।
- आवरण 2,890 किमी की गहराई तक फैला हुआ है।
- यह पृथ्वी की सबसे ऊपरी परत है जिसमें ऊपरी आवरण और निचला आवरण शामिल है।

अतः विकल्प (C) सही है।

53. कॉफी के लिए गर्म और गीली जलवायु और अच्छी तरह से सूखी दोमट मिट्टी की आवश्यकता होती है।

- इस फसल की वृद्धि के लिए पहाड़ी ढलान अधिक उपयुक्त हैं।
- कोलम्बिया और भारत के बाद ब्राजील प्रमुख उत्पादक है।

अतः विकल्प (A) सही है।

54. नालको:

- इसका अर्थ नेशनल एल्युमीनियम कंपनी लिमिटेड है।
- इसकी स्थापना 7 जनवरी 1981 को भुवनेश्वर में एक पंजीकृत कार्यालय के साथ की गई थी।
- नालको देश में एक वृहत्तम एकीकृत बॉक्साइट-एल्यूमिना-एल्यूमिनियम-विद्युत संकुल में से एक है।
- वर्तमान में, श्री श्रीधर पात्र नालको के अध्यक्ष हैं।

अतः विकल्प (A) सही है।

55. धारवाड़ चट्टानें सीसा, मैंगनीज, सोना, चांदी, लोहा और जस्ता अयस्कों से समृद्ध हैं।

धारवाड़ चट्टान प्रणाली भारत में पहली रूपान्तरित तलछटी चट्टानों को संदर्भित करती है।

अतः विकल्प (D) सही है।

56. रूस के पास दुनिया में सबसे बड़ा प्राकृतिक गैस भंडार है। 2019 तक, इसमें 38 ट्रिलियन क्यूबिक मीटर मूल्य का जीवाश्म ईंधन था, जो चार ट्रिलियन क्यूबिक मीटर से दस साल पहले था।

अतः विकल्प (B) सही है।

57. अम्ल या क्षारीय मिट्टी का दूसरा नाम कल्लर है। क्षार शब्द अरबी मूल का है जिसका अर्थ राख जैसा होता है और इसका उपयोग कठिन और असाध्य मिट्टी को नामित करने के लिए किया जाता है, जिसे आमतौर पर रक्कर, कल्लर, बारा और बारी नाम से जाना जाता है।

अतः विकल्प (C) सही है।

58. मिट्टी की मिट्टी में बहुत महीन कण होते हैं जिनके माध्यम से पानी आसानी से नहीं निकल सकता है।

पेरकोलेशन मिट्टी के प्रकार के साथ भिन्न होता है, जबकि रेतीले सोली अधिकतम छिद्रण की अनुमति देता है, मिट्टी मिट्टी पानी के न्यूनतम छिद्रण की अनुमति देती है।

अतः विकल्प (A) सही है।

59. उत्तर प्रदेश में 51 राष्ट्रीय राजमार्ग हैं जिनकी कुल लंबाई 40635 किमी है।

- राजस्थान 39 राश्रीय राजमागों के साथ दूसरे स्थान पर है, इसके बाद मध्य प्रदेश और तमिलनाडु हैं।
- राष्ट्रीय राजमार्ग प्राधिकरण राष्ट्रीय राजमार्ग नेटवर्क के लिए जिम्मेदार प्रमुख एजेंसी है।

अतः विकल्प (C) सही है।

60. शहरी और औद्योगिक बेल्ट में मशीनों और वाहनों में वृद्धि के कारण, इन क्षेत्रों में प्रदूषकों के उत्सर्जन में अर्धिधिक वृद्धि हुई है जिसके कारण पर्यावरण प्रदूषण हुआ है।

अतः विकल्प (B) सही है।

61.

- भारत के राष्ट्रपति के चुनाव में, विधान परिषद के सदस्य भाग नहीं लेते हैं।
- भारत के राष्ट्रपति के अप्रत्यक्ष चुनाव के लिए निर्वाचक मंडल में लोकसभा, राज्यसभा और विधानसभा सदस्य होते हैं।

अतः विकल्प (D) सही है।

62. 1962 में भारतीय संसदीय मामलों में शून्यकाल की शुरुआत की गई थी।

- शून्यकाल का तात्पर्य उस समय से है जो संसद के दोनों सदनों में प्रश्नकाल के तुरंत बाद आता है।
- इस अवधि के दौरान, संसद के सदस्य पूर्व सूचना दिए बिना महत्वपूर्ण मामले उठा सकते हैं।
- इसे शून्य काल इसलिए कहा जाता है क्योंकि यह दोपहर 12 बजे होता है।

अतः विकल्प (B) सही है।

63. भारतीय संविधान की आठवीं अनुसूची में 22 भाषाओं की सूची है।

संविधान की आठवीं अनुसूची में निम्नलिखित 22 भाषाएँ शामिल हैं: -

असमिया, बंगाली, गुजराती, हिंदी, कन्नड़, कश्मीरी, कोंकणी, मलयालम, मणिपुरी, मराठी, नेपाली, उड़िया, पंजाबी, संस्कृत, सिंधी, तमिल, तेलुगु, उर्दू, बोडो, संथाली, मैथिली और डोगरी।

अतः विकल्प (B) सही है।

64. भारतीय संविधान की 10वीं अनुसूची 'दलबदल विरोधी कानून' से संबंधित है।

10वीं अनुसूची में दलबदल के आधार पर अयोग्यता के प्रावधान शामिल हैं।

अतः विकल्प (B) सही है।

65. भारत के प्रधानमंत्री सरकार के प्रमुख हैं।

- भारत के प्रधानमंत्री भारत सरकार के कार्यकारी के नेता हैं।
- भारत के राष्ट्रपति देश के प्रमुख होते हैं।

अतः विकल्प (B) सही है।

66. संविधान के भाग-III (अनुच्छेद 12 - 35) के तहत प्रत्येक नागरिक को 6 मौलिक अधिकार प्रदान किए गए हैं।

मौलिक अधिकार है:

- समानता का अधिकार (14 - 18)
- स्वतंत्रता का अधिकार (19 - 22)
- शोषण के खिलाफ अधिकार (23 - 24)
- धर्म की स्वतंत्रता का अधिकार (25 - 28)
- सांस्कृतिक और शैक्षिक अधिकार (29 - 30)
- संवैधानिक उपचार का अधिकार (32)

अतः विकल्प (B) सही है।

67. भारत के राष्ट्रपति के पद के लिए किसी व्यक्ति को संविधान के प्रावधानों के तहत सभी आवश्यकताओं को पूरा करने से पहले संवैधानिक रूप से कई बार चुना जा सकता है।

एक राष्ट्रपति होने की उम्मीद है:

- भारत का नागरिक
- 35 वर्ष या उससे अधिक आयु का
- लोकसभा का सदस्य बनने के योग्य

अतः विकल्प (B) सही है।

68. अंडमान और निकोबार द्वीप समूह की न्यायिक राजधानी कोलकाता है।

अंडमान और निकोबार द्वीप भारत का पहला केंद्र शासित प्रदेश था।

- राजधानी और सबसे बड़ा शहर: पोर्ट ब्लेयर।
- उपराज्यपाल: एडमिरल देवेंद्र कुमार जोशी।
- बंजर द्वीप अंडमान और निकोबार में है।

- अंडमान के महत्वपूर्ण आदिवासी: ओंगे, जारवा, सेंटिनलिस।
- चैनल जो अंडमान और निकोबार द्वीप समूह संचालित करता है: 10-डिग्री चैनल।

अतः विकल्प (B) सही है।

69. भारत की संसद के पास कानून बनाने, अधिकार क्षेत्र को व्यवस्थित करने और सर्वोच्च न्यायालय की शक्ति को संशोधित करने की शक्ति है। संसद में विधायिका द्वारा सर्वोच्च न्यायालय में न्यायाधीशों की संख्या बढ़ाई या घटाई जा सकती है। इसलिए, विकल्प 2 सही है।

अनुच्छेद 124 से 147 में सर्वोच्च न्यायालय में संगठन, स्वतंत्रता, अधिकार क्षेत्र, शक्तियां, प्रक्रिया, आदि से निपटना शामिल है ।

अतः विकल्प (B) सही है।

70. गोपनियता का अधिकार अनुच्छेद 21 के तहत जीवन और व्यक्तिगत स्वतंत्रता के अधिकार के तहत और संविधान द्वारा गारंटीकृत स्वतंत्रता के अधिकार के एक भाग के रूप में आता है।

- सुप्रीम कोर्ट ने घोषणा की कि गोपनियता का अधिकार एक मौलिक अधिकार है।
- आधार मामले में भारत के सर्वोच्च न्यायालय द्वारा गोपनियता के अधिकार को बरकरार रखा गया था।

अतः विकल्प (A) सही है।

71. माना जाता है कि लोकसभा द्वारा पारित धन विधेयक को राज्य सभा द्वारा भी पारित किया जाता है, यदि उच्च सदन के भीतर 14 दिन तक कोई कार्यवाही नहीं होती है।

- एक विधेयक को धन विधेयक कहा जाता है यदि इसमें केवल कराधान, सरकार द्वारा धन उधार लेने, व्यय करने या भारत के समेकित कोष को प्राप्त करने से संबंधित प्रावधान हैं।
- विधेयकों में केवल ऐसे प्रावधान हैं जो इन मामलों के लिए आकस्मिक हैं, जिन्हें धन विधेयक भी माना जाएगा।

अतः विकल्प (B) सही है।

72. किसी अर्थव्यवस्था के विकास की दर को राष्ट्रीय आय के संदर्भ में मापा जाता है।

राष्ट्र का सकल घरेलू उत्पाद एक वर्ष से दूसरे वर्ष में बदलता और बढ़ता है।

जीडीपी (सकल घरेलू उत्पाद) किसी विशेष समय अवधि में किसी देश में उत्पादित सभी वस्तुओं और सेवाओं का बाजार मूल्य है।

अतः विकल्प (D) सही है।

73. विनेश फोगट एक भारतीय पहलवान हैं, जो अपने चचेरे भाई गीता फोगट और बबीता कुमारी के साथ कुश्ती की एक सफल पृष्ठभूमि से आती हैं, दोनों अंतरराष्ट्रीय पहलवानों और राष्ट्रमंडल खेलों के पदक विजेता भी हैं।

अतः विकल्प (C) सही है।

74. तीन भारतीय गेंदबाज - हरभजन सिंह, इरफान पठान, और जसप्रीत बुमराह टेस्ट क्रिकेट में हैट्रिक बनाने में कामयाब रहे।

अतः विकल्प (D) सही है।

75. एलीफेंटा गुफाएँ एक यूनेस्को विश्व विरासत स्थल हैं और मुख्य रूप से हिंदू भगवान शिव को समर्पित गुफा मंदिरों का एक संग्रह है।

एलिफेंटा की गुफाओं को कलचुरियों द्वारा एक योगदान माना जाता है और योगदान करने वाले नवीनतम शासक राष्ट्रकूट थे।

अतः विकल्प (A) सही है।

76.

- गिद्दा नृत्य पंजाब का एक लोक नृत्य है।
- गिद्दा, एक पारंपरिक देहाती नृत्य है जो पंजाब, भारत और पाकिस्तान की महिलाओं द्वारा त्यौहार के समय और फसल की बुवाई और कटाई के समय किया जाता है।
- नृत्य लयबद्ध ताली के साथ होता है और पृष्ठभूमि में वृद्ध महिलाएं एक विशिष्ट पारंपरिक लोक गीत गाती हैं।

अतः विकल्प (A) सही है।

77. चिकनकारी कढ़ाई लखनऊ की पारंपरिक कढ़ाई शैली है।

- यह लखनऊ की सबसे प्रसिद्ध कपड़ा सजावट शैलियों में से एक है।
- चिकन विभिन्न प्रकार के कपड़ा वस्त्रों जैसे मलमल, रेशम, शिफॉन, ऑर्गेना, नेट, आदि पर एक नाजुक और कलात्मक ढंग से की गई कढ़ाई है।
- सफेद धागे से हल्के मलमल और सूती कपड़ों के शांत, रंगीन रंगों पर कढ़ाई की जाती है।
- स्थानीय चिकन का बाजार मुख्य रूप से चौक, लखनऊ में है।

अतः विकल्प (B) सही है।

78. मयूरभंज छऊ' उड़ीसा राज्य का लोक नृत्य है।

छऊ का अर्थ, एक प्रकार का मुखौटा नृत्य है।

अतः विकल्प (A) सही है।

79. इकबाल पुरस्कार रचनात्मक उर्दू लेखन के क्षेत्र में दिया जाने वाला एक प्रतिष्ठित वार्षिक पुरस्कार है।

- उर्दू के प्रख्यात कवि अल्लामा इकबाल के नाम पर इस पुरस्कार की स्थापना की गई है।
- उन्होंने बीसवीं शताब्दी के पहले चार दशकों में उर्दू कविता को नए आयाम दिए।

अतः विकल्प (B) सही है।

80. मदर टेरेसा 1979 के नोबेल शांति पुरस्कार पाने वाली पहली भारतीय महिला थीं।

- भारत आने के बाद, उन्होंने गरीबों की सेवा करने का फैसला किया क्योंकि वह उनके बीच रहती थी।
- इस पुण्यात्मा महिला को 1962 में पद्म श्री और 1980 में भारत रत्न से सम्मानित किया गया।
- उन्होंने 5 सितंबर 1997 को अंतिम सांस ली।

अतः विकल्प (A) सही है।

81. श्री वी. कुरियन एक भारतीय अभियंता और उद्यमी थे, जिन्हें भारत की "श्वेत क्रांति" का जनक माना जाता था।

- उन्हें 'मिल्कमैन ऑफ इंडिया' के रूप में भी जाना जाता है।
- देश में दुग्ध उत्पादन में तीव्र वृद्धि से जुड़ी क्रांति को भारत में श्वेत क्रांति कहा जाता है जिसे ऑपरेशन फ्लड के नाम से भी जाना जाता है।

अतः विकल्प (D) सही है।

82. फ्लोरेंस नाइटिंगेल को द लेडी विद द लैंप के नाम से भी जाना जाता है।

- फ्लोरेंस नाइटिंगेल का जन्म 12 मई 1820 को हुआ था।
- 1860 में, उन्होंने लंदन के सेंट थॉमस अस्पताल में अपने नर्सिंग स्कूल की स्थापना के साथ संव्यावसायिक नर्सिंग की नींव रखी। यह दुनिया का पहला धर्मनिरपेक्ष नर्सिंग स्कूल था।

अतः विकल्प (D) सही है।

83. प्रसिद्ध भारतीय पर्वतारोही संतोष यादव ने माउंट एवरेस्ट पर दो बार चढ़ने वाली दुनिया की पहली महिला होने का उपलब्धि हासिल की।

उनका जन्म 1969 में हुआ था और हरियाणा के छोटे से गांव अड्येलर में रहते थे।माउंट एवरेस्ट को स्केल करने का उनका पहला मौका मई 1992 में था और इसके बाद मई 1993 में था। उन्होंने अपनी ऑक्सीजन साझा कर के एक अन्य पर्वतारोही की जान भी बचाई थी।

अतः विकल्प (D) सही है।

84. तरलीकृत पेट्रोलियम गैस (LPG) में मुख्य रूप से प्रोपेन और ब्यूटेन होते हैं।

- इसे तरलीकृत पेट्रोलियम गैस (एलपीजी) के रूप में भी जाना जाता है।

- यह गंधहीन होता है, इसीलिए इसमें एथिल मरकैप्टन मिलाया जाता है, ताकि अगर LPG उसके भंडारण कंटेनर से रिसाव हो जाए तो उसमें से बदबू आ सके।

अतः विकल्प (C) सही है।

85. जिप्सम को गर्म करके प्लास्टर ऑफ पेरिस का निर्माण किया जाता है।

जिप्सम, कैल्शियम सल्फेट खनिज के रूप में वर्गीकृत खनिज को दिया गया नाम है, और इसका रासायनिक सूत्र कैल्शियम सल्फेट डाइहाइड्रेट, $CaSO_4 \cdot 2H_2O$ है।

अतः विकल्प (B) सही है।

86. क्लोरीन की विरंजन क्रिया एक ऑक्सीकरण अभिक्रिया है।

इसकी विरंजन क्रिया के लिए इसे नमी की आवश्यकता होती है। हाइड्रोक्लोरिक और हाइपोक्लोरस अम्ल बनाने के लिए क्लोरीन जल के साथ अभिक्रिया करता है।

अतः विकल्प (D) सही है।

87. घर्षण दो सतहों के बीच एक बल है जो एक दूसरे के पार सरकने या फिसलने की कोशिश कर रही हैं।

- उदाहरण के लिए, जब आप फर्श पर रखे सामान को धक्का देने या खींचने की कोशिश करते हैं, तो घर्षण इसे मुश्किल बना देता है।

- घर्षण हमेशा उस दिशा के विपरीत कार्य करता है जिसमें वस्तु गति कर रही है या स्थानांतरित होने की कोशिश कर रही है।

अतः विकल्प (D) सही है।

88. ध्वनि की पिच आवृत्ति से संबंधित है।

- ध्वनि तरंग की आवृत्ति और आयाम क्रमशः स्वरमान और प्रबलता को प्रभावित करते हैं।

- ध्वनि की प्रबलता सीधे कंपायमान पिंड के आयाम पर निर्भर करती है।

अतः विकल्प (A) सही है।

89. लेंस की शक्ति की SI इकाई डायोप्ट्रे है।

शक्ति प्रकाश को मोड़ने की क्षमता है और यह मीटर में लेंस/दर्पण की फोकल लंबाई के पारस्परिक के बराबर है।

अतः विकल्प (D) सही है।

90. वृद्धावस्था में कैल्शियम की कमी से ऑस्टियोपोरोसिस होता है।

ऑस्टियोपोरोसिस वृद्धावस्था में होती है और यह एक ऐसी बीमारी है जिसमें हड्डी अधिक नाजुक हो जाती है और अस्थि-भंग की संभावना बढ़ जाती है।

अतः विकल्प (A) सही है।

91. पौधे के साम्राज्य में, 'फर्न्स और फर्न सहयोगी' पर्टिडोफाइटा से संबंधित है। टेरिडोफाइट संवहनी पौधे हैं और पत्तियों (फ्रॉड्स के रूप में जाना जाता है), जड़ें और कभी-कभी सच उपजी हैं, और पेड़ के फर्न हैं।

अतः विकल्प (D) सही है।

92. राष्ट्रीय आय एक वर्ष में देश के उत्पादित सभी वस्तुओं और सेवाओं के अंतिम उत्पादन का कुल मूल्य होता है।

एनएनपी (शुद्ध राष्ट्रीय उत्पाद) प्रत्येक वर्ष पूंजीगत वस्तुओं द्वारा अदृष्ट मूल्यह्रास मूल्य को घटाने के बाद एक वर्ष के दौरान एक अर्थव्यवस्था में उत्पादित वस्तुओं और सेवाओं का मूल्य होता है। यह बाजार मूल्य पर एनएनपी होता है क्योंकि वस्तुओं और सेवाओं का मूल्य इसकी वास्तविक बाजार दर पर लिया जाता है।

अतः विकल्प (C) सही है।

93. "प्रॉफिट मोटिव एंड सोशल वेलफेयर" दोनों एक मिश्रित अर्थव्यवस्था की विशेषताएं हैं।

मिश्रित अर्थव्यवस्था:

मिश्रित अर्थव्यवस्था जहां दोनों निजी बाजार और सरकारी नियंत्रण में उत्पादन के कारक होते हैं।

यह एक अर्थव्यवस्था की सबसे आम प्रणाली है जो दुनिया भर के कई देशों में मौजूद है।

हमारा देश (भारत) एक मिश्रित अर्थव्यवस्था का एक शुद्ध उदाहरण है।

अतः विकल्प (B) सही है।

94. कार्यशील पूँजी वह धन है जो किसी कंपनी के पास अपने निपटान में होता है जिसे वह खर्च करने के लिए उपयोग कर सकती है। अधिक अचल संपत्ति खरीदने के लिए कार्यशील पूँजी खर्च की जा सकती है।

भवन, मशीन और उपकरण और अचल संपत्ति। एक बार खरीदी संपत्ति आप के साथ मौजूद है।

कार्यशील पूँजी को परिचालन पूँजी का एक हिस्सा माना जाता है।

अतः विकल्प (B) सही है।

95. सकल राष्ट्रीय उत्पाद सकल घरेलू उत्पाद और विदेश से शुद्ध कारक आय का योग है।

जीएनपी≡जीडीपी + विदेश से शुद्ध कारक आय।

सकल घरेलू उत्पाद एक विशिष्ट अवधि के दौरान एक देश के भीतर किए गए सभी तैयार माल और सेवाओं का माप है।

शुद्ध राष्ट्रीय उत्पाद की गणना सकल राष्ट्रीय उत्पाद से मूल्यह्रास में कटौती करके की जाती है।

एनएनपी = जीएनपी - मूल्यह्रास

सकल राष्ट्रीय उत्पाद (जीएनपी) एक देश में उत्पादित सभी वस्तुओं और सेवाओं की शुद्ध राशि है जो किसी देश में एक वर्ष में सकल घरेलू उत्पाद (जीडीपी) के साथ-साथ विदेशों से आय होती है।

जीएनपी = जीडीपी + विदेश से आय।

अतः विकल्प (B) सही है।

96. पर्यावरण की स्थिति के बारे में जागरूक होना ही पर्यावरण जागरूकता है। पर्यावरण प्रकृति के सभी भागों, जीवित और निर्जीव को संदर्भित करता है।

पानी का संरक्षण एक पर्यावरणीय समस्या नहीं है। यहां तक कि यह पर्यावरण संरक्षण के लिए अच्छा है।

अतः विकल्प (B) सही है।

97. वायु गुणवत्ता की माप के लिए विभिन्न देशों में वायु गुणवत्ता सूचकांक बनाए गए हैं।

ये सूचकांक देश में वायु की गुणवत्ता को मापते हैं और संकेत देते हैं कि वायु में नाइट्रोजन डाइऑक्साइड, कार्बन मोनोऑक्साइड और सलफर डाइऑक्साइड की मात्रा विश्व स्वास्थ्य संगठन द्वारा निधारित मानदंडों से अधिक है या नहीं।

अतः विकल्प (B) सही है।

98. संतोष जॉर्ज कुलंगारा 200,000 डॉलर का भुगतान करने के बाद वर्जिन गैलेक्टिक में एक सीट बुक करके अंतरिक्ष पर्यटक के रूप में अंतरिक्ष में जाने वाले भारत के पहले व्यक्ति थे।

संतोष जॉर्ज केरल के निवासी हैं।

अतः विकल्प (B) सही है।

99. मैकमोहन रेखा भारत के उत्तर-पूर्व क्षेत्र और चीन के तिब्बत क्षेत्र के बीच की सीमा रेखा है।

इस सीमारेखा का नाम सर हैनरी मैकमहोन के नाम पर रखा गया था, जिनकी इस समझौते में महत्त्वपूर्ण भूमिका थी और वे भारत की तत्कालीन अंग्रेज सरकार के विदेश सचिव थे।

अतः विकल्प (B) सही है।

100. बन्दर एक गर्म रक्त वाला जानवर है।

गर्म रक्त वाले जानवर वे हैं जो अपने शरीर को गर्म बना सकते हैं। पक्षी और स्तनधारी गर्म रक्त वाले होते हैं।

- ठंडे रक्त वाले जानवर वे हैं जिनके शरीर का तापमान बाहर के तापमान पर निर्भर करता है।
- मछली, सरीसृप और उभयचर सभी ठंडे खून वाले हैं।

अतः विकल्प (C) सही है।

Q.1 मानव विकास सूचकांक, 2018 में भारत का स्थान है:

[Super TET Paper - I, 2019]

A. 128 वाँ   **B.** 129 वाँ   **C.** 130 वाँ   **D.** 131 वाँ

Q.2 हरियाणा के गांवों में कितनी हाईटेक लाइब्रेरियां बनाई जाएंगी ?

A. 500   **B.** 700   **C.** 900   **D.** 1000

Q.3 बिहार के मधुबनी जिले से किस देश के रेलवे लिंक के बीच पहली ट्रेन का सफल परीक्षण किया गया?

A. नेपाल   **B.** भोपाल   **C.** बिहार   **D.** इलाहाबाद

Q.4 विशेष ASEAN-भारत विदेश मंत्रियों की बैठक (SAIFMM) 16 और 17 जून 2022 को _________ में आयोजित की जाएगी।

A. नई दिल्ली, भारत   **B.** इस्लामाबाद, पाकिस्तान
C. ढाका, बग्लादेश   **D.** कोलंबो, श्रीलंका

Q.5 जून 2022 में सशस्त्र सीमा बल के नए महानिदेशक के रूप में किसे नियुक्त किया गया है?

A. सुजॉय लाल थाओसेन   **B.** संजय अरोड़ा
C. संजीव शर्मा   **D.** रंजीत सिंह राणा

Q.6 चार्टर्ड एकाउंटेंट्स दिवस का कौन सा संस्करण 1 जुलाई 2022 को मनाया गया था?

A. 70वां   **B.** 72वां   **C.** 74वां   **D.** 76वां

Q.7 विश्व पैरा एथलेटिक्स ग्रां प्री 2022 में देवेंद्र झाझरिया ने कौन सा पदक जीता?

A. स्वर्ण   **B.** रजत
C. कांस्य   **D.** इनमें से कोई नहीं

Q.8 किस देश ने 2 अगस्त 2022 को बर्मिंघम में राष्ट्रमंडल खेलों में पुरुषों की टेबल टेनिस स्पर्धा में स्वर्ण पदक जीता है?

A. मलेशिया   **B.** कनाडा
C. भारत   **D.** दक्षिण अफ्रीका

Q.9 अगस्त 2022 में प्रधान मंत्री कार्यालय (PMO) में निदेशक के रूप में किसे नियुक्त किया गया है?

A. श्वेता सिंह   **B.** रवि कुमार
C. रुचि मिश्रा   **D.** अनूप कुमार पाठक

Q.10 अभिजीत सेन, जिनका 29 अगस्त, 2022 को निधन हो गया, किस क्षेत्र से सम्बंधित थे?

A. भूगोल   **B.** मनोविज्ञान
C. जीव विज्ञान   **D.** अर्थशास्त्र

Ques (11-15):निर्देश: निम्नलिखित गद्यांश को पढ़कर नीचे दिए गए प्रश्न के उत्तर दीजिए:

हजारों वर्षों से लोगों ने अलौकिक घटनाओं का पर्यवेक्षण किया है, उनके संबंध में विशेष रूप से निंतन किया है और फिर उनमें से कुछ साधारण तत्त्व निकाले हैं; यहाँ तक कि मनुष्य की धर्म-प्रवृत्ति की आधारभूमि पर भी विशेष रूप से, अत्यंत सूक्ष्मता के साथ विचार किया गया है। इन समस्त चिंतन और विचारों का फल यह राजयोग-विद्या है। यह राजयोग आजकल के अधिकांश वैज्ञानिकों की अक्षम्य धारा का अवलंबन नहीं करता, वह उनकी भाँति उन घटनाओं के अस्तित्व को एकदम उड़ा नहीं देता, जिनकी व्याख्या दुरूह हो, प्रत्युत वह तो धीर भाव से, पर स्पष्ट शब्दों में, अंधविश्वास से भरे व्यक्ति को

बता देता है कि यद्यपि अलौकिक घटनाएँ, प्रार्थनाओं की पूर्ति और विश्वास की शक्ति, ये सब सत्य हैं तथापि इनका स्पष्टीकरण ऐसी कुसंस्कार भरी व्याख्या द्वारा नहीं हो सकता कि ये सब व्यापार बादलों के ऊपर अव्यस्थित किसी व्यक्ति या कुछ व्यक्तियों द्वारा संपन्न होते हैं।

Q.11 दिए गए विकल्पों में से कुसंस्कार शब्द में कौन – सा उपसर्ग प्रयुक्त हुआ है?

A. सम   **B.** कार   **C.** कुस   **D.** कु

Q.12 इनमें से 'पर्यवेक्षण' शब्द का उचित अर्थ है।

A. जांच करने का काम   **B.** निगरानी करने का काम
C. शिकायत करने का काम   **D.** परखने का काम

Q.13 इनमें से वैज्ञानिकों का अवलंबन नहीं करता है?

A. विचार   **B.** चिंतन   **C.** राजयोग   **D.** सभी

Q.14 मनुष्य ने हजारो वर्षों से किस पर निगरानी का कार्य किया है?

A. राजयोग पर   **B.** उसके संबंधों पर
C. अलौकिक घटनाओं पर   **D.** इनमें से कोई नहीं

Q.15 मनुष्य की चिंतन, धर्म-प्रवृत्ति और विचारों का फल क्या है?

A. अद्वैत आश्रम   **B.** द्वैत आश्रम
C. राजयोग विद्या   **D.** इनमें से कोई नहीं

Q.16 दिए गए विकल्पों में से शुद्ध वर्तनी वाला शब्द कौन-सा है?

A. मरुष्तल   **B.** समर्पित   **C.** उद्दिप्त   **D.** अध्यन

Q.17 इनमें से दंत्य वर्ण कौन से हैं?

A. क, ख, ग, घ, ङ   **B.** च, छ, ज, झ, ञ
C. त, थ, द, ध, न   **D.** प, फ, ब, भ, म

Q.18 दिए गए विकल्पों में से 'मज़ाकिया' शब्द में प्रत्यय है।

A. किया   **B.** अकिया   **C.** या   **D.** इया

Q.19 निम्नलिखित में से 'देवासुर' में कौन-सा समास है?

A. तत्पुरुष समास   **B.** द्वंद्व समास
C. बहुब्रीहि समास   **D.** द्विगु समास

Q.20 दिए गए विकल्पों में से 'आलस्य' शब्द से विशेषण बनेगा।

A. आलस   **B.** आलसीपन   **C.** आलस   **D.** आलसी

Ques (21-25):Direction: Read the given passage and answer the question that follows.

Technology has impacted almost every aspect of life today, and education is no exception. Or is it? In some ways, education seems much the same as it has been for many years. A 14th-century illustration by Laurentius de Voltolina depicts a university lecture in medieval Italy. The scene is easily recognizable because of its parallels to the modern-day. The teacher lectures from a podium at the front of the room while the students sit in rows and listen. Some of the

students have books open in front of them and appear to be following along. A few look bored. Some are talking to their neighbors. One appears to be sleeping. Classrooms today do not look much different, though you might find modern students looking at their laptops, tablets, or smartphones instead of books (though probably open to Facebook). A cynic would say that technology has done nothing to change education.

However, in many ways, technology has profoundly changed education. For one, technology has greatly expanded access to education. In medieval times, books were rare and only an elite few had access to educational opportunities. Individuals had to travel to centers of learning to get an education. Today, massive amounts of information (books, audio, images, videos) are available at one's fingertips through the Internet, and opportunities for formal learning are available online worldwide through the Khan Academy, MOOCs, podcasts, traditional online degree programs, and more. Access to learning opportunities today is unprecedented in scope thanks to technology.

Opportunities for communication and collaboration have also been expanded by technology. Traditionally, classrooms have been relatively isolated, and collaboration has been limited to other students in the same classroom or building. Today, technology enables forms of communication and collaboration undreamt of in the past. Students in a classroom in the rural U.S., for example, can learn about the Arctic by following the expedition of a team of scientists in the region, read scientists' blog posting, view photos, e-mail questions to the scientists, and even talk live with the scientists via a videoconference. Students can share what they are learning with students in other classrooms in other states who are tracking the same expedition. Students can collaborate on group projects using technology-based tools such as wikis and Google docs. The walls of the classrooms are no longer a barrier as technology enables new ways of learning, communicating, and working collaboratively.

Q.21 The given passage attempts to answer one of the following question:

A. Is the education sector technologically dependent?
B. Is technological changes a threat to education?
C. Is technology needed in the domain of education?
D. How has technology changed education?

Q.22 Which of the following statements is not true in the context of the passage?

A. Access to learning opportunities has increased
B. In medieval times too, many had access to educational opportunities
C. Technology has expanded access to education
D. Massive amounts of information is available to individuals at their fingertips

Q.23 According to the author, a cynic would say that technology has done nothing to change education because:

A. The teaching fraternity doesn't welcome any changes in the education sector
B. The classrooms today do not have any similarity with the classrooms in the past
C. The classrooms today do not have any similarity with the classrooms in the past and The teaching fraternity doesn't welcome any changes in the education sector
D. Classrooms today do not look much different from the way they were in the past

Q.24 From among the given options, choose the option that is most similar in meaning to the word 'isolated' given in the passage:

A. Unattended
B. Substituted
C. Detached
D. Cherished

Q.25 Why does the author state that the walls of the classroom are no longer a barrier?

A. Students now take more responsibility for their own learning
B. Schools and universities across the country are beginning to redesign learning spaces to enable a new model of education
C. Technology has changed the roles of teachers and learners
D. As technology has enabled new ways of learning, communicating, and working collaboratively

Q.26 Direction: Select the correct passive form of the given sentence.

Bring me a glass of milk.

A. The glass of milk should be brought to me.
B. You are requested to bring me a glass of milk.
C. A glass of milk is ordered to be brought.
D. You are ordered to bring me a glass of milk.

Q.27 Direction: Choose the correct sentence from the following:

A. She told me to take care of her belonging.
B. They came out to see the ruins of the building.
C. Diabetes have become a common disease now a days.
D. Use this scissors to cut the paper.

Q.28 Direction: From the given options, identify the segment in the sentence which contains the grammatical error.

As soon as I have / the official data, I will / publish it here. / No error

A. As soon as I have
B. Official data, I will
C. Publish it here
D. No error

Q.29 Direction: From the given options, identify the segment in the sentence which contains the grammatical error.

He has proved himself in best league in the world.

A. in the world
B. He has
C. Proved himself in
D. Best league

Q.30 Direction: Fill the blank in the given sentence with the appropriate answer.

My grandmother enjoyed boating _______ the lovely lake.

A. In
B. On
C. Beside
D. Within

Q.31 एक शंकु में त्रिज्या और उसकी ऊंचाई का अनुपात 3: 4 है। शंकु की त्रियक ऊंचाई 10 सेमी है। शंकु का आयतन ज्ञात कीजिए।

A. 72π
B. 84π
C. 96π
D. 120π

Q.32 20 और 28 का म.स.प. और ल.स.प. ज्ञात कीजिये।

A. 20, 280
B. 5, 280
C. 10, 140
D. 4, 140

Q.33 तीन आंतरिक कोणों का योग और एक नियमित बहुभुज का बाहरी कोण 420° है, तो बहुभुज की भुजाओं की संख्या ज्ञात कीजिए?

A. 9   **B.** 8   **C.** 7   **D.** 6

Q.34 b(3a² - 4a) + a(2b² + 3b) का सबसे सरल रूप क्या है?

A. 3a²b - 2ab + 2ab²   **B.** 3a²b + ab + 2ab²

C. 3a²b - ab + 2ab²   **D.** 3a²b - ab + ab²

Q.35 निम्नलिखित में से कौन सी संख्या 3 और 9 दोनों से विभाज्य है?

A. 349827   **B.** 739473   **C.** 650874   **D.** 835749

Q.36 एक आयत की परिधि 24 सेमी है और एक वर्ग, जिसका क्षेत्रफल 32 सेमी² है उसका विकरण इस आयत की चौड़ाई के बराबर है। तो, आयत का क्षेत्रफल क्या होगा?

A. 32 सेमी²   **B.** 64 सेमी²   **C.** 16 सेमी²   **D.** 24 सेमी²

Q.37 एक बक्से में 2 माजा, 1 फेंटा, 4 एप्पी और 3 पेप्सी हैं। यदि उनमें से दो को एक-एक करके बेतरतीब ढंग से उठाया जाता है, और उनके स्थान पर दूसरी नहीं रखी जाती, तो इसके दोनों एप्पी होने की प्रायिकता क्या है?

[UP Police Sub Inspector, 2017]

A. $\frac{2}{3}$ **B.** $\frac{3}{11}$ **C.** $\frac{2}{15}$ **D.** $\frac{3}{4}$

Q.38 यदि निम्न डेटा का बहुलक 6 है तो 3,8,6,7,1,6,10,6,7,2 k+4,9,7 और 13 में k का मान क्या है?

A. 0   **B.** 7   **C.** 1   **D.** 6

Q.39 यदि $\sec\theta - \tan\theta = 3$ है, तो $\cos\theta$ बराबर है:

A. $\frac{4}{9}$ **B.** $\frac{3}{7}$ **C.** $\frac{2}{5}$ **D.** $\frac{3}{5}$

Q.40 $2x + y = 5, x - y = 0$ और $x -$ अक्ष द्वारा घिरा हुआ क्षेत्रफल ज्ञात कीजिये?

A. $1\frac{1}{6}$ **B.** $2\frac{1}{12}$ **C.** $3\frac{5}{6}$ **D.** $4\frac{7}{12}$

Q.41 सिंधु घाटी सभ्यता के बारे में निम्नलिखित में से कौन सा कथन सही नहीं है?

A. मोहनजोदड़ो सिंधु नदी के तट पर स्थित था।

B. लोथल साइट नर्मदा नदी के तट पर स्थित था।

C. चंहुदारो पाकिस्तान की सीमाओं के भीतर स्थित था।

D. लोथल खंभात की खाड़ी के मुख पर था।

Q.42 निम्नलिखित में से किस स्थान पर घोड़े की हड्डियों के अवशेष पाए गए हैं?

A. सुरकोटदा   **B.** धोलावीरा

C. लोथल   **D.** मोहनजोदड़ो

Q.43 प्रसिद्ध राजा पुलकेशिन द्वितीय, निम्न में से किस राजवंश से संबंधित थे?

A. चोल   **B.** चेरा   **C.** राष्ट्रकूट   **D.** चालुक्य

Q.44 तराइन की पहली लड़ाई किस वर्ष में लड़ी गई थी?

A. 1100   **B.** 1291   **C.** 1391   **D.** 1191

Q.45 निम्नलिखित में से कौन-सा स्मारक गुलाम वंश द्वारा नहीं बनाया गया था?

A. अढ़ाई दिन का झोंपड़ा

B. कुतुब मीनार

C. कुव्वत-उल इस्लाम मस्जिद

D. अलाई दरवाजा

Q.46 निम्नलिखित में से किस राजा को आंध्र भोज के नाम से भी जाना जाता था?

A. कृष्णदेवराय   **B.** अकबर

C. हरिहर   **D.** औरंगज़ेब

Q.47 निम्नलिखित में से किस पुर्तगाली गवर्नर ने "ब्लू वाटर की नीति" पेश की?

A. नोनो दा कुन्हा   **B.** फ्रांसिस्को डी अल्मीडा

C. मार्टिम अफोंसो डी सूसा   **D.** अफोंसो डी अल्बुकर्क

Q.48 ईस्ट इंडिया कंपनी द्वारा स्थायी बन्दोबस्त कब लागू किया गया था?

A. 1793   **B.** 1765   **C.** 1776   **D.** 1783

Q.49 भारतीय राष्ट्रीय कांग्रेस के हरिपुरा अधिवेशन की अध्यक्षता ______ द्वारा की गई थी।

A. ए.सी. मजूमदार   **B.** मोतीलाल नेहरू

C. सुभाष चंद्र बोस   **D.** अबुल कलाम आज़ाद

Q.50 सत्याग्रह आश्रम की स्थापना 1915 में महात्मा गांधी ने ______ में की थी।

A. अहमदाबाद, गुजरात   **B.** खेड़ा, गुजरात

C. चंपारण, बिहार   **D.** उपरोक्त में से कोई नहीं

Q.51 राजस्थान का खेतड़ी नगर निम्नलिखित में से किस खनिज के उत्पादन के लिए प्रसिद्ध है?

A. आयरन   **B.** तांबा   **C.** मैंगनीज   **D.** टिन

Q.52 केन्द्रीय भैंस अनुसंधान संस्थान________ में स्थित है।

A. हिसार   **B.** गुडगाँव   **C.** झज्जर   **D.** पानीपत

Q.53 कितने भारतीय राज्य भूटान के साथ अपनी सीमा साझा करते हैं?

A. 5   **B.** 3   **C.** 4   **D.** 2

Q.54 निम्नलिखित में से कौन भारत में सिंधु की एक सहायक नदी नहीं है?

[SSC Stenographer Grade C & D, 2019]

A. रावी   **B.** चेनाब   **C.** नर्मदा   **D.** झेलम

Q.55 निम्नलिखित में से कोन सा सबसे मजबूत प्राकृतिक फाइबर है?

A. कपास   **B.** जूट   **C.** रेशम   **D.** ऊन

Q.56 लावा (मैग्मा) के ठंडा होने से बनने वाली चट्टानों को क्या कहा जाता है:

A. अवसादी चट्टानें   **B.** आग्नेय चट्टानें

C. रूपांतरित चट्टानें   **D.** सेंधा नमक

Q.57 सम्पूर्ण पृथ्वी कब बराबर दिन और रात अनुभव करती है?

A. विषुव के दिन

B. कक्षीय तल पर

C. शीतकालीन संक्रांति के दिन

D. ग्रीष्म संक्रांति के दिन

Q.58 एशियाई हाथी का वैज्ञानिक नाम क्या है?

A. पैंथरा टिगरिस

B. पैंथरा लियो

C. एलिफस मैक्सिमस

D. हिप्पोपोटेमस एम्फीबियस

Q.59 निम्नलिखित में से अदरक का प्रजनन वाला भाग कौन-सा है?

A. बीज   **B.** पत्ती   **C.** जड़   **D.** तना

Q.60 कपास की खेती के लिए काली मिट्टी आदर्श है क्यूंकि:

A. उसका रंग काला है।

B. यह नमी बरकरार रख सकती है।

C. यह लावा से बानी होती है।

D. यह पठारी क्षेत्रों में पायी जाती है।

Q.61 संविधान में निम्नलिखित में से कौन असम, मेघालय, त्रिपुरा और मिजोरम में जनजातीय क्षेत्रों के प्रशासन से संबंधित है?

A. 6 वीं अनुसूची
B. 7 वीं अनुसूची
C. 8 वीं अनुसूची
D. 5 वीं अनुसूची

Q.62 निम्नलिखित में से किस लेख में मनी बिल की परिभाषा दी गई है?

A. अनुच्छेद 109
B. अनुच्छेद 110
C. अनुच्छेद 111
D. अनुच्छेद 112

Q.63 निम्नलिखित में से कौन सा अनुच्छेद "संविधान और प्रक्रिया को संशोधित करने के लिए संसद की शक्ति," के बारे में बताता है?

A. अनुच्छेद 368
B. अनुच्छेद 369
C. अनुच्छेद 371
D. अनुच्छेद 371A

Q.64 भारत में महान्यायवादी का पद भारतीय संविधान में किस देश से लिया गया है?

A. जर्मनी
B. कनाडा
C. ब्रिटेन
D. ऑस्ट्रेलिया

Q.65 भारतीय संविधान की कौन-सी अनुसूची प्रतिवाद विरोधी कानून से संबंधित है?

A. 5 वीं अनुसूची
B. 11 वीं अनुसूची
C. 10 वीं अनुसूची
D. 9 वीं अनुसूची

Q.66 भारत में मतदान और निर्वाचित होने का अधिकार है:

A. मौलिक अधिकार
B. प्राकृतिक अधिकार
C. संवैधानिक अधिकार
D. विधिक अधिकार

Q.67 भारत के पहले मुस्लिम राष्ट्रपति कौन थे?

A. मोहम्मद हिदायतुल्लाह
B. ज़ाकिर हुसैन
C. फखरुद्दीन अली अहमद
D. अवुल पकिर जैनुलाब्दीन अब्दुल कलाम

Q.68 भारतीय संविधान में अवशिष्ट शक्तियों का विचार ______ के संविधान से लिया गया है।

A. दक्षिण अफ्रीका
B. जापान
C. अमेरिका
D. कनाडा

Q.69 हमारे संविधान में कितनी अनुसूचियाँ हैं?

A. 10
B. 8
C. 12
D. 11

Q.70 निम्नलिखित में से कौन सा शब्द हमारे संविधान की प्रस्तावना में लिखा गया है?

A. संप्रभुता
B. नारीवाद
C. मार्क्सवादी
D. साम्यवादी

Q.71 किस ऊतक की कोशिकाएं वसा संग्रहण के लिए विशिष्ट होती हैं?

A. वसा ऊतक
B. शल्की
C. ग्रंथिल
D. कोलैजन

Q.72 मानव शरीर के किस संवेदी अंग में 'पिन्ना' किसका एक हिस्सा है?

A. नेत्र
B. कान
C. नासिका
D. जिह्वा

Q.73 रतौंधी निम्नलिखित में से किस विटामिन की कमी के कारण होती है?

A. B_{12}
B. C
C. A
D. K

Q.74 कुष्ठ रोग ______ के कारण होता है।

A. विषाणु
B. जीवाणु
C. प्रोटोज़ोआ
D. इनमें से कोई भी नहीं

Q.75 एक पानी की बोतल पर पानी द्वारा ऊपर की ओर लगाए जाने वाला बल क्या कहलाता है

[RRB/RRC Group D, 2018]

A. तनाव
B. उत्प्लावक बल
C. जोर
D. दाब

Q.76 धारिता की SI इकाई क्या है?

A. लक्स
B. हेनरी
C. फैराड
D. एम्पीयर

Q.77 वह बिंदु जिस पर सभी किरणें अभिसरित होती हैं, जिसे ______ कहा जाता है।

[RRB/RRC Group D, 2018]

A. प्रमुख अक्ष
B. ध्रुव बिंदु
C. छिद्र
D. केंद्र

Q.78 जब सिल्वर क्लोराइड को सूर्य के प्रकाश के नीचे रखा जाता है, तो क्या होता है?

A. चांदी धातु और क्लोरीन गैस बनते हैं
B. चांदी धातु और क्लोराइड आयन बनते हैं
C. केवल चांदी धातु का निर्माण होता है
D. कोई प्रतिक्रिया नहीं होती है क्योंकि चांदी अपेक्षाकृत अप्रतिक्रियाशील है

Q.79 ठोस अवस्था में कौन सी गैस 'ड्राई आईस' के नाम से भी जानी जाती है?

A. नाइट्रोजन
B. ऑक्सीजन
C. हाइड्रोजन
D. कार्बन डाइऑक्साइड

Q.80 हेमेटाइट का रासायनिक सूत्र ______ है।

A. Fe_2O_3
B. Fe_3O_4
C. FeS_2
D. $2Fe_2O_3.3H_2O$

Q.81 यूनेस्को ने 1983 में विश्व धरोहर स्थलों की सूची में अजंता की गुफाओं को शामिल किया है। यह ______ में स्थित है।

A. महाराष्ट्र
B. तमिलनाडु
C. गुजरात
D. मध्य प्रदेश

Q.82 मोहिनीअट्टम किस भारतीय राज्य का नृत्य रूप है?

A. केरल
B. आंध्र प्रदेश
C. कर्नाटक
D. तमिलनाडु

Q.83 पेनिसिलिन, पहला एंटीबायोटिक, द्वारा खोजा गया था:

A. जोनास साल्क
B. एडवर्ड जेनर
C. लुई पास्चर
D. अलेक्जेंडर फ्लेमिंग

Q.84 भारत रत्न के सबसे युवा प्राप्तकर्ता कौन हैं?

A. जवाहर लाल नेहरू
B. सी. राजगोपालाचारी
C. महात्मा गांधी
D. सचिन तेंदुलकर

Q.85 व्यास सम्मान पुरस्कार किस क्षेत्र से संबंधित है?

A. खेल
B. साहित्य
C. सैन्य
D. नृत्य

Q.86 "विंग्स ऑफ फायर" नामक पुस्तक के लेखक कौन हैं?

A. डॉ. ए.पी.जे. अब्दुल कलाम
B. डॉ. इंदु आनंद
C. अरुणिमा सिन्हा
D. राजदीप सरदेसाई

Q.87 "एलिस इन द वंडरलैंड" नामक पुस्तक के लेखक कौन हैं?

A. विलियम शेक्सपियर
B. पॉल कैनेडी
C. लुईस कैरोल
D. जॉर्ज ऑरवेल

Q.88 टिहरी बांध निम्नलिखित में से किस राज्य में स्थित है?

A. हिमाचल प्रदेश
B. उत्तराखंड
C. तमिलनाडु
D. राजस्थान

Q.89 ऑस्ट्रेलिया की राजधानी कौन सी है?

A. सिडनी

B. कैनबरा

C. क्वींसलैंड

D. इनमे से कोई भी नहीं

Q.90 गुजरात में 'स्टैच्यू ऑफ यूनिटी' किसने डिजाइन किया था?

A. जकनाचारी

B. वी. बालन

C. राम वनजी सुथार

D. संखो चौधरी

Q.91 निम्न में से किस पर उत्पाद शुल्क लगाया जा सकता है?

A. एक कंपनी का राजस्व

B. माल और सेवाओं का निर्यात

C. माल और सेवाओं का आयात

D. निर्मित माल

Q.92 जीडीपी में क्षेत्रों का योगदान निम्न से उच्चतम तक सही क्रम में व्यवस्थित करें।

A. तृतीयक, विनिर्माण, कृषि

B. कृषि, विनिर्माण, तृतीयक

C. कृषि, तृतीयक, विनिर्माण

D. विनिर्माण, कृषि, तृतीयक

Q.93 वस्तुओं और सेवा टैक्स के बारे में निम्नलिखित में से कौन सा कथन गलत है?

A. माल और सेवा कर खुदरा विक्रेताओं के लिए खर्च नहीं होगा और इसलिए कोई छिपा हुआ कर नहीं है

B. यह कर के दूरगामी प्रभाव को समाप्त करता है

C. इसकी कोई अनुपालन लागत नहीं है।

D. इसने वस्तुओं और सेवाओं के वर्गीकरण से संबंधित विवादों को हल किया

Q.94 मूल्यह्रास _____ के टूट - फूट के लिए एक वार्षिक भत्ता है।

A. तैयार माल

B. भूमि

C. कार्य की प्रगति

D. पूंजीगत वस्तुएं

Q.95 प्रति व्यक्ति आय किसके द्वारा प्राप्त की जाती है?

A. कुल राष्ट्रीय पूंजी को अर्जित लाभ द्वारा विभाजित करने पर

B. देश के नागरिकों की आय का योग करने पर

C. राष्ट्रीय आय को जनसंख्या द्वारा विभाजित करने पर

D. व्यक्तिगत नागरिकों की न्यूनतम आय का अनुमान लगा कर

Q.96 भारतीय आयकर है:

A. अप्रत्यक्ष और प्रगतिशील

B. प्रत्यक्ष और आनुपातिक

C. अप्रत्यक्ष और आनुपातिक

D. भारतीय आयकर प्रत्यक्ष और प्रगतिशील है:

Q.97 निम्नलिखित में से कौन सा संस्थान भारत में पूंजी बाजार को विनियमित नहीं करता है?

A. भारतीय रिजर्व बैंक

B. भारतीय प्रतिभूति और विनिमय बोर्ड (SEBI)

C. वित्त मंत्रांलय

D. बीमा विनियामक और विकास प्राधिकरण (IRDAI)

Q.98 भारत में घोषित मिश्रित अर्थव्यवस्था सिद्धांत के पर आधारित पहली औद्योगिक नीति किस वर्ष बनाई गई थी?

A. 1959

B. 1948

C. 1950

D. 1962

Q.99 मत्स्यन किस आर्थिक गतिविधि के क्षेत्रक के अंतर्गत आती है?

A. चतुर्मगात्मक क्षेत्रक

B. द्वितीयक क्षेत्रक

C. तृतीयक क्षेत्रक

D. प्राथमिक क्षेत्रक

Q.100 भुगतान शेष के चालू खाते में निम्नलिखित में से कौन शामिल नहीं है?

[SSC MTS, 2019]

A. सेवाओं में व्यापार

B. अंतरण भुगतान

C. निवेश

D. माल में व्यापार

// स्मार्ट उत्तर पुस्तिका //

सही उत्तर	उन छात्रों के प्रतिशत को इंगित करता है जिन्होंने प्रश्नों का सही उत्तर दिया था।

छोड़ दिया	उन छात्रों के प्रतिशत को इंगित करता है जिन्होंने प्रश्नों को छोड़ दिया था।

प्रश्न संख्या	उत्तर	सही उत्तर / छोड़ दिया	प्रश्न संख्या	उत्तर	सही उत्तर / छोड़ दिया	प्रश्न संख्या	उत्तर	सही उत्तर / छोड़ दिया	प्रश्न संख्या	उत्तर	सही उत्तर / छोड़ दिया	प्रश्न संख्या	उत्तर	सही उत्तर / छोड़ दिया
1	C	52.95 % / 1.41 %	17	C	51.98 % / 1.41 %	33	D	68.02 % / 1.69 %	49	C	78.22 % / 0.0 %	65	C	51.48 % / 1.54 %
2	D	47.84 % / 1.93 %	18	D	47.76 % / 1.24 %	34	C	78.57 % / 0.0 %	50	A	84.15 % / 0.0 %	66	C	81.43 % / 0.0 %
3	A	49.01 % / 1.54 %	19	B	43.68 % / 1.7 %	35	D	88.87 % / 0.0 %	51	B	51.1 % / 1.02 %	67	B	78.08 % / 0.0 %
4	A	82.28 % / 0.0 %	20	D	45.38 % / 1.28 %	36	A	47.29 % / 1.27 %	52	A	44.19 % / 1.11 %	68	D	49.13 % / 1.57 %
5	A	86.79 % / 0.0 %	21	D	66.94 % / 1.75 %	37	C	45.69 % / 1.22 %	53	C	58.67 % / 1.23 %	69	C	79.74 % / 0.0 %
6	C	82.98 % / 0.0 %	22	B	67.11 % / 1.62 %	38	C	44.08 % / 1.82 %	54	C	62.23 % / 1.47 %	70	A	79.72 % / 0.0 %
7	B	80.37 % / 0.0 %	23	D	88.84 % / 0.0 %	39	D	44.13 % / 1.13 %	55	C	88.49 % / 0.0 %	71	A	44.93 % / 1.33 %
8	C	87.77 % / 0.0 %	24	C	78.88 % / 0.0 %	40	B	81.13 % / 0.0 %	56	B	65.94 % / 1.83 %	72	B	76.13 % / 0.0 %
9	A	84.93 % / 0.0 %	25	D	87.98 % / 0.0 %	41	B	88.28 % / 0.0 %	57	A	89.7 % / 0.0 %	73	C	79.01 % / 0.0 %
10	D	77.61 % / 0.0 %	26	D	84.58 % / 0.0 %	42	A	80.68 % / 0.0 %	58	C	81.49 % / 0.0 %	74	B	84.12 % / 0.0 %
11	D	47.66 % / 1.64 %	27	B	87.56 % / 0.0 %	43	D	89.8 % / 0.0 %	59	D	86.96 % / 0.0 %	75	B	86.95 % / 0.0 %
12	B	60.99 % / 1.64 %	28	D	86.56 % / 0.0 %	44	D	60.95 % / 1.11 %	60	B	81.41 % / 0.0 %	76	C	69.67 % / 1.64 %
13	C	76.78 % / 0.0 %	29	D	88.58 % / 0.0 %	45	D	63.67 % / 1.53 %	61	A	60.02 % / 1.13 %	77	D	79.76 % / 0.0 %
14	C	77.48 % / 0.0 %	30	A	84.94 % / 0.0 %	46	A	68.52 % / 1.01 %	62	B	46.08 % / 1.7 %	78	A	18.99 % / 3.36 %
15	C	62.14 % / 1.37 %	31	C	62.54 % / 1.08 %	47	B	31.02 % / 4.41 %	63	A	57.2 % / 1.64 %	79	D	76.54 % / 0.0 %
16	B	81.42 % / 0.0 %	32	D	76.71 % / 0.0 %	48	A	28.06 % / 4.53 %	64	C	80.08 % / 0.0 %	80	A	57.32 % / 1.43 %

प्रश्न संख्या	उत्तर	सही उत्तर / छोड़ दिया
81	A	84.0 % / 0.0 %
82	A	60.85 % / 1.26 %
83	D	76.12 % / 0.0 %
84	D	78.74 % / 0.0 %

प्रश्न संख्या	उत्तर	सही उत्तर / छोड़ दिया
85	B	79.73 % / 0.0 %
86	A	82.85 % / 0.0 %
87	C	58.94 % / 1.03 %
88	B	88.03 % / 0.0 %

प्रश्न संख्या	उत्तर	सही उत्तर / छोड़ दिया
89	B	63.92 % / 1.69 %
90	C	66.73 % / 2.0 %
91	D	89.41 % / 0.0 %
92	B	60.55 % / 1.15 %

प्रश्न संख्या	उत्तर	सही उत्तर / छोड़ दिया
93	C	45.44 % / 1.04 %
94	D	78.87 % / 0.0 %
95	C	83.93 % / 0.0 %
96	D	42.29 % / 1.45 %

प्रश्न संख्या	उत्तर	सही उत्तर / छोड़ दिया
97	D	49.57 % / 1.62 %
98	B	16.47 % / 4.33 %
99	D	40.31 % / 1.78 %
100	C	67.18 % / 1.06 %

कार्य विश्लेषण	
औसत अंक (%)	55.0%
टॉपर्स स्कोर (%)	64.0%
आपका स्कोर	

//संकेत और समाधान//

1. मानव विकास सूचकांक, 2018 में भारत 130 वाँ स्थान है।

रिपोर्ट के अनुसार, भारत 189 देशों और क्षेत्रों में से 131वें स्थान पर है। इंडेक्स में 2018 में भारत 130वें स्थान पर था।

संयुक्त राष्ट्र विकास कार्यक्रम (यूएनडीपी) संयुक्त राष्ट्र का वैश्विक विकास नेटवर्क है। यूएनडीपी लगभग 170 देशों और क्षेत्रों में काम करता है, गरीबी उन्मूलन, असमानताओं और बहिष्कार को कम करने में मदद करता है, और लचीलापन बनाता है ताकि देश प्रगति को बनाए रख सकें। संयुक्त राष्ट्र की विकास एजेंसी के रूप में, यूएनडीपी सतत विकास लक्ष्यों को प्राप्त करने में देशों की महत्वपूर्ण भूमिका निभाती है।

अतः विकल्प (C) सही है।

2. हरियाणा के विकास एवं पंचायत मंत्री देवेंद्र सिंह बबली ने कहा कि राज्य में पायलट प्रोजेक्ट के तौर पर गांवों में एक हजार हाईटेक लाइब्रेरी बनाई जाएंगी। कैथल जिले के खीरी रायवाली गांव में आयोजित 'मधुर मिलन कार्यक्रम' के दौरान एक जनसभा को संबोधित करते हुए मंत्रियों ने कहा कि इन पुस्तकालयों से ग्रामीण क्षेत्र के युवा वर्तमान आवश्यकता के अनुरूप शिक्षा ग्रहण कर अपना भविष्य उज्ज्वल बना सकेंगे। इसके साथ ही युवाओं को खेलों के प्रति प्रोत्साहित करने और उन्हें नशे से दूर रखने के लिए गांवों में 1000 जिम बनाने का काम भी चल रहा है।

अतः विकल्प (D) सही है।

3. बिहार के मधुबनी जिले से नेपाल देश के रेलवे लिंक के बीच पहली ट्रेन का सफल परीक्षण किया गया।

बिहार के जयनगर और नेपाल के कुर्था के बीच ट्रेन का गति परीक्षण होने के बाद इन स्टेशनों के बीच रेलसेवा शीघ्र शुरू होने की उम्मीद है। पूर्व-मध्य रेल (ईसीआर) के मुख्य जनसंपर्क अधिकारी राजेश कुमार ने बताया कि समस्तीपुर मंडल के जयनगर और नेपाल के कुर्था के मध्य 34.50 किलोमीटर लंबे नव-आमान परिवर्तित रेलखंड पर लोकोमोटिव द्वारा 110 किलोमीटर प्रतिघंटा की गति से सफलतापूर्वक स्पीड ट्रायल किया गया। इस दौरान इरकॉन और नेपाल रेलवे के वरिष्ठ उच्च अधिकारी उपस्थित थे।

अतः विकल्प (A) सही है।

4. ASEAN-भारत वार्ता संबंधों के 30 साल पूरे होने के उपलक्ष्य में विशेष ASEAN-भारत विदेश मंत्रियों की बैठक (एसएआईएफएमएम) 16 और 17 जून 2022 को नई दिल्ली, भारत में आयोजित की जाएगी। इस ऐतिहासिक मान्यता में, वर्ष 2022 को ASEAN-भारत मैत्री वर्ष के रूप में मनाया जा रहा है, जैसा कि अक्टूबर 2021 में 18वें आसियान-भारत शिखर सम्मेलन में आसियान और भारतीय नेताओं द्वारा घोषित किया गया था।

अतः विकल्प (A) सही है।

5. सुजॉय लाल थाओसेन को हाल ही में सशस्त्र सीमा बल का नया महानिदेशक नियुक्त किया गया है।

नई दिल्ली, जून 2022 (PTI) IPS अधिकारी सुजॉय लाल थाओसेन को सशस्त्र सीमा बल (SSB) के नए महानिदेशक (DG) के रूप में कार्यभार संभाला, जो नेपाल और भूटान के साथ भारतीय सीमाओं की रक्षा करता है। मध्य प्रदेश कैडर के एक 1988-बैच भारतीय पुलिस सेवा (IPS) अधिकारी थाओसेन को आर के पुरम में बल के मुख्यालय में DG और ITBP प्रमुख संजय अरोड़ा को कार्यवाहक सौंपकर बैटन सौंपा गया था।

अतः विकल्प (A) सही है।

6. 74वां चार्टर्ड एकाउंटेंट दिवस का संस्करण 1 जुलाई 2022 को मनाया गया।

यह दिन इंस्टीट्यूट ऑफ चार्टर्ड अकाउंटेंट्स ऑफ इंडिया (ICAI) द्वारा मनाया जाता है। ICAI की स्थापना भारत की संसद द्वारा 1949 में की गई थी। यह दुनिया भर में दूसरा सबसे बड़ा लेखा और वैधानिक निकाय है। भारत में, ICAI वित्तीय लेखा परीक्षा और लेखा पेशे के लिए एकमात्र लाइसेंसिंग और नियामक निकाय है।

अतः विकल्प (C) सही है।

7. भारतीय भाला फेंक खिलाड़ी, देवेंद्र झाझरिया ने मोरक्को में विश्व पैरा एथलेटिक्स ग्रां प्री 2022 में रजत पदक जीता है।

पैरालंपिक के स्वर्ण पदक विजेता देवेंद्र झाझरिया ने रजत पर कब्जा करने के लिए 60.97 मीटर की दूरी तक भाला फेंका। वह तीन बार के पैरालंपिक पदक विजेता हैं।

अतः विकल्प (B) सही है।

8. भारतीय पुरुष टेबल टेनिस टीम ने 2022 बर्मिंघम में 2 अगस्त 2022 राष्ट्रमंडल खेलों में स्वर्ण पदक जीता।

- भारत ने फाइनल में सिंगापुर को 3-1 से हराया।
- पुरुषों की टीम स्पर्धा में राष्ट्रमंडल खेलों में भारत का यह तीसरा स्वर्ण पदक है, जो इससे पहले 2010 और 2018 में जीता था।
- 2 अगस्त 2022 को, भारतीय महिला लॉन बॉल टीम ने भी राष्ट्रमंडल खेलों में अपना पहला स्वर्ण पदक जीता।

अतः विकल्प (C) सही है।

9. भारतीय विदेश सेवा (IFS) अधिकारी श्वेता सिंह को 2 अगस्त 2022 को प्रधान मंत्री कार्यालय (PMO) में निदेशक के रूप में नियुक्त किया गया था।

- सिंह 2008-बैच के IFS अधिकारी हैं।
- कैबिनेट की नियुक्ति समिति (एसीसी) ने सिंह की नियुक्ति की तारीख से तीन साल की अवधि के लिए उनकी नियुक्ति को मंजूरी दी।

अतः विकल्प (A) सही है।

10. भारत के प्रमुख कृषि अर्थशास्त्रियों में से एक अभिजीत सेन का 72 वर्ष की आयु में 29 अगस्त, 2022 को निधन हो गया। पूर्व प्रधानमंत्री मनमोहन सिंह के कार्यकाल के दौरान अभिजीत सेन, 2004 से 2014 तक भारत के योजना आयोग के सदस्य थे।

अतः विकल्प (D) सही है।

11. 'कु' इसका उचित उत्तर है। अन्य विकल्प असंगत हैं।

'कुसंस्कार' शब्द में 'कु' उपसर्ग है – कु + संस्कार

'कु' उपसर्ग से बनने वाले अन्य शब्द - कुचाल, कुचैला, कुचक्र

शब्द	परिभाषा	उदाहरण
उपसर्ग	उपसर्ग उस अक्षर या अक्षर समूह को कहते हैं जो किसी शब्द के पहले जुड़कर उसके अर्थ में परिवर्तन लाता है।	जैसे - प्र, सु, अति, अधि, अनु, नि प्र + हार = प्रहार

अतः विकल्प (D) सही है।

12. 'निगरानी करने का काम' इसका उचित उत्तर है। अन्य विकल्प सही उत्तर प्रस्तुत नहीं करते, अतः अनुचित उत्तर होंगे।

स्पष्टीकरण:

पर्यवेक्षण का सही अर्थ निगरानी करने का काम होता है।

अतः विकल्प (B) सही है।

13. वैज्ञानिकों का अवलंबन 'राजयोग' नहीं करता है।

स्पष्टीकरण:

समस्त चिंतन और विचारों का फल यह राजयोग-विद्या है। यह राजयोग आजकल के अधिकांश वैज्ञानिकों की अक्षम्य धारा का अवलंबन नहीं करता।

अतः विकल्प (C) सही है।

14. मनुष्य ने हजारो वर्षों से 'अलौकिक घटनाओं पर' निगरानी का कार्य किया है।

स्पष्टीकरण:

हजारों वर्षों से लोगों ने अलौकिक घटनाओं का पर्यवेक्षण (निगरानी करने का काम) किया है, उनके संबंध में विशेष रूप से चिंतन किया है।

अतः विकल्प (C) सही है।

15. मनुष्य की चिंतन, धर्म-प्रवृत्ति और विचारों का फल 'राजयोग विद्या' है।

स्पष्टीकरण -

इस गद्यांश में अलौकिक घटनाओं के विषय में बताया गया कि प्रकृति में होने वाली इन्हीं घटनाओं का चिंतन करने के उपरांत ही कुछ तत्व सामने निकल पाते हैं। मनुष्य की इसी धर्म-प्रवृत्ति, चिंतन और विचारों का फल राजयोग विद्या है।

अतः विकल्प (C) सही है।

16. 'समर्पित' इसका सही उत्तर है। अन्य विकल्प इसके उचित उत्तर नहीं हैं।

अन्य विकल्प:

अशुद्ध शब्द	शुद्ध शब्द
मरुस्तल	मरुस्थल
उद्दिप्त	उद्दीप्त
अध्धन	अध्ययन

अतः विकल्प (B) सही है।

17. 'त, थ, द, ध, न' इसका सही उत्तर है। इसके अन्य विकल्प असंगत हैं।

स्पष्टीकरण:

कंठ्य वर्ण- क, ख, ग, घ, ङ

तालव्य वर्ण- च, छ, ज, झ, ञ

मूर्धन्य वर्ण- ट, ठ, ड, ढ, ण

दंत्य वर्ण- त, थ, द, ध, न

ओष्ठ्य वर्ण- प, फ, ब, भ, म

अतः विकल्प (C) सही है।

18. 'इया' इस प्रश्न का सही उत्तर है। अन्य विकल्प त्रुटि पूर्ण हैं।

मजाक शब्द में 'इया' प्रत्यय के योग से मजाकिया शब्द बना है और यह कर्तृवाचक तद्धित प्रत्यय है।

विशेष:

प्रत्यय- वे शब्दांश, जो यौगिक शब्द बनाते समय बाद में लगते हैं। प्रत्यय कहलाते हैं। जैसे- पढ़ाई, सुंदरता आदि।

कर्तृवाचक तद्धित प्रत्यय- संज्ञा के अंत में आर, आरी, एरा, इया, वाला, हारा, हर, दार इत्यादि शब्दों का प्रयोग होता है।

अतः विकल्प (D) सही है।

19. 'द्वंद्व समास' है। इसके अन्य विकल्प अनुचित उत्तर होंगे।

स्पष्टीकरण:

'देवासुर' अर्थात देव और असुर।

द्वंद्व समास - जिस समास में दोनों पद प्रधान हों तथा विग्रह करने पर उनके बीच 'तथा', 'या', 'अथवा', 'एवं', 'और' का प्रयोग होता है। वहाँ द्वंद्व समास होता है।

विशेष:

तत्पुरुष	जिस समास में प्रथम पद गौण और उत्तर पद की प्रधानता होती है और समास करते वक्त बीच की विभक्ति का लोप हो जाता है	मन से माना हुआ = मनमाना
बहुव्रीहि	जिस समास में दोनों पद प्रधान नहीं होते हैं और दोनों पद मिलकर किसी अन्य विशेष अर्थ की ओर संकेत कर रहे होते हैं।	जो महान वीर है = महावीर अर्थात हनुमान तीन आँखों वाला = त्रिलोचन अर्थात शिव
द्विगु	जिस समास में पूर्वपद (पहला पद) संख्यावाचक विशेषण हो।	चार राहों का समूह = चौराहा

अतः विकल्प (B) सही है।

20. 'आलसी' है। अन्य विकल्प इसके अनुचित उत्तर होंगे।

विशेषण: जो शब्द संज्ञा या सर्वनाम की विशेषता बताते हैं, विशेषण कहलाते हैं। जैसे- आलस्य संज्ञा है लेकिन आलसी विशेषण शब्द है।

अतः विकल्प (D) सही है।

21. The passage speaks of the introduction of technology in education.

It also describes the ways in which technology has been put to use, along with a few examples.

There are instances in the passage describing how the inclusion of technology has brought more opportunities and change.

Today, massive amounts of information (books, audio, images, videos) are available at one's fingertips through the Internet, and opportunities for formal learning are available online worldwide.

Access to learning opportunities today is unprecedented in scope thanks to technology.

The passage thus mainly focuses on how technology has changed education, rather than its threats or dependence as a sector.

Hence, the correct option is (D).

22. The passage speaks of the introduction of technology in education.

It also describes the ways in which technology has been put to use, along with a few examples.

The sentence that states the above reads, "In medieval times, books were rare and only an elite few had access to educational opportunities."

Technology has profoundly changed education. For one, technology has greatly expanded access to education to more students and not just an 'elite few.

Hence, the correct option is (B).

23. The passage speaks of the introduction of technology in education.

It also describes the ways in which technology has been put to use, along with a few examples.

The sentence that states the above reads, "Classrooms today do not look much different...A cynic would say that technology has done nothing to change education."

In traditional classrooms, some students were attentive, whereas some bored and interested. The same has been carried forward with technological advancements as well.

You might find modern students looking at their laptops, tablets, or smartphones instead of books (though probably open to Facebook).

Despite the change, cynical people would say that technology has not done much to change education.

Hence, the correct option is (D).

24. The word 'isolated' refers to cause (a person or place) to be or remain alone or separate from others.

Detached refers to separate or disconnected from things or people.

Based on all the above options, the word detached is similar to isolate.

Both these words refer to a kind of separation or disconnection from things or people.

Hence, the correct option is (C).

25. The passage speaks of the introduction of technology in education.

It also describes the ways in which technology has been put to use, along with a few examples.

The sentence that states the above reads, "The walls of the classrooms are no longer a barrier as technology enables new ways of learning, communicating, and working collaboratively."

Students can collaborate on group projects using technology-based tools such as wikis and Google docs. The opportunities for communication and collaboration have also been expanded by technology.

Hence, the correct option is (D).

26.

- In Imperative sentences, passive voice follows this rule ordered/requested/forbidden etc. + to + V1 + obj.
- Use helping verb in passive form according to the tense of active form. (present indefinite - is/am/are)
- Always use the third form of the main verb in passive form.

Passive form: You are ordered to bring me a glass of milk.

Hence, the correct option is (D).

27. Option (A) is incorrect. 'belonging' should be replaced with the word 'belongings' which means a person's possessions.

Option (B) is grammatically correct.

Option (C) is incorrect. The word 'diabetes' is a singular noun. Therefore 'have' should be replaced with 'has'.

Option (D) is incorrect. The word 'scissors' is considered as a plural noun. Therefore, 'this should be replaced with 'these'.

The names of diseases like Mumps, Measles, Diabetes, etc are always considered as singular nouns. Therefore, singular verbs should be used after these.

Words like scissors, trousers, spectacles are plural nouns. Therefore, plural verbs should be used after these.

Hence, the correct option is (B).

28. In this sentence, both actions are future actions.

To express future time, after some conjunctions like "as soon as, after, before, until, when" we may use the simple present tense.

Thus, the tense of the verb 'have' is correctly used in the simple present tense.

"As soon as" is subordinating conjunction which can be used to connect an action or an event to a point in time.

We use the present simply as soon as when we speak about repeated actions.

We use the past simply as soon as when we speak about the past.

Hence, the correct option is (D).

29. In the given sentence, the word 'best' is the superlative adjective.

We use the definite article in front of a noun when we believe the listener/reader knows exactly what we are referring to.

This is why we use the definite article with a superlative adjective: because there is only one in that context.

So, when we use a superlative adjective before the noun (here league), we generally use it with the definite article 'the'.

Thus, 'best' should be replaced by 'the best'.

Hence, the correct option is (D).

30. The preposition 'in' is used for showing where someone or something is.

So, from the context of the sentence, the correct option is 'in'.

Correct sentence: My grandmother enjoyed boating in the lovely lake.

Hence, the correct option is (A).

31. दिया है:

$$r : h = 3 : 4$$

हम जानते हैं,

त्रिज्या ^{2} + ऊंचाई ^{2} = त्रियक ऊंचाई ^{2}

प्रश्नानुसार,

$$r^2 + h^2 = 100$$

माना त्रिज्या $3r$, और ऊंचाई $4r$ है।

इसलिए, $(9r^2 + 16r^2) = 100$

$25r^2 = 900$

$r = 6$ सेमी और, $h = 8$ सेमी

हम जानते हैं,

शंकु का आयतन $= \frac{1}{3} \times \pi \times r^2 h$

इसलिए, $\frac{1}{3} \pi \times 36 \times 8$

$= 96\pi$

अतः विकल्प (C) सही है।

32. प्रश्नानुसार,

20 का गुणक = 1, 2, 4, 5, 10, 20

28 का गुणक = 1, 2, 4, 7, 14, 28

∴ म.स.प. = 4

20, 28 का ल.स.प. = 2×2×4×7 = 140

∴ 20, 28 का म.स.प. और ल.स.प. 4 और 140 है।

अतः विकल्प (D) सही है।

33. एक नियमित बहुभुज में प्रत्येक आंतरिक कोण $\frac{(2n-4)\times 90}{n}$

प्रत्येक बाहरी कोण $= \frac{360}{n}$

दिया गया योग $= 420°$

इसलिए,

$\frac{3(2n-4)\times 90}{n} + \frac{360}{n} = 420$

$540n - 1080 + 360 = 420n$

$120n = 720$

$n = 6$ भुजाएं

अतः विकल्प (D) सही है।

34. दिया है:

b(3a² - 4a) + a(2b² + 3b)

= 3a²b - 4ab + 2ab² + 3ab

= 3a²b - ab + 2ab²

अतः विकल्प (C) सही है।

35. अंकों का योग, 9 से विभाज्य होना चाहिए, यह 9 का विभाज्यता नियम होता है।

तो, विकल्पों को जांचने पर,

349827 = 3+4+9+8+2+7 = 33

739473 = 7+3+9+4+7+3 = 33

650874 = 6+5+0+8+7+4 = 30

835749 = 8+3+5+7+4+9 = 36

अतः विकल्प (D) सही है।

36. हम जानते हैं कि,

एक आयत की परिधि $= 2(l + b)$

दिया है: $2(l + b) = 24$

$l + b = 12$

दिया है: वर्ग का क्षेत्रफल $= 32$ सेमी2

हम जानते हैं कि,

वर्ग का क्षेत्रफल = वर्ग के विकर्ण $^2/2$

इसलिए,

$\frac{d^2}{2} = 32$

$d^2 = 64$

$d = 8$ सेमी

प्रश्नानुसार,

आयत की चौड़ाई $= 8$ सेमी

$\Rightarrow$ लम्बाई $+8 = 12$

$\Rightarrow$ लम्बाई $= 4$ सेमी

हम जानते हैं कि,

आयत का क्षेत्रफल = लम्बाई $\times$ चौड़ाई

$= 4 \times 8$

$= 32$ सेमी ^{2}

अतः विकल्प (A) सही है।

37. दिया गया है:

बॉक्स में पेय की कुल संख्या =2+1+4+3=10 एप्पी पेय की संख्या = 4

प्रयुक्त सूत्र:

P(E) = (घटनाओं की संख्या)/(प्रतिदर्श समष्टि की संख्या)

गणना:

∴ अभीष्ट प्रायिकता $\frac{4}{10} \times \frac{3}{9} = \frac{2}{15}$

अतः विकल्प (C) सही है।

38. दिए गए डेटा मान 3,8,6,7,1,6,10,6,7,2k+4,9,7 और 13 हैं।

उपरोक्त डेटा सेट में मान 6,7 अधिक बार यानी 3 बार आए हैं।

लेकिन दिया गया है कि बहुलक 6 है।

तो 6 को 7 से अधिक बार आना चाहिए।

इसलिए चर 2k+4 = 6 होना चाहिए

$\Rightarrow$2k+4=6

$\Rightarrow$ 2k=2

∴ k = 1

अतः विकल्प (C) सही है।

39. दिया गया है:

$$Sec\theta - \tan\theta = 3$$

उपयोग किया गया सूत्र:

$$Sec^2\theta - \tan^2\theta = 1 \text{ or } (sec\theta - \tan\theta) \times (Sec\theta + \tan\theta) = 1$$

इसलिए,

$$(sec\theta - \tan\theta)(sec\theta + \tan\theta) = 1$$

$$sec\theta + \tan\theta = \frac{1}{3}$$

$$sec\theta - \tan\theta = 3 \;....(2) \text{ (दिया गया है)}$$

समीकरण (1) और (2) को हल करने पर

$$\Rightarrow Sec\theta = \frac{10}{6} = \frac{5}{3}$$

$$\Rightarrow \cos\theta = \frac{3}{5} \left(\cos\theta = \left(\frac{1}{sec\theta}\right)\right)$$

$$\therefore \cos\theta = \frac{3}{5}$$

अतः विकल्प (D) सही है।

40.

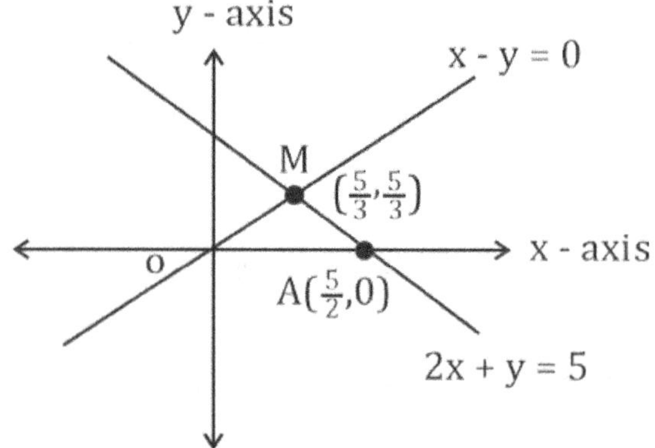

$$\Delta OAM \text{ का क्षेत्रफल } = \frac{1}{2} \times \frac{5}{2} \times \frac{5}{3}$$

$$\frac{25}{12} = 2\frac{1}{12}$$

अतः विकल्प (B) सही है।

41. खंभात की खाड़ी में, साबरमती की एक सहायक नदी, भोगवा नदी के साथ लोथल के हड़प्पा बंदरगाह-शहर के पुरातात्विक अवशेष स्थित हैं।

अतः विकल्प (B) सही है।

42. सुरकोटदा में घोड़े की हड्डियों के अवशेष पाए गए थे।

यह सिंधु घाटी स्थल है जो वर्तमान में गुजरात में स्थित है।

अतः विकल्प (A) सही है।

43. प्रसिद्ध राजा पुलकेशिन द्वितीय चालुक्य वंश के थे।

पुलकसी ॥ ने बादामी के चालुक्यों पर शासन किया, जो एक भारतीय शाही राजवंश था जिसने छठी और बारहवीं शताब्दी के बीच दक्षिणी और मध्य भारत के बड़े हिस्सों पर शासन किया था।

पुलकेशिन द्वितीय ने 610 से 642 CE तक शासन किया।

अतः विकल्प (D) सही है।

44. तराइन की पहली लड़ाई वर्ष 1191 ईस्वी में लड़ी गई थी।

- यह पृथ्वीराज चौहान और मोहम्मद गौरी के बीच लड़ी गयी थी।
- पृथ्वीराज चौहान 1149-1192 ई. के दौरान दिल्ली और अजमेर के राज्यों पर शासन करने वाले चौहान वंश के राजा थे।
- मुहम्मद गौरी घुरिद साम्राज्य का शासक था।

अतः विकल्प (D) सही है।

45. अलाई दरवाजा का निर्माण सुल्तान अलाउद्दीन खिलजी ने वर्ष 1311 में करवाया था।

- कुतुब कॉम्प्लेक्स, महरौली (दिल्ली) में यह कुव्वत-उल-इस्लाम मस्जिद का दक्षिणी प्रवेश द्वार है।
- यह यूनेस्को की विश्व विरासत स्थल में शामिल है।

अतः विकल्प (D) सही है।

46. कृष्णदेव राय को आंध्र भोज और कन्नड़ राज्य रमन के नाम से भी जाना जाता था।

- वह विजयनगर का शासक था और तुलुवा वंश का था।
- अकबर मुगल साम्राज्य के थे।
- हरिहर विजयनगर साम्राज्य में संगम वंश के संस्थापक थे।
- औरंगजेब एक मुगल सम्राट था, और उसे जिंदा पीर के नाम से भी जाना जाता था।

अतः विकल्प (A) सही है।

47. पुर्तगाली गवर्नर फ्रांसिस्को डी अल्मीडा (1505-1509) ने "ब्लू वाटर की नीति" शुरू की।

- नीति के अनुसार, पुर्तगालियों को अरब सागर और हिंद महासागर में एकमात्र व्यापार शक्ति होनी चाहिए।
- इसने भारतीय मुख्य भूमि पर किले के निर्माण के बजाय पुर्तगालियों को समुद्र में शक्तिशाली होने का आह्वान किया।
- वे भारत में पुर्तगालियों के पहले गवर्नर थे।

अतः विकल्प (B) सही है।

48. ईस्ट इंडिया कंपनी द्वारा स्थायी बन्दोबस्त 1793 में लागू किया गया था।

- यह लॉर्ड कॉर्नवालिस द्वारा लागू किया गया था।
- स्थायी बन्दोबस्त जिसे बंगाल का इस्तमरारी बन्दोबस्त भी कहा जाता है, भूमि के अनुसार राजस्व तय करने के लिए ईस्ट इंडिया कंपनी और बंगाली जमींदारों के बीच एक समझौता था।

अतः विकल्प (A) सही है।

49. वर्ष 1938 में आयोजित भारतीय राष्ट्रीय कांग्रेस के हरिपुरा (गुजरात) सत्र की अध्यक्षता सुभाष चंद्र बोस ने की थी।

- यह INC का 51 वां सत्र था।
- सत्र में एक प्रस्ताव पारित किया गया, जिसके अनुसार, ब्रिटिशों को स्वतंत्रता की मांग करने के लिए 6 महीने का एक अल्टीमेटम दिया गया था, जिसे विफल करते हुए, कांग्रेस ने उन्हें एक अखिल भारतीय संघर्ष शुरू करके भारत से बाहर कर दिया।

अतः विकल्प (C) सही है।

50. जनवरी 1915 में महात्मा गांधी भारत आए और उन्होंने अहमदाबाद, गुजरात में सत्याग्रह आश्रम की स्थापना की।

- इसे बाद में साबरमती नदी के किनारे स्थानांतरित कर दिया गया।
- इसने भारतीय राजनीतिक परिदृश्य में गांधीवादी युग की शुरुआत की।

अतः विकल्प (A) सही है।

51. राजस्थान का खेतड़ी नगर तांबा के उत्पादन के लिए प्रसिद्ध है। खेतड़ी नगर, जो अपने कॉपर प्रोजेक्ट के लिए जाना जाता है, भारत सरकार के अधीन एक सार्वजनिक क्षेत्र के उपक्रम, हिंदुस्तान कॉपर लिमिटेड द्वारा बनाया गया था और उसके नियंत्रण में। खेतड़ी नगर को 'कॉपर' के नाम से भी जाना जाता है।

खेतड़ी अरावली रेंज की तलहटी में स्थित है, जो तांबे के खनिजकरण को होस्ट करता है, जो उत्तर में सिंघाना से दक्षिण में रघुनाथगढ़ तक 80 किमी लंबे मेटलोजेनेटिक प्रांत को जन्म देता है, जिसे लोकप्रिय रूप से खेतड़ी कॉपर बेल्ट के रूप में जाना जाता है।

- कॉपर बिजली का अच्छा संवाहक है।
- यह जस्ता के साथ पीतल और टिन के साथ कांस्य बनाता है।
- यह आंध्र प्रदेश, उत्तर प्रदेश और तमिलनाडु में भी पाया जाता है।

अतः विकल्प (B) सही है।

52. केन्द्रीय भैंस अनुसंधान संस्थान हिसार में भैंस अनुसंधान के लिए स्थित एक सार्वजनिक वित्त पोषित संस्थान है।

- यह देश भर में संचालित होता है और इसके 10 अनुसंधान केंद्र हैं और 20 से अधिक प्रयोगशालाएं क्रमशः नस्ल सुधार और भैंस अनुसंधान पर काम कर रही हैं।
- यह भैंस अनुसंधान के लिए दुनिया का सबसे बड़ा संस्थान है और अध्ययन के तहत नस्लों की विस्तृत श्रृंखला। इसे 1 फरवरी 1985 को स्थापित किया गया था।

अतः विकल्प (A) सही है।

53. अरुणाचल प्रदेश, असम, पश्चिम बंगाल और सिक्किम वैसे 4 भारतीय राज्य हैं जो भूटान के साथ अपनी सीमा साझा करते हैं।

- भूटान और भारत के बीच की सीमा भूटान में प्रवेश करने के लिए एकमात्र भूमि पहुंच है, क्योंकि चीन के साथ इसकी सीमा बंद है।
- भूटान-भारत सीमा 699 किमी लंबी है।

अतः विकल्प (C) सही है।

54. नर्मदा भारत में सिंधु की एक सहायक नदी नहीं है।

- नर्मदा का उद्गम पूर्वी मध्य प्रदेश के अनूपपुर जिले में अमरकंटक पहाड़ी पर स्थित नर्मदा कुंड नामक एक छोटे से तालाब में हुआ है।
- इसे गुजरात और मध्य प्रदेश राज्य के लिए बहुत बड़े योगदान के लिए "गुजरात और मध्य प्रदेश की जीवन रेखा" के रूप में जाना जाता है।
- सिंधु नदी एशिया की सबसे लंबी नदियों में से एक है।

अतः विकल्प (C) सही है।

55. रेशम सबसे मजबूत प्राकृतिक फाइबर है। रेशम का उत्पादन चीन में शुरू हुआ। वर्तमान में दुनिया में रेशम का सबसे बड़ा उत्पादक चीन है।

अतः विकल्प (C) सही है।

56. एक्सट्रूसिव आग्नेय चट्टानें ठंडी और ठोस होती हैं, जो कि इंट्रूसिव आग्नेय चट्टानों की तुलना में जल्दी होती हैं। वे पृथ्वी की सतह पर पिघले हुए मैग्मा के ठंडा होने से बनते हैं।

अतः विकल्प (B) सही है।

57. विषुव के दिन, संपूर्ण पृथ्वी समान दिन और रात अनुभव करती है।

एक विषुव तब होता है जब पृथ्वी की भूमध्य रेखा सूर्य के केंद्र से होकर गुजरती है। यह एक वर्ष में दो बार-मार्च 21 और 23 सितंबर को होता है। हालांकि, लीप और गैर-लीप वर्ष में अंतर के कारण तिथियां कभी-कभी एक-दो दिन आगे-पीछे हो सकती हैं।

अतः विकल्प (A) सही है।

58. एशिया में सबसे बड़ा जीवित जानवर, एशियाई हाथी, जीनस एलिफस से संबंधित एकमात्र जीवित प्रजाति है और इसे 1986 से लुप्तप्राय प्रजातियों के रूप में IUCN रेड लिस्ट में सूचीबद्ध किया गया है।

इसका वैज्ञानिक नाम एलिफस मैक्सिमस है।

अतः विकल्प (C) सही है।

59. अदरक का प्रजनन वाला भाग तना है।

रूटस्टॉक्स (पौधे के तने) में "आंखें" होती हैं, छोटे गोल अनियमितताएं जहां नए अंकुर निकलते हैं और बढ़ते हैं, पत्तियों और डंठल का उत्पादन करते हैं। उदाहरण: आलू, अदरक, हल्दी।

अतः विकल्प (D) सही है।

60. काली मिट्टी कपास की खेती के लिए आदर्श है क्योंकि वे नमी बनाए रख सकती हैं।

कपास की खेती के लिए उच्च नमी प्रतिधारण की आवश्यकता होती है। काली मिट्टी बहुत महीन दानेदार और गहरे रंग की होती है, इसमें कैल्शियम और मैग्नीशियम कार्बोनेट्स की एक उच्च मात्रा होती है, और अत्यधिक सुगंधित होती है।

अतः विकल्प (B) सही है।

61.

भारतीय संविधान की अनुसूचियां	विवरण
6 वीं अनुसूची	असम, मेघालय, त्रिपुरा और मिजोरम में जनजातीय क्षेत्रों के प्रशासन के लिए प्रावधान
7 वीं अनुसूची	केंद्र और राज्यों के बीच शक्तियों का वितरण
8 वीं अनुसूची	संविधान द्वारा मान्यता प्राप्त 22 भाषाओं का विवरण
5 वीं अनुसूची	अनुसूचित क्षेत्रों और एसटी का प्रशासन और नियंत्रण

अतः विकल्प (A) सही है।

62. भारतीय संविधान के अनुच्छेद 110 में मनी बिल को परिभाषित किया गया है। मनी बिल का संबंध वित्तीय मामलों जैसे कराधान, सार्वजनिक व्यय आदि से होता है।

अतः विकल्प (B) सही है।

63. अनुच्छेद 368 में "संविधान और प्रक्रिया में संशोधन करने के लिए संसद की शक्ति," के बारे में कहा गया है।

अनुच्छेद 368 के अनुसार, संसद इस अनुच्छेद में उल्लिखित प्रक्रिया के अनुसार, संसद संविधान के किसी भी अनुच्छेद में शोधन, परिवर्तन या खंडन कर सकती है।

अतः विकल्प (A) सही है।

64. भारत में महान्यायवादी का पद भारतीय संविधान में ब्रिटेन से लिया गया है।

भारत का महान्यायवादी (ए.जी) देश का सर्वोच्च कानून अधिकारी है। वह केंद्रीय कार्यकारिणी का एक हिस्सा है।

अतः विकल्प (C) सही है।

65. भारतीय संविधान की 10 वीं अनुसूची प्रतिवाद विरोधी कानून से संबंधित है।

- इसे 1985 में 52 वें संशोधन द्वारा संविधान में शामिल किया गया था।
- यह एक पार्टी के सदस्यों को किसी अन्य राजनीतिक दल को प्रतिवाद के आधार पर अयोग्य ठहराने के प्रावधानों को परिभाषित करता है।

अतः विकल्प (C) सही है।

66. भारत में मतदान और निर्वाचित होने का अधिकार, संवैधानिक अधिकार है।

यह चुनाव आयोग के स्थापना दिवस के उपलक्ष पर वर्ष 2011 के बाद से हर वर्ष 25 जनवरी को मनाया जाता है। यह अधिक मतदाताओं को राजनीतिक प्रक्रिया में भाग लेने के लिए प्रोत्साहित करता है।

अतः विकल्प (C) सही है।

67. ज़ाकिर हुसैन भारत के पहले मुस्लिम राष्ट्रपति थे।

- ज़ाकिर हुसैन 13 मई, 1967 से 3 मई, 1969 को अपनी मृत्यु तक भारत के तीसरे राष्ट्रपति थे।
- ज़ाकिर हुसैन कार्यालय में मृत्यु प्राप्त करने वाले पहले व्यक्ति थे।

अतः विकल्प (B) सही है।

68. भारतीय संविधान में अवशिष्ट शक्तियों का विचार कनाडा के संविधान से लिया गया है।

स्रोत	ली गई विशेषताएँ
	• केंद्र में अवशिष्ट शक्तियों का वर्गीकरण
कनाडा	• केंद्र द्वारा राज्य के राज्यपालों की नियुक्ति
	• सर्वोच्च न्यायालय का सलाहकार क्षेत्राधिकार

अतः विकल्प (D) सही है।

69. भारतीय संविधान में 12 अनुसूची और 448 अनुच्छेद हैं जिन्हें 25 भागों में लिखा गया है।

इसके अलावा, अब तक इसमें 104 संशोधन किए गए हैं।

यह 22 भागों में 8 अनुसूचियों और 395 अनुच्छेदों के साथ इसके प्रारंभिक समय में दुनिया का सबसे लंबा लिखित संविधान भी था।

अतः विकल्प (C) सही है।

70. संप्रभुता शब्द हमारे संविधान की प्रस्तावना में लिखा गया है।

भारत के संविधान की प्रस्तावना का पाठ:

"हम, भारत के लोगों ने, भारत को संप्रभु, समाजवादी, पंथनिरपेक्ष, जनतांत्रिक, गणतंत्र के रूप में संगठित करने का संकल्प लिया है।

अतः विकल्प (A) सही है।

71. वसा के भंडारण के लिए वसा ऊतक की कोशिकाएँ विशिष्ट होती हैं।

वसा ऊतकों मुख्य रूप से चयापचय और लिपिड के भंडारण के लिए "खाद्य भंडार" या "वसा डिपो" के रूप में कार्य करते हैं।

हमारे शरीर के वजन का लगभग 10% -15% वसा ऊतक द्वारा निर्मित होता है।

अतः विकल्प (A) सही है।

72. बाहरी कान या पिन्ना कान का हिस्सा है।

बाहरी कान या पिन्ना: बाहरी कान ध्वनि तरंगों को इकट्ठा करते हैं और उन्हें मध्य कान में एक ट्यूब से गुहा में पारित करते हैं। इसकी अजीबोगरीब कीप जैसी आकृति मध्य कान में ध्वनियों को इकट्ठा करने और पारित करने में मदद करती है।

अतः विकल्प (B) सही है।

73. रतौंधी में अँधेरे में दिखाई नहीं देता है, यह बीमारी विटामिन A की कमी के कारण होती है।

निक्टलोपिया (रतौंधी) विटामिन A की कमी के पहले संकेतों में से एक है।

अतः विकल्प (C) सही है।

74. कुष्ठ रोग, जो एक पुराणी संक्रामक बीमारी है, माइकोबैक्टीरियम लेप्रे जीवाणु के कारण होता है। इसे हैन्सन रोग भी कहा जाता है।

यह स्थिति मुख्य रूप से त्वचा को प्रभावित करती है, जो त्वचा पर पीले घावों, धक्कों और गांठ का कारण बनती है। यह परिधीय तंत्रिकाओं, आँखों और श्वसन प्रणाली के म्यूकोसल लाइनिंग को भी प्रभावित करती है।

अतः विकल्प (B) सही है।

75. बोतल से पानी के ऊपर निकलने वाली उर्जा को उत्प्लावक बल कहा जाता है।

- यह वह बल है जो वस्तुओं को तैरने का कारण बनाता है।
- उछाल, उत्प्लावक बल के कारण होने वाली घटना है।
- नव बल की इकाई न्यूटन (N) है।

अतः विकल्प (B) सही है।

76. फैराड धारिता की SI इकाई है।

कैपेसिटेंस एक प्रणाली में विद्युत आवेश में परिवर्तन का अनुपात है जो इसकी विद्युत क्षमता में संगत परिवर्तन है।

फैराड का नाम अंग्रेजी भौतिक विज्ञानी माइकल फैराडे के नाम पर रखा गया है।

अतः विकल्प (C) सही है।

77. वह बिंदु जिस पर सभी किरणें अभिसरित होती हैं, उसे केंद्र कहा जाता है। सीधी रेखा जो समकोण पर लेंस के केंद्र से होकर लेंस की सतह तक जाती है, प्रमुख अक्ष कहलाती है। ध्रुव बिंदु लेंस का मध्य बिंदु है। किसी भी दर्पण के वृत्ताकार चाप को उस दर्पण का द्वारक कहा जाता है।

अतः विकल्प (D) सही है।

78. जब चांदी क्लोराइड सूर्य के प्रकाश के संपर्क में होता है, तो सफेद चांदी क्लोराइड सूर्य के प्रकाश में ग्रे हो जाता है।

यह चांदी क्लोराइड के चांदी और क्लोरीन में प्रकाश के अपघटन के कारण होता है।

अतः विकल्प (A) सही है।

79. कार्बनडाईऑक्साइड की जमी हुई अवस्था, 'ड्राई आईस' कहलाती है।

- 'ड्राई आईस' गर्म होने पर तरल में नहीं पिघलती है बल्कि सीधे गैस में बदल जाती है।
- 'ड्राई आईस' का उपयोग, अस्पतालों और क्लीनिकों, खाद्य प्रसंस्करण इकाइयों, औद्योगिक सफाई, नाटकीय और विशेष प्रभावों आदि में किया जाता है।

अतः विकल्प (D) सही है।

80. हेमेटाइट का रासायनिक सूत्र Fe_2O_3 है, जिसे फेरिक ऑक्साइड कहा जाता है। यह एक लालनुमा काला खनिज और लौह अयस्क है।

इसका नाम ग्रीक शब्द "ब्लड" से लिया गया है, जो अपने लाल रंग के संयोजन में है।

अतः विकल्प (A) सही है।

81. अजंता की गुफाएँ 30 शैलकर्तित बौद्ध गुफाएँ हैं जो महाराष्ट्र के औरंगाबाद में स्थित हैं।

- ये गुफाएँ सतवाहन राजवंशों और वाकाटक राजवंश के दो राजवंशों के संरक्षण में बनाई गई हैं।
- गुफाओं में बौद्ध धर्म के चित्र और शैलकर्तित मूर्तियां शामिल हैं।
- इससे पहले, ये गुफाएँ भारतीय पुरातत्व सर्वेक्षण द्वारा संरक्षित हैं और 1983 में अजंता की गुफाएँ यूनेस्को की विश्व धरोहर में शामिल की गयी हैं।

अतः विकल्प (A) सही है।

82. मोहिनीअट्टम का शाब्दिक अर्थ "मोहिनी" के नृत्य के रूप में माना जाता है, जो हिंदू पौराणिक कथाओं का खगोलीय जादू है, केरल का शास्त्रीय एकल नृत्य रूप है। मोहिनीअट्टम नृत्य को अपना नाम मोहिनी शब्द से मिला जो हिंदू देवता विष्णु का एक ऐतिहासिक करामाती अवतार है, जो अपनी स्त्री शक्तियों को विकसित करके बुराई पर अच्छाई करने में मदद करता है।

अतः विकल्प (A) सही है।

83. अलेक्जेंडर फ्लेमिंग एक स्कॉटिश चिकित्सक, माइक्रोबायोलॉजिस्ट और फ़ार्माकोलॉजिस्ट थे जिन्हें पहली एंटीबायोटिक, बेंज़िलपेनिसिलिन (पेनिसिलिन जी) की खोज करने का श्रेय दिया जाता है।

इस खोज के लिए, अलेक्जेंडर फ्लेमिंग को 1945 में फिजियोलॉजी या मेडिसिन में नोबेल पुरस्कार दिया गया था।

अतः विकल्प (D) सही है।

84. सचिन तेंदुलकर: वह एक भारतीय क्रिकेट खिलाड़ी हैं। वे भारत रत्न (आयु 40) के सबसे कम उम्र के प्राप्तकर्ता हैं। उन्होंने वर्ष 2014 में भारत रत्न प्राप्त किया।

अतः विकल्प (D) सही है।

85. व्यास सम्मान पुरस्कार एक साहित्यिक पुरस्कार है जो प्रत्येक वर्ष के. के. बिड़ला फाउंडेशन द्वारा दिया जाता है।

- यह साहित्यिक कार्यों के लिए दिया जाता है जो हिंदी में हों और पिछले 10 वर्षों में प्रकाशित हुआ है।
- यह पुरस्कार 4 लाख रुपये का नकद पुरस्कार देता है।

अतः विकल्प (B) सही है।

86. डॉ. ए.पी.जे. अब्दुल कलाम 'विंग्स ऑफ़ फायर' पुस्तक के लेखक हैं।

यह कहानी हमें एक निम्न-मध्यम-वर्गीय परिवार से कलाम के उदय और रॉकेटरी और अंतरिक्ष प्रौद्योगिकी में भारत के प्रयासों के बारे में बताती है।

अतः विकल्प (A) सही है।

87. एलिस इन वंडरलैंड एक काल्पनिक उपन्यास है जिसे 1865 में लुईस कैरोल द्वारा लिखा गया था।

- यह एक लड़की की कहानी है जो खरगोश के छेद में गिरने के बाद एक काल्पनिक दुनिया में प्रवेश करती है।
- लुईस कैरोल लेखक चार्ल्स लुत्विज डोडसन द्वारा प्रयुक्त छद्म नाम था।

अतः विकल्प (C) सही है।

88. टिहरी बाँध भारत का सबसे ऊँचा बाँध है जो उत्तराखंड राज्य में स्थित है।

- भागीरथी और भिलंगना नदी के संगम पर बांध का निर्माण किया गया है।
- टिहरी बांध का निर्माण वर्ष 1978 में शुरू हुआ था और वर्ष 2006 में पूरा हुआ।

अतः विकल्प (B) सही है।

89. कैनबरा ऑस्ट्रेलिया की राजधानी है, यह ऑस्ट्रेलिया का सबसे बड़ा अंतर्देशीय शहर है और कुल मिलाकर आठवां सबसे बड़ा शहर है। इस शहर को एक आदर्श शहर के रूप में माना जाता है, राष्ट्रीय राजधानी की आकांक्षाओं, जुनून, मूल्यों, और अनुभवहीन ऑस्ट्रेलियाई राष्ट्र के लिए फेडरेशन आंदोलन की देशभक्ति के योग्य है।

अतः विकल्प (B) सही है।

90. राम वनजी सुथार ने गुजरात में स्टैच्यू ऑफ यूनिटी डिज़ाइन किया।

- इन्होंने सरदार वल्लभभाई पटेल की स्टैच्यू ऑफ यूनिटी की 182 मीटर लंबी प्रतिमा डिजाइन की है।
- कला में उनके योगदान के लिए उन्हें क्रमशः 1999 और 2016 में पद्म श्री और पद्म भूषण से भी सम्मानित किया गया।
- स्टैच्यू ऑफ यूनिटी विश्व की सबसे ऊंची मूर्ति है।

अतः विकल्प (C) सही है।

91. उत्पाद शुल्क, माल पर उनके उत्पादन, लाइसेंस और बिक्री के लिए लगाया गया कर है।

- उत्पाद शुल्क एक अप्रत्यक्ष कर है।
- केंद्रीय उत्पाद शुल्क एक ऐसा कर है, जो ऐसे उत्पाद शुल्क योग्य माल पर लगाया जाता है, जो भारत में निर्मित होते हैं और घरेलू खपत के लिए होते हैं।
- गुड्स एंड सर्विसेज टैक्स (GST) ने कई तरह के उत्पाद शुल्क लगा दिए।
- वर्तमान में, उत्पाद शुल्क केवल पेट्रोलियम और शराब पर लागू होता है।

अतः विकल्प (D) सही है।

92. भारतीय अर्थव्यवस्था को तीन प्रमुख क्षेत्रों में वर्गीकृत किया गया है और उनका सकल घरेलू उत्पाद में योगदान है।

- कृषि क्षेत्र - 17.32%
- विनिर्माण - 29.02%
- सेवा क्षेत्र - 53.66%

अतः विकल्प (B) सही है।

93. वस्तु एवं सेवा कर (GST) भारत में वस्तुओं और सेवाओं के निर्माण, बिक्री और उपभोग पर अप्रत्यक्ष कर है।

भारत में 1 जुलाई 2017 से लागू हुआ।

- जीएसटी की अनुपालन लागत है, जो हाल के दिनों में करदाताओं के लिए 2X हो गई है।
- माल और सेवा कर खुदरा विक्रेताओं के लिए एक व्यय नहीं होगा और इसलिए कोई छिपा कर नहीं हैं।
- जीएसटी कर के दूरगामी प्रभाव को समाप्त करता है।
- जीएसटी ने वस्तुओं और सेवाओं के वर्गीकरण से संबंधित विवादों को हल किया।

जीएसटी के तहत कर संग्रह के लिए अलग-अलग टैक्स स्लैब 0%, 5%, 12%, 18% और 28% हैं।

अतः विकल्प (C) सही है।

अतः विकल्प (C) सही है।

94. मूल्यह्रास एक पूंजीगत वस्तुओं के टूट - फूट के लिए एक वार्षिक भत्ता है। दूसरे शब्दों में, यह अपने उपयोगी जीवनकाल के कई वर्षों से विभाजित माल की लागत है।

मूल्यह्रास की गणना करते समय अप्रत्याशित या अचानक विनाश या पूंजी के दुरुपयोग के रूप में दुर्घटनाओं, प्राकृतिक आपदाओं या इस तरह की अन्य बाहरी परिस्थितियों के साथ ध्यान नहीं दिया जा सकता है।

अतः विकल्प (D) सही है।

95. प्रति व्यक्ति आय जनसंख्या द्वारा राष्ट्रीय आय को विभाजित करके प्राप्त की जाती है।

- यह भौगोलिक क्षेत्र में प्रत्येक व्यक्ति द्वारा अर्जित धन की मात्रा का एक माप है।
- यह किसी दिए गए क्षेत्र के लिए औसत प्रति व्यक्ति आय का निर्धारण करने में मदद करता है और जीवन की गुणवत्ता और जनसंख्या के जीवन स्तर का मूल्यांकन करने में भी मदद करता है।
- इसे औसत आय के रूप में भी जाना जाता है।

अतः विकल्प (C) सही है।

96. भारतीय आयकर प्रत्यक्ष और प्रगतिशील कर पर आधारित है।

- प्रत्यक्ष कर - इन करों को एक इकाई या एक व्यक्ति पर सीधे लगाया जाता है और किसी अन्य पर स्थानांतरित नहीं किया जा सकता है।
- प्रगतिशील कर- यह आय में वृद्धि के सापेक्ष कर देयता में आनुपातिक वृद्धि से अधिक की विशेषता है।

अतः विकल्प (D) सही है।

97. बीमा विनियामक और विकास प्राधिकरण (IRDAI) भारत में पूंजी बाजार को विनियमित नहीं करता है।

यह भारत में बीमा उद्योगों को विनियमित और बढ़ावा देने का कार्य करता है।

अतः विकल्प (D) सही है।

98. 1948 में पहली औद्योगिक नीति संसद में तत्कालीन उद्योग मंत्री डॉ. श्यामा प्रसाद मुखर्जी द्वारा प्रस्तुत की गई थी।

- देश में निजी और सार्वजनिक क्षेत्रों के संचालन के लिए क्षेत्रों के बीच नीति का ठीक से सीमांकन किया गया है।
- भारतीय अर्थव्यवस्था को मिश्रित अर्थव्यवस्था कहा जाता है।

अतः विकल्प (B) सही है।

99. मत्स्यन अर्थव्यवस्था के प्राथमिक क्षेत्र के अंतर्गत आता है क्योंकि प्राथमिक क्षेत्र प्राकृतिक संसाधनों से संबंधित होता है मत्स्यन प्राथमिक क्षेत्र के अंतर्गत आते हैं।

गतिविधियों की प्रकृति के अनुसार आर्थिक गतिविधियों को मोटे तौर पर तीन व्यापक श्रेणियों में वर्गीकृत किया गया है।

अतः विकल्प (D) सही है।

100. भुगतान संतुलन के चालू खाते में निवेश शामिल नहीं है।

- भुगतान शेष का चालू खाता व्यापार संतुलन, शुद्ध कारक आय और शुद्ध स्थानान्तरण भुगतान का योग है।
- BOP का चालू खाता या तो सकारात्मक अर्थ अधिशेष या नकारात्मक अर्थ आभाव है।
- चालू खाते के चार घटक: व्यापार, शुद्ध आय, प्रत्यक्ष हस्तांतरण, संपत्ति आय हैं।

Q.1 विश्व प्रतिस्पर्धात्मक सूचकांक 2022 में भारत की रैंक क्या है?

A. 37वां **B.** 41वां **C.** 45वां **D.** 49वां

Q.2 मार्च 2018 तक भारत का सबसे तेज सुपर कम्प्यूटर निम्नलिखित में से कौन-सा है?

[Super TET Paper - I, 2019]

A. समिट **B.** सिएरा **C.** मिहिर **D.** प्रत्युष

Q.3 पद्म भूषण 2020 पुरस्कार प्राप्त करने वालों में से एक, एस. सी. जमीर को उनके योगदान के लिए किस क्षेत्र में पुरस्कार मिला?

[SSC MTS, 2021]

A. सार्वजनिक मामले **B.** व्यापार और उद्योग
C. कला **D.** साहित्य और शिक्षा

Q.4 1 जून 2022 को किस केंद्रीय मंत्रालय ने 2 महीने लंबे 'हर घर दस्तक अभियान 2.0' की शुरुआत की है?

A. श्रम और रोजगार मंत्रालय

B. अल्पसंख्यक मामलों के मंत्रालय

C. पंचायती राज मंत्रालय

D. स्वास्थ्य मंत्रालय

Q.5 केंद्र और __________ सरकार ने 15 सितंबर 2022 को राज्य के 8 आदिवासी संगठनों के साथ त्रिपक्षीय शांति समझौते पर हस्ताक्षर किए हैं?

A. त्रिपुरा **B.** असम **C.** मणिपुर **D.** नागालैंड

Q.6 अगस्त 2022 में किस राज्य सरकार ने फेडरेशन ऑफ इंडियन चैंबर्स ऑफ कॉमर्स एंड इंडस्ट्री (FICCI) के साथ भागीदारी की है?

A. ओडिशा **B.** झारखंड **C.** गोवा **D.** कर्नाटक

Ques (7-10):निर्देश: दिए गए गद्यांश को पढ़कर नीचे दिए गए प्रश्न का उत्तर दीजिये।

संस्कृति और सभ्यता - ये दो शब्द हैं और उनके अर्थ भी अलग अलग हैं। सभ्यता मनुष्य का गुण है जिससे वह अपनी बाहरी तरक्की करता है। संस्कृति वह गुण है जिससे वह अपनी भीतरी उन्नति करता है और करुणा, प्रेम और परोपकार सीखता है। आज रेलगाड़ी, मोटर और हवाई जहाज, लम्बी - चौड़ी सड़कें और बड़े बड़े मकान, अच्छा भोजन और अच्छी पोशाक, ये सभ्यता की पहचान है और जिस देश में इनकी जितनी ही अधिकता है उस देश को हम उतना ही सभ्य मानते हैं। मगर संस्कृति उन सबसे कहीं बारीक़ चीज़ है वह मोटर नहीं, मोटर बनाने की कला है, मकान नहीं, मकान बनाने की रूचि है। संस्कृति धन नहीं, गुण है, संस्कृति ठाठ - बाट नहीं, विनय और विनम्रता है। यह कहावत है कि सभ्यता वह चीज है जो हमारे पास है लेकिन संस्कृति वह गुण है जो हमसे छिपा हुआ है। हमारे पास घर होता है, कपड़े-लत्ते होते हैं, मगर ये सारी चीज़ें हमारी सभ्यता के सबूत हैं जबकि संस्कृति इतने मोटे तौर पर दिखलाई नहीं देती, वह बहुत ही सूक्ष्म और महान चीज है और वह हमारी हर पसंद, हर आदत में छिपी रहती है। मकान बनाना सभ्यता का काम है, लेकिन हम मकान का कौन सा नक्शा पसंद करते है - यह हमारी संस्कृति बताती है। आदमी के भीतर काम, क्रोध, लोभ, मद, मोह, और मतसर, ये छह विकार प्रकृति के दिए हुए हैं मगर ये विकार अगर बेरोक छोड़ दिए जाए, तो आदमी इतना गिर जाएगा कि उसमे और जानवर में कोई भेद नहीं रहेगा इसलिए आदमी इन विकारों पर रोक लगाता है। इन दुर्गुणों पर आदमी जितना ज्यादा काबू पता है उसकी संस्कृति भी उतनी ही ऊँची समझी जाती है। संस्कृति का स्वभाव है कि वह आदान - प्रदान से बढ़ती है जब दो देशों या जातियों के लोग आपस में मिलते हैं तब उन दोनों की संस्कृतियाँ एक- दूसरे को प्रभावित करती हैं, इसलिए संस्कृति की दृष्टि में वह जाति या देश बहुत धनी समझा जाता है जिसने ज्यादा से ज्यादा देशों या जातियों की संस्कृतियों का लाभ उठाकर अपनी संस्कृति का विकास किया हो।

Q.7 संस्कृति सभ्यता से इस रूप में भी भिन्न है कि संस्कृति:

A. सभ्यता की अपेक्षा स्थूल और विशद होती है

B. एक आदर्श विधान है और सभ्यता यथार्थ होती है

C. सभ्यता की अपेक्षा अत्यंत सूक्ष्म है

D. समन्वयमूलक है और सभ्यता सूक्ष्म होती है

Q.8 संस्कृति का मूल स्वभाव है की वह:

A. मानव - मानव में भेदभाव नहीं रखती

B. मनुष्य की आत्मा में विश्वास रखती है

C. आदान - प्रदान से बढ़ती है

D. एक समुदाय के जीवन में ही जीवित रह सकती है

Q.9 मानव की मानवीयता इसी बात पर निहित है कि वह:

A. अपनी सभ्यता और संस्कृति का प्रचार करे

B. अपनी संस्कृति को समृद्ध करने क लिए कटिबद्ध रहे

C. सभ्यता की उचाईयों को पाने का प्रयास करें

D. अपने मन में विधमान विकारो पर नियंत्रण पाने की चेष्ठा करें

Q.10 संस्कृति का अभिप्राय है:

A. हर युग में प्रासंगिक विशिष्टता

B. विशिष्ट जीवन दर्शन से संतुलित जीवन

C. आनंद मानने का एक विशेष विधान

D. मानव की आत्मिक उन्नति का संवर्धक आंतरिक गुण

Q.11 निम्नलिखित शब्दों मे से कौन-सा शब्द पुल्लिंग है?

A. संकल्प **B.** लज्जा **C.** घटना **D.** प्रार्थना

Q.12 'आजकल भारत की <u>जनता</u> भी आधिकाधिक शिक्षित हो गई है।' रेखांकित शब्द का वचन है-

A. एकवचन **B.** बहुवचन
C. द्विवचन **D.** इनमें से कोई नहीं

Q.13 निम्नलिखित में से शुद्ध वाक्य का चयन कीजिए।

A. चाय ठंडा हो गया।

B. हलवा गरम गरम अच्छी लगती है।

C. पकने से पहले जामुन हरी होती है।

D. पेड़ लगाओ, जीवन बचाओ।

Q.14 सर्वनाम के भेद हैं:

A. चार **B.** पांच **C.** छह **D.** तीन

Q.15 'तीन वेणियाँ मिलती हैं जहाँ' किस समास का उदाहरण है?

A. तत्पुरुष समास **B.** बहुव्रीहि समास
C. कर्मधारय समास **D.** द्विगु समास

Q.16 'राजा भिक्षुक को दान देता है' वाक्य में कौन-सा कारक है?

A. कर्म कारक **B.** अपादान कारक
C. संप्रदान कारक **D.** करण कारक

Ques (17-21):Direction: Read the passage carefully and select the best answer to the question out of the given four alternatives.

The saddest part of life lies not in the act of dying, but in failing to truly live while we are alive. Too many of us play small with our lives, never letting the fullness of our humanity see the light of day. I've learned that what really counts in life, in the end, is not how many toys we have collected or how much money we've accumulated, but how many of our talents we have liberated and used for a purpose that adds value to this world. What truly matters most are the lives we have touched and the legacy that we have left. Tolstoy put it so well when he wrote: "We live for ourselves only when we live for others." It took me forty years to discover this simple point of wisdom.

Forty long years to discover that success cannot really be pursued. Success ensues and flows into your life as the unintended yet inevitable by-product of a life spent enriching the lives of other people. When you shift your daily focus from a compulsion to survive towards a lifelong commitment to serving, your existence cannot help but explode into success. I still can't believe that I had to wait until the "half-time" of my life to figure out that true fulfillment as a human being comes not from achieving those grand gestures that put us on the front pages of the newspapers and business magazines, but instead from those basic and incremental acts of decency that each one of us has the privilege to practice each and every day if we simply make the choice to do so.

Mother Teresa, a great leader of human hearts if ever there was one, said it best: "There are no great acts, only small acts done with great love." I learned this the hard way in my life. Until recently, I had been so busy striving, I had missed out on living. I was so busy chasing life's big pleasures that I had missed out on the little ones, those micro joys that weave themselves in and out of our lives on a daily basis but often go unnoticed. My days were overscheduled, my mind was overworked and my spirit was underfed.

Q.17 According to the passage, what does "failing to truly live while we are alive" answer?

A. End up thinking of death all our lives

B. Never letting the fullness of our humanity see the light of day

C. Focus on basic and incremental acts of decency

D. Over scheduling our days and overpaying ourselves

Q.18 Suggest a suitable title for the passage?

A. True happiness as experienced by Mother Teresa

B. Forty years of discovery Tolstoy

C. Living truly

D. Learning it the hard way

Q.19 According to the passage, what took Tolstoy forty years to discover?

A. Simple point of happiness

B. That we live for ourselves only when we live for others

C. That his spirit was undeterred

D. That he was a great leader of human hearts

Q.20 What according to the passage is success?

A. Success cannot be pursued

B. Success is an unintended yet inevitable byproduct of a life spent enriching the lives of others

C. Success is true fulfillment

D. Success is an incremental act of decency

Q.21 According to the passage, what did Mother Teresa learn in a hard way in her life?

A. That there are no great acts, only small acts are done with great love

B. That she had been so busy striving that she had missed out on living

C. That her days were overscheduled and her mind was overworked

D. That she was so busy chasing life's big pleasures that she had missed out on the little ones

Q.22 In the following question, a sentence has been given in Direct/Indirect Speech. Out of the four alternatives suggested, select the one which best expresses the same sentence in Indirect/Direct Speech.

The teacher asked me why I had been absent the day before.

A. The teacher asked me, "Why were you absent yesterday?".

B. The teacher asked me, "Why are you absent yesterday?".

C. The teacher asked me, "Why are you absent the day before?".

D. The teacher asked me, "Were you absent the day before?".

Q.23 A sentence is given below in jumbled order. Arrange the sentence in the right order to form a meaningful and coherent sentence.

Seeking help

P) always easy

Q) is not

R) for everyone

A. PQR   **B.** QPR   **C.** RPQ   **D.** QRP

Q.24 In the following question, the sentence is given with blank to be filled in with an appropriate word. Select the correct alternative out of the four and indicate it by selecting the appropriate option.

Soldiers are not prepared ___________ that kind of attack.

A. At   **B.** By   **C.** For   **D.** About

Q.25 In the following question, a sentence has been given in Active/Passive Voice. Out of the four alternatives suggested, select the one which best expresses the same sentence in Passive/Active Voice.

Is a letter being written by you?

A. Are you writing a letter?

B. Were you writing a letter?

C. Had you been writing a letter?

D. Did you write a letter?

Q.26 In the following question, some part of the sentence may have errors. Find out which part of the sentence has an error and select the appropriate option. If a sentence is free from error, select 'No Error'.

My husband told me that he (1)/ will be coming to Singapore (2)/ next year for the new project. (3)/ No error

A. 1   **B.** 2   **C.** 3   **D.** No Error

Q.27 समद्विबाहु समकोण त्रिभुज का क्षेत्रफल 8 सेमी² है। इसके कर्ण की लंबाई है:

A. $\sqrt{32}$ सेमी **B.** $\sqrt{16}$ सेमी **C.** $\sqrt{48}$ सेमी **D.** $\sqrt{24}$ सेमी

Q.28 दिए गए समीकरण में '?' का मान ज्ञात कीजिए।

$72 \times 25 + 45 \times 20 = 15^3 - ?$

A. 525 **B.** 675 **C.** 575 **D.** 625

Q.29 एक $\triangle ABC$ मे, $AB = 4$ सेमी ओर $AC = 8$ सेमी है। यदि M, BC का मध्य बिंदु है और $AM = 3$ सेमी है, तो BC की लंबाई है:

A. $2\sqrt{26}$ **B.** $2\sqrt{31}$ **C.** $\sqrt{31}$ **D.** $\sqrt{26}$

Q.30 यदि दो संख्याओं का योग 10 है तथा उसके व्युत्क्रमों का योग $\dfrac{5}{12}$ है, तो संख्याएँ होगी।

A. 8 तथा 2 **B.** 6 तथा 4 **C.** 7 तथा 3 **D.** 9 तथा 1

Q.31 यदि दो पासे फेंकें जाने पर योग के रूप में अभाज्य संख्या प्राप्त करने की प्रायिकता क्या है?

A. $\dfrac{1}{6}$ **B.** $\dfrac{5}{12}$ **C.** $\dfrac{1}{2}$ **D.** $\dfrac{7}{9}$

Q.32 52 ताश के पत्तों के डेक, 3 पत्ते निकाले जाते हैं। क्या प्रायिकता है कि एक इक्का है, एक रानी है और एक गुलाम है?

A. $\dfrac{19}{5525}$ **B.** $\dfrac{21}{5525}$ **C.** $\dfrac{17}{5525}$ **D.** $\dfrac{16}{5525}$

Q.33 बिंदु $P(0,2)$ और $Q(6,0)$ के बीच की दूरी है-

A. $4\sqrt{10}$ **B.** $2\sqrt{10}$ **C.** $\sqrt{10}$ **D.** 20

Q.34 त्रिभुज ABC का क्षेत्रफल ज्ञात कीजिए जहाँ, A (-5,7), B (-4, -5) और C (4,5) है-

A. 63 **B.** 35 **C.** 53 **D.** 36

Q.35 यदि $\cos A = \dfrac{4}{5}$, तो $\tan = ?$

A. $\dfrac{3}{5}$ **B.** $\dfrac{3}{5}$ **C.** $\dfrac{4}{3}$ **D.** $\dfrac{4}{5}$

Q.36
$[\operatorname{cosec}(75° + \theta) - \sec(15° - \theta) - \tan(55° + \theta) + \cot(35° - \theta)]$ का मान ज्ञात कीजिए।

A. 1 **B.** -1 **C.** 0 **D.** $\dfrac{1}{2}$

Q.37 यदि $x = 2$ है तो $x^3 + 27x^2 + 243x + 631$ का मान ज्ञात कीजिए।

A. 1321 **B.** 1233 **C.** 1231 **D.** 1211

Q.38 यदि $x + \dfrac{1}{x} = 1$, है, तो $\dfrac{2}{x^2 - x + 2}$ का मान ज्ञात कीजिए।

A. $\dfrac{2}{3}$ **B.** 2 **C.** 1 **D.** 4

Q.39 1942 के भारत छोड़ो आंदोलन के बारे में निम्नलिखित में से कौन सा अवलोकन सही नहीं है?

A. यह आंदोलन, भारत अगस्त आंदोलन के नाम से भी जाना जाता था।

B. इसका नेतृत्व महात्मा गांधी ने किया था।

C. यह एक सहज आंदोलन था।

D. इसने सामान्य रूप से श्रमिक वर्ग को आकर्षित नहीं किया था।

Q.40 निम्नलिखित में से किसने ऐतिहासिक "उद्देश्य संकल्प" प्रस्तुत किया था?

A. जवाहर लाल नेहरू **B.** मोतीलाल नेहरू

C. डॉ भीमराव अंबेडकर **D.** महात्मा गांधी

Q.41 द्वितीय विश्व युद्ध के दौरान किस जर्मन जनरल और सैन्य सिद्धांतकार का उपनाम 'डेज़र्ट फ़ॉक्स' रखा गया था ?

A. जनरल नेल्सन **B.** जनरल इरविन रोमेल

C. एडॉल्फ हिटलर **D.** इनमें से कोई नहीं

Q.42 ब्रिटिश भारत के प्रथम गवर्नर जनरल कौन थे?

A. लॉर्ड विलियम बेंटिक **B.** लार्ड डलहौज़ी

C. लार्ड कॉर्नवालिस **D.** इनमें से कोई नहीं

Q.43 ताज महल के वास्तुकार कौन थे?

A. उस्ताद अहमद लाहौरी **B.** नॉर्मन फोस्टर

C. हेनरी इरविन **D.** उस्ताद घनी उल्बुद्दीन

Q.44 किस हड़प्पा स्थल को ब्लेक बेंगल कहा जाता है?

A. लोथल **B.** रोपड़ **C.** कालीबंगा **D.** बनावाली

Q.45 सिंधु घाटी सभ्यता के लोगों ने ____ की पूजा की।

A. विष्णु **B.** पशुपति **C.** इंद्र **D.** ब्रह्मा

Q.46 निम्नलिखित में से किस में गायत्री मंत्र शामिल है?

A. ऋग्वेद **B.** सामवेद **C.** यजुर्वेद **D.** अथर्ववेद

Q.47 बिहार में 1857 के विद्रोह का नेतृत्व किसने किया था?

[Bihar PSC, 2019]

A. बाबू अमर सिंह **B.** हरे कृष्ण सिंह

C. कुँवर सिंह **D.** राजा शहजादा सिंह

Q.48 राष्ट्रीय आपातकाल के बाद सत्ता में आई राजनीतिक पार्टी ______ थी।

A. बहुजन समाज पार्टी **B.** कांग्रेस

C. भारतीय राष्ट्रीय कांग्रेस **D.** जनता पार्टी

Q.49 निम्नलिखित नदियों में से कौन उत्तर और दक्षिण भारत के बीच सीमा के रूप में कार्य करती है?

A. पेरियार नदी **B.** मांडोवी नदी

C. नर्मदा नदी **D.** पेन्नार नदी

Q.50 नोकरेक राष्ट्रीय उद्यान किस राज्य में स्थित है?

A. त्रिपुरा **B.** मणिपुर **C.** असम **D.** मेघालय

Q.51 निम्नलिखित में से कौन सा बांध भागीरथी नदी पर स्थित है?

A. टिहरी बाँध **B.** नाथपा झाकरी बांध

C. बगलिहार बांध **D.** दंतीवाड़ा बांध

Q.52 वह एकमात्र महाद्वीप कौन सा है जिसके माध्यम से तीनों - भूमध्य रेखा, कर्क रेखा और मकर रेखा गुजरती हैं?

A. एशिया **B.** यूरोप

C. अफ्रीका **D.** दक्षिण अमेरिका

Q.53 भारत की सबसे बड़ी तटीय झील है-

A. चिल्का झील **B.** डल झील

C. पिछोला झील **D.** कोल्लेरू झील

Q.54 निम्नलिखित में से कौन सा भारत में सबसे लंबा राष्ट्रीय राजमार्ग है?

A. राष्ट्रीय राजमार्ग 44 **B.** राष्ट्रीय राजमार्ग 1

C. राष्ट्रीय राजमार्ग 10 **D.** राष्ट्रीय राजमार्ग 6

Q.55 मैंग्रोव वन का अधिकतम क्षेत्रफल किस राज्य में है?

A. असम

B. आंध्र प्रदेश

C. पश्चिम बंगाल

D. उत्तर प्रदेश

Q.56 भारत का सबसे लंबा नदी डेल्टा क्षेत्र कौन सा है?

A. गोदावरी डेल्टा

B. कावेरी डेल्टा

C. गंगा डेल्टा

D. कृष्णा डेल्टा

Q.57 रेडियो तरंगों के विक्षेपण के लिए वायुमंडल की निम्न में से कौन सी परत जिम्मेदार है?

A. क्षोभमंडल

B. आयनमंडल

C. समतापमंडल

D. मध्यमंडल

Q.58 संसद द्वारा पारित एक अधिनियम किसके अनुमोदन के बाद ही अधिनियमित किया जाता है?

A. कानून मंत्री

B. राष्ट्रपति

C. उच्चतम न्यायालय

D. प्रधान मंत्री

Q.59 कौन सा अनुच्छेद "अस्पृश्यता" के उन्मूलन के लिए प्रावधान प्रदान करता है?

A. अनुच्छेद 17

B. अनुच्छेद 18

C. अनुच्छेद 19

D. अनुच्छेद 16

Q.60 संविधान प्रारूप समिति के अध्यक्ष कौन थे?

A. जवाहर लाल नेहरू

B. डॉ. बी.आर. अम्बेडकर

C. डॉ. राजेंद्र प्रसाद

D. सरदार वल्लभभाई पटेल

Q.61 भारत का राष्ट्रपति बनने के लिए निर्धारित आयु सीमा कितनी होती है?

[MP Police (Constable), 2017]

A. 40 वर्ष की आयु

B. 35 वर्ष की आयु

C. 60 वर्ष की आयु

D. 50 वर्ष की आयु

Q.62 संविधान के किस भाग में पंचायती राज व्यवस्था के प्रावधान हैं?

A. भाग IX

B. भाग VI

C. भाग III

D. भाग IV (A)

Q.63 निम्नलिखित में से कौन सा मौलिक अधिकार नहीं है?

A. संपत्ति का अधिकार

B. संवैधानिक उपचार का अधिकार

C. पूरे देश में स्वतंत्र रूप से घूमने का अधिकार

D. शांति से इकट्ठा होने का अधिकार

Q.64 स्वतंत्रता दिवस पर लाल किले से राष्ट्रीय ध्वज कौन फहराता है?

A. मुख्य न्यायाधीश

B. प्रधानमंत्री

C. राज्यपाल

D. राष्ट्रपति

Q.65 भारत के संविधान की सातवीं अनुसूची में शामिल है-

A. जनजातीय क्षेत्रों के प्रशासन के बारे में प्रावधान

B. संघ सूची, राज्य सूची और समवर्ती सूची

C. मान्यता प्राप्त भाषाओं की सूची

D. दलबदल के आधार पर विधान सभा के सदस्यों की अयोग्यता के बारे में प्रावधान

Q.66 भारतीय संविधान कब अस्तित्व में आया?

A. 15 अगस्त, 1947

B. 24 जुलाई, 1948

C. 20 जनवरी, 1951

D. 26 जनवरी, 1950

Q.67 भारत में मंत्रिपरिषद का वर्तमान नेता कौन है?

A. ओम बिरला

B. मुप्पवरपु वेंकैया नायडू

C. नरेंद्र मोदी

D. हरिवंश नारायण सिंह

Q.68 निम्नलिखित में से किसे राष्ट्रीय विकास और प्रगति का दुनिया का सबसे शक्तिशाली सांख्यिकीय संकेतक माना जाता है?

A. जीएनपी

B. एनएनपी

C. जीडीपी

D. एनडीपी

Q.69 राजकोषीय नीति में किस प्रकार के राजस्व का उपयोग किया जाता है?

A. सरकारी राजस्व

B. निजी राजस्व

C. सरकारी और निजी दोनों तरह का राजस्व

D. इनमें से कोई नहीं

Q.70 मुद्रास्फीति प्रतिनिधित्व करती है -

A. वस्तुओं और सेवाओं की कीमत में कमी।

B. वस्तुओं और सेवाओं की कीमत में वृद्धि।

C. माल और सेवाओं की अपरिवर्तनशील कीमत।

D. इनमें से कोई नहीं

Q.71 मंदी को परिभाषित किया जा सकता है -

A. आर्थिक गतिविधियों में गिरावट

B. आर्थिक गतिविधियों में वृद्धि

C. अर्थव्यवस्था में अपरिवर्तनशील स्थिति

D. इनमें से कोई नहीं

Q.72 पेट्रोलियम को गैसोलीन में रिफाइन करने की प्रक्रिया किस क्षेत्र के अंतर्गत आती है?

A. प्राथमिक

B. द्वितीयक

C. तृतीयक

D. चतुर्थ

Q.73 कपास की खेती आर्थिक गतिविधि के किस क्षेत्र में आती है?

A. प्राथमिक क्षेत्र

B. द्वितीयक क्षेत्र

C. तृतीयक क्षेत्र

D. इनमें से कोई नहीं

Q.74 जीएसटी द्वारा निम्नलिखित में से किस कर को समाप्त कर दिया गया है?

A. सेवा कर

B. आयकर

C. निगम कर

D. धन कर

Q.75 किसान क्रेडिट कार्ड योजना किस वर्ष में शुरू की गई थी?

A. 1998

B. 2000

C. 1997

D. 2001

Q.76 दाब का SI मात्रक क्या है?

A. न्यूटन प्रति मीटर (N/m)

B. पास्कल (Pa)

C. न्यूटन (N)

D. न्यूटन मीटर(N-m)

Q.77 माइटोकॉण्ड्रिया अपने स्वयं के ____ का उत्पादन करने में सक्षम हैं।

[UPSC NDA, 2019]

A. न्यूक्लियस

B. प्रोटीन

C. क्लोरोप्लास्ट

D. पाचक एंजाइम

Q.78 पानी का pH मान क्या है?

[Bihar PSC, 2019]

A. 4

B. 7

C. 12

D. 18

Q.79 पार्किन्सन रोग किससे संबंधित होते हैं?

A. मेरुदण्ड

B. मस्तिष्क

C. रीढ़ के हड्डी की नसे

D. कपालीय तंत्रिका

Q.80 किन तरंगों में ऊर्जा प्रचारित नहीं की जा सकती है?

A. विद्युत चुम्बकीय तरंगें

B. अनुदैर्ध्य तरंगें

C. स्थिर तरंगें

D. अनुप्रस्थ तरंगें

Q.81 निम्नलिखित में से कौन सा एक सजातीय मिश्रण है?
A. स्टार्च का विलयन　　　B. पानी में छाछ
C. नाले का पानी　　　D. पानी में शक्कर

Q.82 विटामिन E का रासायनिक नाम क्या है?
A. कैल्सिफेरोल　　　B. एस्कॉर्बिक अम्ल
C. टोकोफेरॉल　　　D. फाइलोक्किनोन

Q.83 _________ में कार्बन परमाणु फुटबॉल की आकृति में व्यवस्थित होते हैं।
A. फुलरीन　B. मीथेन　C. बेंजीन　D. एथेन

Q.84 इलेक्ट्रोकार्डियोग्राफ़ (ECG) का उपयोग ______ को मापने के लिए किया जाता है।
A. रक्त कण　B. धड़कन　C. तापमान　D. बिजली

Q.85 जब एक वस्तु गोलाकार पथ में घुमती है, बल के द्वारा कोई कार्य नहीं किया जाता है क्योंकि,
A. यहाँ कोई विस्थापन नहीं है
B. बल हमेशा केंद्र से बाहर की ओर होता है
C. यहाँ कोई शुद्ध बल नहीं है
D. बल और विस्थापन एक दूसरे के लंबवत हैं

Q.86 नारियल की जटा (भूसी) किस प्रकार के ऊतक बनाता है?
A. कोलेन्काइमा　　　B. पैरेन्काइमा
C. फ्लोएम पैरेन्काइमा　　　D. स्क्लेरेन्काईमेटस फाइबर

Q.87 इनमें से कौन सा जड़त्वाघूर्ण और कोणीय वेग का गुणनफल है?
A. कोणीय संवेग　　　B. शक्ति
C. बलाघूर्ण　　　D. कार्य

Q.88 मोमबत्ती का प्रज्वलन किस तरह की अभिक्रिया है?
A. संश्लेषण प्रतिक्रिया
B. ऊष्माक्षेपी अभिक्रिया
C. उष्माशोषी अभिक्रिया
D. प्रकाश - रासायनिक अभिक्रिया

Q.89 निम्नलिखित में से कौन-से तत्व का प्रयोग पेंसिल-लेड में किया जाता है?
A. जस्ता　　　B. सीसा
C. कार्बन (ग्रेफाइट)　　　D. टिन

Q.90 'गति के नियम' किस वैज्ञानिक द्वारा दिए गये थे?
A. गैलीलियो　B. न्यूटन　C. आइंस्टीन　D. बॉयल

Q.91 'विंग्स ऑफ फायर' किसकी आत्मकथा है?
A. के. नटवर सिंह
B. एल. के. आडवाणी
C. सचिन तेंदुलकर
D. ए. पी. जे. अब्दुल कलाम

Q.92 तेंदुए का वैज्ञानिक नाम क्या है?
A. पैंथरा पर्डस　　　B. एसिनोनिक्स जुबेटस
C. पैंथरा ओनका　　　D. इनमें से कोई नहीं

Q.93 महान धावक मिल्खा सिंह को किस उपनाम से जाना जाता है?
A. फ्लाइंग सिख　　　B. आयरन मैन
C. एथलेटिक्स का जादूगर　　　D. रावलपिंडी एक्सप्रेस

Q.94 राष्ट्रीय हिंदी दिवस कब मनाया जाता है?
A. 4 सितंबर　　　B. 24 सितंबर
C. 14 सितंबर　　　D. 16 सितंबर

Q.95 भीमबेटका, एक विश्व धरोहर स्थल, के लिए जाना जाता है:
A. अशोक स्तंभ
B. प्रागैतिहासिक रॉक शेल्टर
C. अखंड मंदिर
D. बौद्ध स्तूप

Q.96 पादपों में मूल रोमों द्वारा जल जिस प्रक्रिया से अवशोषित किया जाता है, वह कहलाती है:
A. वाष्पोत्सर्जन　　　B. श्वसन
C. स्वेदन　　　D. परासरण

Q.97 निम्नलिखित महाद्वीपों में से किसका सबसे छोटा भूमि क्षेत्र है?
A. एंटार्कटिका　　　B. ऑस्ट्रेलिया
C. उत्तर अमेरिका　　　D. दक्षिण अमेरिका

Q.98 'फ्रीडम बिहाइंड बार्स' पुस्तक का लेखक कौन है?
A. किरण बेदी　　　B. जवाहर लाल नेहरू
C. शेख अब्दुल्ला　　　D. नेल्सन मंडेला

Q.99 विद्युटनाभिक (रेडियोधर्मी) वस्तुओं को किससे बने पात्र में रखना चाहिए?
A. आयरन　　　B. एल्युमीनियम
C. लेड　　　D. इस्पात (स्टील)

Q.100 लाइसेर्जिक एसिड डायथाइलैमाइड (LSD) एक दवा है जिसका प्रयोग किया जाता है:
A. विभ्रामक　B. दर्दनाशक　C. शामक　D. स्टेरॉयड

// स्मार्ट उत्तर पुस्तिका //

| सही उत्तर | उन छात्रों के प्रतिशत को इंगित करता है जिन्होंने प्रश्नों का सही उत्तर दिया था। |

| छोड़ दिया | उन छात्रों के प्रतिशत को इंगित करता है जिन्होंने प्रश्नों को छोड़ दिया था। |

प्रश्न संख्या	उत्तर	सही उत्तर / छोड़ दिया	प्रश्न संख्या	उत्तर	सही उत्तर / छोड़ दिया	प्रश्न संख्या	उत्तर	सही उत्तर / छोड़ दिया	प्रश्न संख्या	उत्तर	सही उत्तर / छोड़ दिया	प्रश्न संख्या	उत्तर	सही उत्तर / छोड़ दिया
1	A	17.89 % / 4.67 %	17	B	52.63 % / 1.76 %	33	B	67.01 % / 1.67 %	49	C	63.32 % / 1.12 %	65	C	56.78 % / 1.68 %
2	D	64.86 % / 1.89 %	18	C	57.11 % / 1.77 %	34	C	65.68 % / 1.53 %	50	D	56.83 % / 1.23 %	66	D	85.66 % / 0.0 %
3	A	16.16 % / 3.46 %	19	B	54.27 % / 1.54 %	35	B	57.72 % / 1.85 %	51	A	63.63 % / 1.51 %	67	C	76.71 % / 0.0 %
4	D	10.73 % / 3.51 %	20	B	51.98 % / 1.92 %	36	C	65.69 % / 1.73 %	52	C	53.85 % / 1.97 %	68	C	64.55 % / 1.74 %
5	B	29.93 % / 4.59 %	21	A	50.67 % / 1.66 %	37	B	79.34 % / 0.0 %	53	A	80.93 % / 0.0 %	69	A	46.53 % / 1.29 %
6	A	10.91 % / 4.66 %	22	A	68.33 % / 1.66 %	38	B	49.82 % / 1.84 %	54	A	44.66 % / 1.66 %	70	B	40.99 % / 1.15 %
7	C	59.19 % / 1.55 %	23	B	87.79 % / 0.0 %	39	D	41.25 % / 1.2 %	55	C	52.33 % / 1.78 %	71	A	44.99 % / 1.95 %
8	C	46.03 % / 1.38 %	24	C	78.25 % / 0.0 %	40	A	66.25 % / 1.05 %	56	C	88.72 % / 0.0 %	72	B	60.45 % / 1.25 %
9	D	67.43 % / 1.94 %	25	A	56.47 % / 1.01 %	41	B	30.2 % / 4.62 %	57	B	64.22 % / 1.74 %	73	A	48.13 % / 1.45 %
10	D	63.0 % / 1.36 %	26	B	79.62 % / 0.0 %	42	A	81.96 % / 0.0 %	58	B	83.76 % / 0.0 %	74	A	45.21 % / 1.64 %
11	A	42.51 % / 1.1 %	27	A	44.77 % / 1.04 %	43	A	68.07 % / 1.87 %	59	A	53.19 % / 1.08 %	75	A	62.91 % / 1.75 %
12	A	76.96 % / 0.0 %	28	B	88.34 % / 0.0 %	44	C	42.52 % / 1.65 %	60	B	65.33 % / 1.33 %	76	B	79.53 % / 0.0 %
13	D	45.97 % / 1.26 %	29	B	23.52 % / 4.44 %	45	B	86.75 % / 0.0 %	61	B	78.07 % / 0.0 %	77	B	66.87 % / 1.11 %
14	C	81.15 % / 0.0 %	30	B	53.69 % / 1.9 %	46	A	59.44 % / 1.62 %	62	A	54.35 % / 1.86 %	78	B	83.07 % / 0.0 %
15	B	53.02 % / 1.64 %	31	B	59.48 % / 1.22 %	47	C	61.25 % / 1.3 %	63	A	69.26 % / 1.34 %	79	B	45.79 % / 1.85 %
16	C	49.62 % / 1.79 %	32	D	42.24 % / 1.04 %	48	D	53.62 % / 1.23 %	64	B	88.96 % / 0.0 %	80	C	59.78 % / 1.91 %

प्रश्न संख्या	उत्तर	सही उत्तर / छोड़ दिया
81	D	77.47 % 0.0 %
82	C	66.32 % 1.85 %
83	A	63.84 % 1.81 %
84	B	79.14 % 0.0 %

प्रश्न संख्या	उत्तर	सही उत्तर / छोड़ दिया
85	D	41.96 % 1.17 %
86	D	17.22 % 4.78 %
87	A	66.97 % 1.19 %
88	B	85.47 % 0.0 %

प्रश्न संख्या	उत्तर	सही उत्तर / छोड़ दिया
89	C	87.02 % 0.0 %
90	B	83.12 % 0.0 %
91	D	60.2 % 1.55 %
92	A	62.96 % 1.44 %

प्रश्न संख्या	उत्तर	सही उत्तर / छोड़ दिया
93	A	82.97 % 0.0 %
94	C	43.28 % 1.1 %
95	B	63.45 % 1.61 %
96	D	63.65 % 1.4 %

प्रश्न संख्या	उत्तर	सही उत्तर / छोड़ दिया
97	B	78.13 % 0.0 %
98	A	52.47 % 1.7 %
99	C	43.78 % 1.02 %
100	A	44.79 % 1.98 %

कार्य विश्लेषण	
औसत अंक (%)	56.0%
टॉपर्स स्कोर (%)	57.0%
आपका स्कोर	

//संकेत और समाधान//

1. विश्व प्रतिस्पर्धात्मक सूचकांक 2022 में भारत का स्थान 37वां है।

- इंस्टीट्यूट फॉर मैनेजमेंट डेवलपमेंट ने हाल ही में 15 जून, 2022 को वार्षिक विश्व प्रतिस्पर्धात्मक सूचकांक संकलित और जारी किया।

- आर्थिक प्रदर्शन में बढ़त के कारण, भारत ने 43वें से 37वें स्थान पर छह स्थान की वृद्धि देखी।

- शीर्ष 63 देशों की सूची में डेनमार्क को शीर्ष स्थान पर रखा गया है। इसे 2021 में तीसरे स्थान पर रखा गया था।

- स्विट्जरलैंड शीर्ष स्थान से गिरकर दूसरे स्थान पर आ गया है।

अतः विकल्प (A) सही है।

2. मार्च 2018 तक भारत का सबसे तेज सुपर कम्प्यूटर प्रत्युष है।

प्रत्युष की स्थापना पुणे में भारतीय उष्णकटिबंधीय मौसम विज्ञान संस्थान (आईआईटीएम) में की गई है और इसका उपयोग मौसम और जलवायु पूर्वानुमान के लिए किया जाता है।

भारत के सबसे शक्तिशाली सुपरकंप्यूटर प्रत्युष, देश का पहला बहु-पेटाफ्लॉप उपकरण है, जिसका उपयोग मौसम और जलवायु भविष्यवाणियों को बेहतर बनाने के लिए किया जा रहा है, ने दुनिया के शीर्ष 500 सुपर कंप्यूटरों की सूची में 39वें स्थान पर जगह बनाई है।

- 4 पेटाफ्लॉप सुपरकंप्यूटर ने पहली बार उच्च 300s से लेकर 50 की सूची में भारत की रैंकिंग में सुधार किया है।

- एक पेटाफ्लॉप प्रति मिलियन मिलियन फ़्लोटिंग पॉइंट ऑपरेशन है और यह एक सिस्टम की कंप्यूटिंग क्षमता का प्रतिबिंब है।

- प्रत्युष का उपयोग अधिक सटीक मौसम और जलवायु पूर्वानुमान करने के लिए किया जाएगा, जिसमें सभी महत्वपूर्ण मानसून पूर्वानुमान शामिल हैं।

अतः विकल्प (D) सही है।

3. पद्म भूषण 2020 पुरस्कार प्राप्त करने वालों में से एक, एस. सी. जमीर को उनके योगदान के लिए सार्वजनिक मामले में पुरस्कार मिला।

भारत के एक राजनेता और ओडिशा के पूर्व राज्यपाल एससी जमीर का जन्म 17 अक्टूबर, 1931 को हुआ था। उन्होंने महाराष्ट्र के राज्यपाल, गुजरात के राज्यपाल और गोवा के राज्यपाल के पदों पर कार्य किया है। वह नागालैंड के मुख्यमंत्री भी थे। सार्वजनिक मामलों में उनकी सेवा के लिए 2020 में, उन्हें भारत का तीसरा सर्वोच्च नागरिक सम्मान पद्म भूषण मिला।

अतः विकल्प (A) सही है।

4. केंद्रीय स्वास्थ्य मंत्रालय ने 1 जून 2022 को 2 महीने लंबे 'हर घर दस्तक अभियान 2.0' की शुरुआत की।

इस अभियान का उद्देश्य सभी पात्र लाभार्थियों के बीच कोविड टीकाकरण का इष्टतम कवरेज प्राप्त करना और टीकाकरण की गति में तेजी लाना है।

अतः विकल्प (D) सही है।

5. केंद्र और असम सरकार ने 15 सितंबर 2022 को केंद्रीय गृह मंत्री अमित शाह की उपस्थिति में असम के 8 आदिवासी संगठनों के साथ त्रिपक्षीय शांति समझौते पर हस्ताक्षर किए।

इस समझौते पर दस्तखत से करीब 1100 लोगों ने हिंसा का रास्ता छोड़ दिया है। जनवरी 2020 में, केंद्र ने 50 साल से अधिक पुराने बोडो संकट को समाप्त करने के लिए असम सरकार और बोडो प्रतिनिधियों के साथ एक ऐतिहासिक समझौते पर हस्ताक्षर किए थे।

अतः विकल्प (B) सही है।

6. अगस्त 2022 में ओडिशा राज्य सरकार ने फेडरेशन ऑफ इंडियन चैंबर्स ऑफ कॉमर्स एंड इंडस्ट्री (FICCI) के साथ भागीदारी की है।

दुनिया भर के निवेशकों और उद्यमियों को आकर्षित करने के लिए, MIO सम्मेलन का तीसरा संस्करण 30 नवंबर से 4 दिसंबर, 2022 तक आयोजित होने वाला है।

अतः विकल्प (A) सही है।

7. प्रस्तुत गद्यांश के अनुसार संस्कृति, सभ्यता से इस रूप में भी है कि संस्कृति, सभ्यता की अपेक्षा अत्यंत सूक्ष्म होती है।

अतः विकल्प (C) सही है।

8. प्रस्तुत गद्यांश के अनुसार संस्कृति का मूल स्वभाव है कि वह आदान - प्रदान से बढ़ती है।

अतः विकल्प (C) सही है।

9. प्रस्तुत गद्यांश के अनुसार मानव की मानवीयता इसी बात में निहित है कि वह अपने मन में विद्यमान विकारों पर नियंत्रण पाने की चेष्टा करें।

अतः विकल्प (D) सही है।

10. प्रस्तुत गद्यांश के अनुसार 'संस्कृति' का अभिप्राय मानव की आत्मिक उन्नति का संवर्धक आंतरिक गुण से है।

अतः विकल्प (D) सही है।

11. दिये गये विकल्पों में से 'संकल्प' शब्द पुल्लिंग है। शेष 'घटना', 'लज्जा' तथा 'प्रार्थना' स्त्रीलिंग शब्द हैं। 'लज्जा' आकारान्त भाववाचक संज्ञा है और ये संज्ञायें सदैव स्त्रीलिंग में होती हैं।

अतः विकल्प (A) सही है।

12. 'आजकल भारत की <u>जनता</u> भी अधिकाधिक शिक्षित हो गई है।' वाक्य में रेखांकित शब्द 'जनता' एकवचन शब्द है। जनता शब्द समूहवाचक संज्ञा शब्द है। समूहवाचक संज्ञाए हमेशा एक वचन में प्रयुक्त होती है। सेना, भीड़, मेला, परिवार, पुलिस आदि समूहवाचक संज्ञा शब्द है।

अतः विकल्प (A) सही है।

13. 'पेड़ लगाओ, जीवन बचाओ' वाक्य शुद्ध है जबकि अन्य शुद्ध वाक्य हैं -

⇒ चाय ठंडी हो गयी।

⇒ हलवा गरम-गरम अच्छा लगता है।

⇒ पकने से पहले जामुन हरा होता है।

अतः विकल्प (D) सही है।

14. सर्वनाम के कुल छह भेद हैं। वे हैं: पुरुषवाचक सर्वनाम, निश्चयवाचक सर्वनाम, अनिश्चयवाचक सर्वनाम, संबंधवाचक सर्वनाम, प्रश्नवाचक सर्वनाम, निजवाचक सर्वनाम।

अतः विकल्प (C) सही है।

15. 'तीन वेणियाँ मिलती हैं जहां' अर्थात् त्रिवेणी में बहुव्रीहि समास है। जिस समास का कोई पद प्रधान नहीं होता तथा दोनों पद मिलकर तीसरे पद की ओर संकेत करते हैं, वहां बहुव्रीहि समास होता है। जैसे - त्रिनेत्र, दशमुख, नेकनाम, लम्बोदर, चतुर्भुज।

अतः विकल्प (B) सही है।

16. 'राजा भिक्षुक को दान देता है' वाक्य में संप्रदान कारक है। संप्रदान का अर्थ 'देना' होता है। जब वाक्य में किसी को कुछ दिया जाए या किसी के लिए कुछ किया जाए तो वहां पर सम्प्रदान कारक होता है।

अतः विकल्प (C) सही है।

17. The passage reflects on the importance of humanity. The line here reflects that as human beings we live our whole life believing that our life is only about achieving goals that will give us monetary benefits. What we fail to see is that we never let our humanity see that living fully means living for others.

Hence, the correct option is (B).

18. The passage reflects on the importance of humanity and states that we forget to live or help others and become selfish to achieve things, which won't satisfy our soul. What should matter here is that the loves we will touch or bring a change in other's life for good. The passage is all about reflecting the living purpose of humans.

Hence, the correct option is (C).

19. The last lines of the first paragraph state that Tolstoy learned that we live for ourselves only when we live for others and it took him forty years to discover this simple point of wisdom.

Hence, the correct option is (B).

20. The second line of the second paragraph clearly states that success ensues and flows into our life as the unintended yet inevitable byproduct of a life spent enriching the lives of other people. This is not understood by most people and they live their life without enriching the lives of others.

Hence, the correct option is (B).

21. The last paragraph states that "Mother Teresa, a great leader of human hearts if ever there was one, said it best: "There are no great acts, only small acts done with great love."

Hence, the correct option is (A).

22. The given sentence is in indirect speech. While converting it to direct speech, following changes are made:

1. "asked" will change to "said to".

2. The reported verb will be of simple past and the question word "why" will start the sentence in reported verb.

3. Word "the day before" will change to "yesterday". The question mark will be placed at the end of reported verb.

We can see that only option A follows the above rules correctly, so, it is the correct answer.

Hence, the correct option is (A).

23. As the starting statement talks about the seeking help, the next statement would be carrying a verb, so, Q follows. P follows Q as it describes that taking help is not that easy. R will be the concluding statement as it states that it is not easy for everyone. Thus, the correct option is QPR as only that arrangement would make a coherent paragraph.

The correct formation would be, 'Seeking help is not always easy for everyone'.

Hence, the correct option is (B).

24. 'For' is the most appropriate choice of preposition here as 'prepare for' means to make plans for a future event. So, the sentence is-

Soldiers are not prepared for that kind of attack.

Hence, the correct option is (C).

25. The given sentence is in the passive voice. Here, the tense is present continuous interrogative. The structures for passive/active voices are:

Passive: Is/are/am + object + being + verb (IIIrd from) + by + subject?

Active: Is/are/am + subject + verb (ing) + object?

So, with the help of the above structures, we can convert the given sentence into active voice:

Are you writing a letter?

Hence, the correct option is (A).

26. Since the reporting verb is in the past tense, therefore reporting speech will also be in the past tense. Hence 'would be coming' will come instead of 'will be coming'. So, the correct sentence is-

My husband told me that he would be coming to Singapore next year for the new project.

Hence, the correct option is (B).

27. त्रिभुज का क्षेत्रफल = (आधार × ऊँचाई)/2

समद्विबाहु समकोण त्रिभुज के लिए, आधार = ऊंचाई

इसलिए, क्षेत्रफल = (आधार²)/2

⇒ 8 × 2 = आधार²

इसलिए, आधार = ऊंचाई = 4 सेमी

हम यह जानते हैं कि,

कर्ण = √(आधार² + ऊंचाई²)

= √(2 × आधार)²

$$= \sqrt{2 \times 8 \times 2}$$

$$= \sqrt{32} \text{ सेमी}$$

अतः विकल्प (A) सही है।

28. दिया गया समीकरण है:

⇒ 72 × 25 + 45 × 20 = 153 - ?

उपरोक्त समीकरण को सरल करने पर,

⇒ 1800 + 900 = 3375 - ?

⇒ ? = 3375 - 2700 = 675

अतः विकल्प (B) सही है।

29. यह दिया गया है कि $\triangle ABC$ में, $AB = 4$ सेमी और $AC = 8$ सेमी M, BC का मध्य बिंदु है और $AM = 3$ सेमी है।

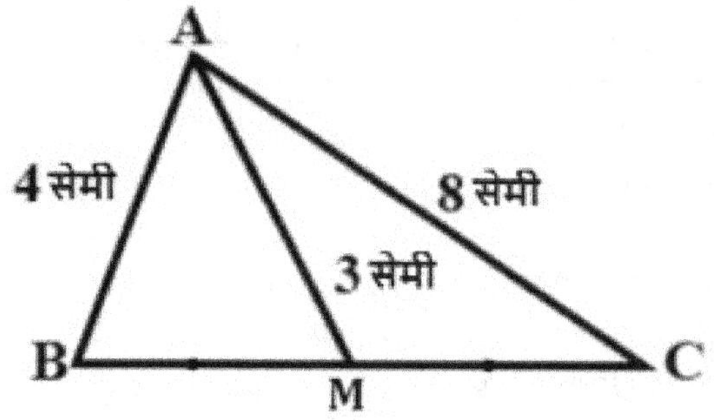

एपोलोनियस की प्रमेय का उपयोग करने पर, $AB^2 + AC^2 = 2(AM^2 + BM^2)$

$$\Rightarrow 4^2 + 8^2 = 2(3^2 + BM^2)$$

$$\Rightarrow 16 + 64 = 2(9 + BM^2)$$

$$\Rightarrow BM^2 = 31$$

$$\Rightarrow BM = \sqrt{31}$$

$$\because BC = 2BM$$

$$\therefore BC = 2\sqrt{31}$$

अतः विकल्प (B) सही है।

30. दिया है,

$$x + y = 10$$

इसलिए, $y = 10 - x$

और, $\dfrac{1}{x} + \dfrac{1}{y} = \dfrac{5}{12}$

इसलिए, $\dfrac{x+y}{xy} = \dfrac{5}{12}$

$$\Rightarrow \frac{10}{xy} = \frac{5}{12}$$

$$\therefore xy = 24$$

यहाँ y का मान रखते है,

$$x(10 - x) = 24$$

$$\Rightarrow 10x - x^2 = 24$$

$$\Rightarrow x^2 - 10x + 24 = 0$$

$$\Rightarrow (x - 6)(x - 4) = 0$$

$$\therefore x = 6, 4$$

अतः विकल्प (B) सही है।

31. दो पासे फेंकें जाने पर, $n(S) = (6 \times 6) = 36$

माना E = वह घटना जिसमें योग एक अभाज्य संख्या है। तब,

E = {(1,1),(1,2),(1,4),(1,6),(2,1),(2,3),(2,5),(3,2),(3,4),(4,1),(4,3),(5,2),(5,6),(6,1),(6,5)}

$$\therefore n(E) = 15$$

$$\therefore P(E) = \frac{n(E)}{n(S)}$$

$$= \frac{15}{36}$$

$$= \frac{5}{12}$$

अतः विकल्प (B) सही है।

32. माना कि 52 ताश के पत्तों के डेक 3 पत्ते निकले जाते हैं।

उनमें से एक इक्का होने की प्रायिकता = $^4C_1$

उनमें से एक रानी होने की प्रायिकता = $^4C_1$

उनमें से एक गुलाम होने की प्रायिकता = $^4C_1$

इसलिए, आवश्यक प्रायिकता,

$$= \frac{^4C_1 \times {}^4C_1 \times {}^4C_1}{^{52}C_3}$$

$$= \frac{4 \times 4 \times 4}{22100}$$

$$= \frac{16}{5525}$$

अतः विकल्प (D) सही है।

33. हम यह जानते हैं कि दो बिंदुओं P और Q के बीच की दूरी,

$$PQ = \sqrt{(x_2 - x_1)^2 + (y_2 - y_1)^2}$$

इसलिए, प्रश्नानुसार,

$$PQ = \sqrt{[(6 - 0)^2 + (0 - 2)^2]}$$
$$PQ = \sqrt{(6^2 + 2^2)}$$
$$PQ = \sqrt{(36 + 4)}$$
$$PQ = \sqrt{40} = 2\sqrt{10}$$

अतः विकल्प (B) सही है।

34. हम जानते हैं कि त्रिभुज ABC का क्षेत्रफल $= \frac{1}{2}[x_1(y_2 - y_3) + x_2(y_3 - y_1) + x_3(y_1 - y_2)]$

इसलिए, प्रश्नानुसार,

$$= \frac{1}{2}[-5(-5 - 5) - 4(5 - 7) + 4(7 - (-5))]$$

$$= \frac{1}{2}[-5(-10) - 4(-2) + 4(12)]$$

$$= \frac{1}{2}[50 + 8 + 48] = \frac{1}{2} \times 106 = 53 \text{ वर्ग इकाई}$$

अतः विकल्प (C) सही है।

35. त्रिकोणमितीय सर्वसमिका से,

$1 + \tan^2 A = \sec^2 A$

$\Rightarrow \sec^2 A - 1 = \tan^2 A$

$\Rightarrow \dfrac{1}{\cos^2 A} - 1 = \tan^2 A$

$\Rightarrow \left(\dfrac{5}{4}\right)^2 - 1 = \tan^2 A$

$\Rightarrow \dfrac{9}{16} = \tan^2 A$

$\Rightarrow \tan A = \dfrac{3}{4}$

अतः विकल्प (B) सही है।

36. दिया गया समीकरण है,

$\operatorname{cosec}(75° + \theta) - \sec(15° - \theta) - \tan(55° + \theta) + \cot(35° - \theta)$

$= \operatorname{cosec}(75° + \theta) - \operatorname{cosec}[90° - (15° - \theta)] - \tan(55° + \theta) + \tan[90° - (35° - \theta)]$

$= \operatorname{cosec}(75° + \theta) - \operatorname{cosec}(75° + \theta) - \tan(55° + \theta) + \tan(55° + \theta)$

$= 0$

अतः विकल्प (C) सही है।

37. यह दिया गया है कि $x = 2$

दिया गया समीकरण है,

$$x^3 + 27x^2 + 243x + 631$$

उपरोक्त समीकरण में $x = 2$ रखने पर,

$\Rightarrow 2^3 + 27 \times 2^2 + (243 \times 2) + 631$

$\Rightarrow 8 + 108 + 486 + 631$

$\Rightarrow 1233$

अतः विकल्प (B) सही है।

38. यह दिया गया है कि $x + \dfrac{1}{x} = 1$

$\Rightarrow x^2 + 1 = x$

$\Rightarrow (x^2 - x) = -1$

दिए गए समीकरण में यह मान रखने पर,

$\Rightarrow \dfrac{2}{x^2 - x + 2} = \dfrac{2}{-1 + 2}$

$= 2$

अतः विकल्प (B) सही है।

39. भारत छोड़ो आंदोलन:

- अगस्त 1942 में, गांधीजी ने 'भारत छोड़ो आंदोलन' शुरू किया और भारत में ब्रिटिश शासन को समाप्त करने के लिए एक सामूहिक सविनय अवज्ञा आंदोलन 'करो गा मरो' शुरू करने का फैसला किया।

- गांधीजी को जल्द ही पुणे के आगा खान पैलेस में कैद कर दिया गया और लगभग सभी नेताओं को गिरफ्तार कर लिया गया।

- इसे मूल रूप से एक अहिंसक और असहयोगी आंदोलन के रूप में प्रचारित किया गया था। अतः कथन 1 सही है।

- आंदोलन को भारत अगस्त आंदोलन या भारत छोड़ो आंदोलन के रूप में भी जाना जाता था।

- इसे 8 अगस्त, 1942 को महात्मा गांधी द्वारा अखिल भारतीय कांग्रेस कमेटी (AICC) के बॉम्बे सत्र में लॉन्च किया गया था।

- ब्रिटिश सरकार ने अगले ही दिन सभी प्रमुख कांग्रेस नेताओं को गिरफ्तार करके गांधी के आह्वान का जवाब दिया। गांधी, नेहरू, पटेल आदि सभी को गिरफ्तार कर लिया गया। इसने आंदोलन को जयप्रकाश नारायण और राम मनोहर लोहिया जैसे युवा नेताओं के हाथों में छोड़ दिया।

- लोगों ने गांधी के आह्वान का बड़े पैमाने पर जवाब दिया। अतः कथन 3 सही है।

- भारत छोड़ो आंदोलन का अधिकांश हिस्सा मजदूर वर्ग द्वारा चलाया गया था क्योंकि उन्होंने बंद और हड़ताल के माध्यम से आंदोलन किया था। अतः कथन 4 सही नहीं है।

अतः विकल्प (D) सही है।

40. जवाहर लाल नेहरू ने ऐतिहासिक "उद्देश्य संकल्प" प्रस्तुत किया था।

संविधान सभा में 300 सदस्य थे। इनमें से छह सदस्यों ने विशेष रूप से महत्वपूर्ण भूमिका निभाई।

इनमें से तीन कांग्रेस के प्रतिनिधि थे, जवाहरलाल नेहरू, वल्लभ भाई पटेल और राजेंद्र प्रसाद।

अतः विकल्प (A) सही है।

41. जनरल इरविन रोमेल (15 नवंबर 1891 - 14 अक्टूबर 1944) एक जर्मन जनरल और सैन्य सिद्धांतकार थे। डेज़र्ट फॉक्स के रूप में लोकप्रिय, उन्होंने द्वितीय विश्व युद्ध के दौरान नाजी जर्मनी के वेहरमैच (सशस्त्र बलों) में फील्ड मार्शल के रूप में सेवा की, साथ ही वेइमार गणराज्य के रेचेज़वेहर और इंपीरियल जर्मनी की सेना में सेवा की।

अतः विकल्प (B) सही है।

42. लॉर्ड विलियम बेंटिक ब्रिटिश भारत के पहले गवर्नर जनरल थे। उन्हें 1833 के चार्टर अधिनियम के बाद नियुक्त किया गया था और 1828 से 1835 तक की अवधि के लिए शासन किया था। उनका कार्यकाल सामाजिक सुधार जैसे सती प्रथा, ठगी और दमन के दमन के लिए जाना जाता है। उन्होंने उच्च शिक्षा के माध्यम के रूप में अंग्रेजी का परिचय दिया।

अतः विकल्प (A) सही है।

43. ताजमहल के वास्तुकार उस्ताद अहमद लाहौरी थे। शाहजहाँ 1628 से 1658 तक भारत का मुगल सम्राट था जिसने अपनी पत्नी मुमताज़ की याद में आगरा में ताजमहल बनवाया था।

अतः विकल्प (A) सही है।

44. कालीबंगा को ब्लेक बेंगल कहा जाता है।

कालीबंगा राजस्थान के तट के पास स्थित है। इसकी खोज 1959 में बी. बी. लाल ने की थी और लोथल के बाद दूसरा स्थल अर्थात् निचला शहर भी दीवारों से घिरा हुआ था। सप्तऋषि मंडल क्षेत्र यहाँ की सबसे महत्वपूर्ण खोज थी।

अतः विकल्प (C) सही है।

45. सबसे ज्यादा पाई गयी मूर्ति एक देवी की हैं, जिसे आम तौर पर "माता देवी" के रूप में पहचाना गया है। माता देवी की पूजा के साथ-साथ, एक नर-भगवान "शिव पशुपति" की पूजा भी हड़प्पा धर्म में बहुत लोकप्रिय थी।

अतः विकल्प (B) सही है।

46. गायत्री मंत्र ऋग्वेद के तीसरे मंडल का हिस्सा है। यह सावित्री, सूर्य देवता को समर्पित है। महान संत विश्वामित्र को इस मंत्र का रचयिता माना जाता है। श्रीमद-भागवतम की पहली कड़ी में भी गायत्री मंत्र का उल्लेख किया गया है।

अतः विकल्प (A) सही है।

47. बिहार में 1857 के विद्रोह का नेतृत्व कुँवर सिंह ने किया था। जब वह 25 जुलाई 1857 को दानापुर में पदस्थापित सिपाहियों का कार्यभार संभाल रहा था, तब वह लगभग 80 वर्ष का था। सिंह और उनके सैनिकों ने अराहा स्थित जिला मुख्यालय पर हमला किया।

अतः विकल्प (C) सही है।

48. 25 जून 1975 को , भारत के पूर्व प्रधान मंत्री, इंदिरा गांधी ने सबसे विवादास्पद निर्णय लिया और देश भर में आपातकाल लगा दिया। आपातकाल 21 महीनों तक बरकरार रहा और देश की राजनीतिक प्रणाली की गतिशीलता को बदल दिया। आपातकाल 25 जून 1975 को लगाया गया था, इसकी नींव उसी वर्ष 12 जून को रखी गई थी। 21 मार्च, 1977 को आपातकाल समाप्त हो गया। 1977 में कांग्रेस पार्टी को हराकर जनता पार्टी और उसके सहयोगी केंद्र की सत्ता में आए।

अतः विकल्प (D) सही है।

49. नर्मदा नदी उत्तर और दक्षिण भारत के बीच सीमा के रूप में कार्य करती है।

नर्मदा नदी सबसे बड़ी पश्चिम में बहने वाली नदी है। यह उत्तर और दक्षिण भारत के बीच सीमा के रूप में कार्य करती है। यह अमरकंटक पठार से निकलती है, जहाँ विंध्य और सतपुड़ा पर्वत श्रृंखलाएँ मिलती हैं। यह अरब सागर में खाली होने से पहले मध्य प्रदेश, महाराष्ट्र और गुजरात राज्यों से होकर बहती है।

अतः विकल्प (C) सही है।

50. नोकरेक राष्ट्रीय उद्यान मेघालय राज्य में स्थित है। नोकरेक राष्ट्रीय उद्यान मेघालय के पश्चिम गारो जिले (तुरा रेंज) में स्थित नोकरेक जैव संरक्षित क्षेत्र का एक हिस्सा है 1986 में, भारत सरकार ने इसे राष्ट्रीय उद्यान घोषित किया। इस जैव संरक्षित क्षेत्र को यूनेस्को जैव संरक्षित क्षेत्र (2009 में नामित) की सूची में शामिल किया गया है। रेड पांडा, फ्लाइंग स्क्विरेल और पिग-टेल्ड मैकाक, गिबन्स और लंगूर इस राष्ट्रीय उद्यान की प्रतिनिधि प्रजातियां हैं।

अतः विकल्प (D) सही है।

51. टिहरी बाँध भारत का सबसे ऊँचा बाँध है जो भारत के उत्तराखंड राज्य में भागीरथी नदी पर स्थित है। यह 261 मीटर की ऊंचाई के साथ एक बहुउद्देश्यीय चट्टान और मिट्टी से भरा बांध है। टिहरी बाँध का निर्माण वर्ष 1978 में शुरू हुआ था। बाँध की उद्घाटन की तारीख वर्ष 2006 में थी।

अतः विकल्प (A) सही है।

52. अफ्रीका से तीनों - भूमध्य रेखा, कर्क रेखा और मकर रेखा गुजरती हैं। भूमध्य रेखा या 0° अक्षांश रेखा इस महाद्वीप के मध्य से गुजरती है। अफ्रीका, एशिया के बाद दूसरा सबसे बड़ा महाद्वीप है। अफ्रीका का एक बड़ा हिस्सा उत्तरी गोलार्ध में स्थित है।

अतः विकल्प (C) सही है।

53. चिल्का झील भारत की सबसे बड़ी तटीय झील है। यह भारत की सबसे बड़ी खारे पानी की झील है और उड़ीसा में स्थित है। इसमें लगभग 1165 वर्ग किमी का क्षेत्र शामिल है। यह एशिया में सबसे बड़ा खारे पानी का लैगून और दुनिया का दूसरा सबसे बड़ा तटीय लैगून है।

अतः विकल्प (A) सही है।

54. भारत में सबसे लंबा राष्ट्रीय राजमार्ग राष्ट्रीय राजमार्ग 44 है। इसे पहले राष्ट्रीय राजमार्ग 7 के रूप में जाना जाता था। यह 3,745 किलोमीटर लंबा है और राष्ट्रीय राजमार्ग विकास परियोजना (NHDP) के उत्तर-दक्षिण कॉरिडोर को कवर करता है। यह उत्तर में श्रीनगर से शुरू होता है और दक्षिण में कन्याकुमारी में समाप्त होता है।

अतः विकल्प (A) सही है।

55. मैंग्रोव वन का अधिकतम क्षेत्रफल पश्चिम बंगाल में है। गंगा के डेल्टा के मैंग्रोव वनों को सुंदरबन कहा जाता है। मैंग्रोव वन का अधिकतम क्षेत्र 2097 वर्ग किमी है। मैंग्रोव नमक सहिष्णु पेड़ हैं जिन्हें हेलोफाइट्स भी कहा जाता है।

अतः विकल्प (C) सही है।

56. गंगा डेल्टा भारत का सबसे लंबा नदी डेल्टा क्षेत्र है।

गंगा डेल्टा, जिसे गंगा ब्रह्मपुत्र डेल्टा, सुंदरबन डेल्टा या बंगाल डेल्टा भी कहा जाता है, जहाँ गंगा और ब्रह्मपुत्र नदियाँ बंगाल की खाड़ी में बहती हैं। यह दुनिया का सबसे बड़ा डेल्टा है।

अतः विकल्प (C) सही है।

57. रेडियो तरंगों के विक्षेपण के लिए वायुमंडल की आयनमंडल परत जिम्मेदार है।

ताप मंडल के निचले भाग में, 100 से 400 किमी के बीच, वायुमंडलीय गैसों का आयनीकरण होता है और परत को आयनमंडल कहा जाता है। आयनमंडल सौर विकिरण द्वारा आयनित होता है। 250 किलोमीटर पर आयनित कणों की सबसे अधिक सांद्रता होती है जो रेडियो तरंगों के विक्षेपण के लिए जिम्मेदार है।

अतः विकल्प (B) सही है।

58. संसद के दोनों सदनों द्वारा पारित किए जाने के बाद प्रत्येक विधेयक राष्ट्रपति के पास अनुमोदन के लिए प्रस्तुत किया जाता है (अनुच्छेद 111)। इसके बाद राष्ट्रपति के समक्ष तीन विकल्प होते हैं,

- वह बिल को मंजूरी दे सकता है।
- वह बिल के लिए अपनी मंजूरी रोक सकता है।
- वह सदन के पुनर्विचार के लिए बिल वापस कर सकता है।

यदि बिल पास हो जाता है तो यह एक अधिनियम बन जाता है।

अतः विकल्प (B) सही है।

59. अनुच्छेद 17 "अस्पृश्यता" के उन्मूलन के लिए प्रावधान प्रदान करता है। "अस्पृश्यता" को समाप्त कर दिया गया है और किसी भी रूप में इसका अभ्यास निषिद्ध है। "अस्पृश्यता" से उत्पन्न किसी भी विकलांगता का प्रवर्तन कानून के अनुसार एक दंडनीय अपराध होगा।

अतः विकल्प (A) सही है।

60. संविधान की प्रारूप समिति की अध्यक्षता डॉ. बी. आर. अम्बेडकर ने की थी। बी. आर. अम्बेडकर एक बुद्धिमान संवैधानिक विशेषज्ञ थे, उन्होंने लगभग 60 देशों के गठन का अध्ययन किया था। अम्बेडकर को "भारत के संविधान के जनक" के रूप में मान्यता प्राप्त है।

अतः विकल्प (B) सही है।

61. राष्ट्रपति को भारत का नागरिक होना चाहिए, कम से कम 35 वर्ष का होना चाहिए और लोकसभा के सदस्य के रूप में चुनाव के लिए पात्र होना चाहिए। राष्ट्रपति का कार्यकाल पांच वर्ष का होता है और पुनः चयनित होने योग्य होता है। राष्ट्रपति का निर्वाचन संसद के दोनों सदनों और राज्यों की विधान सभा के निर्वाचित सदस्यों से बने एक निर्वाचक मंडल के प्रतिनिधियों द्वारा आनुपातिक प्रतिनिधित्व की प्रणाली के अनुसार एकल हस्तांतरणीय मत के माध्यम से किया जाता है।

अतः विकल्प (B) सही है।

62. भाग IX एक तीन-स्तरीय पंचायत प्रणाली प्रदान करता है, जिसका गठन प्रत्येक राज्य में ग्राम स्तर, मध्यवर्ती स्तर और जिला स्तर पर किया जाएगा। 73वें संशोधन 1992 ने संविधान का एक नया भाग IX "पंचायत" से जोड़ा। इस प्रावधान ने भारत में पंचायती राज संरचना में एकरूपता ला दी।

अतः विकल्प (A) सही है।

63. संपत्ति का अधिकार मौलिक अधिकार नहीं है। भारतीय संविधान का भाग III मौलिक अधिकारों से संबंधित है। वर्तमान में, भारतीय संविधान में मौलिक अधिकारों की छह श्रेणियां हैं:

- समानता का अधिकार।
- स्वतंत्रता का अधिकार।
- शोषण के खिलाफ अधिकार।
- धर्म की स्वतंत्रता का अधिकार।
- सांस्कृतिक और शैक्षिक अधिकार।
- संवैधानिक उपचार का अधिकार।

संपत्ति के अधिकार को 1978 में मौलिक अधिकारों की सूची से हटा दिया गया था। इसे भारतीय संविधान के 44वें संशोधन द्वारा हटा दिया गया था।

अत: विकल्प (A) सही है।

64. प्रधानमंत्री स्वतंत्रता दिवस पर लाल किले पर राष्ट्रीय ध्वज फहराते हैं। 15 अगस्त 1947 को भारत स्वतंत्र हुआ और उस दिन लाल किले पर फहराए जाने वाले ब्रिटिश ध्वज को हटा दिया गया और हमारा राष्ट्रीय ध्वज फहराया गया। भारत के पहले प्रधान मंत्री पंडित जवाहरलाल नेहरू ने इस दिन झंडा फहराया था। तब से, हर साल प्रधानमंत्री लाल किले पर झंडा फहराते हैं और राष्ट्र को संबोधित करते हैं।

अत: विकल्प (B) सही है।

65. सातवीं अनुसूची में तीन सूचियाँ हैं - संघ, राज्य और समवर्ती।

संघ सूची में कई विषय हैं जिनके तहत संसद कानून बना सकती है। इसमें विदेशी मामले, रक्षा, रेलवे, बैंकिंग, अर्थव्यवस्था, नागरिकता शामिल हैं।

राज्य सूची उन विषयों को सूचीबद्ध करती है जिनके तहत किसी राज्य की विधायिका, सार्वजनिक व्यवस्था, सार्वजनिक स्वास्थ्य, पुलिस और स्वच्छता, अस्पतालों और औषधालय जैसे कुछ विषयों में कानून बनाती हैं जो राज्य के अंतर्गत आते हैं।

समवर्ती सूची में वे विषय शामिल हैं जो केंद्र और राज्य सरकारों दोनों को शक्तियां प्रदान करते हैं।

अत: विकल्प (C) सही है।

66. भारत की संविधान सभा को 26 नवंबर 1949 को अपनाया गया और 26 जनवरी 1950 को लागू हुआ। भारत का संविधान दुनिया का सबसे बड़ा लिखित संविधान है। मूल संविधान में 395 अनुच्छेद, 8 अनुसूचियां और 22 भाग थे। वर्तमान में, अनुच्छेदों की संख्या बढ़कर 448, अनुसूची 12 और 25 भाग हो गए है।

अत: विकल्प (D) सही है।

67. भारत में मंत्रिपरिषद के वर्तमान नेता भारत के वर्तमान प्रधान मंत्री नरेंद्र मोदी हैं।

ओम बिरला वर्तमान लोकसभा अध्यक्ष हैं।

मुप्पवरपु वेंकैया नायडू भारत के वर्तमान उपराष्ट्रपति हैं।

हरिवंश नारायण सिंह वर्तमान राज्यसभा के उप सभापति हैं।

अत: विकल्प (C) सही है।

68. जीडीपी को राष्ट्रीय विकास और प्रगति का दुनिया का सबसे शक्तिशाली सांख्यिकीय संकेतक माना जाता है। जीडीपी का अर्थ सकल घरेलू उत्पाद है। अंतिम वस्तुओं और सेवाओं की मौद्रिक माप जीडीपी द्वारा मापी जाती है।

अत: विकल्प (C) सही है।

69. राजकोषीय नीति से तात्पर्य सरकारी राजस्व संग्रह या कर के उपयोग से है। इस राजस्व और व्यय का उपयोग देश की अर्थव्यवस्था को प्रभावित करने के लिए किया जाता है। राजकोषीय नीति के कुल तीन प्रकार हैं -

- तटस्थ राजकोषीय नीति।
- विस्तारवादी राजकोषीय नीति।
- संविदात्मक राजकोषीय नीति।

अत: विकल्प (A) सही है।

70. वस्तुओं और सेवाओं की कीमत में वृद्धि को मुद्रास्फीति कहा जाता है। मुद्रास्फीति को मुद्रास्फीति की दर द्वारा मापा जाता है।

अत: विकल्प (B) सही है।

71. मंदी एक आर्थिक शब्द है जो आर्थिक गतिविधि में गिरावट को दर्शाता है। यह अर्थव्यवस्था में वित्तीय संकट का कारण बनता है। यह दर्शाता है कि देश के निवासियों ने समय की अवधि के लिए उत्पादों को खरीदना बंद कर दिया है जो जीडीपी में गिरावट का कारण बनता है।

अत: विकल्प (A) सही है।

72. पेट्रोलियम को गैसोलीन में रिफाइन करने की प्रक्रिया द्वितीयक क्षेत्र के अंतर्गत आती है। द्वितीयक क्षेत्र के उदाहरणों में धातुओं को उपकरण और ऑटोमोबाइल में बदलना, पेट्रोलियम को गैसोलीन में बदलना और ऊर्जा उत्पादन आदि शामिल हैं।

अत: विकल्प (B) सही है।

73. कपास की खेती आर्थिक गतिविधि के प्राथमिक क्षेत्र में आती है।

अर्थव्यवरथा का क्षेत्र	गतिविधि की प्रकार	उदाहरण
प्राथमिक	कच्चे माल का निष्कर्षण	शिकार और एकत्रण, चारागाही गतिविधियों, मछली पकड़ने, वानिकी, कृषि, और खनन और उत्खनन
द्वितीयक	विनिर्माण	विनिर्माण प्रसंस्करण और निर्माण (आधारभूत संरचना) उद्योग
तृतीयक	सेवाएं	व्यापार और वाणिज्य, खुदरा व्यापार सेवाएं, संचार सेवाएं

अत: विकल्प (A) सही है।

74. जीएसटी द्वारा सेवा कर को समाप्त कर दिया गया है। माल और सेवा कर (जीएसटी) ने निम्नलिखित करों को समाप्त कर दिया है:

- केंद्रीय उत्पाद शुल्क
- उत्पाद शुल्क
- आबकारी के अतिरिक्त शुल्क
- आबकारी के अतिरिक्त शुल्क
- सीमा शुल्क के अतिरिक्त शुल्क
- सीमा शुल्क की विशेष अतिरिक्त शुल्क
- सेवा कर
- केंद्रीय सरचार्ज

अत: विकल्प (A) सही है।

75. किसानों को ऋण प्रदान करने के लिए किशन क्रेडिट कार्ड (KCC) एक महत्वपूर्ण साधन है। यह योजना 1998 में शुरू की गई थी और किसानों को अधिकतम आवश्यक आदानों की खरीद के लिए 50,000 रूपए मिल सकते हैं। यह मॉडल योजना राष्ट्रीय कृषि और ग्रामीण विकास बैंक (NABARD) द्वारा आर. वी. समिति की सिफारिशों पर तैयार की गई थी।

अत: विकल्प (A) सही है।

76. दाब का SI मात्रक 'पास्कल' है और इसे Pa द्वारा निरूपित किया जाता है। दाब को प्रति इकाई क्षेत्र बल के रूप में परिभाषित किया जाता है-

दाब = बल / क्षेत्रफल

पास्कल का उपयोग आंतरिक दाब, तनाव, यंग के मापांक और अंतिम तनन सामर्थ्य को मापने के लिए किया जाता है। इसका नाम फ्रांसीसी विद्वान ब्लेज पास्कल के नाम पर रखा गया है।

अत: विकल्प (B) सही है।

77. नाभिक और राइबोसोम की उपस्थिति के कारण, माइटोकॉण्ड्रिया अपने स्वयं के प्रोटीन का उत्पादन करने में सक्षम है। जीवाणु एवं नील हरित शैवाल को छोड़कर शेष सभी सजीव पादप एवं जंतु कोशिकाओं के कोशिकाद्रव्य में अनियमित रूप से बिखरे हुए दोहरी झिल्ली आबंध कोशिकांगों को माइटोकॉण्ड्रिया कहते हैं।

अत: विकल्प (B) सही है।

78. पानी का pH मान 7 है। pH की वैज्ञानिक परिभाषा यह है कि यह एक हाइड्रोजन आयन सक्रियता सूचक (H⁺) है और इसे हाइड्रोजन आयन गतिविधि लघुगणक के विलोम के रूप में कहा जाता है। <7 के pH वाले पानी को अम्लीय माना जाता है, और >7 के pH वाले पानी को क्षारीय माना जाता है।

अत: विकल्प (B) सही है।

79. पार्किन्सन रोग मस्तिष्क से संबंधित एक बीमारी है। पार्किन्सन रोग मुख्य रूप से कम और घटते हुए डोपामाइन स्तर के कारण होता है। पार्किन्सन रोग से पीड़ित व्यक्ति में असामान्य रूप से डोपामाइन का स्तर कम होता है। डोपामाइन एक तंत्रिकासंचारक हार्मोन होता है जो मस्तिष्क और तंत्रिका कोशिकाओं के बीच संकेतों को प्रसारित करता है।

अत: विकल्प (B) सही है।

80. स्थिर तरंगों में ऊर्जा प्रचारित नहीं की जा सकती है स्थिर तरंग को अप्रगामी तरंग भी कहा जाता है। यह तरंग एक स्थिर स्थिति में रहती है और गति नहीं करती है।

अत: विकल्प (C) सही है।

81. पानी में शक्कर एक सजातीय मिश्रण है। एक सजातीय मिश्रण एक मिश्रण है जहां मिश्रण बनाने वाले घटक पूरे मिश्रण में समान रूप से वितरित होते हैं।

अत: विकल्प (D) सही है।

82. टोकोफेरॉल विटामिन E का रासायनिक नाम है और यौगिक का रासायनिक सूत्र $C_{29}H_{50}O_2$ है। यह वनस्पति तेलों से प्राप्त होता है।

कैल्सिफेरॉल विटामिन D का रासायनिक नाम है।

एस्कॉर्बिक अम्ल विटामिन C का रासायनिक नाम है।

फाइलोक्विनोन विटामिन K का रासायनिक नाम है।

अत: विकल्प (C) सही है।

83. फुलरीन में कार्बन परमाणु फुटबॉल की आकृति में व्यवस्थित होते हैं। फुलरीन कार्बन के अपरूपों में से एक है। फुलरीन में कार्बन परमाणु एकल और दोहरे बंध द्वारा इस प्रकार बंधे होते हैं जिससे पांच से सात परमाणुओं के संगलित रिंग के साथ एक बंद या आंशिक रूप से बंद जाल का निर्माण करते हैं।

अत: विकल्प (A) सही है।

84. इलेक्ट्रोकार्डियोग्राफ़ (ECG) का उपयोग धड़कन को मापने के लिए किया जाता है। इलेक्ट्रोकार्डियोग्राफ़ी त्वचा पर रखे इलेक्ट्रोड का उपयोग करके किसी समय की अवधि में हृदय की विद्युत गतिविधि को रिकॉर्ड करने की प्रक्रिया है।

अत: विकल्प (B) सही है।

85. जब एक वस्तु गोलाकार पथ में घुमती है, बल के द्वारा कोई कार्य नहीं किया जाता है क्योंकि बल और विस्थापन एक दूसरे के लंबवत हैं। अभिकेंद्री बल वह बल है जिसकी आवश्यकता एक निकाय को एक वृतीय पथ में समान

गति के साथ घूमाने के लिए होती है। यह बल त्रिज्या के साथ और केंद्र की ओर निकाय पर कार्य करता है।

अभिकेंद्री बल का सूत्र है- $F = \dfrac{mv^2}{r^2}$

जहाँ F = अभिकेंद्री बल, m = निकाय का द्रव्यमान, v = निकाय का वेग और r = त्रिज्या

अत: विकल्प (D) सही है।

86. नारियल की जटा (भूसी) स्क्लेरेन्काईमेटस फाइबर ऊतक बनाता है। यह ऊतक है जो पौधे को ठोस और नारियल की जटा (भूसी) को कठोर बनाता है। इस ऊतक की कोशिकाएँ मृत होती हैं। ये लंबे और संकीर्ण होते हैं क्योंकि लिग्निन के कारण भित्ति मोटी हो जाती हैं। यह पौधों के अंगों को शक्ति प्रदान करता है।

अत: विकल्प (D) सही है।

87. कोणीय संवेग जड़त्वाघूर्ण और कोणीय वेग का गुणनफल है।

कोणीय संवेग (L): घूर्णन के अक्ष के अनुरूप कण के मुड़ने के आघूर्ण को कोणीय संवेग कहा जाता है।

गणितीय रूप से कोणीय संवेग इस प्रकार है-

L = Iω

जहाँ I = जड़त्व आघूर्ण और ω = कोणीय वेग

अत: विकल्प (A) सही है।

88. एक ऊष्माक्षेपी अभिक्रिया एक रासायनिक प्रतिक्रिया है जो प्रकाश या गर्मी के रूप में ऊर्जा जारी करती है। मोमबत्ती का जलना एक ऊष्माक्षेपी अभिक्रिया है।

अत: विकल्प (B) सही है।

89. ग्रेफाइट का प्रयोग सबसे सामान्यतौर पर पेंसिल-लेड को बनाने में किया जाता है। ग्रेफाइट प्राकृतिक रूप से पाया जाने वाला क्रिस्टलीय कार्बन का एक रूप है।

अत: विकल्प (C) सही है।

90. 'गति के नियम' को पहली बार 1687 में आइजैक न्यूटन द्वारा संकलित किया गया था। न्यूटन द्वारा दिए गये सिद्धांत में गति के तीन नियम शामिल हैं।

न्यूटन के गति के पहले नियम के अनुसार जब तक कोई बाह्य बल द्वारा कार्य नहीं किया जाता तब तक कोई वस्तु एक सीधी रेखा में स्थिर या एकसमान गति में रहेगी।

न्यूटन के गति का दूसरा नियम कहता है कि स्थिर द्रव्यमान के लिए, बल द्रव्यमान और त्वरण के गुणनफल के बराबर होता है।

न्यूटन के गति का तीसरा नियम कहता है कि प्रत्येक क्रिया के लिए एक (परिमाण में) समान और (दिशा में) विपरीत प्रतिक्रिया होती है।

अत: विकल्प (B) सही है।

91. 'विंग्स ऑफ फायर' ए. पी. जे. अब्दुल कलाम की आत्मकथा है। ए. पी. जे. अब्दुल कलाम भारत के 11 वें राष्ट्रपति थे। उन्होंने 2002 से 2007 तक भारत के राष्ट्रपति के रूप में कार्य किया। वह भारत के राष्ट्रपति बनने वाले पहले वैज्ञानिक हैं। उन्हें 1997 में भारत रत्न पुरस्कार से सम्मानित किया गया था।

अत: विकल्प (D) सही है।

92. तेंदुए का वैज्ञानिक नाम पैंथेरा पार्डस है।

एसिनोनिक्स जुबेटस चीता का वैज्ञानिक नाम है।

पैंथेरा ओन्का जगुआर का वैज्ञानिक नाम है।

अत: विकल्प (A) सही है।

93. मिल्खा सिंह को फ्लाइंग सिख के नाम से जाना जाता है। वो राष्ट्रमंडल खेलों में व्यक्तिगत एथलेटिक्स स्वर्ण पदक जीतने वाले एकमात्र भारतीय एथलीट थे, जब तक कि राष्ट्रमंडल खेलों में कृष्णा पूनिया ने डिस्कस में स्वर्ण पदक नहीं जीता। उन्होंने 1958 और 1962 एशियाई खेलों में भी स्वर्ण पदक भी जीता है।

अत: विकल्प (A) सही है।

94. राष्ट्रीय हिंदी दिवस हर साल 14 सितंबर को मनाया जाता है। यह दिन भारत की आधिकारिक भाषाओं में से एक के रूप में हिंदी को अपनाने का प्रतीक है। 14 सितंबर 1949 को हिंदी को भारत की राजभाषा के रूप में अपनाया गया।

अत: विकल्प (C) सही है।

95. मध्य प्रदेश राज्य के रायसेन जिले में एक विश्व विरासत स्थल, भीमबेटका पूर्व-प्रागैतिहासिक रॉक शेल्टरों के लिए जाना जाता है। यह एक यूनेस्को विश्व धरोहर स्थल है जिसमें सात पहाड़ियाँ हैं और 10 किमी से अधिक है। इसे वर्ष 2003 में नामित किया गया था।

अत: विकल्प (B) सही है।

96. पौधों को परासरण की प्रक्रिया से, जड़ बालों के माध्यम से मिट्टी से पानी अवशोषित होता है। परासरण एक ऐसी प्रक्रिया है जिसके द्वारा विलायक (पानी) के अणु कम सांद्रता वाले क्षेत्र से अर्ध पारगम्य झिल्ली के माध्यम से उच्च सांद्रता वाले क्षेत्र में जाते हैं।

अत: विकल्प (D) सही है।

97. हमारी पृथ्वी के 7 महाद्वीप हैं एशिया, अफ्रीका, अंटार्कटिका, ऑस्ट्रेलिया, यूरोप, उत्तरी अमेरिका, दक्षिण अमेरिका।

पृथ्वी का सबसे बड़ा महाद्वीप एशिया और सबसे छोटा ऑस्ट्रेलिया है।

अत: विकल्प (B) सही है।

98. किरण बेदी 'फ्रीडम बिहाइंड बार्स' पुस्तक की लेखिका हैं। किरण बेदी इतिहास में पहली भारतीय महिला IPS अधिकारी हैं जिन्होंने 35 से अधिक वर्षों तक देश की सेवा की है। किरण बेदी एक सामाजिक कार्यकर्ता भी हैं और अपराधियों या कैदियों के साथ जेल में जिस तरह से व्यवहार किया जाता है, उसमें बदलाव और सुधार लाना चाहती हैं।

अत: विकल्प (A) सही है।

99. आईएसओ 9002 प्रमाणित निर्माता द्वारा निर्मित लेड (Pb) कंटेनरों का उपयोग चिकित्सा, परमाणु, एयरोस्पेस, ऑटोमोटिव, रक्षा, निर्माण, दूरसंचार और भौतिकी अनुसंधान में खतरनाक और रेडियोधर्मी सामग्रियों के भंडारण के लिए किया जाता है।

अत: विकल्प (C) सही है।

100. लाइसेर्जिक एसिड डायथाइलैमाइड (LSD) एक दवा है जिसका उपयोग एक विभ्रामक के रूप में किया जाता है।

एलएसडी, पहली बार 1938 में संश्लेषित किया गया, एक अत्यंत शक्तिशाली विभ्रामक है। यह कृत्रिम रूप से लिसर्जिक एसिड से बनाया गया है, जो कि एरगोट में पाया जाता है, एक कवक जो राई और अन्य अनाजों पर बढ़ता है। यह इतना शक्तिशाली है कि इसकी खुराक माइक्रोग्राम (mcg) श्रेणी में होती है।

अत: विकल्प (A) सही है।

Q.1 किस राज्य सरकार ने पांच लाख छात्रों को टैबलेट प्रदान करने के लिए 'ई-अधिगम' योजना शुरू की?

A. नई दिल्ली   **B.** हरियाणा

C. पश्चिम बंगाल   **D.** उड़ीसा

Q.2 नीति आयोग के वर्तमान सीईओ निम्नलिखित में से कौन है?

[RRB (NTPC), 2017]

A. अरविंद पनगढ़िया   **B.** अरविंद सुब्रमण्यन

C. अमिताभ कांत   **D.** सिंधुश्री खुल्लर

Q.3 निम्नलिखित में से कौन मार्च 2021 में उत्तराखंड के मुख्यमंत्री बने?

[SSC CGL, 2022]

A. मदन कौशिक   **B.** धन सिंह रावत

C. बी. सी खंडूरी   **D.** तीरथ सिंह रावत

Q.4 हरियाणा विधानसभा, जो अक्टूबर 2019 के चुनावों के बाद गठित की गई है :

[HTET PGT - Computer Science, 2020]

A. 12 वीं   **B.** 13 वीं   **C.** 14 वीं   **D.** 15 वीं

Q.5 'सेमीकॉन इंडिया कॉन्फ्रेंस-2022' का आयोजन कहाँ किया गया था ?

A. मुंबई   **B.** नई दिल्ली   **C.** चेन्नई   **D.** बेंगलुरू

Q.6 मई 2022 में जारी 'द स्ट्रगल फॉर पुलिस रिफॉर्म्स इन इंडिया' पुस्तक के लेखक कौन हैं?

A. राकेश अस्थाना   **B.** किंजल सिंह

C. सत्य नारायण प्रधान   **D.** प्रकाश सिंह

Q.7 मार्च 2022 में किस शहर में भारत के सबसे बड़े तैरते सौर ऊर्जा संयंत्र का उद्घाटन किया गया?

A. श्रीनगर   **B.** उदयपुर

C. अहमदाबाद   **D.** तूतिकोरिन

Q.8 $10 + 10^2 + 10^3 + 10^4 + 10^5$ को 6 से विभाजित करने पर शेषफल क्या आता है?

A. 2   **B.** 4   **C.** 6   **D.** 8

Q.9 तीन भिन्न a, b और c इस प्रकार हैं कि $a > b > c$ हैं। जब उनमें से न्यूनतम को अधिकतम से विभाजित किया जाता है, तो परिणाम $\frac{7}{8}$ प्राप्त होता है, जो b से 0.1250 अधिक है। यदि $a + b + c = 1\frac{5}{48}$ है, तो $a + c$ का मान है-

A. $\frac{13}{24}$ **B.** $\frac{17}{48}$ **C.** $\frac{15}{12}$ **D.** 1

Q.10 दी गए समीकरण में इकाई अंक ज्ञात कीजिए:

$$(153)^{144} - (115)^{123} - (111)^{510} + (216)^{25}$$

A. 4   **B.** 6   **C.** 5   **D.** 1

Q.11 निम्नलिखित में से कौन सा बायोडिग्रेडेबल है?

A. लौह कीलें   **B.** प्लास्टिक मग

C. चमड़े के बेल्ट   **D.** चाँदी का वर्क

Q.12 निम्नलिखित में से कौन सा विकल्प गलत है?

A. केंद्रक, पौधे और पशु दोनों की कोशिकाओं में मौजूद होते हैं।

B. केंद्रक के अंदर गुणसूत्र पाए जाते हैं।

C. केंद्रक की खोज रॉबर्ट हुक द्वारा की गई थी।

D. केंद्रक को कोशिका का मस्तिष्क कहा जाता है।

Q.13 मनुष्यों में त्वचा के रंग के लिए कौन सा वर्णक जिम्मेदार है?

A. ल्यूटिन   **B.** बिलीरुबिन

C. मेलानिन   **D.** उपरोक्त में से कोई नहीं

Q.14 निम्नलिखित में से कौन सा पानी में घुलनशील है?

A. कपूर   **B.** सल्फर

C. साधारण नमक   **D.** चीनी

Q.15 निम्नलिखित में से किस तत्व का परमाणु क्रमांक मैग्नीशियम की तुलना में अधिक है?

A. नियॉन   **B.** फ़्लोरिन

C. सोडियम   **D.** एल्युमीनियम

Q.16 निम्नलिखित में से क्या सोडा वाटर में होता है?

A. कार्बोनिक अम्ल   **B.** सल्फर अम्ल

C. कार्बन डाइऑक्साइड   **D.** नाइट्रस अम्ल

Q.17 भौतिक मात्रा "तनाव" की इकाई क्या है?

A. न्यूटन सेकंड   **B.** स्टरडियन

C. पास्कल   **D.** जूल

Q.18 सुपरकंडक्टर कौन से पदार्थ होते हैं?

A. विद्युत प्रवाह की धारा प्रवाह के लिए न्यूनतम प्रतिरोध प्रदान करते हैं।

B. कम तापमान पर बिजली का संचालन करते हैं।

C. उच्च तापमान पर बिजली का संचालन करते हैं।

D. विद्युत प्रवाह के धारा प्रवाह के लिए उच्च प्रतिरोध प्रदान करते हैं।

Q.19 जब एक ताजा अंडे को खारे पानी में रखा जाता है, तो,

A. वह डूब जाएगा   **B.** वह फटेगा

C. वह तैरेगा   **D.** इनमें से कोई नहीं

Q.20 _________ के तवलोहपुआन कपड़े को हाल ही में जीआई टैग मिला है।

A. मणिपुर   **B.** मेघालय   **C.** असम   **D.** मिजोरम

Q.21 अणुव्रत की अवधारणा का प्रतिपादन किसने किया था?

A. महायान बौद्ध धर्म   **B.** हीनयान बौद्ध धर्म

C. जैन धर्म   **D.** लोकायुक्त स्कूल

Q.22 पहले भारतीय शासक का नाम जिसका साम्राज्य भारत के बाहर तक था?

A. विक्रमादित्य   **B.** चंद्रगुप्त मौर्य

C. कनिष्क   **D.** मुहम्मद गौरी

Q.23 प्राचीन भारतीय इतिहास के संदर्भ में, शब्द 'भोजका' का अर्थ है:

A. गांव का मुखिया   **B.** राजस्व अधिकारी

C. अमीर व्यापारी   **D.** सैन्य अधिकारी

Q.24 दूसरा एंग्लो-मैसूर युद्ध कब हुआ था?

A. AD 1780-1784   **B.** AD 1767-1769

C. AD 1790-1792   **D.** AD 1777-1779

Q.25 ऋग्वेद का सबसे प्रमुख देवता कौन है ?

A. इन्द्र   B. अग्नि   C. पशुपति   D. विष्णु

Q.26 किस मध्ययुगीन भारतीय शासक ने "पट्टा" और "कबुलीयत" की व्यवस्था शुरू की थी?

A. अलाउद्दीन खलजी   B. मोहम्मद बिन तुगलक

C. शेर शाह   D. अकबर

Q.27 "लाल कुर्ती आन्दोलन" आंदोलन का नेतृत्व किसने किया था -

A. मौलाना आजाद

B. मोहम्मद अली

C. खान अब्दुल गफ्फार खान

D. अशफाकुल्ला खान

Q.28 "भारतीय क्रांतिकारियों की मां" के रूप में कौन जाना जाता था ?

A. रानी लक्ष्मी बाई   B. मैडम कामा

C. सरोजिनी नायडू   D. कस्तूरबा गांधी

Q.29 किस स्वतन्त्रता सेनानी ने 'इंकलाब जिन्दाबाद' का नारा दिया?

A. चंद्रशेखर आजाद   B. सुभाष चन्द्र बोस

C. हसरत मोहानी   D. इकबाल

Q.30 निम्नलिखित में अकर्मक क्रिया कौन-सी है?

A. राम पुस्तक पढ़ता है

B. घोड़ा पैरों से मिट्टी खोद रहा है

C. मोहन फल खा रहा है

D. बालक सो रहा है

Q.31 'ऋषि' का विशेषण है-

A. ऋषिगण   B. ऋषिराज   C. आर्ष   D. मुनि

Q.32 'यह' एवं 'वह' सर्वनाम है-

A. निश्चयवाचक   B. अनिश्चयवाचक

C. निजवाचक   D. सम्बन्धवाचक

Ques (33-37):Direction: Read the passage carefully and select the best answer to the question out of the four alternatives.

Besides affecting human health, air pollution is also causing malnutrition in trees by harming fungi that are important for providing mineral nutrients to tree roots. Mycorrhizal fungi are hosted by the trees in their roots to receive nutrients from the soil. These fungi provide essential nutrients like nitrogen, phosphorus, and potassium from the soil in exchange for carbon from the tree. This plant-fungal symbiotic relationship is crucial for the health of the tree. However, high levels of the nutrition elements like nitrogen and phosphorus in the mycorrhizae change them to act as pollutants rather than nutrients.

The signs of malnutrition can be seen in the form of discolored leaves and excessive falling of leaves. There is an alarming trend of tree malnutrition across Europe, which leaves forests vulnerable to pests, disease, and climate change. The researchers noted that ecosystem changes can negatively affect tree health. Further, they found that the characteristics of the tree-species and nutrient status and the local environmental conditions like the atmospheric pollution and soil variables were the most important predictors of which species of mycorrhizal fungi would be present and their numbers. These also proved to have a large impact on the fungi.

Q.33 Which fungi are hosted by the trees in their roots to receive nutrients?

A. Ascomycota   B. Microsporidia

C. Mycorrhizal   D. Smuts

Q.34 Air pollution is affecting trees as malnutrition besides _____

A. Animal health   B. Human health

C. Monuments   D. Plastic

Q.35 What are the signs of malnutrition that can be seen in trees?

A. Discolored leaves

B. Excessive falling of leaves

C. Both (A) and (B)

D. None of these

Q.36 What are the essential nutrients that provide these fungi from the soil?

A. Nitrogen, Phosphorus, and Potassium

B. Nitrogen, Iron, and Potassium

C. Nitrogen, Phosphorus, and Sulphur

D. Iron, Sulphur, and Potassium

Q.37 Mycorrhizae change high levels of nutrition elements to act as _____ rather than nutrients.

A. Soil variable   B. Minerals

C. Garage   D. Pollutants

Ques (38-42):निम्नलिखित गद्यांश को पढ़कर इस पर आधारित प्रश्नों के उत्तर दीजिये:

मनुष्य अपने विकास के लिए प्राकृतिक संसाधनों का दोहन करके अपनी विविध आवश्यकताओं की पूर्ति करता है। प्राकृतिक संसाधनों का संरक्षण, संवर्धन एवं मितव्ययितापूर्वक उपयोग मानव की कुशलता, लगन एवं समर्पण पर निर्भर है।

प्रकृति के अमूल्य उपहारों, जैसे-वन, जल, खनिज आदि को अपने कल्याण के लिए सम्पूर्ण प्रयोग करना मानव-मात्र की इच्छा शक्ति व तर्कशक्ति पर निर्भर है। मानव की प्रगति के लिए सतत् विकास का महत्त्व गाँधीजी ने बहुत पहले ही पहचान लिया था। इसलिए सतत् विकास हेतु मानव की आत्मनिर्भरता को ध्यान में रखकर संसाधनों के संरक्षण पर जोर दिया। विकास का ध्येय जीवन के आर्थिक ही नहीं वरन् सामाजिक, आर्थिक, नैतिक और आध्यात्मिक स्तर को ऊँचा उठाना होना चाहिए। प्रकृति से संस्कृति की ओर बढ़ने की आकांक्षा हमेशा होनी चाहिए। जहाँ इस आकांक्षा की पूर्ति होगी उसे इतिहास में स्वर्ण युग का नाम देना उचित होगा न कि साहित्य और कला की तरक्की का। इस दृष्टि से अभी तक भारत का स्वर्ण युग दूर-दूर तक दिखाई नहीं देता।

Q.38 भारत का स्वर्ण युग दूर-दूर तक इसलिए दिखाई नहीं देता, क्योंकि:

A. भारत में सोना कम हो गया है

B. प्रकृति से संस्कृति की ओर बढ़ने की आकांक्षा पूरी नहीं हो रही है

C. प्रकृति के संसाधनों का संरक्षण नहीं हो रहा है

D. लोगों का आर्थिक स्तर नहीं बढ़ा है

Q.39 मनुष्य अपने विकास के लिए क्या करता है?

A. प्राकृतिक संसाधनों का दोहन करता है

B. अधिक मेहनत करता है

C. प्राकृतिक संसाधनों का संरक्षण करता है

D. विविध संसाधन जुटाता है

Q.40 मानव की कुशलता, लगन और समर्पण पर क्या निर्भर करता है:

A. प्राकृतिक संसाधनों का संरक्षण
B. प्राकृतिक संसाधनों का संवर्धन
C. प्राकृतिक संसाधनों की मितव्ययता
D. उपरोक्त सभी

Q.41 गाँधीजी ने किस पर जोर दिया?
A. औद्योगिक विकास पर
B. तकनीकी विकास पर
C. प्राकृतिक संरक्षण पर
D. मानव की आत्मनिर्भरता पर

Q.42 गद्यांश के अनुसार कौन-सा विकास का ध्येय नहीं है?
A. नैतिक स्तर को ऊँचा उठाना
B. भौतिक स्तर को ऊँचा उठाना
C. सामाजिक स्तर को ऊँचा उठाना
D. आध्यात्मिक स्तर को ऊँचा उठाना

Q.43 निम्नलिखित मे से कौन-से शब्द भाववाचक संज्ञा नही है?
A. दया **B.** क्रोध **C.** कुंज **D.** दरिद्रता

Q.44 यदि कम गुणवत्ता वस्तु की कीमत घटती है तो इसकी मांग _______ ।
A. गिरती है **B.** बढती हैं
C. समान रहती हैं **D.** इनमें से कोई नहीं

Q.45 अमेरिकी क्रेडिट रेटिंग एजेंसी मूडीज इन्वेस्टर्स सर्विस ने वित्तीय वर्ष 2020 के लिए भारत के सकल घरेलू उत्पाद (GDP) के विकास का अनुमान 6.6% से घटाकर _____ कर दिया है?
A. 6% **B.** 5% **C.** 4.5% **D.** 5.4%

Q.46 द्विसदनीय विधायिका का अर्थ है-
A. प्राथमिक और द्वितीयक कानून
B. निम्न और उच्च सदन
C. लोक अदालत और कोर्ट
D. निर्वाचित सदस्य के रूप में भी चुने गए

Q.47 महान्यायवादी के रूप में नियुक्त होने के लिए, उम्मीदवार को _______ के रूप में नियुक्त होने हेतु योग्यता प्राप्त करनी चाहिए?
A. राष्ट्रपति
B. राज्यपाल
C. सभापति
D. सर्वोच्च न्यायालय के न्यायाधीश

Q.48 Direction: Select the answer choice that identifies the noun in the sentence.
To seize a foreign embassy and its inhabitants is a flagrant disregard for diplomatic neutrality.
A. Seize **B.** Its
C. Flagrant **D.** Neutrality

Q.49 Direction: Select the answer choice that identifies the pronoun in the sentence.
Mr. Scott took us, boys, on a bike hike.
A. Us **B.** Hike **C.** Boys **D.** Took

Q.50 Direction: Select the answer choice that identifies the verb in the sentence.
Luke didn't mean to hurt you during the baseball game.
A. Baseball **B.** During **C.** Joe **D.** Mean

Q.51 निम्नलिखित में से कौन सा संवैधानिक संशोधन सहकारी समितियों से संबद्ध रहा है?
A. 86वां **B.** 92वां **C.** 76वां **D.** 97वां

Q.52 भारत के संविधान का गठन _______ द्वारा किया गया था।
A. योजना आयोग **B.** संविधान सभा
C. राष्ट्रपति **D.** कार्यकारी समिति

Q.53 ∆ABC में, AB और AC पर क्रमशः बिंदु D और E इस प्रकार स्थित है ,जैसे DEBC, ∆ABC को समान क्षेत्रों के दो भागों में विभाजित करता है। तब AD और BD का अनुपात है:
A. $1 : 1$ **B.** $1 : \sqrt{2} - 1$
C. $1 : \sqrt{2}$ **D.** $1 : \sqrt{2} + 1$

Q.54 ABC त्रिभुज है और AB, BC और CA भुजाएं क्रमशः E, FG का विस्तार करती है। यदि $\angle CBE = \angle ACF = 130°$ है, तो $\angle GAB$ का मान है:
A. $100°$ **B.** $80°$ **C.** $130°$ **D.** $90°$

Q.55 तीन क्रमवार प्राकृतिक विषम संख्याओं का योगफल 93 है। तीनो में सबसे छोटी संख्या कौन सी होगी?
A. 29 **B.** 31 **C.** 23 **D.** 27

Q.56 यदि a + b = 17 और a - b = 9 हैं, तो $(4a^2 + 4b^2)$ का मान क्या है?
A. 710 **B.** 720 **C.** 730 **D.** 740

Q.57 दो बेलनों की त्रिज्या का अनुपात 3 : 4 है, और उनकी ऊँचाई का अनुपात 7 : 5 है। उनके आयतनों का अनुपात होगा-
A. 72 : 103 **B.** 49 : 64 **C.** 27 : 64 **D.** 63 : 80

Q.58 एक वर्ग क्षेत्र का क्षेत्रफल 33800 वर्ग मीटर है। 5 रु. प्रति मीटर की दर से छड़ को विकर्ण के रूप में रखने पर कितना खर्च होगा।
A. 1200 रुपये **B.** 8000 रुपये
C. 5200 रुपये **D.** 1300 रुपये

Q.59 एक ताश की गड्डी में से छः: पत्ते, हुकुम के बादशाह, बेगम, गुलाम, इक्का, पांच व नौ को निकाल कर अच्छी तरह मिलाया जाता है। एक पत्ता यादृच्छिक रूप से निकाला जाता है। फिर उसे किनारे रख दिया जाता है और एक अन्य पत्ता निकाला जाता है। दोनों पत्तों के हुकुम का गुलाम होने की प्रायिकता क्या है?
A. 0 **B.** 1 **C.** $\frac{1}{6}$ **D.** $\frac{1}{3}$

Q.60 एक बक्से में 1 से लेकर 49 तक क्रमांकित 49 कार्ड हैं। प्रत्येक कार्ड पर केवल 1 संख्या क्रमांकित है। एक कार्ड को चुनते समय ऐसे कार्ड को चुनने की संभावना क्या है, जिस पर अंकित संख्या 5 से भाज्य हो लेकिन 10 या 15 से नहीं।
A. $\frac{2}{49}$ **B.** $\frac{3}{49}$ **C.** $\frac{4}{49}$ **D.** $\frac{5}{59}$

Q.61 जो भू-आकृतियाँ उभरी और चपटी हैं, उन्हें वर्गीकृत किया गया है
A. पहाड़ी **B.** पठार **C.** मैदान **D.** घाटी

Q.62 बड़ी भू-आकृतियाँ जो आस-पास की ऊँचाई पर खड़ी होती हैं, _______ कहलाती हैं
A. पहाड़ **B.** वलन **C.** पर्मिअन **D.** पैंजिया

Q.63 वैश्वीकरण ने _______ की रहन - सहन के स्तर में सुधार किया है।
A. सभी लोगो
B. विकासशील देशों में श्रमिकों
C. विकसित देशों में लोगो

D. इनमे से कोई भी नहीं

Q.64 भारत में निवेश की बाधाओं को सरकार ने कब दूर किया?

A. 1990   **B.** 1991   **C.** 1992   **D.** 1993

Q.65 राष्ट्रीय मानवाधिकार आयोग एक ________ है।

A. वैधानिक निकाय   **B.** संवैधानिक निकाय

C. बहुपक्षीय संस्था   **D.** दोनों (A) और (C)

Q.66 राष्ट्रीय मानवाधिकार आयोग के अध्यक्ष का कार्यकाल क्या है?

A. 5 वर्ष या 62 वर्ष की आयु तक

B. 5 वर्ष या 65 वर्ष की आयु तक

C. 6 वर्ष या 65 वर्ष की आयु तक

D. 5 वर्ष या 70 वर्ष की आयु तक

Q.67 संरक्षण के किस प्रकार में लुप्तप्राय प्रजातियों को उनके प्राकृतिक आवास में संरक्षित किया जाता है?

A. एक्स सीटू संरक्षण   **B.** उन्नत संरक्षण

C. इन-सीटू संरक्षण   **D.** रासायनिक संरक्षण

Q.68 अधिकतम ओजोन रिक्तीकरण निम्नलिखित में से किसमें देखा गया है?

[UPTET Paper - I, 2018]

A. उत्तरी ध्रुव   **B.** दक्षिणी ध्रुव

C. भूमध्य रेखा   **D.** इनमें से कोई नहीं

Q.69 राज्यों की परिषद का दूसरा नाम क्या है?

A. लोकसभा   **B.** राज्यसभा

C. संसद   **D.** एडहॉक कमेटी

Q.70 राज्य सभा की अधिकतम शक्ति (सदस्यों की संख्या):

A. 220   **B.** 235   **C.** 238   **D.** 250

Q.71 हाथी परियोजना भारत सरकार ने किस वर्ष शुरू की थी ?

A. 1992   **B.** 1993   **C.** 1994   **D.** 1991

Q.72 "आइची लक्ष्य" _____ से संबंधित हैं?

A. जैव विविधता का संरक्षण

B. वेटलैंड्स का संरक्षण

C. कोरल भित्तियों का संरक्षण

D. प्लास्टिक के उपयोग की रोकथाम

Q.73 दुनिया में सबसे लंबा सड़क नेटवर्क किस देश का है?

A. रूस   **B.** चीन   **C.** अमेरीका   **D.** भारत

Q.74 निम्नलिखित में से कौन सा रेलवे यूनेस्को विश्व विरासत स्थल द्वारा मान्यता प्राप्त नहीं है?

A. दार्जिलिंग हिमालयन रेलवे

B. नीलगिरि माउंटेन रेलवे

C. कालका-शिमला रेलवे

D. पूर्वोत्तर रेलवे

Q.75 भारतीय संविधान में मौलिक अधिकारों के संरक्षक कौन हैं?

A. सर्वोच्च न्यायालय   **B.** संसद

C. संविधान   **D.** अध्यक्ष

Q.76 निम्नलिखित में से कौन भारत में नागरिकता के अधिकार को विनियमित करने की शक्ति रखता है।

A. केंद्रीय मंत्रिमंडल   **B.** संसद

C. सर्वोच्च न्यायलय   **D.** विधि आयोग

Q.77 रेगुर शब्द निम्नलिखित में से किस मिट्टी से संबंधित है?

A. लेटराइट मिट्टी

B. काली कपास मिट्टी

C. लाल मिट्टी

D. डेल्टा संबंधी जलोढ़ मिट्टी

Q.78 लाल मिट्टी के लाल रंग का कारण क्या है?

A. फॉस्फोरिक एसिड   **B.** धरण

C. नाइट्रोजन   **D.** लोहा

Q.79 किस मस्कोवीते शासक के शासनकाल में अस्त्राखान के खनाते और कज़ान जीते गए

A. दिमित्री डॉन्स्कॉय   **B.** ईवान III

C. ईवान IV   **D.** वसीली III

Q.80 सबसे पहले लम्बे धनुष का उपयोग किस देश में किया गया था

A. वेल्स   **B.** हंगरी   **C.** हॉलैंड   **D.** रोमानिया

Q.81 निम्नलिखित में से कौन रक्त के संचलन में मदद करता है?

A. लिम्फोसाइट   **B.** मोनोसाइट्स

C. एरिथ्रोसाइट्स   **D.** ब्लड प्लेटलेट्स

Q.82 अंगोरा ऊन से निकाला जाता है -

A. खरगोश   **B.** लोमड़ी   **C.** बकरा   **D.** भेड़

Q.83 यदि अंकों (4, p) और (1, 0) के बीच की दूरी 5 है, तो p का मान है-

A. 4   **B.** ± 4   **C.** केवल – 4   **D.** 0

Q.84 $\triangle ABC$ के शीर्ष A(3, 0), B(7, 0) और C(8, 4) है । इस त्रिभुज का क्षेत्रफल है

A. 14   **B.** 28   **C.** 8   **D.** 6

Q.85 निम्नलिखित में से कौन सा उद्योग टेलीफोन, कंप्यूटर आदि का निर्माण करता है?

[MPTET Paper I - Varg 3, 2012]

A. सीमेंट   **B.** लोहा और इस्पात

C. इलेक्ट्रॉनिक   **D.** रासायनिक

Q.86 निम्नलिखित में से कौन सी एजेंसी सार्वजनिक क्षेत्र के संयंत्रों के लिए स्टील का विपणन करती है?

A. हेल   **B.** सेल

C. टाटा इस्पात   **D.** एमएनसीसी

Q.87 व्यक्तिगत उत्तरदाताओं, फोकस समूहों और उत्तरदाताओं के पैनल को इस प्रकार वर्गीकृत किया गया है:

A. प्राथमिक डेटा स्रोत   **B.** माध्यमिक डेटा स्रोत

C. आइटमाइज्ड डेटा स्रोत   **D.** पॉइंटेड डेटा स्रोत

Q.88 चर जिनकी गणना वजन, ऊंचाई और लंबाई और वजन के अनुसार की जाती है, उन्हें इस प्रकार से जाना जाता है:

A. फ्लोचार्ट चर   **B.** असतत चर

C. निरंतर चर   **D.** मापने योग्य चर

Q.89 निम्नलिखित में से कौन मुद्रा की आपूर्ति का संकीर्ण माप है?

A. M2   **B.** M3   **C.** M1   **D.** M4

Q.90 भारत में न्यूनतम भण्डारण प्रणाली को कब शुरू किया गया था?

A. 1947   **B.** 1948   **C.** 1951   **D.** 1956

Q.91 हवा में मौजूद नाइट्रोजन के अणुओं को नाइट्रेट्स में परिवर्तित किया जा सकता है-

A. मिट्टी में मौजूद नाइट्रोजन-स्थिरीकरण बैक्टीरिया की एक जैविक प्रक्रिया द्वारा
B. मिट्टी में मौजूद कार्बन स्थिरीकरण कारक की एक जैविक प्रक्रिया द्वारा
C. नाइट्रोजन यौगिकों के निर्माण के किसी भी उद्योग द्वारा
D. अनाज की फसलों के खेत में पौधों द्वारा

Q.92 बैक्टीरिया द्वारा नाइट्रोजन निर्धारण की प्रक्रिया किसकी उपस्थिति में नहीं होती है:
A. हाइड्रोजन का आणविक रूप
B. ऑक्सीजन का मौलिक रूप
C. पानी
D. नाइट्रोजन का मौलिक रूप

Q.93 महँगी ऋण नीति का अर्थ है
A. उच्च ब्याज दर
B. उच्च मूल्य स्तर
C. बड़े पैसे की आपूर्ति
D. उच्च उत्पादन

Q.94 भारत की राजकोषीय नीति किसके द्वारा बनाई गई है
A. वित्त मंत्रालय
B. भारतीय रिजर्व बैंक
C. भारतीय प्रतिभूति और विनिमय बोर्ड
D. योजना आयोग

Q.95 भारत के तीन सबसे बड़े गेहूं उत्पादक राज्यों के संदर्भ में निम्नलिखित में से कौन सा क्रम सही है?
A. पंजाब, मध्य प्रदेश और बिहार
B. मध्य प्रदेश, बिहार और पंजाब
C. मध्य प्रदेश, पंजाब और बिहार
D. पंजाब, बिहार और मध्य प्रदेश

Q.96 निम्नलिखित में से कौन 'रबी फसल' है?
A. कपास
B. मक्का
C. अरहर
D. सरसों

Q.97 निम्नलिखित में से कौन सा व्यवसाय दुनिया के मैदानी क्षेत्रों से निकटता से जुड़ा हुआ है?
A. खेती
B. खुदाई
C. वानिकी
D. शिकार करना

Q.98 दुनिया का सबसे ऊँचा पठार पठार है
A. तिब्बत
B. पेटागोनिया
C. डेक्कन
D. हॉगगर

Q.99 भारतीय संविधान के निम्नलिखित में से किस अनुच्छेद में मौलिक कर्तव्य हैं?
A. 45 A
B. 51 A
C. 42
D. 30 B

Q.100 भारतीय संविधान के किस भाग में मौलिक अधिकार प्रदान किए गए हैं?
A. भाग II
B. भाग III
C. भाग V
D. भाग IV

// स्मार्ट उत्तर पुस्तिका //

सही उत्तर — उन छात्रों के प्रतिशत को इंगित करता है जिन्होंने प्रश्नों का सही उत्तर दिया था।

छोड़ दिया — उन छात्रों के प्रतिशत को इंगित करता है जिन्होंने प्रश्नों को छोड़ दिया था।

प्रश्न संख्या	उत्तर	सही उत्तर / छोड़ दिया	प्रश्न संख्या	उत्तर	सही उत्तर / छोड़ दिया	प्रश्न संख्या	उत्तर	सही उत्तर / छोड़ दिया	प्रश्न संख्या	उत्तर	सही उत्तर / छोड़ दिया	प्रश्न संख्या	उत्तर	सही उत्तर / छोड़ दिया
1	B	66.26 % / 1.98 %	17	C	52.43 % / 1.13 %	33	C	78.24 % / 0.0 %	49	A	50.99 % / 1.32 %	65	D	61.01 % / 1.09 %
2	C	67.83 % / 1.51 %	18	A	65.97 % / 1.07 %	34	B	86.62 % / 0.0 %	50	D	65.08 % / 1.67 %	66	D	55.79 % / 1.47 %
3	D	59.97 % / 1.03 %	19	C	56.69 % / 1.23 %	35	C	81.5 % / 0.0 %	51	D	52.98 % / 1.03 %	67	C	51.23 % / 1.43 %
4	C	54.99 % / 1.56 %	20	D	64.27 % / 1.87 %	36	A	86.32 % / 0.0 %	52	B	68.88 % / 1.11 %	68	B	43.32 % / 1.08 %
5	D	69.64 % / 1.16 %	21	C	41.96 % / 1.13 %	37	D	81.21 % / 0.0 %	53	B	52.09 % / 1.81 %	69	B	44.76 % / 1.06 %
6	D	57.37 % / 1.7 %	22	C	56.51 % / 1.12 %	38	B	67.85 % / 1.35 %	54	A	67.34 % / 2.0 %	70	D	52.22 % / 1.31 %
7	D	63.64 % / 1.34 %	23	A	41.04 % / 1.46 %	39	A	65.05 % / 1.79 %	55	A	46.23 % / 1.7 %	71	A	62.22 % / 1.89 %
8	A	81.99 % / 0.0 %	24	A	59.21 % / 1.79 %	40	D	69.93 % / 1.3 %	56	D	44.23 % / 1.26 %	72	A	59.14 % / 1.34 %
9	B	16.55 % / 4.47 %	25	A	60.09 % / 1.49 %	41	C	46.39 % / 1.55 %	57	D	41.83 % / 1.39 %	73	C	56.34 % / 1.16 %
10	D	49.09 % / 1.88 %	26	C	56.63 % / 1.25 %	42	B	64.17 % / 1.6 %	58	D	58.71 % / 1.88 %	74	D	62.2 % / 1.22 %
11	C	86.14 % / 0.0 %	27	C	61.51 % / 1.0 %	43	C	47.45 % / 1.67 %	59	A	43.2 % / 1.1 %	75	A	59.44 % / 1.34 %
12	C	59.01 % / 1.79 %	28	B	41.32 % / 1.72 %	44	A	58.5 % / 1.12 %	60	B	40.12 % / 1.21 %	76	B	50.64 % / 1.09 %
13	C	66.93 % / 1.68 %	29	C	62.71 % / 1.22 %	45	A	10.15 % / 4.18 %	61	B	59.03 % / 1.27 %	77	B	45.42 % / 1.57 %
14	D	58.2 % / 1.18 %	30	D	42.21 % / 1.66 %	46	B	49.65 % / 1.14 %	62	A	52.88 % / 1.81 %	78	D	62.47 % / 1.93 %
15	D	44.54 % / 1.05 %	31	C	54.87 % / 1.58 %	47	D	65.48 % / 1.04 %	63	B	48.27 % / 1.71 %	79	C	54.04 % / 1.06 %
16	C	63.87 % / 1.58 %	32	A	61.92 % / 1.47 %	48	C	42.6 % / 1.76 %	64	B	46.54 % / 1.65 %	80	A	58.26 % / 1.28 %

प्रश्न संख्या	उत्तर	सही उत्तर / छोड़ दिया
81	A	62.71 % / 1.08 %
82	A	49.47 % / 1.96 %
83	B	12.25 % / 4.91 %
84	C	63.59 % / 1.8 %

प्रश्न संख्या	उत्तर	सही उत्तर / छोड़ दिया
85	C	53.77 % / 1.19 %
86	B	49.98 % / 1.39 %
87	A	62.36 % / 1.07 %
88	C	64.79 % / 1.23 %

प्रश्न संख्या	उत्तर	सही उत्तर / छोड़ दिया
89	C	43.6 % / 1.25 %
90	D	62.21 % / 1.88 %
91	A	13.02 % / 3.79 %
92	B	49.01 % / 1.0 %

प्रश्न संख्या	उत्तर	सही उत्तर / छोड़ दिया
93	A	47.83 % / 1.45 %
94	A	57.88 % / 1.92 %
95	C	61.17 % / 1.53 %
96	D	40.89 % / 1.23 %

प्रश्न संख्या	उत्तर	सही उत्तर / छोड़ दिया
97	A	44.07 % / 1.61 %
98	A	55.99 % / 1.67 %
99	B	55.37 % / 1.73 %
100	B	48.27 % / 1.64 %

कार्य विश्लेषण

औसत अंक (%)	47.0%
टॉपर्स स्कोर (%)	74.0%
आपका स्कोर	

//संकेत और समाधान//

1. हरियाणा सरकार ने पांच लाख छात्रों को टैबलेट प्रदान करने के लिए 'ई-अधिगम' योजना शुरू की। हरियाणा सरकार के तहत 10वीं और 12वीं कक्षा के करीब पांच लाख स्कूली छात्रों को टैबलेट दिए जाएंगे।

ये डिवाइस पर्सनलाइज्ड और अडैप्टिव लर्निंग सॉफ्टवेयर के साथ प्री-लोडेड कंटेंट और 2GB फ्री डेटा के साथ आते हैं। हरियाणा सरकार ने स्कूलों के बुनियादी ढांचे और स्वच्छता पर काम करने के लिए शिक्षा क्षेत्र के लिए दो टास्क फोर्स बनाने की भी घोषणा की है।

अतः विकल्प (B) सही है।

2. श्री अमिताभ कांत को वर्तमान में नीति पुरस्कार के सीईओ (CEO) के रूप में नियुक्त किया गया है।

अमिताभ कांत भारतीय प्रशासनिक सेवा, आईएएस (केरल कैडर: 1980 बैच) के सदस्य हैं। वह "ब्रैंडिंग इंडिया – एन इनक्रिडेबल स्टोरी" के लेखक हैं तथा "मेक इन इंडिया", स्टार्टअप इंडिया, "इनक्रिडेबल इंडिया" और "गॉड्स ओन कंट्री" अभियान के प्रमुख संचालक रहे हैं।

अतः विकल्प (C) सही है।

3. मार्च 2021 में तीरथ सिंह रावत उत्तराखंड के मुख्यमंत्री बने।

- वह उत्तराखंड के पूर्व मुख्यमंत्री और भारत में एक सेवारत संसद सदस्य हैं।
- 2019 के भारतीय आम चुनाव में वह भारतीय जनता पार्टी के सदस्य के रूप में गढ़वाल निर्वाचन क्षेत्र से 17 वीं लोकसभा के लिए चुने गए।
- 9 फरवरी 2013 से 31 दिसंबर 2015 तक वह भारतीय जनता पार्टी उत्तराखंड के दल प्रमुख और 2012 से 2017 तक चौबट्टाखाल निर्वाचन क्षेत्र से उत्तराखंड विधानसभा के पूर्व सदस्य थे।
- वे उत्तराखंड के पहले शिक्षा मंत्री भी थे।

अतः विकल्प (D) सही है।

4. हरियाणा की 14th विधानसभा, जिसका गठन अक्टूबर, 2019 के चुनाव के बाद किया गया है।

परिणाम 24 अक्टूबर 2019 को घोषित किए गए थे। भारतीय जनता पार्टी सबसे बड़ी पार्टी के रूप में उभरी और जननायक जनता पार्टी और सात निर्दलीय विधायकों के साथ चुनाव के बाद गठबंधन में सरकार बनाई।

अत: विकल्प (C) सही है।

5. प्रधान मंत्री नरेंद्र मोदी ने बेंगलुरु में सेमीकॉन इंडिया सम्मेलन-2022 का उद्घाटन किया।

भारत को सेमीकंडक्टर डिजाइन, निर्माण और प्रौद्योगिकी विकास के लिए एक वैश्विक केंद्र बनाने के लिए जो भारत सेमीकंडक्टर मिशन के दृष्टिकोण को आगे बढ़ाने में मदद करेगा।

अधिचालक एक चालक और एक इन्सुलेटर के बीच गिरने वाले विद्युत चालकता मूल्यों वाले पदार्थ होते हैं।

अतः विकल्प (D) सही है।

6. उपराष्ट्रपति एम वैंकैया नायडू ने मई 2022 में एक पुस्तक, 'द स्ट्रगल फॉर पुलिस रिफॉर्म्स इन इंडिया' का विमोचन किया। इसे पूर्व आईपीएस अधिकारी प्रकाश सिंह ने लिखा। उन्होंने कुछ मुद्दों को भी हरी झंडी दिखाई, जिन्हें युद्ध स्तर पर संबोधित करने की आवश्यकता है, जिसमें पुलिस विभागों में रिक्तियों को भरना और आधुनिक युग की पुलिसिंग की आवश्यकताओं के अनुरूप पुलिस के बुनियादी ढांचे को मजबूत करना शामिल है।

7. सदर्न पेट्रोकेमिकल्स इंडस्ट्रीज कॉर्पोरेशन लिमिटेड (SPIC) ने मार्च 2022 में भारत के सबसे बड़े तैरते सौर ऊर्जा संयंत्र का उद्घाटन और पूरी तरह से संचालन किया।

तमिलनाडु के तूतिकोरिन में SPIC कारखाने के परिसर में स्थित, यह 48 एकड़ का तैरता हुआ सौर ऊर्जा संयंत्र 62 एकड़ में फैले एक बड़े जलाशय पर स्थापित किया गया है।

यह प्रति वर्ष 42 मिलियन यूनिट बिजली पैदा करने में सक्षम है।

अतः विकल्प (D) सही है।

8. हम जानते हैं कि,

जब 10 को 6 से विभाजित किया जाता है तो शेषफल 4 होता है।

जब 100 को 6 से विभाजित किया जाता है तो शेषफल 4 होता है।

जब 1000 को 6 से विभाजित किया जाता है तो शेषफल 4 होता है।

इसलिए, 6 से विभाजित करने पर, आवश्यक शेषफल

$= (4 + 4 + 4 + 4 + 4) = 20$

और फिर, जब 20 को 6 से विभाजित किया जाता है, तो शेषफल 2 होता है।

अतः विकल्प (A) सही है।

9. $\dfrac{c}{a} = \dfrac{7}{8}$

$b = \dfrac{7}{8} - 0.1250 = \dfrac{7}{8} - \dfrac{1}{8} = \dfrac{3}{4}$

इसलिए, $a + c = \dfrac{53}{48} - \dfrac{3}{4} = \dfrac{17}{48}$

अतः विकल्प (B) सही है।

10. चूंकि, किसी संख्या का इकाई का अंक 3 होने पर घात की प्रक्रिया चार बार चलती है

$= (153)^{144}$ का इकाई अंक

$= (153)^{\left(\frac{144}{4}\right)}$ का इकाई अंक

$= (153)^{36}$ का इकाई अंक $= 1$

अब,

$(115)^{123}$ का इकाई अंक $= 5$

$(111)^{510}$ का इकाई अंक $= 1$

$(216)^{25}$ का इकाई अंक $= 6$

इसलिए, $(153)^{144} - (115)^{123} - (111)^{510} + (216)^{25}$ का इकाई अंक

$= 1 - 5 - 1 + 6 = 1$

अतः विकल्प (D) सही है।

11. चमड़े की बेल्टें बायोडिग्रेडेबल अपशिष्ट हैं। इसमें कचरे में कोई भी कार्बनिक पदार्थ शामिल होता है जिसे सूक्ष्मजीवों और अन्य जीवित चीजों द्वारा कार्बन डाइऑक्साइड, पानी, मीथेन या सरल कार्बनिक अणुओं में विभाजित किया जा सकता है।

अतः विकल्प (C) सही है।

12. केंद्रक, पौधे और पशु दोनों की कोशिकाओं में मौजूद होते हैं और केंद्रक को कोशिका का मस्तिष्क कहा जाता है। केंद्रक के अंदर गुणसूत्र पाए जाते हैं। केंद्रक की खोज स्कॉटिश जीवविज्ञानी रॉबर्ट ब्राउन ने 1831 में की थी।

अतः विकल्प (C) सही है।

13. मेलानिन वर्णक है जो मानव त्वचा, बाल और आंखों को उनका रंग देता है। गहरे रंग के त्वचा वाले लोगों की त्वचा में मेलानिन अधिक मात्रा में होता है, और हल्के रंग वाले लोगों की त्वचा में कम होता है। मेलानिन का निर्माण मेलानोसाइट्स नामक कोशिकाओं द्वारा होता है।

अतः विकल्प (C) सही है।

14. इनमें पानी में चीनी की घुलनशीलता सबसे अधिक है।

चीनी पानी में सबसे अधिक घुलनशील होती है क्योंकि, इसमें छह हाइड्रॉक्सिल समूह होते हैं, जिसका अर्थ है कि यह पानी के साथ कई हाइड्रोजन बांड बना सकता है,और इसकी उच्च घुलनशीलता में योगदान देता है।

अतः विकल्प (D) सही है।

15. मैग्नीशियम का परमाणु क्रमांक 12 है और एल्युमीनियम का 13 है।

परमाणु क्रमांक, जिसे पारंपरिक रूप से प्रतीक Z द्वारा निरूपित किया जाता है, एक परमाणु के नाभिक में मौजूद प्रोटॉन की संख्या को इंगित करता है, जो एक अपरिवर्तित परमाणु में इलेक्ट्रॉनों की संख्या के बराबर भी होता है।

नियॉन, फ्लोरीन और सोडियम की परमाणु क्रमांक क्रमशः 10, 9 और 11 होता है।

अतः विकल्प (D) सही है।

16. सोडा वाटर एक प्रकार का कार्बोनेटेड पानी होता है। यह वह पानी है जिसमें दबाव से कार्बन डाइऑक्साइड गैस मिलाई जाती है। कार्बोनेटेड पानी को शीतल पेय और पेय पदार्थों के रूप में बड़े पैमाने पर पीने की बोतलों में विपणन किया जाता है।

अतः विकल्प (C) सही है।

17. तनाव को "पदार्थ" के प्रति इकाई क्षेत्र को बहाल करने वाले बल" के रूप में परिभाषित किया गया है। इसे 'σ' द्वारा निरूपित किया जाता है। इसे पास्कल के उपयोग से मापा जाता है। विकृत बल वस्तु का आकार या आयतन या आकार बदल सकता है।

अतः विकल्प (C) सही है।

18. एक सुपरकंडक्टर एक ऐसा पदार्थ है जो बिना किसी "क्रान्तिक तापमान " के ठंडा होने पर प्रतिरोध के बिना बिजली का संचालन करता है। इस तापमान पर, इलेक्ट्रॉन सामग्री के माध्यम से स्वतंत्र रूप से आगे बढ़ सकते हैं। सुपर कंडक्टर सामान्य कंडक्टरों से अलग हैं, यहां तक कि उनसे बेहतर भी हैं।

अतः विकल्प (A) सही है।

19. जब एक ताजे अंडे को खारे पानी में रखा जाता है, तो यह तैरता है। इसके पीछे कारण यह है, कि अंडा पानी की तुलना में अधिक सघन होता है, जिससे यह डूब जाता है। जब हम पानी में नमक घोलना शुरू करते हैं, तो इससे घनत्व बढ़ जाता है। आखिरकार, पानी अंडे से अलग हो जाता है, जिसके कारण अंडा तैरता है।

अतः विकल्प (C) सही है।

20. मिजोरम से एक व्यापक रूप से बुना हुआ कपड़ा, तवलोहपुआन, ताना यार्न, ताना, बुनाई और विस्तृत डिजाइन के लिए जाना जाता है जो हाथ से बनाए जाते हैं। हथकरघा बुनाई हमेशा मिज़ो जीवन का एक अभिन्न हिस्सा रहा है और यह जटिल रूप से डिज़ाइन किए गए हथकरघा उत्पादों की एक विविध जातीय श्रृंखला प्रदान करता है।

अतः विकल्प (D) सही है।

21. जैन धर्म के 5 प्रमुख सिद्धांतों का यदि एक संत के द्वारा अनुसरण किया जाता था, तो उन्हें महाव्रत कहा जाता था और यदि एक अनुयायी द्वारा इसका अनुसरण किया जाता था तो इसे अणुव्रत कहा जाता था।

अतः विकल्प (C) सही है।

22. कनिष्क प्रथम दूसरी शताब्दी में कुषाण राजवंश के सम्राट थे। कनिष्क का साम्राज्य निश्चित रूप से विशाल था। यह दक्षिणी उज़्बेकिस्तान और ताजिकिस्तान से उत्तर में अमु दरिया (ऑक्सस) के उत्तर में पाकिस्तान और उत्तरी भारत तक फैला हुआ था।

अतः विकल्प (C) सही है।

23. देश के उत्तरी भाग में, गांव के मुखिया को भोजका/ ग्राम भोजका के रूप में जाना जाता था।

अतः विकल्प (A) सही है।

24. दूसरा एंग्लो-मैसूर युद्ध ब्रिटिश ईस्ट इंडिया कंपनी और मैसूर साम्राज्य के बीच 1780 से 1784 में लड़ा गया था।

अतः विकल्प (A) सही है।

25. ऋग्वेद में 1000 स्तुतिया हैं, उनमें से अधिकांश विशिष्ट देवताओं को समर्पित हैं। ऋग्वेद के सबसे प्रमुख देवता इंद्र थे। वह मेघ और बिजली के एक महान योद्धा थे।

अताः विकल्प (A) सही है।

26. शेर शाह सूरी (1540-1545) ने उपज के मामले में भूमि को मापा और वर्गीकृत किया और निपटान के साधन के रूप में कबुलीयत और पट्टा पेश किया। अकबर के समय के दौरान, टोडरमल ने उस प्रणाली में कुछ सुधार किए और पूरे साम्राज्य को उप, सरकार, परगना और महल में बांटा गया।

अतः विकल्प (C) सही है।

27. लाल कुर्ती आन्दोलन भारत में पश्चिमोत्तर सीमान्त प्रान्त में खान अब्दुल गफ्फार खान द्वारा भारतीय राष्ट्रीय कांग्रेस के समर्थन में खुदाई ख़िदमतगार के नाम से चलाया गया एक ऐतिहासिक आन्दोलन था। उन्हें फ्रंटियर गांधी कहा जाता था और स्थानीय रूप से बच्चा खान या बादशाह खान के नाम से जाना जाता था।

अतः विकल्प (C) सही है।

28. भीखाजी रूस्तम कामा या मैडम कामा का जन्म 24 सितंबर 1861 को बॉम्बे में हुआ था। वह महान साहस, निडरता, निष्ठा, दृढ़ता और स्वतंत्रता के लिए जुनून की उत्कृष्ट महिला थीं। भारतीय स्वतंत्रता संग्राम में उनके योगदान के कारण उन्हें भारतीय क्रांति की जननी माना जाता है।

अतः विकल्प (B) सही है।

29. मशहूर नारा 'इंकलाब जिन्दाबाद' उर्दू कवि तथा स्वतंत्रता सेनानी हसरत मोहानी ने 1921 में दिया। इस मशहूर नारे ने अशफाक उल्ला खान, भगत सिंह तथा चंद्रशेखर आजाद की गतिविधियों को प्रभावित किया।

अतः विकल्प (C) सही है।

30. 'बालक सो रहा है' अकर्मक क्रिया है, क्योंकि फल कर्ता पर पड़ रहा है।

अतः विकल्प (D) सही है।

31. 'ऋषि का विशेषण 'आर्ष' होगा। 'ऋषि' शब्द विशेष्य है और 'आर्ष' शब्द विशेषण है।

अतः विकल्प (C) सही है।

32. जो सर्वनाम निकट या दूर की किसी वस्तु की ओर संकेत करे, उसे निश्चयवाचक सर्वनाम कहते हैं। जैसे- यह लड़की है। वह पुस्तक है। ये हिरन हैं। वे बाहर गए हैं। इन वाक्यों में यह, वह, ये और वे शब्द निश्चयवाचक सर्वनाम हैं। ऊपर दिए वाक्य में 'यह' एवं 'वह' निश्चयवाचक सर्वनाम है।

अतः विकल्प (A) सही है।

33. Refer to the second line of the paragraph, "Mycorrhizal fungi is hosted by the trees in their roots to receive nutrients from the soil".

Hence, the correct option is (C).

34. Refer to the starting lines of the passage, "besides affecting human health, air pollution is also affecting malnutrition in trees".

Hence, the correct option is (B).

35. Refer to the last three lines of the paragraph, "the signs of malnutrition can be seen in the form of discolored leaves and excessive falling of leaves".

Hence, the correct option is (C).

36. Refer to the third and fourth lines of the passage, "these fungi provide essential nutrients like nitrogen, phosphorus, and potassium".

Hence, the correct option is (A).

37. Refer to the fifth and sixth sentences of the paragraph, "mycorrhizae changes these fungi to act as pollutants rather than nutrients".

Hence, the correct option is (D).

38. दिए गए गद्यांश के अनुसार भारत का स्वर्ण-युग दूर-दूर तक इसलिए दिखाई नहीं देता क्योंकि प्रकृति से संस्कृति की ओर बढ़ने की आकांक्षा पूरी नहीं हो रही हैं।

अतः विकल्प (B) सही है।

39. मनुष्य अपने विकास के लिए प्राकृतिक संसाधनों का दोहन करके अपनी विविध आवश्यकताओं की पूर्ति करता है।

अतः विकल्प (A) सही है।

40. मानव की कुशलता, लगन एवं समर्पण पर प्राकृतिक संसाधनों के संरक्षण, संवर्धन एवं मितव्ययता आदि पर निर्भर करते है।

अतः विकल्प (D) सही है।

41. गाँधीजी ने प्राकृतिक संसाधनों के संरक्षण पर विशेष बल दिया।

अतः विकल्प (C) सही है।

42. नैतिक स्तर, सामाजिक स्तर एवं आध्यात्मिक स्तर को ऊँचा उठाना, ये सभी विकास के ध्येय है जबकि भौतिक स्तर को ऊँचा उठाना विकास का ध्येय गद्यांश के अनुसार सही नहीं है।

अतः विकल्प (B) सही है।

43. जिस संज्ञा शब्द से पदार्थों की अवस्था, गुण-दोष, धर्म आदि का बोध हो उसे भाववाचक संज्ञा कहते हैं। जैसे - बुढ़ापा, मिठास, बचपन, मोटापा, चढ़ाई, थकावट आदि। दया, क्रोध और दरिद्रता भाववाचक संज्ञा है। एकमात्र 'कुंज' समूहवाचक संज्ञा है।

अतः विकल्प (C) सही है।

44. यदि कम गुणवत्ता वस्तु की कीमत घटती है तो इसकी मांग गिरती है। एक न्यून उत्पाद, वह उत्पाद है जिसकी मांग की मात्रा तब कम हो जाती है जब उपभोक्ता की आय में वृद्धि होती है, सामान्य वस्तुओं के विपरीत जिसके लिए इसका उल्टा होता है।

अतः विकल्प (A) सही है।

45. 17 फरवरी, 2020 को मूडीज इन्वेस्टर्स सर्विस, एक अमेरिकी क्रेडिट रेटिंग एजेंसी, ने चालू वित्त वर्ष (2019-20) के लिए भारत के सकल घरेलू उत्पाद (GDP) के विकास का अनुमान 6.6% से कम कर दिया है और अगले वित्तीय वर्ष (2020) -21) के लिए विकास दर का अनुमान 6.7% से 5.8% है।

अतः विकल्प (A) सही है।

46. एक द्विसदनीय विधायिका, सरकार के एक विशेष निकाय को संदर्भित करती है जिसमें दो विधायी सदन या कक्ष होते हैं। भारत में उच्च सदन हैं जिन्हें राज्यसभा के रूप में जाना जाता है और निम्न सदन को लोकसभा के रूप में जाना जाता है।

अतः विकल्प (B) सही है।

47.

- महान्यायवादी के रूप में नियुक्त होने के लिए, एक उम्मीदवार को भारत के सर्वोच्च न्यायालय के न्यायाधीश के रूप में नियुक्त किया जाना चाहिए।
- भारतीय संविधान के अनुच्छेद 76 (1) में इसका उल्लेख है।
- अनुच्छेद 76 कहता है कि भारत के राष्ट्रपति द्वारा नियुक्त महान्यायवादी देश का सर्वोच्च कानून अधिकारी है।

अतः विकल्प (D) सही है।

48. Neutrality is a noun. Seize (A) is a verb. It's (B) is a possessive pronoun modifying the noun inhabitants. Flagrant (C) is an adjective modifying the noun disregard.

Hence, the correct option is (C).

49. "Us" is the objective-case, first-person plural, personal pronoun. Hike (B) is a noun here. Boys (C) is a plural noun. Took (D) is a verb.

Hence, the correct option is (A).

50. "Mean" is the verb. "Baseball" (A) in this sentence is an adjective modifying the noun "game." "During" (B) is a preposition. The name "Joe" (C) is a proper noun.

Hence, the correct option is (D).

51. सहकारी समितियों से संबंधित संविधान (97 वां संशोधन) 2011 का उद्देश्य सहकारी समितियों की आर्थिक गतिविधियों को प्रोत्साहित करना है, जो ग्रामीण भारत की प्रगति में मदद करती हैं।

यह न केवल सहकारी समितियों के स्वायत्त और लोकतांत्रिक कामकाज को सुनिश्चित करने की उम्मीद है, बल्कि सदस्यों और अन्य हितधारकों के लिए प्रबंधन की जवाबदेही भी है।

अतः विकल्प (D) सही है।

52.

- 1946 की कैबिनेट मिशन योजना के तहत गठित एक संविधान सभा द्वारा भारत के संविधान को बनाया गया था।
- विधानसभा में प्रांतों (292), राज्यों (93), मुख्य आयुक्त प्रांतों (3) और बलूचिस्तान (1) का प्रतिनिधित्व करने वाले 389 सदस्य शामिल थे।

अतः विकल्प (B) सही है।

53.

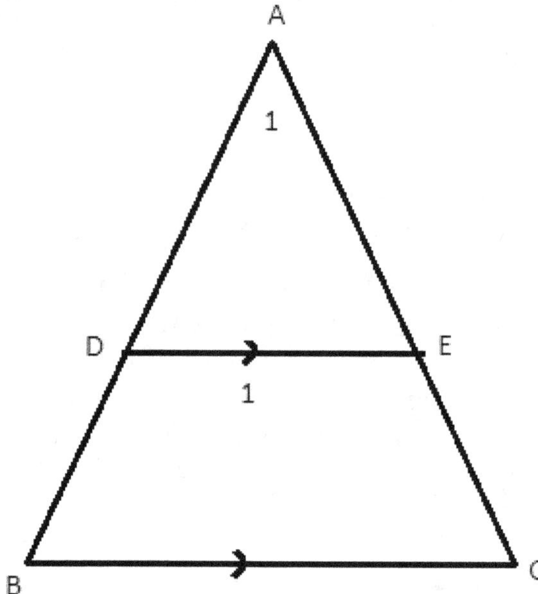

$ar\ ADE = arDEBC$

इसलिए, $ar\ \triangle\ ADE = 1$ इकाई ^{2} और $ar\ \triangle\ ABC = 2$ इकाई ^{2}

$$\frac{ar\triangle ADE}{ar\triangle ABC} = \frac{AD^2}{AB^2}$$

$$\frac{1}{2} = \left(\frac{AD}{AB}\right)^2$$

$$\frac{1}{\sqrt{2}} = \frac{AD}{AB}$$

$$\therefore \frac{AD}{DB} = \frac{1}{\sqrt{2}-1}$$

$$\left(\because DB = AB - AD = \sqrt{2}-1\right)$$

इसलिए, $AD:BD = 1:\sqrt{2}-1$

अतः विकल्प (B) सही है।

54.

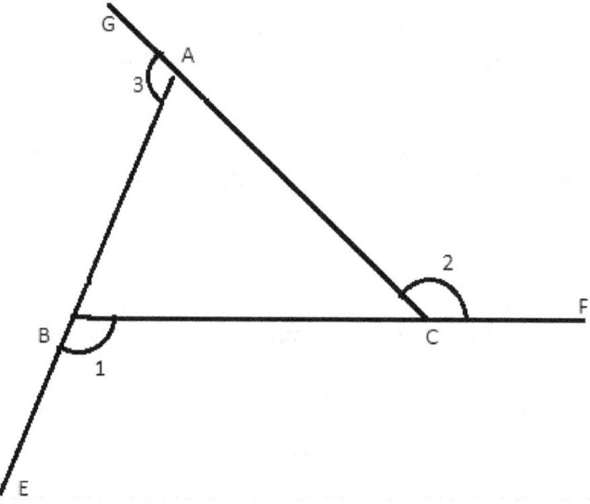

एक सीधी रेखा पर कोण की संपत्ति का उपयोग करके,

$$\angle ACB = 180° - 130° = 50°$$

इसलिये $\angle GAC = \angle ABC + \angle ACB$

बाहरी कोण संपत्ति द्वारा

$$\angle GAC = 50° + 50°$$

अतः विकल्प (A) सही है।

55. मान लें कि तीन क्रमवार प्राकृतिक विषम संख्याएँ a, a + 2, a + 4 है।

दिया गया है ,

तीन क्रमवार प्राकृतिक विषम संख्याओं का योगफल 93 है।

$\therefore$ a + a + 2 + a + 4 = 93

$\Rightarrow$ 3a = 87

$\Rightarrow$ a = 29

अतः विकल्प (A) सही है।

56. दी गई जानकारी से

a + b = 17 और a – b = 9

दोनों समीकरणों को जोड़ने पर, हमें प्राप्त हुआ

$\Rightarrow$ 2a = 26

$\Rightarrow$ a = 13

a + b = 17 में a = 13 के स्थानापन्न से

$\Rightarrow$ 13 + b = 17

$\Rightarrow$ b = 4

$(4a^2 + 4b^2)$ का मान = $(4 \times (13)^2 + 4 \times (4)^2)$ = 740

अतः विकल्प (D) सही है।

57. दो बेलनों की त्रिज्या का अनुपात $r_1\ r_2$ = 3 : 4

ऊँचाई का अनुपात = $h_1 : h_2$ = 7 : 5

सूत्र के अनुसार,

आयतन अनुपात = $\dfrac{\pi r_1^2 h_1}{\pi r_2^2 h_2}$

$$= \frac{\pi \times 3^2 \times 7}{\pi \times 4^2 \times 5}$$

$$= \frac{63}{80}$$

उनके आयतनों का अनुपात = 63 : 80

अतः विकल्प (D) सही है।

58. माना वर्ग की भुजा की लंबाई 'a' मीटर है।

इसलिए, इसका क्षेत्रफल = a^2 वर्ग मीटर = 33800 मीटर^2 .... (1)

भुजा 'a' मीटर वाले वर्ग का विकर्ण

$$d = \sqrt{2}a \quad............(2)$$

(1) और (2) से, हम यह कह सकते हैं:

विकर्ण का वर्ग,

$d^2 = 2a^2$

$d^2 = 2 \times 33800$

$d = 260$ मीटर

चूंकि प्रति मीटर विकर्ण की लागत 5 रुपये है

तो, एक विकर्ण छड़ लगाने के लिए कुल लागत = 260 × 5 = 1300 रु

अतः विकल्प (D) सही है।

59. 13 हुकुम के पत्तों में केवल एक गुलाम होता है।

∴ ऐसा कोई तरीका नहीं है कि हुकुम में दूसरा गुलाम हो।

∴ अभीष्ट प्रायिकता शून्य है।

अतः विकल्प (A) सही है।

60. दी गई जानकारी के अनुसार,

5 से भाज्य होने वाले कार्डों की संख्या 5, 10, 15, 20, 25, 30, 35, 40, 45 हैं।

10 या 15 से भाज्य होने वाले कार्डों की संख्या 10, 15, 20, 30, 40, 45 हैं।

पिछले गुणकों में से अगले गुणकों को निकाल देंगे।

⇒ अतः हमारे पास केवल कार्ड संख्या शेष बची है वह है – 5, 25, 35

∴ कार्ड को चुनने की संभावना, जिस पर अंकित संख्या 5 से भाज्य हो लेकिन 10 और 15 से नहीं = $\frac{3}{49}$

अतः विकल्प (B) सही है।

61. एक पठार एक समतल, ऊंचा भूभाग है जो कम से कम एक तरफ के आसपास के क्षेत्र में तेजी से ऊपर उठता है। पठार हर महाद्वीप पर पाए जाते हैं और पृथ्वी की भूमि का एक तिहाई हिस्सा लेते हैं। वे पहाड़ों, मैदानों और पहाड़ियों के साथ चार प्रमुख लैंडफॉर्म में से एक हैं।

अतः विकल्प (B) सही है।

62. पहाड़, एक लैंडफॉर्म जो अपने परिवेश के ऊपर प्रमुखता से उगता है, आम तौर पर खड़ी ढलानों, अपेक्षाकृत सीमित शिखर क्षेत्र, और काफी स्थानीय राहत का प्रदर्शन करता है। पहाड़ों को आमतौर पर पहाड़ियों से बड़ा समझा जाता है, लेकिन इस शब्द का कोई मानकीकृत भूवैज्ञानिक अर्थ नहीं है।

अतः विकल्प (A) सही है।

63. वैश्वीकरण ने विकासशील देशों के श्रमिकों को बेहतर रोजगार के अवसर प्रदान करके उनके रहन - सहन के स्तर को बेहतर बनाने में मदद की है। इससे लोगों को अपने जीवन स्तर में सुधार करने में मदद मिली है।

अतः विकल्प (B) सही है।

64. 1991 में, सरकार ने विदेशी व्यापार और विदेशी निवेश पर बाधाओं को दूर करना शुरू कर दिया।

अतः विकल्प (B) सही है।

65. राष्ट्रीय मानवाधिकार आयोग (NHRC) एक वैधानिक निकाय है जिसका गठन संसद में पारित अधिनियम द्वारा किया गया था। भारत का NHRC एक वैधानिक सार्वजनिक निकाय है जिसका गठन 12 अक्टूबर 1993 को 28 सितंबर 1993 के मानव अधिकार अध्यादेश के तहत किया गया था। वर्तमान में इसमें एक स्पीकर और 4 सदस्य शामिल हैं; इसलिए यह एक बहुपक्षीय संस्था है।

अतः विकल्प (D) सही है।

66. राष्ट्रीय मानवाधिकार आयोग के अध्यक्ष का कार्यकाल 5 वर्ष या जब तक वह 70 वर्ष का नहीं हो जाता (जो भी पहले हो)।

अतः विकल्प (D) सही है।

67. जैव विविधता संरक्षण दो प्रकार से किया जा सकता है। इन-सीटू और एक्स-सीटू।

इन-सीटू संरक्षण: संरक्षण पद्धति जिसमें संपूर्ण पारिस्थितिकी तंत्र की रक्षा करने के लिए प्रजातियों को उनके प्राकृतिक आवास में संरक्षित किया जाता है।

इन-सीटू संरक्षण के उदाहरण: राष्ट्रीय उद्यान, अभयारण्य जीव मंडल संरक्षित क्षेत्र, आरक्षित वन, संरक्षित वन

भारत सरकार इन-सीटू संरक्षण के माध्यम से विलुप्तप्राय और संकटग्रस्त प्रजातियों के संरक्षण के लिए निरंतर प्रयास कर रही है।

एक्स सीटू संरक्षण: संरक्षण का तरीका जिसमें खतरे वाली प्रजातियों के सुरक्षात्मक रखरखाव शामिल हैं, जहां वे स्वाभाविक रूप से होते हैं, उन्हें एक्स-सीटू संरक्षण कहा जाता है।

एक्स-सीटू संरक्षण के उदाहरण: चिड़ियाघर, वनस्पति उद्यान, पात्रे निषेचन, ऊतक संवर्धन संस्कृति और युग्मकों के निम्नताप परिरक्षण।

अतः विकल्प (C) सही है।

68. अंटार्कटिका के ऊपर दक्षिणी ध्रुव में अधिकतम ओजोन की कमी देखी गई है क्योंकि इस क्षेत्र की रासायनिक और वायुमंडलीय स्थिति प्रतिक्रियाशील हैलोजन गैसों द्वारा ओजोन के नष्ट होने की गति को बढ़ाती है।

अतः विकल्प (B) सही है।

69. राज्यों की परिषद जिसे राज्य सभा के रूप में भी जाना जाता है, इसका नामकरण 23 अगस्त, 1954 को सदन में अध्यक्ष द्वारा घोषित किया गया था,

अतः विकल्प (B) सही है।

70. संविधान के अनुच्छेद 80 में राज्यसभा की अधिकतम शक्ति 250 है, जिसमें से 12 सदस्य राष्ट्रपति द्वारा नामित हैं और 238 राज्यों और दो केंद्र शासित प्रदेशों के प्रतिनिधि हैं।

अतः विकल्प (D) सही है।

71. हाथी संरक्षण और जंगली तथा पालतू हाथियों के बेहतर संरक्षण और प्रबंधन के लिए जानकारी और सकारात्मक समाधानों को साझा करने के लिए हर साल 12 अगस्त को विश्व हाथी दिवस मनाया जाता है। हाथी परियोजना को साल 1992 में पर्यावरण और वन मंत्रालय द्वारा शुरू किया गया था।

अतः विकल्प (A) सही है।

72. आइची लक्ष्य जैव विविधता के संरक्षण के लिए 20 बार समयबद्ध, औसत दर्जे का लक्ष्य हैं। अक्टूबर 2010 में जापान के नागोया में जैविक विविधता पर होने वाले कन्वेंशन के लिए पार्टियों द्वारा लक्ष्य पर सहमति व्यक्त की गई थी।

अतः विकल्प (A) सही है।

73. अमेरीका के पास दुनिया की कुल मोटर योग्य सड़क की लंबाई का 33% है।

अमेरिकी सड़क नेटवर्क लंबाई में कुल 6.58 मिलियन किलोमीटर से अधिक है, जिससे यह दुनिया का सबसे लंबा और सबसे बड़ा सड़क नेटवर्क है।

अतः विकल्प (C) सही है।

74. तीन रेलवे, दार्जिलिंग हिमालयन रेलवे, नीलगिरि माउंटेन रेलवे, और कालका-शिमला रेलवे को सामूहिक रूप से भारत के माउंटेन रेलवे के नाम से एक यूनेस्को विश्व विरासत स्थल के रूप में नामित किया गया है। चौथा रेलवे, माथेरान हिल रेलवे, यूनेस्को की विश्व धरोहर स्थलों की अस्थायी सूची में है।

अतः विकल्प (D) सही है।

75. भारतीय संविधान में न्यायपालिका मौलिक अधिकारों की संरक्षक है।

एक आपराधिक मामले में, न्यायाधीश के पास यह तय करने की शक्ति है कि आरोपी के अधिकारों का उल्लंघन किया गया है या नहीं।

अधिकांश विवादों के साथ, अदालतें तय करती हैं कि कब एक अधिकार का उल्लंघन किया गया है। वे तब क्रम में कार्य करने की शक्ति रखते हैं।

यहाँ भारत में सर्वोच्च न्यायालय न्यायपालिका का सर्वोच्च स्थान है।

अतः विकल्प (A) सही है।

76. संविधान का अनुच्छेद 11 नागरिकता से संबंधित कानून बनाने के लिए संसद पर अधिकार रखता है। भारतीय नागरिकता अधिनियम, 1955 इस प्रावधान के अभ्यास में लागू किया गया था।

अतः विकल्प (B) सही है।

77. काली मिट्टी को रेगुर मिट्टी भी कहा जाता है। यह रंग में काला है और कपास उगाने के लिए आदर्श है। इस प्रकार की मिट्टी उत्तर-पश्चिम दक्कन के पठार में फैले डेक्कन ट्रैप (बेसाल्ट) क्षेत्र की विशिष्ट है और लावा प्रवाह से बनी है।

अतः विकल्प (B) सही है।

78. लाल मिट्टी में लौह ऑक्साइड की उपस्थिति के कारण इसका रंग लाल होता है। लाल मिट्टी (Red soil) लाल, पीली एवं चाकलेटी रंग की होती है। शुष्क और तर जलवायु में प्राचीन रवेदार और परिवर्तित चट्टानों की टूट-फूट से बनती है और यह मिट्टी पानी के संपर्क में आने से हल्की-हल्की पीली दिखती है इस मिट्टी में लोहा, ऐल्युमिनियम और चूना अधिक होता है।

अतः विकल्प (D) सही है।

79. ईवान IV के शासनकाल के दौरान, रूस ने अस्त्राखान के खनाते, कज़ान और सिबिर पर विजय प्राप्त की, जिससे यह लगभग 4,050,000 किमी² तक फैला एक बहुसंख्यक और बहुमहाद्वीपीय राज्य बन गया।

अतः विकल्प (C) सही है।

80. वेल्स के एंग्लो-नोर्मन आक्रमणों के दौरान, वेल्श के धनुर्धरों ने आक्रमणकारियों को भारी नुकसान पहुँचाया और इसके बाद वेल्श तीरंदाज अंग्रेजी सेनाओं में शामिल होने लगे। इस प्रकार की तीरंदाजी में एक अलग प्रकार का धनुष प्रयोग किया जाता था जिसे बाद में इंग्लिश लॉन्गबो (लम्बा धनुष) कहा गया।

अतः विकल्प (A) सही है।

81. लिम्फोसाइट्स रक्त के संचलन में मदद करते हैं। कशेरुक प्रतिरक्षा प्रणाली में एक लिम्फोसाइट सफेद रक्त कोशिका का एक प्रकार है। लसीका प्रणाली एक खुली प्रणाली है जो रक्त में वापस आने के लिए अतिरिक्त अंतरालीय द्रव के लिए एक सहायक मार्ग प्रदान करती है।

अतः विकल्प (A) सही है।

82. अंगोरा ऊन अंगोरा खरगोशों के फर से आता है। फाइबर में बहुत पतला, महीन व्यास होता है और प्रत्येक किनारे के चारों ओर फर का प्रभामंडल जैसा प्रभाव होता है, जो अंगोरा के साथ बनाई गई किसी भी वस्तु पर एक चमकदार गुणवत्ता बनाता है।

अतः विकल्प (A) सही है।

83. प्रश्नानुसार:

$$\sqrt{(x_2 - x_1)^2 + (y_2 - y_1)^2} = 5$$
$$\Rightarrow \sqrt{(4 - 1)^2 + (p - 0)^2} = 5$$
$$\Rightarrow \sqrt{9 + p^2} = 5$$
$$\Rightarrow 9 + p^2 = 25$$
$$\Rightarrow 9 + p^2 = 25$$
$$\Rightarrow p^2 = 16$$
$$\Rightarrow p = \pm 4$$

अतः विकल्प (B) सही है।

84. त्रिभुज के क्षेत्रफल की गणना करने पर,

$$\text{क्षेत्रफल} = \frac{1}{2}\left(x_1(y_2 - y_3) + x_2(y_3 - y_1) + x_3(y_1 - y_2)\right)$$

$$\Rightarrow \text{क्षेत्रफल} = \frac{1}{2}\left(3(0 - 4) + 7(4 - 0) + 8(0 - 0)\right)$$

$$\Rightarrow \text{क्षेत्रफल} = \frac{1}{2}|-12 + 28|$$

$$\Rightarrow \text{क्षेत्रफल} = \frac{1}{2}|16|$$

$$\Rightarrow \text{क्षेत्रफल} = 8$$

अतः विकल्प (C) सही है।

85. टेलीफोन कंप्यूटर, रडार आदि का निर्माण इलेक्ट्रॉनिक उद्योग के अंतर्गत आता है। भारत में इलेक्ट्रॉनिक उद्योग उच्च दर से बढ़ रहा है। भारत में इलेक्ट्रॉनिक उद्योग की चक्रवृद्धि वार्षिक वृद्धि दर लगभग 24.4% है।

अतः विकल्प (C) सही है।

86. सार्वजनिक क्षेत्र की एजेंसी (सेल स्टील अथॉरिटी ऑफ़ इंडिया) लिमिटेडजो भारत में स्टील के उत्पादन और विपणन के लिए जिम्मेदार है। सेल भारत की सबसे बड़ी स्टील कंपनी है और दुनिया में शीर्ष इस्पात निर्माताओं में से एक है।

अतः विकल्प (B) सही है।

87. फोकस समूहों, व्यक्तिगत उत्तरदाताओं के पैनल को प्राथमिक डेटा स्रोत कहा जाता है, स्पष्टीकरण: फोकस समूह, व्यक्ति और उत्तरदाताओं के एक पैनल को डेटा के कई स्रोतों के रूप में वर्गीकृत किया जाता है और प्राथमिक डेटा स्रोतों में वर्गीकृत किया जाता है।

अतः विकल्प (A) सही है।

88. चर जिनका माप वजन, ऊंचाई और लंबाई के संदर्भ में किया जाता है, उन्हें निरंतर चर के रूप में वर्गीकृत किया जाता है।

अतः विकल्प (C) सही है।

89. मुद्रा की आपूर्ति का M1 माप किसी अन्य माप की तुलना में मुद्रा की आपूर्ति की एक संकीर्ण माप है। मुद्रा की आपूर्ति के M1 माप में केवल करेंसी शामिल है जो कि सिक्कों और कागज के नोटों के रूप में जनता द्वारा आयोजित मुद्रा के रूप में सबसे अधिक स्पष्ट रूप है और वाणिज्यिक बैंकों के साथ लोगों की मांग जमा है।

अतः विकल्प (C) सही है।

90. न्यूनतम भण्डारण प्रणाली वर्तमान में आरबीआई द्वारा अनुसरण की जाने वाली करेंसी निकास प्रणाली है। इसे 1956 में अपनाया गया था। न्यूनतम आरक्षित प्रणाली के लिए RBI को विदेशी मुद्रा, सोने के सिक्के, और सोने के बुलियन (सोने के रूप में न्यूनतम 115 करोड़ रुपये) के साथ न्यूनतम 200 करोड़ रुपये रखने की आवश्यकता है।

अतः विकल्प (D) सही है।

91. नाइट्रोजन स्थिरीकरण एक जैविक प्रक्रिया है जिसमें हवा में मौजूद नाइट्रोजन के अणु नाइट्रोजन और मिट्टी में मौजूद नाइट्रोजन-स्थिरीकरण बैक्टीरिया द्वारा नाइट्राइट में परिवर्तित हो जाते हैं। नाइट्रोजन एक अक्रिय गैस है और पौधों के लिए सुलभ नहीं है। हालांकि, नाइट्रेट्स और नाइट्राइट नाइट्रोजन-स्थिरीकरण बैक्टीरिया की उपस्थिति के कारण पौधों के लिए आसानी से सुलभ हैं, जो गा तो मुक्त-जीवित हैं या पौधों के साथ सहजीती संघ बनाते हैं।

अतः विकल्प (A) सही है।

92. बैक्टीरिया द्वारा नाइट्रोजन निर्धारण की प्रक्रिया ऑक्सीजन के मौलिक रूप की उपस्थिति में नहीं होती है। कुछ बैक्टीरिया जैसे कि एज़ोटोबैक्टर (मिट्टी में स्वतंत्र रूप से होता है) और राइजोबियम (मटर, चना, बीन, आदि जैसे लेग्युमिनस पौधों की जड़ नोड्यूल्स में होते हैं) वायुमंडलीय नाइट्रोजन को पानी में घुलनशील पोषक तत्वों में परिवर्तित करते हैं।

अतः विकल्प (B) सही है।

93. महँगी ऋण नीति केंद्रीय बैंक द्वारा एक मौद्रिक नीति को संदर्भित करती है जहां केंद्रीय बैंक उच्च ब्याज दर निर्धारित करता है ताकि अर्थव्यवस्था में जमा धनके प्रवाह को प्रतिबंधित करने के लिए आम जनता को जमा धन आसानी से उपलब्ध न हो। ऐसी नीति का उपयोग सरकार द्वारा अर्थव्यवस्था में मुद्रास्फीति की जांच के लिए किया जाता है।

अतः विकल्प (A) सही है।

94. भारत में, राजकोषीय नीति वित्त मंत्रालय द्वारा अपने बजट प्रस्तावों के माध्यम से बनाई जाती है। RBI मौद्रिक नीति तैयार करता है। वित्त आयोग केंद्र और राज्यों के बीच वित्तीय संसाधनों के आवंटन की सिफारिश देता है।

अतः विकल्प (A) सही है।

95. कृषि और किसान कल्याण मंत्रालय की वार्षिक रिपोर्ट के अनुसार - मध्य प्रदेश, पंजाब और बिहार भारत में गेहूं के शीर्ष तीन सबसे बड़े उत्पादक हैं।

अतः विकल्प (C) सही है।

96. सरसों रबी की फसल है। भारत में रबी की प्रमुख फसल गेहूं है, इसके बाद जौ, सरसों, तिल और मटर है। एक फसल को रबी या खरीफ उसकी वृद्धि का समर्थन करने वाली स्थितियों और पर्यावरण के आधार पर कहा जाता है।

अतः विकल्प (D) सही है।

97. मैदान समतल और निचले क्षेत्र हैं। चूंकि वे नदियों द्वारा लाए गए रेत और गाद के जमाव से बनते हैं, वे बहुत उपजाऊ हैं। यही कारण है कि इन क्षेत्रों में रहने वाले लोगों का मुख्य व्यवसाय खेती है।

अतः विकल्प (A) सही है।

98. तिब्बती पठार दुनिया का सबसे ऊँचा पठार है। यह मध्य एशिया और हिमालय के उत्तर के आसपास के क्षेत्र को कवर करता है। यह लगभग 4,500 मीटर ऊंचा है।

अतः विकल्प (A) सही है।

99. नागरिकों के मौलिक कर्तव्यों का उल्लेख भारतीय संविधान के अनुच्छेद 51 A में किया गया है।

अतः विकल्प (B) सही है।

100. भारतीय संविधान के भाग III में नागरिकों के मौलिक अधिकारों का उल्लेख है।

अतः विकल्प (B) सही है।

Q.1 'सेमीकॉन इंडिया कॉन्फ्रेंस-2022' का आयोजन स्थल कौन सा था?

A. मुंबई   **B.** नई दिल्ली   **C.** बेंगलुरु   **D.** चेन्नई

Q.2 विनेश फोगाट को हाल ही में किस राष्ट्रीय पुरस्कार से सम्मानित किया गया है ?

[HTET PGT - Computer Science, 2020]

A. द्रोणाचार्य अवार्ड

B. अर्जुन अवार्ड

C. राजीव गांधी खेल रत्न अवार्ड

D. ध्यानचन्द अवार्ड

Q.3 1897 में पुणे के प्लेग कमिश्नर डब्ल्यू सी रैंड की हत्या किसने की?

A. गणेश सावरकर   **B.** चापेकर ब्रदर्स

C. वासुदेव बलवंत फड़के   **D.** चिपलूनकर ब्रदर्स

Q.4 15 सितंबर 2022 को अंगोला के राष्ट्रपति के रूप में दूसरे कार्यकाल के लिए किसने शपथ ली?

A. जेरेमियास चिटुंडा   **B.** अर्लेट चिंबिंडा

C. अब्देलमदजिद तेब्बौने   **D.** जोआओ लौरेंको

Q.5 पलोनजी मिस्त्री का जून 2022 में निधन हो गया है। उन्हें _______ में पद्म भूषण से सम्मानित किया गया था।

A. 2014   **B.** 2015   **C.** 2016   **D.** 2017

Q.6 नीमाबेन आचार्य किस राज्य की विधान सभा की प्रथम महिला अध्यक्ष बनीं?

[Haryana Police Constable Commando Wing, 2021]

A. गुजरात   **B.** हरियाणा   **C.** महाराष्ट्र   **D.** मिजोरम

Q.7 प्रतिकूल मौसम और प्राकृतिक आपदाओं के कारण फसलों को होने वाली नुकसान की भरपाई के लिए, किस राज्य ने अप्रैल 2022 में मुख्यमंत्री बागवानी बीमा योजना पोर्टल लॉन्च किया है?

A. उत्तर प्रदेश   **B.** तमिलनाडु

C. गुजरात   **D.** हरियाणा

Q.8 अगस्त 2022 में छोटे उद्योगों के लिए ई-कॉमर्स में तेजी लाने के लिए किस कंपनी ने सिडबी के साथ समझौता ज्ञापन (एमओयू) पर हस्ताक्षर किए हैं?

A. फ्लिपकार्ट   **B.** ज़ोमैटो

C. मिंत्रा   **D.** ओएनडीसी

Q.9 अर्थशास्त्र में नोबेल मेमोरियल पुरस्कार 2022 तीन वैज्ञानिकों को किस क्षेत्र में उनके शोध के लिए दिया गया है?

A. व्यवहार अर्थशास्त्र   **B.** वैश्विक गरीबी

C. बैंक और वित्तीय संकट   **D.** मात्रात्मक विधियां

Q.10 केंद्र सरकार ने जुलाई 2022 के 1–10 से अपनी 29 अधिकृत शाखाओं के माध्यम से चुनावी बांड जारी करने और भुनाने के लिए किस बैंक को अधिकृत किया है?

A. भारतीय स्टेट बैंक   **B.** ऐक्सिस बैंक

C. आईसीआईसीआई बैंक   **D.** एचडीएफसी बैंक

Q.11 "बढ़त-बढ़त सम्पत्ति सलिल मन-सरोज बढ़ जाए। घटत-घटत फिर ना घटे करु सामूल कुम्हिलाय।", में कौन-सा अलंकार है?

A. यमक   **B.** विरोधाभास

C. श्लेष   **D.** रूपक

Q.12 निम्नलिखित में कौन सा अनिश्चयवाचक सर्वनाम नहीं है?

A. कुछ भी   **B.** कुछ-न-कुछ

C. सब कुछ   **D.** जो, वह

Q.13 भौम' का विशेष्य रूप है-

A. भौमिक   **B.** भूमित्व   **C.** भूमि   **D.** भूमिक

Q.14 "वाम अंग शिव शोभित, शिवा उदार।
सरद सुवारिद में जनु तड़ित बिहार।।"
उपर्युक्त पंक्तियों में कौन-सा छंद है?

A. सोरठा   **B.** घनाक्षरी   **C.** रोला   **D.** बरवै

Q.15 कवि बिहारी मुख्यत: किस रस के कवि हैं?

A. करुण   **B.** भक्ति   **C.** श्रृंगार   **D.** वीर

Ques (16-20):निर्देश: नीचे दी गई गद्यांश को पढ़कर उस पर आधारित प्रश्न के उत्तर दीजिए?

गान मनुष्य की स्वाभाविक प्रवृत्ति कही जा सकती है। आनंद में हो या विषाद में, मनुष्य गाए बिना नहीं रह सकता। सुख में गाकर वह प्रसन्न होता है। दुःख में गाकर दुःख भूल जाता जाता है। उसके सुख-दुःख के क्षण गीतों में स्वरित होते हैं, ये गीत मानव जीवन का भोजन हैं। उसके हृदय की तृप्ति गीत गाकर ही होती है। आदिकाल से मानव हृदय से गाता आ रहा है। किसान सूर्य के ताप में हल चलाता हुआ अपने क्षेत्र के गीतों की तान लगाता है, अपने गीतों से उसकी तपिश को भूलता है। गाड़ीवान गाड़ी के पहियों की ढचक-ढचक ध्वनि के साथ अपनी ध्वनि मिलाता हुआ उजली रात में कोस के कोस पार कर जाता है। जंगल में भेड़ों को चराते गडरिये के गान से समूचा जंगल प्रतिध्वनित होकर न केवल जंगल को अपितु हमारे हृदय को भी प्रतिध्वनित कर देता है। ईंट और गारा ढोता हुआ मजदूर भी गाने में मस्त होकर जीवन की कठोरता भूल जाता है। आदिम मनुष्य के हृदय से निकले इन्हीं गानों को "लोकगीत" की संज्ञा दी गई है। मानव जीवन के उल्लास की, उमंगों की, करुणा की, उनके रुदन की, उनके समस्त सुख-दुःख की कहानी इनमें चित्रित है। न जाने कितने काल को चीरकर यों गाते चले आ रहे हैं?

Q.16 गान को मनुष्य की स्वाभाविक प्रवृत्ति कहना इसीलिए उचित है, क्योंकि वह-

A. मानव हृदय को तृप्त करता है

B. मानव जीवन का स्वादिष्ट भोजन है

C. मानव के मन की सहज अभिव्यक्ति है

D. मानव की थकान हर लेता है

Q.17 लोकगीत से अभिप्रेत हैं-

A. कोमलकान्त पदावली में रचित भावपूर्ण गीत

B. अमीर घरों में गाया जानेवाला संगीत

C. करुणा एवं पीड़ा को व्यक्त करने वाला शोकगीत

D. आधुनिक से अप्रभावित मानव के भाव

Q.18 लोकगीत कालजयी होते हैं, क्योंकि-

A. ये मनुष्य के सुख-दुःख के चिर सहचर हैं

B. ये समूची प्रकृति का प्रतिनिधत्व करते हैं

C. ये कृषकों और श्रमिकों द्वारा गाए जाते हैं

D. काल कितना भी क्यों न बदले इनका कुछ नहीं बिगाड़ पाता

Q.19 किसानों के लिए क्षेत्रज का प्रयोग सार्थक क्यों है?

A. वह हल चलाने में शक्ति भरता है।

B. अपने क्षेत्र में लोकप्रिय होता है।
C. ब्रह्म की भाँति क्षेत्र में व्याप्त होता है।
D. खेत और खेती का पूरक ज्ञान रखता है।

Q.20 श्रमिक वर्ग के लिए गान का महत्व क्यों?
A. उसके जीवन को उल्लास की उमंगों से भर देता है।
B. उसके काम की कठोरता कम करता है।
C. उसके हृदय की खुलकर अभिवयक्ति होती है।
D. उसको सूर्य का ताप और रात के सन्नाटे से डर नहीं लगता।

Q.21 Direction: In the following question, some parts of the sentence may have errors. Find out which part of the sentence has an error and select the appropriate option. If a sentence is free from error, select 'No Error'.

Neither of (1)/ them (2)/ were looking for a mate. (3)/ No error (4)

A. 1   **B.** 2   **C.** 3   **D.** 4

Q.22 Direction: In the following question, the sentence is given with blank to be filled in with an appropriate word. Select the correct alternative out of the four and indicate it by selecting the appropriate option.

He knew that an apple _________ not be plucked while it is green.

A. Should   **B.** Is   **C.** Shall   **D.** Can

Q.23 Direction: In the following question, out of the four alternatives, select the word opposite in meaning to the given word.

Commotion
A. Transmission   **B.** Tranquillity
C. Transparency   **D.** Transition

Q.24 Direction: In the following question, a sentence has been given in Active/Passive Voice. Out of the four alternatives suggested, select the one which best expresses the same sentence in Passive/Active Voice.

They are doing great work by helping the poor.
A. Great work is being done by them by helping the poor
B. Helping the poor is a great work
C. Great work had been done by them by helping the poor
D. Great work was done by them by helping the poor

Q.25 Direction: In the following question, a sentence has been given in Direct/Indirect Speech. Out of the four alternatives suggested, select the one which best expresses the same sentence in Indirect/Direct Speech.

Prakash will say, "I will always know where to find him".
A. Prakash will say that he will always know where to find him
B. Prakash will say that he would always know where to find him
C. Prakash would say that he would always know where to find him
D. Prakash says that he would always know where to find him

Ques (26-30):Direction: Read the passage carefully and select the best answer to each question out of the four alternatives.

The National Buildings Construction Corporation (NBCC), tasked with redeveloping half a dozen south Delhi colonies, assured the Delhi High Court that no trees would be cut for the project. The NBCC's statement came after a vacation Bench of Justices Vinod Goel and Rekha Palli said it was inclined to order an interim stay of the tree-chopping process. "You know the effect it would have. I understand of it was widening of road or something inevitable. Can Delhi afford it," the Bench remarked. The NBCC and Central Public Works Department (CPWD) are in the process of felling over 16,500 trees for redevelopment of six south Delhi colonies – Sarojini Nagar, Nauroji Nagar, Netaji Nagar, Thyagaraja Nagar, Mohammadpur and Kasturba Nagar.

Q.26 Name the Bench of Justices at Delhi High Court.
A. Rekha Goel and Vinod Palli
B. Rekha Palli and Vinod Goel
C. Rakhi Palli and Vinod Goel
D. Rakhi Goel and Vinod Palli

Q.27 How many trees are felling over in the process for the redevelopment of six south Delhi colonies?
A. 16,500   **B.** 15,600   **C.** 10,650   **D.** 10,560

Q.28 Which of the following colony is not included for redevelopment?
A. Sarojini Nagar   **B.** Kasturba Nagar
C. Laxmi Nagar   **D.** Netaji Nagar

Q.29 Give the antonym of the word 'interim' given in the fourth line of the paragraph.
A. Transitional   **B.** Transient
C. Temporary   **D.** Permanent

Q.30 Give the synonym of the word 'inevitable' given in the fifth line of the paragraph.
A. Unavoidable   **B.** Avoidable
C. Impossible   **D.** Incidental

Q.31 निम्नलिखित में से कौन-सी संख्या $(3^{25} + 3^{26} + 3^{27} + 3^{28})$ को पूर्णतः विभाजित करेगी:
A. 11   **B.** 16   **C.** 25   **D.** 30

Q.32 15 सेमी त्रिज्या और ऊंचाई 18 सेमी की एक शंकु पूरी तरह से पानी से भर जाती है। यह पानी 4.5 सेमी के त्रिज्या के एक खाली बेलनाकार बर्तन में खाली कर दिया जाता है। इस बर्तन में पानी की ऊँचाई कितनी होगी?
A. $\frac{100}{3}$ सेमी   **B.** $\frac{200}{3}$ सेमी   **C.** 200 सेमी   **D.** 320 सेमी

Q.33 $(\sin^4\theta - \cos^4\theta + 1)cosec^2\theta$ का मान होगा:
A. 1   **B.** 2   **C.** 0   **D.** -1

Q.34 एक खोखले गोले का आंतरिक त्रिज्या और बाह्य त्रिज्या क्रमशः 7 सेमी और 8 सेमी है, उसे पिघलाकर 26 सेमी के व्यास का एक शंकु का बनाया गया है। शंकु की ऊंचाई क्या होगी?
A. 8 सेमी   **B.** 12 सेमी   **C.** 4 सेमी   **D.** 17 सेमी

Q.35 $ABCD$ एक चक्रीय चतुर्भुज है A और C की स्पशरिखा P पर एक दूसरे को प्रतिछेद करती है। यदि $< ABC = 100°$ है, तो $< APC$ किसकें बराबर है?
A. 10°   **B.** 20°   **C.** 30°   **D.** 40°

Q.36 यदि $\tan15° = 2 - \sqrt{3}$ है तो $\tan15°\cot75° + \tan75°\cot15°$ का मान होगा :

A. 14   **B.** 12   **C.** 10   **D.** 8

Q.37 12 मी. उच्च शंक्वाकार तम्बू के आधार की परिधि 66 मी. है। इसमें निहित वायु का आयतन ज्ञात कीजिए।

A. 1432   **B.** 1386   **C.** 1614   **D.** 1321

Q.38 11 सेमी का एक धातु घन 30 सेमी व्यास के साथ एक बेलनाकार बर्तन में निहित पानी में पूरी तरह से डूबी हुई है। पानी के स्तर में वृद्धि का ज्ञात कीजिए।

A. 1.33   **B.** 2.16   **C.** 11.2   **D.** 3.21

Q.39 जब $3x^2 - 7x + 5$ को $(x - 1)$ से विभाजित किया जाता है तो शेषफल होगा:

A. 0   **B.** 1   **C.** 2   **D.** 3

Q.40 प्रत्येक पासा पर एक समान अभाज्य संख्या प्राप्त करने की संभावना, जब पासे के एक जोडे को फेंका जाता है:

A. 1   **B.** $\frac{1}{3}$ **C.** $\frac{1}{12}$ **D.** $\frac{1}{36}$

Q.41 निम्नलिखित में से सिंधु घाटी में खुदाई के बाद, निम्न में से क्या वाणिजियेक और आर्थिक विकास को दर्शाता है?

A. मिट्टी के बर्तन   **B.** मोहर
C. नाव   **D.** घर

Q.42 निम्नलिखित में से कौन सी चट्टानों को काट कर बनाई गई सबसे पुरानी गुफाएँ हैं जो अभी भी अस्तित्व में हैं?

A. अजन्ता की गुफाएँ
B. एलोरा गुफाएं
C. उदयगिरि और खंडगिरी गुफा
D. बाराबर पहाड़ी की गुफा

Q.43 किस राजा ने उदयगिरि हिल्स, ओडिशा में हाथीगुम्फा (हाथी गुफा) शिलालेख स्थापित किया?

A. वदुका   **B.** सोभनाराज
C. खारवेल   **D.** गलावेया

Q.44 इनमें से कौन दो बार बंगाल का नवाब बना?

A. मुर्शिद कुली खान
B. मीर जाफ़र
C. शुजा-उद-दीन मुहम्मद खान
D. इनमे से कोई नहीं

Q.45 इनमें से विजयनगर में तुलुवा राजवंश के संस्थापक कौन थे?

A. कृष्णदेव राय   **B.** तुलुवा नरस नायक
C. हरिहर   **D.** बुक्का

Q.46 कौन सी मस्जिद शाहजहाँ की अंतिम वास्तुकला चमत्कार है?

A. नगीना मस्जिद   **B.** मोती मस्जिद
C. जामा मस्जिद   **D.** मक्का मस्जिद

Q.47 "चौरी-चौरा" घटना के बाद किस आंदोलन को बंद कर दिया गया था?

A. खिलाफत आंदोलन   **B.** भारत छोड़ो आंदोलन
C. असहयोग आंदोलन   **D.** होम रूल आन्दोलन

Q.48 निम्नलिखित में से कौन सा गवर्नर जनरल स्वयं को बंगाल टाइगर कहता था?

A. लॉर्ड क्लाइव   **B.** वॉरेन हेस्टिंग्स
C. लॉर्ड कॉर्नवालिस   **D.** लॉर्ड वेलेज़ली

Q.49 महात्मा गांधी _______ में भारतीय राष्ट्रीय कांग्रेस के अध्यक्ष थे।

A. 1925   **B.** 1929   **C.** 1924   **D.** 1919

Q.50 महात्मा गांधी ने 1942 में भारत छोड़ो आंदोलन कहाँ शुरू किया था?

A. गोवालिया टैंक मैदान   **B.** जलियांवाला बाग
C. डांडी   **D.** साबरमती

Q.51 ब्रह्मपुत्र नदी _______ पर एक गहरी घाट बनाती है।

A. चेमायुंग डुंग   **B.** नामचा बरवा
C. कामेंग   **D.** सिआंग

Q.52 निम्न में से किस हवाई अड्डे का नाम पहले दम दम हवाई अड्डा था?

A. नेताजी सुभाष चंद्र बोस अंतर्राष्ट्रीय हवाई अड्डा
B. लाल बहादुर शास्त्री अंतर्राष्ट्रीय हवाई अड्डा
C. राजीव गांधी अंतर्राष्ट्रीय हवाई अड्डा
D. इनमें से कोई नहीं

Q.53 निम्नलिखित में से कौन भारत की सबसे लंबी नहर है?

A. बकिंघम नहर   **B.** शारदा नहर
C. इंदिरा गांधी नहर   **D.** ऊपरी गंगा नहर

Q.54 निम्नलिखित बंदरगाहों में से कौन सा मुहाना पर स्थित है?

A. कांडला   **B.** मार्मुगाओ
C. कोलकाता-हल्दिया   **D.** तुतीकोरिन

Q.55 इनमें से किस नदी को "ओडिशा का शोक" भी कहा जाता है?

A. दामोदर   **B.** गोदावरी   **C.** महानदी   **D.** रुशिकुल्या

Q.56 निम्नलिखित में से कौन सा भारत में सबसे बड़ा कोयला क्षेत्र है?

A. रामपुर   **B.** झरिया   **C.** येल्लांदु   **D.** तालचेर

Q.57 निम्नलिखित में से कौन यूरोप की सबसे लंबी नदी है?

[SSC Constable (GD), 2019]

A. डेन्यूब   **B.** राइन   **C.** एल्ब   **D.** वोल्गा

Q.58 बलात्कार की शिकार व्यक्ति की शारीरिक जांच का प्रावधान है:

A. धारा 164 (a)   **B.** धारा 153
C. धारा 153 (6)   **D.** धारा 154

Q.59 पुलिस जांच के लिए दिशा निर्देश निम्नानुसार हैं:

A. सुप्रीम कोर्ट   **B.** न्यायाधीश
C. संविधान   **D.** इनमें से कोई नहीं

Q.60 _______ की सलाह पर राष्ट्रपति अपनी अवधि समाप्त होने से पहले लोकसभा को भंग कर सकते हैं।

A. प्रधानमंत्री   **B.** लोकसभा के अध्यक्ष
C. उपराष्ट्रपति   **D.** चुनाव आयुक्त

Q.61 यौन अपराधों से बच्चों का संरक्षण अधिनियम (POCSO) के तहत बच्चा किसे माना जाता है?

A. 12 वर्ष से कम की आयु वाले
B. 16 वर्ष से कम की आयु वाले
C. 18 वर्ष से कम की आयु वाले
D. लड़कों के लिए 18 वर्ष से कम और लड़कियों के लिए 16 वर्ष से कम आयु

Q.62 भारतीय संविधान के अनुच्छेद 32 को किसने "आत्मा और हृदय" कहा है?

A. जवाहरलाल नेहरु   **B.** डॉ. राजेंद्र प्रसाद
C. सरदार पटेल   **D.** डॉ. बी. आर. अम्बेडकर

Q.63 निम्नलिखित में से कौन सा एक सांविधिक निकाय नहीं है?

A. राष्ट्रीय महिला आयोग   **B.** SEBI
C. नीति आयोग   **D.** नेशनल ग्रीन ट्रिब्यूनल

Q.64 भारत में मतदान आयु है:

A. 16 वर्ष **B.** 18 वर्ष **C.** 20 वर्ष **D.** 21 वर्ष

Q.65 राज्यसभा के एक तिहाई सदस्य सेवानिवृत्त होते हैं:

A. एक वर्ष बाद **B.** दूसरे वर्ष बाद
C. तीसरे वर्ष बाद **D.** पांचवें वर्ष बाद

Q.66 राज्य निर्वाचन आयोग नगर निगम चुनावों का संचालन, नियंत्रण और पर्यवेक्षण करता है:

A. अनुच्छेद 243 (K) **B.** अनुच्छेद 245 (D)
C. अनुच्छेद 240 (1) **D.** अनुच्छेद 241 (2)

Q.67 भारतीय संसद में 'शून्यकाल' शुरू होता है-

A. बैठक का पहला घंटा
B. बैठक का अंतिम घंटा
C. ठीक 12:00 बजे
D. कोई समय निर्धारित नहीं

Q.68 राष्ट्रीय एकता परिषद की अध्यक्षता की जाती है:

A. लोकसभा स्पीकर **B.** प्रधानमंत्री
C. राष्ट्रपति **D.** गृहमंत्री

Q.69 देशों को उनकी संगत संसदों से मिलाएं।

1. जर्मनी	a. गजलिस-ए- शूरा
2. ऑस्ट्रेलिया	b. संघीय संसद
3. बांग्लादेश	c. बुंदेस्टैग संसद
4. पाकिस्तान	d. जातीय संसद

A. 1-d, 2-b, 3-c, 4-a **B.** 1-c, 2-b, 3-d, 4-a
C. 1-d, 2-a, 3-b, 4-c **D.** 1-c, 2-b, 3-a, 4-d

Q.70 प्रधानमंत्री श्रम योगी मंथन योजना का लाभ उठाने के लिए मासिक आय _______ रुपये से अधिक नहीं होनी चाहिए?

A. 15,000 **B.** 20,000 **C.** 10,000 **D.** 5,000

Q.71 निम्नलिखित में से कौन-सा संतुलित आहार का हिस्सा नहीं है?

A. विटामिन **B.** कार्बोहाइड्रेट
C. प्रोटीन **D.** शराब

Q.72 निम्नलिखित में से कौन जानवरों में पाया जाने वाला हार्मोन नहीं है?

A. इंसुलिन **B.** औक्सिन
C. एड्रेनालाईन **D.** थायरोक्सिन

Q.73 निम्नलिखित ग्रंथियों में से किसे मास्टर ग्रंथि के रूप में भी जाना जाता है?

A. पीयूषिका **B.** अधिवृक्क **C.** अग्न्याशय **D.** अधश्रेतक

Q.74 हाइड्रा कैसे प्रजनन करता है?

[MP Police (Constable), 2017]

A. एकाधिक विखंडन **B.** द्विअंगी विखंडन
C. विखंडन **D.** मुकलन

Q.75 एक तोप, फायरिंग के बाद_______ के कारण पीछे आता है।

A. ऊर्जा का संरक्षण
B. उत्पादित गैसों का पश्चवर्ती बल
C. न्यूटन का गति का तीसरा नियम
D. न्यूटन का गति का पहला नियम

Q.76 निम्नलिखित में से क्या अभिकेन्द्रीय बल का अनुप्रयोग नहीं है?

A. सूर्य के चारों ओर ग्रहों की गति

B. नाभिक के चारों ओर इलेक्ट्रॉन की गति
C. दूध से मलाई निकालने का यंत्र
D. एक घुमावदार मार्ग पर चलने वाला साइकिल चालक जो मार्ग के केंद्र बिंदु की ओर झुका हुआ है

Q.77 प्रकाश की तीव्रता को मापने के लिए किस उपकरण का उपयोग किया जाता है?

A. हाइग्रोमीटर **B.** फोटोमीटर
C. अमीटर **D.** एनीमोमीटर

Q.78 'कोरन्डम' निम्नलिखित में से किस धातु का अयस्क है?

A. कैडमियम **B.** तांबा
C. लोहा **D.** एल्युमीनियम

Q.79 प्रकृति में सबसे अधिक पाया जाने वाला एसिड _______ है।

A. हाइड्रोक्लोरिक एसिड **B.** सल्फ्यूरिक एसिड
C. लैक्टिक एसिड **D.** एसिटिक एसिड

Q.80 अम्ल और क्षार _______ निर्मित करने के लिए मिलाए जाते हैं।

A. लवण और नाइट्रोजन
B. नाइट्रोजन और ऑक्सीजन
C. लवण और जल
D. अम्ल और क्षारक

Q.81 लच्छू महाराज निम्न में से किस नृत्य से संबंधित हैं?

A. कुचिपुड़ी **B.** कथक **C.** ओडिसी **D.** मणिपुरी

Q.82 इनमें से किसने चंडीगढ़ शहर को किसने डिजाइन किया था?

A. एड्विन लुट्येंस **B.** राम वी. सुतर
C. ले काबूजिए **D.** बी. वी. दोशी

Q.83 चेचक के टीकाकरण का आविष्कार किसने किया था?

A. सर फ्रेडरिक ग्रांट बैंटिंग **B.** सर अलेक्जेंडर फ्लेमिंग
C. लुई पाश्चर **D.** एडवर्ड जेनर

Q.84 कैंची शब्द इनमें से किस खेल से संबंधित है?

A. हॉकी **B.** कबड्डी **C.** कुश्ती **D.** पोलो

Q.85 निम्नलिखित में से कौन सा अंतर्राष्ट्रीय टेनिस टूर्नामेंट घास कोर्ट पर आयोजित किया जाता है?

A. विंबलडन ओपन **B.** ऑस्ट्रेलियन ओपन
C. यूएस ओपन **D.** फ्रेंच ओपन

Q.86 निम्नलिखित में से किसने 'द अलजेब्रा ऑफ इनफिनिट जस्टिस' पुस्तक लिखी है?

A. अरुंधति रॉय
B. अनुराग माथुर
C. अमिताव घोष
D. एच.पी.एस. अहलूवालिया

Q.87 "बुकलेस इन बगदाद" पुस्तक के लेखक कौन हैं?

A. चेतन भगत **B.** सलमान रुश्दी
C. शशि थरूर **D.** अरविंद अडिगा

Q.88 मानस टाइगर रिजर्व भारत के किस राज्य में स्थित है?

A. महाराष्ट्र **B.** राजस्थान **C.** कर्नाटक **D.** असम

Q.89 जर्मनी और पोलैंड के बीच की सीमा को क्या कहते हैं?

A. ओडर-नीस लाइन **B.** मैजिनॉट लाइन
C. डूरंड रेखा **D.** 17 वां समानांतर

Q.90 तिमोर - लेस्त की राजधानी निम्नलिखित में से कौन सी है?

A. दिली   **B.** ट्यूनिस   **C.** ताइपे   **D.** डोडोमा

Q.91 "ए क्रिकेटिंग लाइफ" पुस्तक के लेखक कौन हैं?
A. क्रिस्टोफ़र मार्टिन-जेनकिंस
B. सुनील गावस्कर
C. कपिल देव
D. टोनी ग्रेग

Q.92 यह प्राक्कल्पना कि प्रति व्यक्ति आय की त्वरित वृद्धि निर्धनता में कमी से जोड़ी जाएगी क्या कहलाती है?
A. अधोमुखी (क्षीणधारा) प्राक्कल्पना
B. ऊर्ध्वमुखी (क्षीणधारा) प्राक्कल्पना
C. नालाकृति प्राक्कल्पना
D. निर्धनता आकलन प्राक्कल्पना

Q.93 किसके अंतर्गत खरीदारों और विक्रेताओं को बाजार स्थितियों की संपूर्ण जानकारी होगी?
A. द्वि-अधिकार   **B.** पूर्ण प्रतियोगिता
C. एकाधिकारी प्रतियोगिता   **D.** अल्पाधिकार

Q.94 पेपर गोल्ड का क्या अर्थ है?
A. IMF का विशेष आहरण अधिकार
B. विश्व बैंक की विशेष अनुग्रहण सेवा
C. मुद्रायें स्वर्ण मानक पर निर्भर
D. वित्तीय घाटा

Q.95 किस वर्ष बॉम्बे स्टॉक एक्सचेंज स्थापित किया गया?
A. 1865   **B.** 1876   **C.** 1875   **D.** 1886

Q.96 मुद्रास्फीति का कारण है:
A. उत्पादन में कमी
B. धन की आपूर्ति में वृद्धि और उत्पादन में कमी
C. धन की आपूर्ति में वृद्धि
D. उत्पादन में वृद्धि

Q.97 ब्याज की तरलता का वरीयता सिद्धांत द्वारा प्रस्तावित किया था:
A. एडम स्मिथ   **B.** डेविड रिकार्डो
C. जॉन मेनार्ड कीन्स   **D.** अल्फ्रेड मार्शल

Q.98 मुद्रा के अवमूल्यन का अर्थ है:
A. बाजार बलों द्वारा किसी देश के विनिमय मूल्य में गिरावट
B. सरकार द्वारा मुद्रा के बाह्य मूल्य/विनिमय मूल्य में कमी
C. पुरानी मुद्रा के स्थान पर नई मुद्रा जारी करना
D. इनमें से कोई नहीं

Q.99 'वेब्लेन माल' के लिए मांग वक्र में ______ है।
A. क्षैतिज ढाल   **B.** अनुलंब ढाल
C. सकारात्मक ढाल   **D.** नकारात्मक ढाल

Q.100 "स्मार्ट धन" शब्द किसके लिए प्रयोग होता है?
A. क्रेडिट कार्ड   **B.** इंटरनेट बैंकिंग
C. ई-बैंकिंग   **D.** कैश विद पब्लिक

// स्मार्ट उत्तर पुस्तिका //

सही उत्तर उन छात्रों के प्रतिशत को इंगित करता है जिन्होंने प्रश्नों का सही उत्तर दिया था।

छोड़ दिया उन छात्रों के प्रतिशत को इंगित करता है जिन्होंने प्रश्नों को छोड़ दिया था।

प्रश्न संख्या	उत्तर	सही उत्तर / छोड़ दिया	प्रश्न संख्या	उत्तर	सही उत्तर / छोड़ दिया	प्रश्न संख्या	उत्तर	सही उत्तर / छोड़ दिया	प्रश्न संख्या	उत्तर	सही उत्तर / छोड़ दिया	प्रश्न संख्या	उत्तर	सही उत्तर / छोड़ दिया
1	C	56.07 % / 1.86 %	17	D	59.37 % / 1.93 %	33	B	81.92 % / 0.0 %	49	C	84.67 % / 0.0 %	65	B	19.38 % / 4.42 %
2	C	87.03 % / 0.0 %	18	D	44.2 % / 1.38 %	34	C	28.96 % / 3.48 %	50	A	46.72 % / 1.93 %	66	A	62.67 % / 1.26 %
3	B	67.17 % / 1.47 %	19	B	52.53 % / 1.2 %	35	B	57.42 % / 1.45 %	51	B	47.1 % / 1.15 %	67	C	87.64 % / 0.0 %
4	D	64.1 % / 1.04 %	20	B	44.6 % / 1.28 %	36	A	40.64 % / 1.37 %	52	A	61.54 % / 1.71 %	68	B	12.92 % / 3.52 %
5	C	55.25 % / 1.24 %	21	C	82.07 % / 0.0 %	37	B	89.38 % / 0.0 %	53	C	58.34 % / 1.43 %	69	B	22.33 % / 3.18 %
6	A	65.3 % / 1.23 %	22	A	68.42 % / 1.83 %	38	B	69.8 % / 1.55 %	54	B	44.29 % / 1.25 %	70	A	41.09 % / 1.48 %
7	D	86.79 % / 0.0 %	23	B	79.22 % / 0.0 %	39	B	64.13 % / 1.3 %	55	C	63.75 % / 1.56 %	71	D	79.61 % / 0.0 %
8	D	50.07 % / 1.99 %	24	A	55.27 % / 1.14 %	40	D	66.99 % / 1.44 %	56	B	59.89 % / 1.32 %	72	B	60.85 % / 1.38 %
9	C	60.52 % / 1.96 %	25	A	23.81 % / 4.02 %	41	B	77.03 % / 0.0 %	57	D	88.79 % / 0.0 %	73	A	68.12 % / 1.15 %
10	A	85.08 % / 0.0 %	26	B	76.38 % / 0.0 %	42	D	88.91 % / 0.0 %	58	A	77.6 % / 0.0 %	74	D	56.16 % / 1.86 %
11	D	45.11 % / 1.44 %	27	A	84.9 % / 0.0 %	43	C	26.87 % / 4.38 %	59	A	41.04 % / 1.66 %	75	C	86.97 % / 0.0 %
12	D	42.89 % / 1.83 %	28	C	88.13 % / 0.0 %	44	B	55.13 % / 1.56 %	60	A	77.4 % / 0.0 %	76	C	81.46 % / 0.0 %
13	C	83.3 % / 0.0 %	29	D	87.12 % / 0.0 %	45	B	59.79 % / 1.35 %	61	C	40.03 % / 1.98 %	77	B	58.15 % / 1.68 %
14	D	12.79 % / 4.23 %	30	A	88.99 % / 0.0 %	46	C	60.99 % / 1.05 %	62	D	46.46 % / 1.3 %	78	D	19.05 % / 4.83 %
15	C	66.88 % / 1.21 %	31	D	48.05 % / 1.62 %	47	C	86.89 % / 0.0 %	63	C	64.17 % / 1.46 %	79	D	81.81 % / 0.0 %
16	C	53.34 % / 1.94 %	32	B	66.23 % / 1.89 %	48	D	83.9 % / 0.0 %	64	B	69.44 % / 1.75 %	80	C	21.5 % / 4.96 %

प्रश्न संख्या	उत्तर	सही उत्तर / छोड़ दिया
81	B	83.23 % / 0.0 %
82	C	89.67 % / 0.0 %
83	D	29.55 % / 4.05 %
84	C	88.93 % / 0.0 %

प्रश्न संख्या	उत्तर	सही उत्तर / छोड़ दिया
85	A	82.51 % / 0.0 %
86	A	46.43 % / 1.58 %
87	C	65.51 % / 1.52 %
88	D	44.43 % / 1.07 %

प्रश्न संख्या	उत्तर	सही उत्तर / छोड़ दिया
89	A	41.36 % / 1.17 %
90	A	17.95 % / 3.95 %
91	A	60.87 % / 1.3 %
92	A	26.56 % / 5.0 %

प्रश्न संख्या	उत्तर	सही उत्तर / छोड़ दिया
93	B	19.28 % / 3.52 %
94	A	59.48 % / 1.05 %
95	C	49.56 % / 1.15 %
96	B	56.26 % / 1.48 %

प्रश्न संख्या	उत्तर	सही उत्तर / छोड़ दिया
97	C	17.54 % / 4.57 %
98	B	58.31 % / 1.46 %
99	C	32.55 % / 3.34 %
100	A	84.54 % / 0.0 %

कार्य विश्लेषण

औसत अंक (%)	49.0%
टॉपर्स स्कोर (%)	61.0%
आपका स्कोर	

//संकेत और समाधान//

1. प्रधान मंत्री नरेंद्र मोदी ने बेंगलुरु में सेमीकॉन इंडिया सम्मेलन-2022 का उद्घाटन किया। सेमीकंडक्टर्स की खपत 2030 तक 110 बिलियन अमरीकी डालर को पार करने की उम्मीद है और भारत के पास दुनिया का सबसे तेजी से बढ़ने वाला स्टार्ट-अप इकोसिस्टम है। यह उद्योग संघों के साथ साझेदारी में भारत सेमीकंडक्टर मिशन द्वारा आयोजित किया गया था। इंडिया सेमीकंडक्टर मिशन (आईएसएम) डिजिटल इंडिया कॉर्पोरेशन के भीतर एक स्वतंत्र व्यापार प्रभाग है, जिसके पास सेमीकंडक्टर पारिस्थितिकी तंत्र के विकास के लिए रणनीति तैयार करने के लिए प्रशासनिक और वित्तीय स्वायत्तता है।

अत: विकल्प (C) सही है।

2. मेजर ध्यानचंद खेल रत्न:

मेजर ध्यान चंद खेल रत्न पुरस्कार (पूर्व राजीव गांधी खेल रत्न) भारत में दिया जाने वाला सबसे बड़ा खेल पुरस्कार है। इस पुरस्कार को भारत एवं विश्व हॉकी के सर्वश्रेष्ठ खिलाड़ी के नाम पर रखा गया है, जो तीन बार ओलम्पिक के स्वर्ण पदक जीतने वाली भारतीय हॉकी टीम के सदस्य रहे।

विनेश फोगट:

विनेश फोगट (जन्म 25 अगस्त 1994) एक भारतीय पहलवान हैं। वह राष्ट्रमंडल और एशियाई खेलों दोनों में स्वर्ण जीतने वाली पहली भारतीय महिला पहलवान बनीं। वह विश्व कुश्ती चैंपियनशिप में कई पदक जीतने वाली एकमात्र भारतीय महिला पहलवान हैं।

अत: विकल्प (C) सही है।

3. 1897 में पुणे के प्लेग कमिश्नर डब्ल्यू सी रैंड की हत्या चापेकर ब्रदर्स ने की थी।

22 जून 1897 को, भाइयों दामोदर हरि चापेकर और बालकृष्ण हरि चापेकर ने पुणे, महाराष्ट्र में ब्रिटिश अधिकारी डब्ल्यू सी रैंड और उनके सैन्य अनुरक्षण लेफ्टिनेंट आयरस्ट की हत्या कर दी। 1857 के विद्रोह के बाद भारत में उग्रवादी राष्ट्रवाद का यह पहला मामला था।

अत: विकल्प (B) सही है।

4. 15 सितंबर 2022 को जोआओ लौरेंको ने अंगोला के राष्ट्रपति के रूप में दूसरे कार्यकाल के लिए शपथ ली।

68 वर्षीय लौरेंको ने राजधानी लुआंडा में अंगोला की पहली महिला उपाध्यक्ष, एस्पेरांका दा कोस्टा के साथ शपथ ली। 24 अगस्त को हुए चुनाव में सत्ताधारी MPLA पार्टी ने 220 सदस्यीय संसद में 51% वोट और 124 सीटें हासिल की थीं। अंगोला दक्षिणी अफ्रीका के पश्चिमी तट पर स्थित एक देश है।

अत: विकल्प (D) सही है।

5. पलोनजी मिस्त्री का जून 2022 में निधन हो गया। उन्हें 2016 में पद्म भूषण से सम्मानित किया गया था।

शापूरजी पलोनजी (SP) समूह के अध्यक्ष पल्लोनजी मिस्त्री का जून 2022 में निधन हो गया।

SP समूह, टाटा समूह में सबसे बड़ा शेयरधारक है, जिसकी 100 अरब डॉलर से अधिक के समूह में 18.37 प्रतिशत हिस्सेदारी है।

एकांतप्रिय व्यापार व्यक्तित्व, जिनकी कथित तौर पर 29 बिलियन डॉलर से अधिक संपत्ति थी, को 2016 में भारत के तीसरे सर्वोच्च नागरिक पुरस्कार पद्म भूषण से सम्मानित किया गया था।

अत: विकल्प (C) सही है।

6. नीमाबेन आचार्य गुजरात राज्य की विधान सभा की प्रथम महिला अध्यक्ष बनीं।

निमाबेन भावेशभाई आचार्य अपनी 12वीं विधानसभा के लिए गुजरात के अंजार निर्वाचन क्षेत्र से विधान सभा के सदस्य हैं। वह पहले गुजरात परिवार नियोजन परिषद में कार्यरत थीं।

अत: विकल्प (A) सही है।

7. प्रतिकूल मौसम और प्राकृतिक आपदाओं के कारण फसलों को हुए नुकसान की भरपाई के लिए, हरियाणा ने अप्रैल 2022 में योजना के लिए 10 करोड़ रुपये के प्रारंभिक कोष के साथ मुख्यमंत्री बागवानी बीमा योजना पोर्टल लॉन्च किया है। यह योजना सब्जियों और मसालों के लिए 30,000 रुपये प्रति एकड़ और फलों के लिए 40,000 रुपये प्रति एकड़ की राशि की भरपाई करती है, जिसकी भरपाई किसानों को चार श्रेणियों जैसे 25 प्रतिशत, 50 प्रतिशत, 75 प्रतिशत और 100 प्रति एकड़ के माध्यम से की जाएगी। सर्वेक्षण के आधार पर शत-प्रतिशत किसान का अंशदान बीमित राशि का केवल 5 प्रतिशत यानी सब्जियों और मसालों के लिए 750 रुपये प्रति एकड़ और फलों के लिए 1000 रुपये प्रति एकड़ होगा।

अत: विकल्प (D) सही है।

8. ओएनडीसी ने अगस्त 2022 में इसी तरह की गतिविधियों में लगे संस्थानों के कार्यों के समन्वय के लिए सिडबी के साथ एक समझौता ज्ञापन (एमओयू पर हस्ताक्षर किए हैं।

- साझेदारी का उद्देश्य एमएसएमई को ओएनडीसी नेटवर्क में लाकर और ई-कॉमर्स में उनकी भागीदारी में तेजी लाकर उनके परिदृश्य को बदलना है।
- समझौता ज्ञापन पर सिडबी के अध्यक्ष और एमडी शिवसुब्रमण्यम रमन और ओएनडीसी के एमडी और सीईओ टी कोशी ने हस्ताक्षर किए।

अत: विकल्प (D) सही है।

9. अर्थशास्त्र में नोबेल मेमोरियल पुरस्कार अमेरिकी फेडरल रिजर्व के पूर्व अध्यक्ष बेन एस बर्नान्के, डगलस डब्ल्यू डायमंड और यूएसए के फिलिप एच डायबविग को बैंकों और वित्तीय संकटों में शोध के लिए दिया गया था।

समिति के अनुसार, 'पुरस्कार विजेताओं ने हमारी आधुनिक समझ के लिए एक आधार प्रदान किया है कि बैंकों की आवश्यकता क्यों है, वे कमजोर क्यों हैं, और इसके बारे में क्या करना है'।

अत: विकल्प (C) सही है।

10. केंद्र सरकार ने भारतीय स्टेट बैंक को जुलाई के 1–10 से अपनी 29 अधिकृत शाखाओं के माध्यम से चुनावी बांड जारी करने और भुनाने के लिए अधिकृत किया है।

चुनावी बांड जारी होने की तारीख से पंद्रह कैलेंडर दिनों के लिए वैध होंगे और वैधता अवधि की समाप्ति के बाद चुनावी बांड जमा किए जाने पर किसी भी राजनीतिक दल को कोई भुगतान नहीं किया जाएगा।

अत: विकल्प (A) सही है।

11. "बढ़त-बढ़त सम्पत्ति सलिल मन-सरोज बढ़ जाए। घटत-घटट फिर ना घटै करु सामूल कुम्हिलाय।", में रूपक अलंकार है। इसमें उपमेय (सम्पत्ति एवं मन) का उपमान (सलिल एवं सरोज) के रूप में कहने के कारण यहाँ रूपक का प्रयोग हुआ है।

अत: विकल्प (D) सही है।

12. दिए गए विकल्पों में 'जो वह' में अनिश्चयवाचक सर्वनाम नहीं है। यह सम्बंधवाचक सर्वनाम के अंतर्गत आता है।

अत: विकल्प (D) सही है।

13. भौम' का विशेष्य रूप 'भूमि' है। जबकि दिए अन्य विकल्प भौमिक, भूमित तथा भूमिक, 'भूमि' (संज्ञा) के विशेषण शब्द हैं।

अत: विकल्प (C) सही है।

14. दी गयी पंक्तियों में 'बरवै' छन्द है। बरवै अर्ध सम मात्रिक छन्द है, जिसके विषम चरणों में 12 और सम चरणों में 7 मात्राएँ होती हैं। यति प्रत्येक चरण के अन्त में होती है। सम चरणों के अन्त में जगण या तगण होने से बरवै की मिठास बढ़ जाती है।

अतः विकल्प (D) सही है।

15. कविवर बिहारी मुख्यत: श्रृंगार रस के कवि हैं। बिहारी की अतिप्रसिद्ध रचना सतसई (सप्तशती) है।

अतः विकल्प (C) सही है।

16. मनुष्य हर परिस्थिति में गीत गाता है। गद्यांश में विभिन्न परिस्थितियों की चर्चा भी की गयी है। गान वास्तव में मनुष्य की स्वाभाविक प्रवृत्ति है। मनुष्य की यह एक ऐसी सहज अभिव्यक्ति है जो मानव मन में इसकी उत्पत्ति हर परिस्थिति में कर देती है।

अतः विकल्प (C) सही है।

17. प्रस्तुत गद्यांश में गान के विषय में बात की जा रही है जहाँ यह बताया जा रहा किस प्रकार गान गाहे-बगाहे मनुष्य के जीवन से गुज़रता रहता है। हर परिस्थिति में हमारे साथ रहता है। यह ऐसे भाव हैं जो आज भी आधुनिकता से अप्रभावित हैं।

अतः विकल्प (D) सही है।

18. प्रस्तुत गद्यांश में लोकगीत के विषय में बताया गया है कि वह ऐसे गीत हैं जो हर वर्ग का व्यक्ति गाता है और हर परिस्थिति में इस गीत का गायन किया जाता है। इस गीत पर काल का कोई प्रभाव नहीं होता और ना ही इसमें किसी भी प्रकार का कोई बदलाव आता है। इस प्रकार काल कितना भी क्यों न बदले इनमें कोई परिवर्तन नहीं आता सही उत्तर है।

अतः विकल्प (D) सही है।

19. यहाँ किसानों के सन्दर्भ में क्षेत्रज शब्द का प्रयोग किया गया है। किसान अपने खेत में काम करता हुआ अपने क्षेत्रों में लोकप्रिय गीत गाता रहता है। यहाँ क्षेत्रज से तात्पर्य क्षेत्रों में लोकप्रिय से है।

अतः विकल्प (B) सही है।

20. दिए गये गद्यांश में यह बताया गया है कि श्रमिक वर्ग के जीवन में भी गीतों की महत्ता अत्यधिक है। मजदूर भी भारी उठाता हुआ गान करता रहता है। वह गान उसके काम को और बोझ को कम कर देता है।

अतः विकल्प (B) सही है।

21. The error lies in the third part of the sentence. The subject here is "neither of them" which is singular; thus, the singular verb "was" should be used with it.

Hence, the correct option is (C).

22. The V2 verb in the first part of the sentence indicates that there should be a past form of the verb in the second part of the sentence too. Should is the only verb that is in the past form. So 'should' is the correct choice.

Hence, the correct option is (A).

23. Commotion = sudden noisy confusion or excitement

Transmission = the process of broadcasting something by radio, television, etc., or something that is broadcast

Tranquillity = peace; serenity; lack of excitement

Transparency = the characteristic of being easy to see through

Transition = the process or a period of changing from one state or condition to another.

Hence, the correct option is (B).

24. The given sentence is in the active voice. Its tense is present continuous. The structures for active/passive voices are:

Active: Subject + is/are/am + verb (ing) + object.

Passive: Object + is/are/am + being + verb (IIIrd from) + by + subject.

So, with the help of the above structures, we can convert the given sentence into passive voice:

Great work is being done by them by helping the poor.

Hence, the correct option is (A).

25. The correct answer is option A, i.e., Prakash will say that he will always know where to find him.

Whenever the main verb is in simple present/future tense, the tense of the verb in indirect speech remains as it is.

So, 'Prakash will say' remains unchanged.

The next simple future tense verb 'will know', will also remain unchanged.

Thus, the indirect sentence is: Prakash will say that he will always know where to find him.

Hence, the correct option is (A).

26. Refer to the third sentence of the paragraph, "Bench of Justices are Vinod Goel and Rekha Palli".

Hence, the correct option is (B).

27. Refer to the last third line of the passage, "The NBCC and the CPWD are in the process of felling over 16,500 trees for redevelopment of six south Delhi colonies".

Hence, the correct option is (A).

28. Refer to the last two lines of the passage, Laxmi Nagar is not included among the six colonies.

Hence, the correct option is (C).

29. The meaning of the word 'interim' is temporary. Thus, its opposite is 'permanent'.

Hence, the correct option is (D).

30. The meaning of the word 'inevitable' is 'impossible to avoid or prevent'. Thus, its synonym is 'unavoidable'.

Hence, the correct option is (A).

31. दिया है:

$$3^{25} + 3^{26} + 3^{27} + 3^{28}$$

$$= 3^{25}(1 + 3 + 3^2 + 3^3)$$

$$= 3^{25}(1 + 3 + 9 + 27)$$

$$= 3^{25} \times 40$$

$$= 3^{24} \times 3^1 \times 4 \times 10$$

$$= 30 \times 4 \times 3^{24}$$

जो स्पष्ट रूप से 30 से विभाज्य है,

इसलिए, दी गई अभिव्यक्ति 30 से विभाज्य है।

अतः विकल्प (D) सही है।

32. माना, बेलन की ऊंचाई $= h$ सेमी और त्रिज्या, $r = 4.5$ सेमी

शंकु की ऊंचाई, $H = 18$ सेमी और त्रिज्या, $R = 7$ सेमी

प्रश्न के अनुसार,

बेलन का आयतन = शंकु का आयतन

$$\Rightarrow \pi r^2 h = \frac{1}{3}\pi R^2 H$$

$$\Rightarrow (4.5)^2 h = \frac{1}{3} \times (15)^2 \times 18$$

$$\Rightarrow 20.25 \times h \times 3 = 225 \times 18$$

$$\Rightarrow h = 225 \times \frac{18}{20.25 \times 3}$$

$$\Rightarrow h = \frac{200}{3}$$

अतः विकल्प (B) सही है।

33. दिया हैं:

$$(\sin^4\theta - \cos^4\theta + 1)cosec^2\theta$$

सूत्र के अनुसार,

$$a^2 - b^2 = (a-b)(a+b)$$

$$= [(\sin^2\theta - \cos^2\theta)(\sin^2\theta + \cos^2\theta) + 1]cosec^2\theta$$

$$= (\sin^2\theta - \cos^2\theta + 1)\,cosec^2\theta$$
$$[\because \sin^2\theta + \cos^2\theta = 1]$$

$$= 2\sin^2\theta\, cosec^2\theta \quad [\because 1 - \cos^2\theta = \sin^2\theta]$$

$$= 2$$

अतः विकल्प (B) सही है।

34. दिया है: खोखले गोले का आंतरिक त्रिज्या $(r) = 7$ सेमी

खोखले गोले का बाह्य त्रिज्या $(R) = 8$ सेमी

ठोस शंकु का व्यास $(d) = 26$ सेमी

या त्रिज्या $(r_1) = 13$ सेमी

हम जानते हैं कि,

खोखले का आयतन = शंकु का आयतन

$$\frac{4}{3}\pi(R^3 - r^3) = \frac{1}{3}\pi r_1^2 h$$

$$\Rightarrow \frac{4}{3}\pi \times (8^3 - 7^3) = \frac{1}{3} \times \pi \times 13^2 \times h$$

$$\Rightarrow 4 \times (512 - 343) = 169 \times h$$

$$\Rightarrow 4 \times 169 = 169 \times h$$

$$\Rightarrow h = 4\ \text{सेमी}$$

अतः विकल्प (C) सही है।

35.

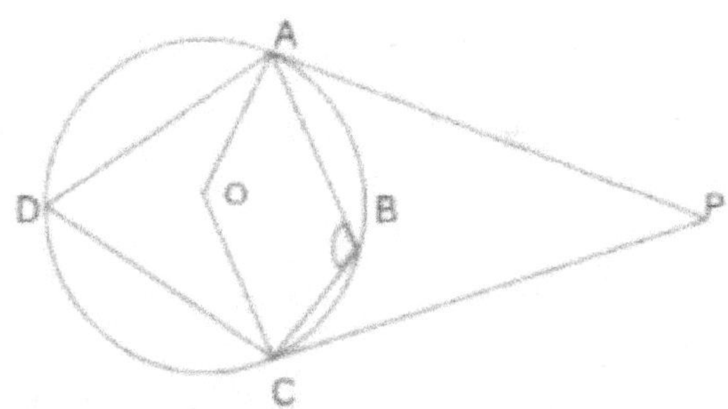

उपरोक्त चित्र के अनुसार, ACD एक चक्रीय चतुर्भुज है।

$$\angle ABC + \angle ADC = 180°$$

$$\angle ADC = 180 - 100 = 80°$$

$$\angle AOC = 2 \times \angle ADC = 2 \times 80 = 160°$$

चतुर्भुज AOCP में.

$$\angle OAP + \angle APC + \angle PCO + \angle COA = 360°$$

$$\angle OAP = \angle PCO = 90°$$

$\because$ (स्पर्श कोण)

$$\angle APC = 360 - 90 - 90 - 160 = 20°$$

अतः विकल्प (B) सही है।

36. दिया हैं:

$$\tan 15° = 2 - \sqrt{3}$$

$$\therefore \tan\theta = \frac{1}{\cot\theta} \Rightarrow \cot\theta = \frac{1}{\tan\theta}$$

$$\cot 15° = \frac{1}{2 - \sqrt{3}} \Rightarrow \cot 15° = 2 + \sqrt{3}$$

प्रश्न के अनुसार,

$$\tan 15° \cot 75° + \tan 75° \cot 15$$

$$\Rightarrow \tan 15° \cdot \cot(90° - 75°) + \cot(90° - 75°) \cdot \cot 15°$$

$$\Rightarrow \tan 15° \tan 15° + \cot 15° \cot 15°$$

$$\Rightarrow \tan^2 15° + \cot^2 15°$$

$$\Rightarrow \left(2 - \sqrt{3}\right)^2 + \left(2 + \sqrt{3}\right)^2$$

$$\Rightarrow 4 + 3 - 4\sqrt{3} + 4 + 3 + 4\sqrt{3} = 14$$

अतः विकल्प (A) सही है।

37. दिया हैं:

शंकाकार तंबू की परिधि $= 66$ मी.

और ऊंचाई $(h) = 12$ मी.

$\therefore$ त्रिज्या $= \dfrac{c}{2\pi} = \dfrac{66 \times 7}{2 \times 22} = 10.5$ मी.

इसलिए, इसमें निहित वायु की मात्रा $= \dfrac{1}{3} \pi r^2 h$

$= \dfrac{1}{3} \times \dfrac{22}{7} \times \dfrac{21}{2} \times \dfrac{21}{2} \times 12$ मी.^{3}

$= 1386$ मी.^{3}

अतः विकल्प (B) सही है।

38. प्रश्नानुसार,

11 सेमी के घन की आयतन $=$ बेलनाकार बर्तन में विस्थापित पानी की आयतन

$\Rightarrow (11)^3 = \pi r^2 h$

$\Rightarrow 11 \times 11 \times 11 = \dfrac{22}{7} \times \dfrac{28}{2} \times \dfrac{28}{2} \times h$

$\Rightarrow h = \dfrac{11 \times 11 \times 11 \times 7 \times 2 \times 2}{22 \times 28 \times 28}$

$= \dfrac{121}{56} = 2.16$ सेमी

अतः विकल्प (B) सही है।

39. दिया हैं: $f(x) = 3x^2 - 7x + 5$

शेषफल को ज्ञात करने के लिए, जब $(x - 1)$ से विभाजित किया जाता है, हम शेषफल प्रमेय का उपयोग करते हैं।

$\dfrac{f(x)}{(x-a)}, f a$ के शेषफल है,

$f(1) = 3 - 7 + 5 = 1$

$\Rightarrow$ शेषफल, जब $3x^2 - 7x + 5 (x - 1)$ से विभाजित होता है तो 1 होगा।

अतः विकल्प (B) सही है।

40. जब दो पासे फेंके जाते है, तो परिणामों की संख्या 36 होती है।

केवल अभाज्य संख्या 2 है।

माना, E प्रत्येक पासा पर एक अभाज्य होने की घटना है।

$\therefore E = \{(2, 2)\}$

$\Rightarrow P(E) = \dfrac{1}{36}$

अतः विकल्प (D) सही है।

41. मोहर वाणिज्यिक और आर्थिक विकास को दर्शाती है। उनका उपयोग व्यापार में किया जाता था। वे सिरेमिक या मिट्टी के सामानों पर बने होते थे जो सामानों के बंडलों के आसपास रस्सी पर मोहर मारते थे।

अतः विकल्प (B) सही है।

42.

- बाराबर पहाड़ी की गुफाएं चट्टानों को काट कर बनाई गई सबसे पुरानी गुफाएं हैं, जो अभी भी अस्तित्व में हैं।

- यह मखदुमपुर प्रांत, बिहार के जहानाबाद जिले में स्थित है।

- ऐसी गुफाएँ बारबार (चार गुफाएँ) और नागार्जुन (तीन गुफाएँ) पहाड़ी जोड़े में पाई जाती हैं।

- अजंता की गुफाएँ चट्टानों को काट कर बनाई गई बौद्ध गुफाएँ हैं।

- चट्टानों को काट कर बनाई गई यह दुनिया की सबसे बड़ी ऐसी गुफाएं हैं जो मठों के मन्दिरों में बनी हैं।

- उदयगिरि और खंडगिरि गुफाएँ, पुरातात्विक गुफाएँ हैं, जो आंशिक रूप से प्राकृतिक और आंशिक रूप से कृत्रिम हैं।

अतः विकल्प (D) सही है।

43.

- कलिंग के तत्कालीन सम्राट खारवेल ने दूसरी शताब्दी ईसा पूर्व के दौरान ओडिशा के उदयगिरि हिल्स में हाथीगुम्फा (हाथी गुफा) शिलालेख स्थापित किया था।

- भुवनेश्वर के पास स्थित हाथीगुम्फा शिलालेख खारवेल की वार्षिक उपलब्धियों की जानकारी देता है।

- शिलालेख शुभ जैन नमोकार मंत्र के एक संस्करण के साथ शुरू होता है।

- शिलालेख में गहरी कट वाली ब्राह्मी लिपि में सत्रह पंक्तियाँ हैं।

- हाथीगुम्फा शिलालेख की सामग्री को खारवेल के शासनकाल के वास्तविक रिकॉर्ड के रूप माना गया है।

- शिलालेख उस शानदार काल के दौरान कलिंग की राजनीतिक, धार्मिक, सांस्कृतिक और सामाजिक स्थिति पर एक जानकारी प्रदान करता है।

अतः विकल्प (C) सही है।

44.

- मीर जाफ़र दो बार बंगाल के नवाब बने।

- पहले, उन्होंने 1757-60 तक सिराज-उद-दौला के बाद शासन किया और बाद में उन्होंने 1763-65 तक मीर कासिम के बाद शासन किया।

- मुर्शिद कुली खान बंगाल के पहले नवाब थे।

- शुजा-उद-दीन मुहम्मद खान बंगाल के दूसरे नवाब थे।

अतः विकल्प (B) सही है।

45.

- तुलुवा नरस नायक विजयनगर साम्राज्य में तुलुवा वंश के संस्थापक थे।

- कृष्णदेवराय विजयनगर साम्राज्य के महानतम शासक थे।

- हरिहर और बुक्का संगम वंश के संस्थापक थे।

- देवा राय द्वितीय, संगम वंश का सबसे महान शासक था।

अतः विकल्प (B) सही है।

46.

- दिल्ली की जामा मस्जिद शाहजहाँ द्वारा बनवाई गयी अंतिम वास्तुकला है।

- यह दिल्ली में स्थित है और यह भारत की सबसे बड़ी मस्जिद है क्योंकि इसके इबादत कमरे की क्षमता 25000 है।

- मुग़ल स्मारक सफ़ेद मार्बल और लाल पत्थर से बनी है।

अतः विकल्प (C) सही है।

47.

- संयुक्त प्रांत के गोरखपुर जिले में चौरी चौरा पर हुई "चौरी-चौरा" घटना की वजह से असहयोग आंदोलन बंद कर दिया गया था।
- "चौरी-चौरा" घटना 5 फरवरी, 1922 को हुई थी।
- गांधी ने इस आंदोलन को इसलिए बंद कर दिया था क्योंकि वह किसी भी तरह की हिंसा के खिलाफ थे।

अतः विकल्प (C) सही है।

48.

- गवर्नर जनरल लॉर्ड वेलेज़ली खुद को "बंगाल टाइगर" बुलाते थे।
- उन्हें वर्ष 1798 में बंगाल के गवर्नर जनरल के रूप में नियुक्त किया गया था जब वह 37 वर्ष के थे।

अतः विकल्प (D) सही है।

49.

- महात्मा गांधी को वर्ष 1924 में भारतीय राष्ट्रीय कांग्रेस का अध्यक्ष चुना गया था।
- यह सत्र कर्नाटक के बेलगाम में हुआ था।
- यह पहली और एकमात्र बार था जब वे भारतीय राष्ट्रीय कांग्रेस के अध्यक्ष बने।
- इस सत्र में अहिंसा और असहयोग के उद्भव को अंग्रेजों से राजनीतिक स्वतंत्रता प्राप्त करने के साधन के रूप में देखा गया।

अतः विकल्प (C) सही है।

50.

- प्रसिद्ध भारत छोड़ो आंदोलन को 'अगस्त आंदोलन' के रूप में भी जाना जाता है। यह महात्मा गांधी द्वारा 8 अगस्त 1942 को बॉम्बे के गोवालिया टैंक मैदान में लॉन्च किया गया था।
- गांधी जी ने अपने भारत छोड़ो भाषण में 'करो या मरो' का नारा बुलंद किया था।
- भारत छोड़ो आंदोलन के शुरुआती दिनों में कांग्रेस के अधिकांश प्रमुख नेता जेल में बंद थे।

अतः विकल्प (A) सही है।

51.

- ब्रह्मपुत्र नदी नमचा बरवा पर्वत (7755 मीटर) पर एक गहरी घाट बनाती है।
- ब्रह्मपुत्र मानसरोवर झील के पास कैलाश सीमा के चेमायुंगडुंग ग्लेशियर से निकलती है।
- ब्रह्मपुत्र को अरुणाचल प्रदेश में सियांग/दिहांग कहा जाता है और कामेंग इसकी सहायक नदियों में से एक है।

अतः विकल्प (B) सही है।

52.

- नेताजी सुभाष चंद्र बोस अंतर्राष्ट्रीय हवाई अड्डे को पहले दम दम हवाई अड्डा कहा जाता था।
- यह कोलकाता, पश्चिम बंगाल में स्थित है।
- इसे वर्ष 2014 में एयरपोर्ट काउंसिल इंटरनेशनल द्वारा एशिया प्रशांत क्षेत्र में सर्वश्रेष्ठ उन्नत हवाई अड्डे के लिए सम्मानित किया गया था।

हवाई अड्डा	शहर / राज्य / संघ राज्य क्षेत्रों
नेताजी सुभाष चंद्र बोस अंतर्राष्ट्रीय हवाई अड्डा	कोलकाता, पश्चिम बंगाल
लाल बहादुर शास्त्री अंतर्राष्ट्रीय हवाई अड्डा	वाराणसी, यूपी
राजीव गांधी अंतर्राष्ट्रीय हवाई अड्डा	हैदराबाद, तेलंगाना

अतः विकल्प (A) सही है।

53. इंदिरा गांधी नहर भारत की सबसे लंबी नहर है। इस महत्वाकांक्षी परियोजना का उद्देश्य पश्चिमी राजस्थान की प्यासी रेगिस्तानी भूमि को हिमालय के पानी से सींचना और इस क्षेत्र के करोड़ों निवासियों को पीने का पानी उपलब्ध कराना है।

इस नहर की उत्पत्ति सतलुज और ब्यास के संगम पर पंजाब में स्थित हरिके बैराज से है।

अतः विकल्प (C) सही है।

54. मार्मुगाओ बंदरगाह एक मुहाना पर स्थित है जो जुरी नदी द्वारा बनाया गया है।

बंदरगाह	स्थान
कांडला	कच्छ की खाड़ी
मर्मगाओ	अरब महासागर, जुआरी मुहाना
कोलकाता-हल्दिया	कोलकाता से 105 किमी दक्षिण की ओर
तूतीकोरिन	तमिलनाडु

अतः विकल्प (B) सही है।

55.

- महानदी नदी को "ओडिशा का शोक" कहा जाता है।
- इसे विनाशकारी बाढ़ के कारण यह नाम दिया गया है।
- दामोदर नदी - "बंगाल का शोक"
- गोदावरी नदी - "वृद्धा गंगा" और "दक्षिण गंगा"
- रुशिकुल्या ओडिशा की एक प्रमुख नदी है जो पूर्वी घाट की दरिंगबाड़ी पहाड़ियों से निकलती है।

अतः विकल्प (C) सही है।

56.

- झरिया अपने समृद्ध कोयला संसाधनों के लिए प्रसिद्ध है, जिसका उपयोग कोक बनाने के लिए किया जाता है।
- यह कोयला क्षेत्र धनबाद शहर की अर्थव्यवस्था और विकास में बहुत महत्वपूर्ण भूमिका निभाता है और इसे धनबाद शहर का एक भाग माना जा सकता है।
- यह शहर झारखंड राज्य में स्थित है।

अतः विकल्प (B) सही है।

57.

- वोल्गा नदी यूरोप की सबसे लंबी नदी है जिसकी लंबाई लगभग 3530 किमी है।
- यह मध्य रूस से होकर बहती है और कैस्पियन सागर में जाकर मिलती है।
- इसे रूस की राष्ट्रीय नदी के रूप में भी जाना जाता है।
- इसकी दो मुख्य सहायक नदियाँ हैं जिनका नाम कामा और ओका है।

अतः विकल्प (D) सही है।

58. दण्ड प्रक्रिया संहिता की धारा (164-a) के अन्तर्गत बलात्कार के शिकार व्यक्ति की शारीरिक जांच किये जाने का प्रावधान करती है। धारा 153 में वजन और माप का निरीक्षण धारा 154 आकस्मिक मामलों की जानकारी से संबंधित है।

अतः विकल्प (A) सही है।

59. सुप्रीम कोर्ट ने दिशा-निर्देश तय किए हैं कि पुलिस को गिरफ्तारी, नजरबंदी और पूछताछ के समय का पालन करना चाहिए। जांच के दौरान पुलिस को किसी को प्रताड़ित करने या पीटने या गोली मारने की अनुमति नहीं है।

अतः विकल्प (A) सही है।

60. प्रधानमंत्री की सलाह पर राष्ट्रपति अपने कार्यकाल की समाप्ति से पहले लोकसभा को भंग कर सकता है। भारतीय संविधान के अनुच्छेद 85 के तहत केवल राष्ट्रपति के पास प्रधानमंत्री की सलाह पर लोकसभा को भंग करने की शक्ति है।

अतः विकल्प (A) सही है।

61.

- POCSO अधिनियम, 2012 एक लिंग-तटस्थ अधिनियम है और यह लड़कियों और लड़कों दोनों को समान सुरक्षा देता है।
- यह अधिनियम अठारह वर्ष से कम आयु के किसी भी व्यक्ति को परिभाषित करता है।
- अधिनियम में रिपोर्टिंग, साक्ष्य की रिकॉर्डिंग, जांच के साथ-साथ अधिनियम के तहत कवर किए गए ऐसे अपराधों का परीक्षण शामिल है।
- जो लोग यौन उद्देश्यों के लिए बच्चों की यौन तस्करी करते हैं, वे अधिनियम में पालन से संबंधित प्रावधानों के तहत दंडनीय हैं।
- रात में किसी भी बच्चे को किसी भी कारण से हिरासत में नहीं ले सकते।
- पुलिस अधिकारियों को निर्देशित किया जाता है कि वे पीड़ित के बयान को रिकॉर्ड करते समय वर्दी में न हों।

अतः विकल्प (C) सही है।

62. भारतीय संविधान के अनुच्छेद 32 को डॉ. बी. आर. अम्बेडकर द्वारा भारतीय संविधान के 'हृदय और आत्मा' के रूप में वर्णित किया गया है।

यह एक नागरिक को उनके उल्लंघन के मामले में किसी भी मौलिक अधिकारों का सहारा लेने के लिए सर्वोच्च न्यायालय में पहुँचने का अधिकार देता है।

अतः विकल्प (D) सही है।

63.

- नीति आयोग एक गैर-वैधानिक और सलाहकार निकाय है।
- यह 2015 में एक संकल्प द्वारा स्थापित किया गया था।
- यह भारत सरकार की एक नीति "थिंक टैंक" है।
- नीति आयोग ने योजना आयोग का स्थान लिया था।
- सांविधिक निकाय संसद के एक अधिनियम द्वारा स्थापित किए जाते हैं।

सांविधिक निकाय	अधिनियम
राष्ट्रीय महिला आयोग	राष्ट्रीय महिला आयोग अधिनियम, 1990
SEBI	SEBI अधिनियम, 1992
नेशनल ग्रीन ट्रिब्यूनल	नेशनल ग्रीन ट्रिब्यूनल, 2010

अतः विकल्प (C) सही है।

64. भारत के संविधान के साठवें संशोधन को आधिकारिक रूप से संविधान (साठवाँ संशोधन) अधिनियम, 1988 के रूप में जाना जाता है, जिसमें लोकसभा चुनाव और राज्यों की विधानसभाओं के लिए मतदान की आयु को 21 वर्ष से घटाकर 18 वर्ष कर दिया।

अतः विकल्प (B) सही है।

65. संसद द्वारा निर्मित कानून के अनुसार, राज्यसभा के एक तिहाई सदस्य प्रति 2 वर्ष के पश्चात् सेवानिवृत्त हो जाते हैं। इन सेवानिवृत्त सदस्यों के स्थान पर नए सदस्यों का चुनाव किया जाता है। इस प्रकार राज्यसभा के सभी सदस्य 6 वर्ष तक अपने पद पर बने रहते हैं। संविधान द्वारा निर्धारित राज्यसभा सदस्यों की अधिकतम संख्या 250 है। वर्तमान कानून में 245 सदस्यों की संख्या का प्रावधान है।

अतः विकल्प (B) सही है।

66. राज्य निर्वाचन आयोग अनुच्छेद 243 (K) के तहत नगर निगम चुनावों का संचालन, नियंत्रण और पर्यवेक्षण करता है।

अनुच्छेद 243 (K) पंचायतों के चुनाव के लिए प्रदान करता है। यह अनुच्छेद पंचायतों के चुनावों के लिए अधीक्षण, निर्देशन और नियंत्रण के लिए राज्य निर्वाचन आयोग की स्थापना करता है।

अतः विकल्प (A) सही है।

67. भारतीय संसद में शून्य काल दोपहर 12 बजे शुरू होता है। प्रश्न काल के तुरंत बाद के समय को "शून्य काल" के रूप में जाना जाता है। यह दोपहर 12 बजे से शुरू होता है, इस दौरान महत्वपूर्ण मुद्दों को उठा सकते हैं।

अतः विकल्प (C) सही है।

68. राष्ट्रीय एकता परिषद (एनआईसी) की अध्यक्षता भारत के प्रधानमंत्री करते हैं। एनआईसी के सदस्यों में केंद्रीय मंत्री, लोकसभा में विपक्ष के नेता और राज्यसभा, सभी राज्य और केंद्र शासित प्रदेशों के मुख्यमंत्री, राष्ट्रीय और क्षेत्रीय राजनीतिक दलों के नेता, राष्ट्रीय आयोगों के अध्यक्ष, प्रख्यात पत्रकार और अन्य जनता शामिल हैं।

अतः विकल्प (B) सही है।

69. जर्मनी एक लोकतांत्रिक, संघीय संसदीय गणराज्य है, जहां संघीय विधायी शक्ति बुंदेस्टैग (जर्मनी की संसद) और बुंडेसराट (लैन्डर, जर्मनी के क्षेत्रीय राज्यों का प्रतिनिधि निकाय) में निहित है ।

ऑस्ट्रेलिया की संसद (आधिकारिक तौर पर संघीय संसद , जिसे राष्ट्रमंडल संसद भी कहा जाता है) ऑस्ट्रेलिया सरकार की विधायी शाखा है।

बांग्लादेश की संसद (राष्ट्रीय संसद या जातीय संसद) बांग्लादेश की सर्वोच्च विधायी संस्था है।

पाकिस्तान की संसद (मजलिस-ए-शूरा का शाब्दिक अर्थ है "पाकिस्तान सलाहकार परिषद" या "पाकिस्तान सलाहकार सभा") पाकिस्तान की संघीय और सर्वोच्च विधायी संस्था है।

अतः विकल्प (B) सही है।

70. प्रधानमंत्री श्रम योगी मंथन 18 से 40 वर्ष की आयु के असंगठित श्रमिकों के लिए उपलब्ध है। इसके अलावा, श्रमिक की मासिक आय 15,000 (यूएस $ 210) से कम होनी चाहिए। इस योजना के तहत, श्रमिकों को 60 वर्ष की आयु प्राप्त करने के बाद प्रति माह 3,000 (यूएस $ 42) की न्यूनतम सुनिश्चित पेंशन मिलेगी।

अतः विकल्प (A) सही है।

71. एक संतुलित भोजन वह होता है जो किसी व्यक्ति की पोषक तत्व आवश्यकताओं को पूरा करता है। एक पोषण परिप्रेक्ष्य से, संतुलित भोजन के छह मुख्य घटक होते हैं: कार्बोहाइड्रेट, वसा, प्रोटीन, विटामिन, खनिज पदार्थऔर पानी।

अतः विकल्प (D) सही है।

72. ऑक्सिन जानवरों में पाया जाने वाला हार्मोन नहीं है। यह पौधों में पाया जाता है।

ऑक्सिन का कार्य है:

यह पत्तियों के पृथक्करण, पतली शाखाओं को नष्ट होने से रोकता है, फसलों को गिरने से बचाता है, पौधों की वृद्धि को नियंत्रित करता है।

मानव शरीर में ग्रंथियाँ	ग्रंथि
इन्सुलिन	अग्न्याशय
थायरोक्सिन	थाइरॉयड ग्रंथि
एड्रेनालाईन	अधिवृक्क ग्रंथि

अतः विकल्प (B) सही है।

73.

- पीयूषिका ग्रंथि को 'मास्टर ग्रंथि' के रूप में भी जाना जाता है, जो एक अंतःस्रावी ग्रंथि है।
- ऐसी ग्रंथि को अंतःस्रावी ग्रंथि कहा जाता है जो हार्मोन को सीधे रक्तप्रवाह में स्रावित करती है।
- पीयूषिका ग्रंथि को मास्टर ग्रंथि कहा जाता है क्योंकि इसके अधिकांश हार्मोन अन्य अंतः स्रावी ग्रंथियों की गतिविधि को नियंत्रित करते हैं।
- यह वृद्धि हार्मोन, प्रोलैक्टिन, थायराइड उत्तेजक हार्मोन आदि का उत्पादन करती है।

अतः विकल्प (A) सही है।

74.

- हाइड्रा मुकलन द्वारा प्रजनन करता है।
- हाइड्रा दोनों यौन और अलैंगिक रूप से प्रजनन करता है।
- जब भरपूर मात्रा में भोजन उपलब्ध होता है तो यह मुकलन द्वारा अलैंगिक रूप से प्रजनन करता है।

अतः विकल्प (D) सही है।

75. न्यूटन के गति के तीसरे नियम के कारण तोप फायरिंग के बाद पीछे आता है।

न्यूटन का तीसरा नियम: प्रत्येक क्रिया के लिए, एक समान और विपरीत प्रतिक्रिया होती है।

न्यूटन के तीसरे नियम का एक प्रमुख उदाहरण, बंदूक फायरिंग हैं जिसमें जब कोई बंदूक से फायर करता है तो प्रतिक्रिया बल बंदूक को पीछे की ओर धकेलता है।

अतः विकल्प (C) सही है।

76. दूध से मलाई निकालने का यंत्र अपकेन्द्रिय बल के सिद्धांत पर कार्य करता है।

सूर्य के चारों ओर ग्रहों की गति, नाभिक के चारों ओर इलेक्ट्रॉन की गति और घुमावदार रास्ते पर चलने वाला एक साइकिल चालक अभिकेन्द्रीय बल के उदाहरण हैं।

एक घुमावदार मार्ग पर चलने वाला साइकिल चालक जो मार्ग के केंद्र बिंदु की ओर झुका हुआ है उस पर अभिकेन्द्रीय बल लगता है।

अतः विकल्प (C) सही है।

77. फोटोमीटर एक उपकरण है जिसका उपयोग प्रकाश की तीव्रता को मापने के लिए किया जाता है।

हाइग्रोमीटर एक उपकरण है जिसका उपयोग हवा में, मिट्टी में या सीमित स्थानों में जल वाष्प की मात्रा को मापने के लिए किया जाता है।

सर्किट के माध्यम से बहने वाले विद्युत की मात्रा को मापने के लिए एक अमीटर का उपयोग किया जाता है।

एनीमोमीटर हवा की गति को मापता है जबकि आर्द्रता को मापने के लिए हाइग्रोमीटर का उपयोग किया जाता है।

अतः विकल्प (B) सही है।

78. कोरन्डम एल्युमिनियम का एक अयस्क है जिसका रासायनिक सूत्र Al_2O_3 है।

अयस्क एक प्राकृतिक रूप से पाया जाने वाला खनिज या चट्टान है जिसमें से धातु निकाली जा सकती है।

अतः विकल्प (D) सही है।

79. सिरका में एसिटिक एसिड पाया जाता है। सिरका में एसिटिक एसिड का 5-8% होता है। यह दुर्बल एसिड तरल रूप में पाया जाता है। सिरका अक्सर घर में खाना पकाने के लिए उपयोग किया जाता है, और यह सिंक को साफ़ करने में मदद करता करता है।

अतः विकल्प (D) सही है।

80. एक अम्ल-क्षार प्रतिक्रिया को "उदासीनीकरण प्रतिक्रिया" कहा जाता है। इसमें अम्ल से क्षार तक हाइड्रॉक्साइड आयन (H^+) का स्थानांतरण होता है। इसलिए वे आमतौर पर "विस्थापन प्रतिक्रियाएं" होते हैं, लेकिन संयोजन प्रतिक्रिया भी हो सकते हैं। उत्पाद लवण और आमतौर पर जल होते हैं।

अतः विकल्प (C) सही है।

81. लच्छू महाराज कथक नृत्य से संबंधित हैं।

कथक उद्गम ब्रजभूमि से रास लीला से है। यह उत्तर प्रदेश का एक पारंपरिक नृत्य है।

कथक कथिया द्वारा किया जाता है जो हावभाव और संगीत के साथ महाकाव्य से छंदों का पाठ करता है।

अतः विकल्प (B) सही है।

82. चंडीगढ़ शहर को प्रसिद्ध फ्रांसीसी वास्तुकार ले कोर्बुसियर द्वारा डिजाइन किया गया है।शिवालिकों की तलहटी में स्थित, यह भारत में बीसवीं शताब्दी में शहरी नियोजन और आधुनिक वास्तुकला में सर्वश्रेष्ठ प्रयोगों में से एक के रूप में जाना जाता है।

अतः विकल्प (C) सही है।

83. एडवर्ड जेनर ने वर्ष 1796 में चेचक के टीकाकरण का आविष्कार किया था।

चेचक विषाणु के कारण होता है। लक्षणों में हल्का बुखार, शरीर में पित्त का प्रस्फुटन शामिल है।

आविष्कारक	आविष्कार	राष्ट्रीयता
सर फ्रेड्रिक ग्रांट बैंटिंग	इंसुलिन के सह-आविष्कारक	कैनेडियन
सर अलेक्जेंडर फ्लेमिंग	पेनिसिलिन	स्कॉटिश
लुई पाश्चर	पाश्चुरीकरण	फ्रेंच
एडवर्ड जेनर	चेचक का टीका	इंगलिश

अतः विकल्प (D) सही है

84. कैंची शब्द कुश्ती के खेल से संबंधित है। यह एक कुश्ती पकड़ है जिसमें आप अपने पैरों को प्रतिद्वंद्वी के शरीर या सिर के चारों ओर लपेटते हैं और अपने पैरों को एक साथ रखते हैं और निचोड़ते हैं।

अतः विकल्प (C) सही है।

85. विंबलडन दुनिया का सबसे पुराना टेनिस टूर्नामेंट है।

यह एकमात्र टेनिस टूर्नामेंट है जो घास पर खेला जाता है। इसलिए, इसे "लॉन टेनिस" के रूप में भी जाना जाता है।

ऑस्ट्रेलियन ओपन और यूएस ओपन हार्ड कोर्ट पर खेला जाता है।

अतः विकल्प (A) सही है।

86. 'द अलजेब्रा ऑफ इनफिनिट जस्टिस' बुकर पुरस्कार विजेता अरुंधति रॉय द्वारा लिखित निबंधों का एक संग्रह है। पुस्तक में वैश्विक और स्थानीय चिंता के

कई दृष्टिकोणों पर चर्चा की गई है, उनमें से एक परमाणु बम शो-अप का दुरुपयोग है।

अतः विकल्प (A) सही है।

87.

- "बुकलेस इन बगदाद" पुस्तक के लेखक शशि थरूर हैं।
- यह पुस्तक पहले प्रकाशित लेखों, पुस्तकों की समीक्षाओं और लेखकों के स्तंभों का संग्रह है जो उन्होंने अपने पूरे जीवन में ॅ पढ़ा है।
- इस पुस्तक का प्रकाशन वर्ष 2005 में हुआ था।

अतः विकल्प (C) सही है।

88. मानस टाइगर रिजर्व राज्य असम में स्थित है।

मानस वन्यजीव अभयारण्य पूर्वोत्तर भारत के असम में स्थित एक जैव विविधता हॉटस्पॉट है जो 39100 हेक्टेयर के एक क्षेत्र को कवर करता है। उत्तर में यह भूटान के जंगलों से घिरा है। मानस वन्यजीव अभयारण्य 283700 हेक्टेयर के कोर जोन का हिस्सा है। मानस टाइगर रिजर्व की सीमाएं मानस नदी के तटों से मिली हुई हैं।

अतः विकल्प (D) सही है।

89. पोलैंड और जर्मनी के बीच की राज्य की सीमा है, जो वर्तमान में ओडर-नीइस लाइन है। इसकी कुल लंबाई 467 किमी (290 मील) है और यह 1945 से लागू है।

अतः विकल्प (A) सही है।

90. दिली तिमोर - लेस्त की राजधानी है।

यह एक दक्षिण पूर्व एशियाई देश है जो आधे तिमोर द्वीप पर कब्जा करता है।

मुद्राएँ: संयुक्त राज्य अमेरिका डॉलर, इंडोनेशियाई रुपिया।

आधिकारिक भाषा: पुर्तगाली, टेटुन।

ट्यूनिस - ट्यूनीशिया की राजधानी।

ताइपे - ताइवान की राजधानी।

डोडोमा - तंजानिया की राजधानी।

अतः विकल्प (A) सही है।

91. 'ए क्रिकेटिंग लाइफ' पुस्तक के लेखक क्रिस्टोफर मार्टिन जेन्किन्स हैं। 'ए क्रिकेटिंग लाइफ' क्रिस्टोफर मार्टिन जेंकिन्स की आत्मकथा है। इस पुस्तक में जेंकिंस ने स्व लिखित पत्रकार के रूप में अपने काम का वर्णन किया है।

अतः विकल्प (A) सही है।

92. एक आर्थिक विचार जो बताता है कि मामूली और पूंजीगत लाभ कर दरों में कमी - विशेष रूप से निगमों, निवेशकों और उद्यमियों के लिए - समग्र अर्थव्यवस्था में उत्पादन को प्रोत्साहित कर सकते हैं। ट्रिकल-डाउन सिद्धांत के समर्थकों के अनुसार, इस प्रोत्साहन से आर्थिक विकास और धन सृजन होता है जो सभी को लाभ पहुंचाता है, न कि केवल उन लोगों को जो कम कर दरों का भुगतान करते हैं।

अतः विकल्प (A) सही है।

93. पूर्ण प्रतियोगिता के अंतर्गत खरीदारों और विक्रेताओं को बाजार स्थितियों की संपूर्ण जानकारी होगी। पूर्ण प्रतियोगिता बाजार के उस रूप का नाम है जिसमें विक्रेताओं की संख्या की कोई सीमा नहीं होती।

खरीदारों और विक्रेताओं को सही प्रतिस्पर्धा के तहत बाजार की स्थितियों का सही ज्ञान होगा। सही ज्ञान का मतलब है कि खरीदार और विक्रेता दोनों को बाजार मूल्य के बारे में पूरी जानकारी है।

अतः विकल्प (B) सही है।

94. पेपर गोल्ड, अन्यथा विशेष आहरण अधिकार (SDR) के रूप में जाना जाता है, अंतर्राष्ट्रीय मुद्रा कोष (IMF) द्वारा अपने सदस्य देशों को उधार के रूप में हस्तांतरित की गई संपत्ति को संदर्भित करता है।

अंतर्राष्ट्रीय मुद्रा कोष (IMF) द्वारा 1970 में बनाया गया अंतर्राष्ट्रीय वित्तपोषण साधन, विश्व व्यापार की प्रमुख मुद्रा के रूप में अमेरिकी डॉलर के साथ मेल खाता है, जिसे पेपर गोल्ड भी कहा जाता है, एक SDR न तो कागज है और न ही सोना, बल्कि एक लेख प्रविष्टि है।

अतः विकल्प (A) सही है।

95. एशिया में सबसे पुराना स्टॉक एक्सचेंज, बॉम्बे स्टॉक एक्सचेंज (बीएसई), 1875 में स्थापित किया गया था। यह दलाल स्ट्रीट के नाम से है। बीएसई को 2005 में बीएसई लिमिटेड नाम दिया गया। भारत में 23 स्टॉक एक्सचेंज हैं। उनमें से दो राष्ट्रीय स्टॉक एक्सचेंज हैं, जिनका नाम बॉम्बे स्टॉक एक्सचेंज (बीएसई) और नेशनल स्टॉक एक्सचेंज (एनएसई) है। बाकी 21 क्षेत्रीय स्टॉक एक्सचेंज (आरएससी) हैं।

अतः विकल्प (C) सही है।

96. वास्तविक उत्पादन में वृद्धि की तुलना में तेजी से धन की आपूर्ति बढ़ने से मुद्रास्फीति का कारण होगा। मुद्रास्फीति तब हो सकती है जब उत्पादन लागत में वृद्धि के कारण कीमतें बढ़ती हैं, जैसे कि कच्चे माल और मजदूरी। उत्पादों और सेवाओं की मांग में वृद्धि से मुद्रास्फीति हो सकती है क्योंकि उपभोक्ता उत्पाद के लिए अधिक भुगतान करने को तैयार हैं।

अतः विकल्प (B) सही है।

97. मैक्रोइकॉनॉमिक सिद्धांत में, तरलता वरीयता पैसे की मांग को संदर्भित करती है, जिसे तरलता माना जाता है। इस अवधारणा को सबसे पहले जॉन मेनार्ड कीन्स ने अपनी पुस्तक द जनरल थ्योरी ऑफ़ एम्प्लॉयमेंट, इंटरेस्ट एंड मनी (1936) में आपूर्ति और ब्याज की मांग के निर्धारण के लिए विकसित किया था।

अतः विकल्प (C) सही है।

98. जब देश एक निश्चित विनिमय दर व्यवस्था का पालन करता है तो सरकार को आंकी गई विनिमय दर को बनाए रखने के लिए मुद्रा का पुनर्मूल्यांकन और अवमूल्यन करना पड़ता है।

अतः विकल्प (B) सही है।

99. 'वेब्लेन माल' के लिए मांग वक्र में x- अक्ष पर मूल्य में वृद्धि के साथ y-अक्ष वृद्धि पर मूल्य के रूप में एक सकारात्मक ढलान है। वेब्लेन माल वे सामग्री हैं जिनके लिए उपभोक्ताओं की वरीयता या नापसंद उस विशेष वस्तु की कीमत में वृद्धि या कमी से निर्धारित होती है।

अतः विकल्प (C) सही है।

100. 'स्मार्ट धन' एक विचार है जिसके माध्यम से भली भाँति सूचित निवेशक अधिकतम लाभ प्राप्त करने के लिए जोखिम और प्रवृत्तियों की गणना करके लाभ अर्जित करता है। क्रेडिट कार्ड स्मार्ट धन का एक उदाहरण है।

अतः विकल्प (A) सही है।

Q.1 जून 2019 तक, सेंट्रल बैंक ऑफ इंडिया के सीईओ कौन हैं?

[SSC MTS, 2019]

A. श्याम श्रीनिवासन **B.** टी.एन. मनोहरन
C. पी.वी.,भारती **D.** पल्लव महापात्रा

Q.2 'भारत जल सप्ताह' 2019 कब मनाया गया था?

[Haryana Primary Teacher (PRT), 2020]

A. 15 जनवरी से 21 जनवरी
B. 22 मार्च से 26 मार्च
C. 2 अक्टूबर से 8 अक्टूबर
D. 24 सितम्बर से 28 सितम्बर

Q.3 विश्व पर्यावरण दिवस 2019 का विषय था:

[Haryana Primary Teacher (PRT), 2020]

A. जल प्रदूषण को हराना **B.** ध्वनि प्रदूषण को हराना
C. वायु प्रदूषण को हराना **D.** मृदा संरक्षण

Q.4 निम्नलिखित में से किस राज्य/केंद्र शासित प्रदेश में मार्च-अप्रैल 2021 के दौरान चुनाव नहीं हुआ था?

[SSC CGL, 2022]

A. पश्चिम बंगाल **B.** बिहार
C. तमिलनाडु **D.** पुदुचेरी

Ques (5-9):Direction: Read the passage given below and then answer the question given below the passage. Some words may be highlighted for your attention. Read carefully.

It's rough when you realize that the true saboteur of your dreams is an insider. If you aren't living up to your highest potential and achieving your goals, blame your brain's own negativity bias. Positive emotions give us access to the control center in the brain that initiates action toward our goals. Yet, the human brain has evolved to prioritize negative emotions, experiences, and memories.

There's a scientific reason why negative inner voices get more air time in your head than positive ones. Our brains are hard-wired to continuously scan for potential threats. Such focus on the possible worst-case scenario contributed to the survival of our early ancestors. Those who were nervous, tense, and attentive to possible danger had a better chance of living to see another day.

As a result, the human brain evolved with a bias towards the negative. Studies show that we recognize and respond more quickly to an angry or sad face, than a happy face. Negative ads and headlines draw more of our attention. Our own shortcomings are far more apparent to us than our achievements. We notice lack more than abundance.

Q.5 Human brains have evolved to focus more on negative emotions. Which of the following is a possible explanation for this?

A. Our conscience finds it easier to believe in negativity
B. Over the years, humans have survived taking in the note the worst-case scenarios
C. Over the years, we have responded quickly to something joyful as compared to something sad
D. Both (A) and (B)

Q.6 'We notice lack more than abundance'. Which of the following quotes by famous personalities suit this context?

A. Everybody is a genius. But if you judge a fish by its ability to climb a tree, it will live its whole life believing that it is stupid - Albert Einstein
B. If you are born poor, it's not your mistake. But if you die poor, it's your mistake - Bill Gates
C. I cried because I had no shoes, then I met a man who had no feet - Mahatma Gandhi
D. Successful people don't fear failure but understand that it's necessary to learn and grow from – Robert Kiyosaki

Q.7 Which of the following is the closest synonym of the word saboteur as used in the passage?

A. Promoter **B.** Facilitator
C. Destroyer **D.** Architect

Q.8 According to the passage, what is the effect of having positive emotions?

A. They allow us to deal with depression and anxiety
B. They help us to feel and act confident
C. They warn us of various threats and challenges
D. They help us in initiating action towards our goals

Q.9 Which of the following best describes the tone of the author?

A. Nonchalant **B.** Illuminating
C. Vindictive **D.** Depressed

Ques (10-14):निर्देश: निम्नलिखित गद्यांश को पढ़कर इस पर आधारित प्रश्नों के उत्तर दीजिये।

शिक्षा की बैंकिंग अवधारणा में ज्ञान एक उपहार होता है, जो स्वयं को ज्ञानवान समझने वालों के द्वारा उनको दिया जाता है, जिन्हें वे नितांत अज्ञानी मानते हैं। दूसरों को परम अज्ञानी बताना उत्पीड़न की विचारधारा की विशेषता है। वह शिक्षा और ज्ञान को जिज्ञासा की प्रक्रिया नहीं मानती। शिक्षक अपने छात्रों के समक्ष स्वयम को एक आवश्यक विलोम के रूप में प्रस्तुत करता है, उन्हें परम अज्ञानी मानकर वह अपने अस्तित्व का औचित्य सिद्ध करता है। छात्र, हेगेलीय द्वन्द्ववाद में वर्णित दासों की भांति, अलगाव के शिकार होने के कारण अपने अज्ञान को शिक्षक के अस्तित्व को औचित्य सिद्ध करने वाला समझते हैं – लेकिन इस फर्क के साथ, कि दास तो अपनी वास्तविकता को जान लेता है (कि मालिक का अस्तित्व उसके अस्तित्व पर निर्भर है) लेकिन ये छात्र अपनी इस वास्तविकता को कभी नहीं जान पाते कि वे भी शिक्षक को शिक्षित करते हैं।

Q.10 गद्यांश के अनुसार छात्र अपनी किस वास्तविकता को नहीं जान पाते?
A. शिक्षक ज्ञानवान है
B. शिक्षा में ज्ञान ही सर्वोपरि है
C. शिक्षक पुर्णतः शिक्षित नहीं है
D. वे अज्ञानी हैं

Q.11 गद्यांश के अनुसार शिक्षा की प्रक्रिया सम्पन्न होने की अनिवार्य शर्त है:

A. शिक्षक की उपस्थिति

B. शिक्षक का परम ज्ञानवान होना

C. छात्र का परम अज्ञानी होना

D. छात्रों का सीखने के लिए उत्सुक होना

Q.12 शिक्षा की बैंकीय अवधारणा शिक्षा को किस रूप में प्रस्तुत करती है?

A. शिक्षा की प्रक्रिया में केवल परम ज्ञानी शामिल होते हैं

B. शिक्षा ज्ञान के लेन देन की प्रक्रिया है

C. शिक्षा में छात्र शिक्षकों को शिक्षित करते हैं

D. शिक्षा में उपहारों का लेन-देन होता है

Q.13 गद्यांश के अनुसार, उत्पीड़न की विचारधारा की विशेषता क्या है?

A. शिक्षा ज्ञान का उपहार है

B. शिक्षक श्रेष्ठ है और छात्र हीन है

C. आदर्श शिक्षक सदैव उत्पीड़क होता है

D. परम अज्ञानियों का शोषण अनिवार्य है

Q.14 जिज्ञासा शब्द से बनने वाला विशेषण है:

A. जिज्ञासाशील   **B.** जिज्ञासावाला

C. जिज्ञासु   **D.** जिज्ञासी

Q.15 मानव द्वारा जलमंडल पर विकास की गतिविधियों का क्या प्रभाव पड़ता है?

A. वायु प्रदूषण   **B.** रेडियोधर्मिता प्रदूषण

C. जल प्रदूषण   **D.** मृदा अपरदन

Q.16 प्राकृतिक संसाधनों में क्या शामिल है।

A. जल   **B.** खनिज पदार्थ

C. लकड़ी   **D.** उपरोक्त सभी

Q.17 कौन सी मानव निर्मित बस्तु जल प्रदूषण का कारण हो सकती है।

A. घरेलू डिटर्जेंट   **B.** मल

C. औद्योगिक कूड़ा   **D.** उपरोक्त सभी

Q.18 एक कोण अपने पूरक कोण का तीन गुना है। कोण की माप क्या है?

A. 22.5°   **B.** 135°   **C.** 45°   **D.** 67.5°

Q.19 एक त्रिभुज का सबसे छोटा कोण सबसे बड़े कोण से 40° कम है। यदि सबसे बड़ा कोण 80° है, तो त्रिभुज का तीसरा कोण ज्ञात कीजिये।

A. 40°   **B.** 90°   **C.** 80°   **D.** 60°

Q.20 यदि एक कोण का अनुपूरक, उसके सम्पूरक कोण के एक-चौथाई है, तो उस कोण का मान क्या है?

A. 120°   **B.** 60°   **C.** 90°   **D.** 30°

Q.21 $2\sin^2\theta + 3\cos^2\theta$ का न्यूनतम मूल्य है?

A. 0   **B.** 3   **C.** 2   **D.** 1

Q.22 यदि $12\cos^2\theta + 8\sin^2\theta = 9$ है, तो $\tan\theta$ का मान क्या है?

A. $\sqrt{7}$ **B.** $\frac{7}{3}$ **C.** 3   **D.** $\sqrt{3}$

Q.23 यदि $pq = 28$ जहाँ p और q $(p > q)$ पूरी संख्याएँ हैं, तो निम्न में से कौन सा $(p^2 - q^2)$ हो सकता है?

A. 32

C. 783   **B.** 83   **D.** इनमें से कोई नहीं

Q.24 दादाजी की आयु उनके तीन पौत्रों का योग है। दूसरा पहले वाले से 2 वर्ष छोटा है और तीसरा वाला दूसरे वाले से 2 वर्ष छोटा है। फिर दादाजी की उम्र क्या होगी?

A. 84

B. 56

C. 69

D. निर्धारित नहीं किया जा सकता है

Q.25 वर्तमान में अनिल, पूर्वी की उम्र का 1.5 गुना है। आठ वर्ष बाद, अनिल और पूर्वी की आयु के बीच का अनुपात 25: 18 होगा। पूर्वी की वर्तमान आयु क्या है?

A. 50 वर्ष   **B.** 28 वर्ष   **C.** 42 वर्ष   **D.** 36 वर्ष

Q.26 पहली 100 प्राकृतिक संख्याओं का योग:

A. 5025   **B.** 5050   **C.** 5035   **D.** 5015

Q.27 दो संख्याओं का ल.स.प. और म.स.प. क्रमशः 168 और 6 है। यदि एक संख्या 24 है, तो दूसरी संख्या ज्ञात कीजिए।

A. 36   **B.** 38   **C.** 40   **D.** 42

Q.28 एक लड़के को एक संख्या को $\frac{7}{8}$ से गुणा करने के लिए कहा गया, इसके बजाय उसने संख्या को $\frac{7}{8}$ से विभाजित कर दिया और परिणाम वास्तविक परिणाम से 15 अधिक मिला। वह संख्या क्या थी?

A. 96   **B.** 36   **C.** 56   **D.** 65

Q.29 आण्विक कक्षा का अभिन्यास किससे नियंत्रित होता है?

A. मुख्य क्वाण्टम संख्या

B. चुम्बकीय क्वाण्टम संख्या

C. प्रचक्रण क्वाण्टम संख्या

D. द्विगंशी क्वाण्टम संख्या

Q.30 किसी तत्व के रसायनिक गुण निमनलिखित मे से कौन तय करता है?

A. इलेक्ट्रॉनों की संख्या   **B.** न्यूट्रॉनों की संख्या

C. प्रोटॉनों की संख्या   **D.** उपयुक्त सभी

Q.31 हाइड्रोजन सल्फाइड या हाइड्रोजन क्लोराइड की तुलना मे जल का उच्च कथनांक किसके कारण होता है?

A. द्विध्रुवी रोहन   **B.** वानडर वाल्स आकर्षण

C. ध्रुवीय सहसंयोजी आबंध   **D.** हाइड्रोजन आबंधन

Q.32 प्रकाश संश्लेषण के लिए क्या आवश्यक है?

A. सूर्य का प्रकाश   **B.** जल

C. क्लोरोफिल   **D.** उपरोक्त सभी

Q.33 स्वपरागण का परिणाम क्या होगा?

A. अंत:प्रजनन   **B.** विरल प्रजनन

C. अति प्रजनन   **D.** बहि:प्रजनन

Q.34 पादपों में मूल रोम की मूल भूमिका है:

A. मृदा से खनिज लवण और जल अवशोषित करना

B. पौधों को जड़ों तक मिट्टी के कणों को कसने के लिए जोड़ना

C. युवा मूल को सती मिट्टी के कणों द्वारा सुरक्षित करना

D. मृदा रोगाणुओं से मुल की रक्षा करना

Q.35 भारतीय संविधान को कितने दिनों में तैयार किया गया था?

A. 2 वर्ष 10 महीने 15 दिन   **B.** 3 वर्ष 05 महीने 14 दिन

C. 2 वर्ष 04 महीने 20 दिन   **D.** 2 वर्ष 11 महीने 18 दिन

Q.36 निम्नलिखित में से किस संविधान (संशोधन) अधिनियम ने भारत के संविधान में मौलिक कर्तव्यों को जोड़ा?

A. संविधान (40वां संशोधन) अधिनियम, 1976

B. संविधान (42वां संशोधन) अधिनियम, 1976

C. संविधान (44वां संशोधन) अधिनियम, 1978

D. संविधान (45वां संशोधन) अधिनियम, 1980

Q.37 भारतीय संविधान में 'लोक हितकारी राज्य' का आदर्श किसमे प्रतिष्ठापित है?

A. प्रस्तावना
B. राज्य के नीति निर्देशक तत्व
C. मौलिक अधिकार
D. सातवीं अनुसूची

Q.38 एक विद्युत मोटर _____ ऊर्जा को यांत्रिक ऊर्जा में परिवर्तित करती है।

A. ध्वनि
B. ऊष्मीय
C. रासायनिक
D. विद्युत

Q.39 निम्नलिखित में से किसकी आवृत्ति (फ्रीक्वेंसी) सबसे कम है?

A. दृश्य प्रकाश
B. गामा किरण
C. एक्स - किरण
D. पराबैंगनी किरण

Q.40 प्रतिरोधकता की SI इकाई क्या है?

A. ओम मीटर
B. ओम मीटर$^{-1}$
C. ओम$^{-1}$
D. ओम मीटर^2

Q.41 लंब वृत्तीय बेलन के वक्र पृष्ठ क्षेत्रफल (सेमी^{2} में) को ज्ञात कीजिए जिसका व्यास 7 सेमी है और ऊँचाई 6 सेमी है।

A. 132 सेमी^{2} **B.** 110 सेमी^{2} **C.** 92 सेमी^{2} **D.** 154 सेमी^{2}

Q.42 एक वृत्त की त्रिज्या कितनी है जिसे 81 सेमी^{2} क्षेत्रफल के वर्ग में बनाया जा सकता है?

A. 1.5 सेमी **B.** 4.5 सेमी **C.** 6.5 सेमी **D.** 8.5 सेमी

Q.43 यदि एक वर्ग का विकर्ण 10 सेमी है, तो वर्ग का क्षेत्रफल (सेमी^{2} में) क्या है?

[SSC MTS, 2017]

A. 100 **B.** $50\sqrt{2}$ **C.** 50 **D.** $100\sqrt{2}$

Q.44 भारत ओमान रिफाइनरीज़ लिमिटेड निम्नलिखित रिफाइनरियों में से किसका संचालन करती है?

A. बोंगाईगांव रिफाइनरी
B. बीना रिफाइनरी
C. हल्दिया रिफाइनरी
D. नुमालीगढ़ रिफाइनरी

Q.45 निम्नलिखित में से कौन भारत का पेट्रोकेमिकल केंद्र नहीं है?

A. कोयली **B.** जामनगर **C.** मंगलौर **D.** राउरकेला

Q.46 पश्चिम बंगाल में कूच बिहार किस उद्योग के लिए प्रसिद्ध है?

A. सूती कपड़ा उद्योग
B. रेशम उद्योग
C. पैट्रोलियम उद्योग
D. ग्लास उद्योग

Q.47 दो पासे को एक साथ फेंकने में, कुल 7 प्राप्त करने की संभावना क्या है?

A. $\frac{1}{6}$ **B.** $\frac{1}{4}$ **C.** $\frac{2}{3}$ **D.** $\frac{3}{4}$

Q.48 एक बैग में 2 लाल, 3 हरे और 2 नीले रंग की गेंद है। जिनमें से दो गेंदों को अनियमित बैग से निकाला जाता है। उनमें से एक भी नीला गेंद न निकलने की प्रायिकता क्या होगी।

A. $\frac{10}{28}$ **B.** $\frac{10}{23}$ **C.** $\frac{14}{22}$ **D.** $\frac{10}{21}$

Q.49 तीन ताश के पत्ते अच्छी तरह से फेरबदल की गई ताश की गड्डी से क्रमिक रूप से निकाले जाते हैं। यदि पहला पत्ता लाल है, तो दूसरे पत्ते के काले और तीसरे पत्ते के लाल होने की प्रायिकता कितनी है?

A. $\frac{11}{102}$ **B.** $\frac{13}{102}$ **C.** $\frac{5}{34}$ **D.** $\frac{7}{34}$

Q.50 विश्व 'संप्रभुता' की उत्पत्ति सुपरनस से हुई है जो भाषा से संबंधित है:

A. ग्रीन **B.** लैटिन **C.** अंग्रेजी **D.** फ्रेंच

Q.51 प्राचीन काल में किसने महसूस किया कि संप्रभुता 'राज्य की पूर्णता' थी?

A. रोमनों **B.** ग्रीक **C.** मुसलमानों **D.** अरबों

Q.52 कौन मानता था कि राज्य में रहने वाले सभी व्यक्तियों और संघों के लिए संप्रभुता का विस्तार हुआ?

A. सेंट ऑगस्टाइन
B. अरस्तू
C. जीन बोडिन
D. रूसो

Q.53 यदि अंक (2, -2) और (-1, x) के बीच की दूरी 5 है, तो x का मान है

A. -2 **B.** 2 **C.** -1 **D.** 1

Q.54 बिंदु A (-2, 8) और B (-6, -4) को मिलाने वाला रेखाखंड का मध्य बिंदु है:

A. (-4, -6) **B.** (2, 6) **C.** (-4, 2) **D.** (4, 2)

Q.55 AOBC एक आयत है जिसके तीन कोने A (0, 3), O (0, 0), और B (5, 0) हैं। इसके विकर्ण की लंबाई है

A. 5 **B.** 3 **C.** $\sqrt{34}$ **D.** 4

Q.56 Direction: In the question below, a part of the sentence is underlined. Below are given alternatives to the underlined part which may improve the sentence. Choose the correct alternative. In case no improvement is needed choose 'No improvement.'

Sheena is the most cleverest girl in our class.

A. The cleverest girl
B. The cleverer girl
C. The more clever girl
D. No improvement

Q.57 Direction: In the following question, a sentence has been given in direct/indirect speech. Out of the four alternatives suggested, select the one which best expresses the same sentence in indirect/direct speech

He said to her, "What a hot day it is!"

A. He exclaimed sorrowfully that it was a very hot day.
B. He told her that it was a hot day.
C. He exclaimed that it was a very hot day.
D. He said that it was a hot day.

Q.58 Direction: In a sentence has been given in Active/Passive Voice. Out of the four alternatives suggested, select the one which best expresses the same sentence in Passive/Active Voice.

This strategy permits investors to buy shares from unlisted companies.

A. Under this strategy, the investors may be permitted to buy shares from unlisted companies.
B. Under this strategy, the investors have been permitted to buy shares from unlisted companies.
C. Under this strategy, the investors are permitted to buy shares from unlisted companies.
D. Under this strategy, the investors were permitted to buy shares from unlisted companies.

Q.59 राजा हर्ष वर्धन को किसने हराया?

A. प्रभाकरवर्धन
B. पुलकेसिन द्वितीय
C. नरसिंह वर्मन पल्लव
D. राजा अशोक

Q.60 गौतम बुद्ध ने जिस पवित्र स्थान पर ज्ञान प्राप्त किया, उस पवित्र स्थान का नाम है?
A. राजकोट
B. कपिलवस्तु
C. बोधगया
D. श्रावस्ती

Q.61 किस पाल राजा ने विक्रमशिला विश्वविद्यालय की स्थापना की थी?
A. जयपाल
B. धर्मपाल
C. कुमारपाल
D. श्रीपाल

Q.62 मध्ययुगीन भारत के निम्नलिखित राजवंशों में से कौन सा अष्टकोणीय मकबरे के आकार की विशेषता थी?
A. तुगलक
B. ऐबक
C. लोदी
D. खिलजी

Q.63 लोदी वंश का अंतिम राजा कौन था?
A. बहलोल लोदी
B. सिकंदर लोदी
C. इब्राहिम लोदी
D. दौलत खान लोदी

Q.64 सालबाई की संधि निम्नलिखित में से किस युद्ध से संबंधित है?
A. प्रथम एंग्लो-मैसूर युद्ध
B. प्रथम एंग्लो-मराठा युद्ध
C. द्वितीय एंग्लो-मराठा युद्ध
D. द्वितीय एंग्लो-मैसूर युद्ध

Q.65 भारतीय मंदिरों की तरह निम्नलिखित में से कौन-सा लक्षण मिस्र के मंदिरों के स्तंभ जैसा दिखता है?
A. लाट
B. विमान
C. गोपुरा
D. शिखर

Q.66 निम्नलिखित तीन राजधानियाँ डेन्यूब नदी के तट पर स्थित हैं, निम्नलिखित से कोई एक नहीं है?
A. बेलग्रेड
B. बुडापेस्ट
C. रोम
D. विएना

Q.67 निम्नलिखित में से किस मिट्टी पर खेती करना बहुत कठिन है?
A. कछार का
B. काली
C. लाल
D. रेतीले

Q.68 निम्नलिखित में से कौन उष्णकटिबंधीय मिट्टी का प्रकार नहीं है?
A. लाल मिट्टी
B. रेगिस्तानी मिट्टी
C. काली मिट्टी
D. भूरी मिट्टी

Q.69 "फूले कास सकल महि छाई। जनु बरसा रितु प्रकट बुढ़ाई।" इसमें कौन-सा अलंकार है?
A. उत्प्रेक्षा
B. उपमा
C. रूपक
D. श्लेष

Q.70 छंद के चरणान्त की अक्षर-मैत्री को क्या कहते हैं?
A. गण
B. तुक
C. यति
D. मात्रा

Q.71 प्राकृतिक चयन द्वारा प्रजातियों के विकास का सिद्धांत किसने दिया था?
A. मेंडेल
B. डाल्टन
C. मॉर्गन
D. चार्ल्स डार्विन

Q.72 उन अंगों का नाम बताइए जिनके पास अलग-अलग मूल संरचना है लेकिन एक समान रूप है और समान कार्य करते हैं?
A. सधर्मी अंग
B. अनुरूप अंग
C. विषम अंग
D. इनमें से कोई नहीं

Q.73 सांख्यिकी के बारे में क्या सच है?
A. वास्तविक दुनिया में जटिल समस्याओं को संसाधित करने के लिए सांख्यिकी का उपयोग किया जाता है
B. आभासी दुनिया में सरल समस्याओं को संसाधित करने के लिए सांख्यिकी का उपयोग किया जाता है
C. वास्तविक दुनिया में सरल समस्याओं को संसाधित करने के लिए सांख्यिकी का उपयोग किया जाता है
D. इनमें से कोई भी नहीं

Q.74 एक हफ्ते में चावल के एक बैग की कीमतें 350, 280, 340, 290, 320, 310, 300 थीं। रेंज है-
A. 60
B. 70
C. 80
D. 100

Q.75 इस अधिनियम के तहत, एक जिला फोरम के फोरम सदस्य की न्यूनतम आयु होनी चाहिए
A. 30
B. 40
C. 35
D. 65

Q.76 मानव संसाधन प्रबंधन का ध्यान चारों ओर घूमता है:
A. मशीन
B. धन
C. पुरुषों
D. इनमें से कोई नहीं

Q.77 आम आदमी बीमा योजना शुरू की गई:
A. 14 नवंबर, 2011
B. 5 मार्च, 2009
C. 10 मार्च, 2008
D. 2 अक्टूबर, 2007

Q.78 भारतीय अर्थव्यवस्था में तृतीयक क्षेत्र का सम्बन्ध __________ से है।
A. प्राकृतिक संसाधन
B. विनिर्माण
C. सेवाओं
D. कच्चा माल

Q.79 भारत में आयकर की शुरुआत निम्न द्वारा की गई थी:
A. विलियम जोन्स
B. जेम्स विल्सन
C. निकोलस कलडोर
D. महावीर त्यागी

Q.80 सरकार ने प्रस्तावित विनिवेश प्रक्रिया के तहत एयर इंडिया में अपनी पूरी 100% हिस्सेदारी बेचने का फैसला किया। केंद्रीय नागरिक उड्डयन मंत्रालय के प्रभारी मंत्री कौन हैं?
A. सुब्रह्मण्यम जयशंकर
B. धर्मेंद्र प्रधान
C. महेंद्र नाथ पांडे
D. हरदीप सिंह पुरी

Q.81 निम्नलिखित में से कौन सा कथन सही है?
A. अधिकार, नागरिकों के खिलाफ राज्य के दावे हैं।
B. अधिकार वे विशेषाधिकार हैं जो किसी राज्य के संविधान में सम्मिलित हैं।
C. अधिकार, राज्य के खिलाफ नागरिकों के दावे हैं।
D. अधिकार अनेक नागरिकों के खिलाफ कुछ नागरिकों के विशेषाधिकार हैं।

Q.82 निम्नलिखित में से कौन खरीफ फसल है?
A. मूंगफली
B. मक्का
C. धान
D. ऊपर के सभी

Q.83 इनमें से कौन सा रक्षा अनुसंधान एवं विकास संगठन (डीआरडीओ) का मुख्यालय है?
A. नई दिल्ली
B. बैंगलोर
C. मुंबई
D. चेन्नई

Q.84 निम्नलिखित में से कौन सा एक अकार्बनिक प्राकृतिक संसाधन है?
A. जल
B. जीवाश्म ईंधन
C. पौधों
D. जानवरों

Q.85 निम्नलिखित में से कौन पारंपरिक ऊर्जा संसाधन नहीं है?
A. पेट्रोल
B. रसोई गैस
C. ज्वारीय ऊर्जा
D. कोयला

Q.86 आर्थिक विकास को मापने का सबसे आम तरीका कौन सा है?
A. लाभ हानि
B. आय
C. बिक्री
D. आयात निर्यात

Q.87 निम्नलिखित में से कौन सा पृथ्वी की क्रांति का प्रभाव नहीं है।
A. ऋतुओं का परिवर्तन
B. दिन और रात की लंबाई

C. अक्षांशों का निर्धरण

D. हवाओं और समुद्र की धाराओं की दिशा में बदलाव

Q.88 भारतीय रेलवे को कितने जोन में विभाजित किया गया है?

A. 17   **B.** 18   **C.** 19   **D.** 20

Q.89 यूनियन बजट से संबंधित धन विधेयक सरकार द्वारा कितने दिनों में पारित किया जाता है?

A. 30 दिन   **B.** 60 दिन   **C.** 75 दिन   **D.** 90 दिन

Q.90 राज्य सभा के सदस्य को चुनने का अधिकार किसके पास है?

A. नागरिक

B. लोकसभा

C. विधायी परिषद के सदस्य

D. विधानसभा के सदस्य

Q.91 निम्नलिखित में से कौन संघ कार्यकारिणी के भाग है/हैं?

1. प्रधानमंत्री की अध्यक्षता में मंत्रिपरिषद
2. भारत के राष्ट्रपति
3. केंद्रीय सचिवालय
4. उपाध्यक्ष

नीचे दिए गए कोड से सही उत्तर चुनें:

A. केवल 1   **B.** केवल 1, 2 और 4

C. केवल 1, 2 और 3   **D.** 1, 2, 3 और 4

Q.92 अध्यादेश जारी करने की भारत के राष्ट्रपति की शक्ति एक है:

A. वैधानिक शक्ति   **B.** कार्यकारिणी शक्ति

C. विधुत शक्ति   **D.** इनमें से कोई नहीं

Q.93 राष्ट्रपति पर महाभियोग चलाया जा सकता है

A. संविधान का उल्लंघन करने पर

B. संसद की उपेक्षा करने से

C. प्रधानमंत्री की सलाह न लेने पर

D. उपर्युक्त सभी

Q.94 एक व्यक्ति संसद/राज्य विधानमंडल के किसी भी सदन का सदस्य हुए बिना केंद्र सरकार/राज्य सरकार का मंत्रिपद कब तक जारी रख सकता है?

A. एक साल

B. तीन महीने

C. छह महीने

D. समय की कोई पाबंदी नही

Q.95 वैश्वीकरण की ओर जाता है

A. बढ़ी हुई प्रतियोगिता   **B.** कोई प्रतिस्पर्धा नहीं

C. प्रतिस्पर्धा में कमी   **D.** इनमे से कोई भी नहीं

Q.96 निम्नलिखित में से कौन सा वैश्वीकरण का नकारात्मक प्रभाव है?

A. व्यापार में वृद्धि

B. विचारों का साझाकरण

C. वैश्विक बाजार तक पहुंच

D. अनौपचारिक क्षेत्र पर बुरा प्रभाव

Q.97 निम्नलिखित में से किसे देश में सर्वोच्च न्यायालय की पीठ स्थापित करने का अधिकार है?

A. सुप्रीम कोर्ट के मुख्य न्यायाधीश

B. भारत के राष्ट्रपति

C. संसद

D. सुप्रीम कोर्ट के जजों की बेंच

Q.98 सर्वोच्च न्यायालय में न्यायाधीश होने के लिए कौन सी योग्यता गलत है?

A. भारत का नागरिक होना अनिवार्य है

B. उन्हें संसद की नजर में एक सम्मानित न्यायविद होना चाहिए

C. कम से कम 5 साल के लिए उच्च न्यायालय में न्यायाधीश होना चाहिए

D. उसे कम से कम 10 साल के लिए उच्च न्यायालय में वकील होना चाहिए

Q.99 निम्न में से किस वर्ष में 26 जनवरी को स्वतंत्रता दिवस के रूप में मनाया गया था?

A. 1919   **B.** 1942   **C.** 1946   **D.** 1930

Q.100 निम्नलिखित में से कौन भारत में कपास उगाने वाला राज्य नहीं है?

A. गुजरात   **B.** महाराष्ट्र   **C.** आंध्र प्रदेश   **D.** बिहार

// स्मार्ट उत्तर पुस्तिका //

| सही उत्तर | उन छात्रों के प्रतिशत को इंगित करता है जिन्होंने प्रश्नों का सही उत्तर दिया था। |

| छोड़ दिया | उन छात्रों के प्रतिशत को इंगित करता है जिन्होंने प्रश्नों को छोड़ दिया था। |

प्रश्न संख्या	उत्तर	सही उत्तर / छोड़ दिया	प्रश्न संख्या	उत्तर	सही उत्तर / छोड़ दिया	प्रश्न संख्या	उत्तर	सही उत्तर / छोड़ दिया	प्रश्न संख्या	उत्तर	सही उत्तर / छोड़ दिया	प्रश्न संख्या	उत्तर	सही उत्तर / छोड़ दिया
1	D	84.03 % / 0.0 %	17	D	65.08 % / 1.09 %	33	A	54.69 % / 1.08 %	49	B	50.26 % / 1.66 %	65	C	54.66 % / 1.49 %
2	D	76.58 % / 0.0 %	18	D	52.36 % / 1.8 %	34	A	69.69 % / 1.78 %	50	B	82.96 % / 0.0 %	66	C	64.51 % / 1.07 %
3	C	87.18 % / 0.0 %	19	D	50.82 % / 1.92 %	35	D	62.75 % / 1.96 %	51	A	45.99 % / 1.71 %	67	D	40.8 % / 1.58 %
4	B	81.95 % / 0.0 %	20	B	89.43 % / 0.0 %	36	B	68.27 % / 1.5 %	52	C	54.36 % / 1.27 %	68	D	43.6 % / 1.24 %
5	B	15.01 % / 3.96 %	21	C	47.83 % / 1.18 %	37	B	58.6 % / 1.04 %	53	B	64.02 % / 1.23 %	69	A	67.26 % / 1.49 %
6	C	16.86 % / 4.87 %	22	D	43.62 % / 1.37 %	38	D	88.83 % / 0.0 %	54	C	68.14 % / 1.1 %	70	B	44.34 % / 1.82 %
7	C	21.64 % / 4.46 %	23	C	79.84 % / 0.0 %	39	A	46.9 % / 1.82 %	55	C	58.47 % / 1.08 %	71	D	41.86 % / 1.4 %
8	D	21.69 % / 4.36 %	24	D	59.21 % / 1.25 %	40	A	77.26 % / 0.0 %	56	A	43.58 % / 1.9 %	72	B	57.26 % / 1.78 %
9	B	20.73 % / 3.37 %	25	B	42.9 % / 1.17 %	41	A	40.48 % / 1.08 %	57	C	60.98 % / 1.28 %	73	A	89.15 % / 0.0 %
10	C	48.02 % / 1.97 %	26	B	66.6 % / 1.07 %	42	B	54.19 % / 1.86 %	58	C	47.31 % / 1.83 %	74	B	69.68 % / 1.5 %
11	A	62.76 % / 1.96 %	27	D	55.89 % / 1.29 %	43	C	41.23 % / 1.05 %	59	B	19.12 % / 4.76 %	75	C	46.31 % / 1.71 %
12	B	63.91 % / 1.66 %	28	C	69.45 % / 1.01 %	44	B	52.3 % / 1.43 %	60	C	18.03 % / 4.06 %	76	C	81.28 % / 0.0 %
13	B	44.95 % / 1.52 %	29	B	59.08 % / 1.66 %	45	D	66.37 % / 1.08 %	61	B	28.56 % / 4.28 %	77	D	44.28 % / 1.77 %
14	C	84.22 % / 0.0 %	30	A	68.36 % / 1.93 %	46	B	55.86 % / 1.07 %	62	C	69.42 % / 1.13 %	78	C	68.03 % / 1.54 %
15	C	56.3 % / 1.21 %	31	D	13.97 % / 3.36 %	47	A	42.78 % / 1.35 %	63	C	53.06 % / 1.92 %	79	B	60.07 % / 1.4 %
16	D	40.46 % / 1.96 %	32	D	76.19 % / 0.0 %	48	D	69.38 % / 1.17 %	64	B	59.96 % / 1.57 %	80	D	62.27 % / 1.44 %

प्रश्न संख्या	उत्तर	सही उत्तर		प्रश्न संख्या	उत्तर	सही उत्तर		प्रश्न संख्या	उत्तर	सही उत्तर		प्रश्न संख्या	उत्तर	सही उत्तर		प्रश्न संख्या	उत्तर	सही उत्तर
		छोड़ दिया				छोड़ दिया				छोड़ दिया				छोड़ दिया				छोड़ दिया
81	C	41.11 %		85	C	43.1 %		89	C	64.69 %		93	A	52.12 %		97	D	55.3 %
		1.92 %				1.21 %				1.84 %				1.9 %				1.03 %
82	D	56.67 %		86	B	80.98 %		90	D	69.63 %		94	C	41.78 %		98	B	67.29 %
		1.27 %				0.0 %				1.02 %				1.92 %				1.69 %
83	A	50.2 %		87	D	69.96 %		91	B	46.18 %		95	A	46.1 %		99	D	45.84 %
		1.71 %				1.03 %				1.77 %				1.89 %				1.77 %
84	A	69.87 %		88	A	66.16 %		92	A	49.08 %		96	D	65.44 %		100	D	85.28 %
		1.68 %				1.02 %				1.57 %				1.32 %				0.0 %

कार्य विश्लेषण	
औसत अंक (%)	**52.0%**
टॉपर्स स्कोर (%)	**55.0%**
आपका स्कोर	

//संकेत और समाधान//

1. 21 सितंबर 2018 को, श्री पल्लव महापात्रा को भारत के पहले बैंक के एमडी और सीईओ के रूप में नियुक्त किया गया, जो पूरी तरह से भारतीयों के स्वामित्व और प्रबंधन में था।

श्री पल्लव महापात्रा के पास सांख्यिकी और सीएआईआईबी में एमएससी की डिग्री है। वह शुरू में 1983 में SBI में एक परिवीक्षाधीन अधिकारी के रूप में शामिल हुए और आखिरकार, सेंट्रल बैंक ऑफ इंडिया में शामिल होने से पहले, वह SBI (कैलिफ़ोर्निया), लॉस एंजिल्स में उपाध्यक्ष (क्रेडिट और फॉरेक्स) थे।

सेंट्रल बैंक ऑफ इंडिया की स्थापना 1911 में सर सोराबजी पोचखानवाला द्वारा की गई थी और इसका मुख्यालय मुंबई, महाराष्ट्र में स्थित है।

अतः विकल्प (D) सही है।

2. 6 वां भारत जल सप्ताह -2019 (IWW-2019) 24 से 28 सितंबर 2019 तक नई दिल्ली के विज्ञान भवन में आयोजित किया गया था।

- यह जल-मंत्रालय, जल संसाधन विभाग, नदी विकास और गंगा कायाकल्प, भारत सरकार द्वारा आयोजित किया जाता है।
- IWW-2019 का आयोजन "जल सहयोग - 21 वीं शताब्दी की चुनौतियों से निपटना" के विषय के साथ किया जा रहा है।
- प्रशासनिक सीमाओं के पार बेसिन की गतिशीलता को बदलने के संदर्भ में स्थायी जल प्रबंधन के लिए आपसी सहयोग के लिए नए विचारों को लाने का उद्देश्य।

अत: विकल्प (D) सही है।

3. विश्व पर्यावरण दिवस हर साल 5 जून को मनाया जाता है।

- यह पहली बार 1974 में (संयुक्त राष्ट्र द्वारा पहला विषय- "ओनली वन अर्थ") (1972 में मानव पर्यावरण पर स्टॉकहोम सम्मेलन के पहले दिन स्थापित) किया गया था।
- यह हर साल एक नए विषय और एक नए मेजबान देश के साथ मनाया जाता है।
- इसका उद्देश्य जागरूकता बढ़ाना और प्रकृति में अनियंत्रित मानव हस्तक्षेपों के नकारात्मक प्रभाव को कम करना है, जैसे कि ग्लोबल वार्मिंग, वन्यजीव अपराध, सतत खपत, समुद्री प्रदूषण, आदि।
- 2019 में थीम "वायु प्रदूषण को हराना" था, मेजबान देश चीन था। वायु प्रदूषण वर्तमान में प्रमुख पर्यावरणीय चिंताओं का कारण है, क्योंकि यह प्रति वर्ष 7 बिलियन से अधिक लोगों को मरने का कारण है, अस्थमा जैसी दीर्घकालिक बीमारियों का कारण बनता है, और बच्चों में संज्ञानात्मक विकास को कम करता है।

अत: विकल्प (C) सही है।

4. बिहार में मार्च-अप्रैल 2021 के दौरान चुनाव नहीं हुए थे।

- सत्रहवीं बिहार विधान सभा के सदस्य अक्टूबर से नवंबर तक तीन भागों में चुने गए।
- पिछली बिहार सोलहवीं विधानसभा का कार्यकाल 29 नवंबर, 2020 को समाप्त हुआ था।
- चुनावों के बाद बिहार में राष्ट्रीय जनतांत्रिक गठबंधन के नेता के रूप में चुने जाने के बाद, निवर्तमान मुख्यमंत्री नीतीश कुमार को फिर से मुख्यमंत्री के रूप में शपथ दिलाई गई और दो नए उपमुख्यमंत्रियों, तारकिशोर प्रसाद और रेणु देवी को नए प्रशासन में भर्ती किया गया।

अत: विकल्प (B) सही है।

5. According to the passage, the line in the second paragraph "Such focus on the possible worst-case scenario contributed to the survival of our early ancestors" suggests the reason for humans to focus more on negative emotions rather than on positive ones. Among all the options, option (B) is the correct answer.

Note: We can approach this question by using the method of elimination. Clearly, option (A) is not mentioned in the passage. There is no discussion on conscience – the part of us that makes a moral sense of right and wrong. When we eliminate option (A), option (D) also gets eliminated. Now, we have narrowed down our options to two – option (C) is incorrect as indicated by the line 'Studies show that we recognize and respond more quickly to an angry or sad face, than a happy face'. Thus, we are left with option (B).

Hence, the correct option is (B).

6. The line 'We notice lack more than abundance' means that we don't notice what we have. We tend to focus on what we don't have often by making comparisons with others. In this process, we lose sight of contentment and end up having a negative outlook.

Option (C) seems appropriate for the context of the discussed line. It talks about how we focus on what we don't have (shoes) until we realize what we do have (feet) which is more important than what we don't have (shoes).

Option (A) is about judging someone on his/her abilities rather than by using some common yardstick available for everyone.

Option (B) is more about taking charge and having the will to come out of our misfortunes.

Option (D) talks about the learning we can get from our failures.

Hence, the correct option is (C).

7. From the context of the passage, we can understand that the word saboteur is used in a negative light. The line 'It's rough when you realize the true saboteur of your dreams is an insider' suggests the negative connotation associated with the highlighted word. The meaning of the word saboteur is a person who sabotages – who destroys things (or makes a mess of a situation) on purpose.

So, we can eliminate option (A) as it is opposite to the word. A promoter is a supporter of an aim or cause.

A facilitator helps us to achieve something by making the action easier. So, option (B) is incorrect as it sheds a positive light if used. An architect is someone who designs buildings and advises in their construction. So, option (D) is out of context.

Hence, the correct option is (C).

8. Option (C) is related to the effect of having negative emotions, as indicated in the passage. So, we can eliminate option (C). Options (A) and (B) seem to be possible effects of positive emotions but this is not mentioned anywhere in the passage. We need to stick to the context.

We can infer from the line 'Positive emotions give us access to the control center in the brain that initiates action toward our goals' that option (D) seems to be the correct answer.

Hence, the correct option is (D).

9. Illuminating means providing clarity, insight, or understanding in order to explain the subject being discussed. This seems the best option because the author does explain why humans are hard-wired to focus more on negative emotions. The points and views presented in the passage are an attempt to make us explain our bias towards negativity.

The tone of the author tells us how the author feels towards the subject being discussed. To be precise – it is the attitude of the author. Clearly, the author is not sad or depressed. One cannot infer that he/she is expressing grief towards the topic of discussion. So, we can eliminate option (D).

Vindictive means having a strong desire for revenge. This is not what the attitude of the author reflects. So, we can eliminate option (C) as well.

Nonchalant is used to describe a person who is behaving in a calm and relaxed way often because he/she is not interested. But to say that the author has not expressed interest in the subject would be incorrect. So, option (A) is also eliminated.

Hence, the correct option is (B).

10. सभी शिक्षक पूर्ण रूप से शिक्षित नहीं हो सकते, उन्हें भी जीवनभर कुछ न कुछ सीखते रहना होता है। कभी वे विद्यार्थियों से सीखते हैं, कभी वे प्रकृति से सीखते हैं, तो कभी आसपास के सामाजिक पर्यावरण से सीखते हैं। छात्र अपनी इस वास्तविकता को कभी नहीं जान पाते कि वे भी शिक्षक को शिक्षित करते हैं।

अतः विकल्प (C) सही है।

11. शिक्षा की प्रक्रिया बिना शिक्षक के सम्भव नहीं है। इसके संपन्न होने के लिए एक शिक्षक का होना अनिवार्य है।

अतः विकल्प (A) सही है।

12. शिक्षा के बैंकीय अवधारणा का सम्बन्ध प्राय: लेन-देन से होता है। यहाँ शिक्षा की बैंकीय अवधारणा से सीधा सम्बन्ध ज्ञान के लेन-देन की प्रक्रिया से है।

अतः विकल्प (B) सही है।

13. उत्पीड़न की विचारधारा की विशेषता दूसरों को परम अज्ञानी बताना है अर्थात यह विचार कि शिक्षक श्रेष्ठ है और छात्र हीन, उत्पीड़न के अंतर्गत आता है।

अतः विकल्प (B) सही है।

14. जिज्ञासा के अंत में 'उ' प्रत्यय लगाने पर यह विशेषण के रूप में कार्य करेगा, इस प्रकार विशेषण शब्द जिज्ञासु है।

अतः विकल्प (C) सही है।

15. जलमंडल (हाइड्रोस्फीयर) एक ग्रह की सतह पर, नीचे और ऊपर जल का संयुक्त द्रव्यमान है।

महासागर, नदियों, झीलों और बादल, वाष्प को आमतौर पर जलमंडल में शामिल किया जाता है और जलमंडल को प्रभावित करने वाली और प्राकृतिक जल को दूषित करने वाली गतिविधियों को जल प्रदूषण कहा जाता है।

अतः विकल्प (C) सही है।

16. एक प्राकृतिक संसाधन कुछ भी है जो लोग उपयोग कर सकते हैं जो प्रकृति से आता है। लोग प्राकृतिक संसाधन नहीं बनाते हैं, लेकिन उन्हें पृथ्वी से इकट्ठा करते हैं। प्राकृतिक संसाधनों के उदाहरण हवा, पानी, लकड़ी, तेल, पवन ऊर्जा, लोहा और कोयला हैं।

अतः विकल्प (D) सही है।

17. जल प्रदूषण घरेलू डिटर्जेंट, सीवेज और औद्योगिक कचरे (मानव निर्मित स्रोतों) के कारण हो सकता है। घरेलू डिटर्जेंट में फॉस्फेट, नाइट्रेट और एल्केलेनबिन सल्फेनटेट आदि के यौगिक शामिल हैं, मल में कार्बोनिक और जैविक पदार्थों की मात्रा सबसे अधिक होती है और औद्योगिक कचरे में मुख्य रूप से धूल, कोयला, पारा, एसिड, आदि होते हैं। जब उन्हें पानी में छोड़ दी जाती है, तो वे प्रदूषित हो जाते हैं।

अतः विकल्प (D) सही है।

18. एक कोण अपने पूरक कोण का तीन गुना है।

माना कि कोण x है।

तो, पूरक कोण की माप = (90° - x)

दिया है,

x = 3 (90° - x)

x = 270° - 3x

4x = 270

⇒ x = 67.5°

∴ कोण की माप = x = 67.5° है

अतः विकल्प (D) सही है।

19. दिया है,

सबसे बड़ा कोण = 80°

सबसे छोटा कोण = सबसे बड़ा कोण - 40° = 80° - 40° = 40°

हम जानते हैं कि,

एक त्रिभुज के तीनों कोणों का योग = 180°

तीसरा कोण = 180° - (सबसे बड़े और सबसे छोटे कोण का योग)

= 180° - (80° + 40°)

= 180° - 120° = 60°

∴ तीसरा कोण = 60°

अतः विकल्प (D) सही है।

20. माना की कोण A है।

दिया है,

$$90 - A = \frac{(180 - A)}{4}$$

⇒ 360 - 4A = 180 - A

⇒ 180 = 3A

⇒ A = 60

अतः विकल्प (B) सही है।

21. दिया है:

2sin²θ + 3cos²θ का न्यूनतम मान 2 है,

[यदि x sin²θ + y cos²θ, यदि x > y, तो वे हमेशा अधिकतम मान होंगे और y न्यूनतम है यदि y > x, तो इसके विपरीत होगा]

अतः विकल्प (C) सही है।

22. दिया है:

$12\cos^2\theta + 8\sin^2\theta = 9$

$\Rightarrow 4\cos^2\theta + 8(\cos^2\theta + \sin^2\theta) = 9$

$\Rightarrow 4\cos^2\theta = 1 \qquad (\because \sin^2\theta + \cos^2\theta = 1)$

$\Rightarrow \cos^2\theta = \dfrac{1}{4}$

$\Rightarrow \theta = 60°$

$\therefore \tan\theta = \tan 60° = \sqrt{3}$

अतः विकल्प (D) सही है।

23. हम देख सकते हैं कि p और q को (28,1) या (7,4) या (14,2) के जोड़े में लिखा जा सकता है

हमारे पास है $14^2 - 2^2 = 196 - 4 = 192$

$7^2 - 4^2 = 49 - 16 = 33$

$28^2 - 1^2 = 784 - 1 = 783$

इसलिए, हम यह निष्कर्ष निकाल सकते हैं $p^2 - q^2 = 783$

अतः विकल्प (C) सही है।

24. हमारे पास पहले पोते की आयु 'm' वर्ष है

फिर दूसरे पोते की आयु m - 2 वर्ष है

और तीसरे पोते की आयु m - 2 - 2 = m - 4 वर्ष है

इसलिए, दादाजी की उम्र = सभी पौत्रों की आयु

$= m + m - 2 + m - 4$

$= 3m - 6$

इसलिए, डेटा अपर्याप्त है।

अतः विकल्प (D) सही है।

25. माना पूर्वी की वर्तमान आयु = x

$\therefore$ अनिल की वर्तमान आयु = 1.5x

आठ वर्ष बाद पूर्वी की आयु = x + 8 वर्ष

आठ वर्ष बाद अनिल की आयु = 1.5x + 8 वर्ष

प्रश्नानुसार,

$\Rightarrow \dfrac{1.5x + 8}{x + 8} = \dfrac{25}{18}$

$\Rightarrow 27x + 144 = 25x + 200$

$\Rightarrow 2x = 56$

$\Rightarrow x = 28$ वर्ष

अतः विकल्प (B) सही है।

26. दिया है: पहली 100 प्राकृतिक संख्या का योग = 1+2+3+4+......100

यहाँ n = 100, a = 1 तथा d = 2 – 1 = 1

सूत्र से:

$$S_n = \dfrac{n}{2}[2a + (n-1)d]$$

मानों को प्रतिस्थापित करने पर:

$$S_{100} = \dfrac{100}{2}[2 \times 1 + (100 - 1) \times 1]$$

$S_{100} = 50[2 + 99]$

$S_{100} = 50 \times 101$

$S_{100} = 5050$

$\therefore$ पहले 100 प्राकृतिक संख्याओं का योग 5050 है।

अतः विकल्प (B) सही है।

27. हम जानते हैं कि,

दो संख्याओं का गुणनफल = संख्याओं का ल.स.प. × संख्याओं का म.स.प.

माना कि दूसरी संख्या x है।

$24 \times x = 168 \times 6$

$x = 6 \times 7$

$x = 42$

अतः विकल्प (D) सही है।

28. माना, संख्या x है।

प्रश्नानुसार

लड़के को करने को कहा गया $x \times \dfrac{7}{8}$ .....(i)

लड़के ने किया $\dfrac{x}{\frac{7}{8}}$ .....(ii)

समीकरण (ii) - समीकरण (i)

$$\dfrac{8}{7}x - \dfrac{7}{8}x = 15$$

$x = 56$

अतः विकल्प (C) सही है।

29. चुम्बकीय क्वाण्टम संख्या आण्विक कक्षा को नियंत्रित करती है। क्वाण्टम संख्या चार प्रकार की होती है। एक आण्विक कक्षीय आरेख एक गुणात्मक वर्णनात्मक उपकरण है जो सामान्य रूप से आण्विक कक्षीय सिद्धांत के संदर्भ में अणुओं में रासायनिक संबंध और विशेष रूप से परमाणु कक्षा विधि के रैखिक संयोजन को समझाता है।

अतः विकल्प (B) सही है।

30. इलेक्ट्रॉनों की संख्या किसी तत्व के रसायनिक गुण तय करता है।

एक उदासीन परमाणु में इलेक्ट्रॉनों की संख्या प्रोटॉन की संख्या के बराबर है। परमाणु की द्रव्यमान संख्या नाभिक में प्रोटॉन और न्यूट्रॉन की संख्या के योग के बराबर है। न्यूट्रॉन की संख्या परमाणु के द्रव्यमान संख्या और परमाणु संख्या के अंतर के बराबर है।

अतः विकल्प (A) सही है।

31. हाइड्रोजन सल्फाइड या हाइड्रोजन क्लोराइड की तुलना मे जल का उच्च क्वथनांक आबंधन के कारण होता है। एक हाइड्रोजन आबंधन एक अन्तराआण्विक बल है जो एक विशेष प्रकार के द्विध्रुवीय आकर्षण का निर्माण करता है, जब एक हाइड्रोजन परमाणु एक दृढ़ता से विद्युत चुम्बकीय परमाणु से जुड़ा होता है जो इलेक्ट्रॉन के एक जोड़े के साथ और इलेक्ट्रोनगेटिव परमाणु के आसपास के क्षेत्र में मौजूद होता है।

अतः विकल्प (D) सही है।

32. प्रकाश संश्लेषण होने के लिए, पौधों को सूर्य के प्रकाश, पानी, कार्बन डाइऑक्साइड और क्लोरोफिल की आवश्यकता होती है। प्रकाश संश्लेषण की प्रक्रिया के माध्यम से पौधे प्रकाश ऊर्जा को रासायनिक ऊर्जा में परिवर्तित करते हैं।

अतः विकल्प (D) सही है।

33. स्वपरागण के कारण अंतःप्रजनन होता है जिससे प्रजनन अवसाद उत्पन्न होता है। संबंधित प्रजातियों के प्रजनन से इनके स्वास्थ्य और वृद्धि में कमी आती है।

अतः विकल्प (A) सही है।

34. मूल रोम का कार्य पानी और खनिज पोषक तत्वों को इकट्ठा करना है जो मिट्टी में मौजूद हैं और इस समाधान को जड़ों के माध्यम से शेष पौधे तक ले जाते हैं। चूंकि मूल रोम सेल प्रकाश संश्लेषण नहीं करते हैं, इसलिए उनमें क्लोरोप्लास्ट नहीं होते हैं।

अतः विकल्प (A) सही है।

35.

- भारतीय संविधान 2 वर्ष 11 महीने 18 दिनों में तैयार किया गया था।
- भारत का संविधान 26 नवंबर 1949 को अपनाया गया था।
- भारत के राष्ट्रीय गान को 24 जनवरी 1950 को अपनाया गया था।
- 26 नवंबर को संविधान दिवस के रूप में घोषित करने का निर्णय लिया गया।
- भारत के राष्ट्रीय ध्वज को 22 जुलाई 1947 को अपनाया गया था।
- ध्वज की चौड़ाई की लंबाई का अनुपात 2 : 3 है।
- राष्ट्रीय ध्वज में 24 तीलियाँ हैं।

अतः विकल्प (D) सही है।

36.

- स्वर्ण सिंह समिति की सिफारिश पर 42वें संशोधन अधिनियम 1976 द्वारा मौलिक कर्तव्यों को जोड़ा गया।
- मौलिक कर्तव्यों के विचार को तत्कालीन यूएसएसआर के संविधान से लिया गया है।
- उस समय तक, जापान केवल एक लोकतांत्रिक राज्य था जिसमें नागरिक के कर्तव्य शामिल थे।
- अनुच्छेद 51A के तहत भारतीय संविधान के भाग IV-A में मौलिक कर्तव्य डाले गए हैं।
- मूल रूप से कर्तव्यों की संख्या दस थी, बाद में 2002 में 86 वें संशोधन द्वारा, उन्हें ग्यारह तक किया गया।
- 1998 में अटल बिहारी वाजपेयी की सरकार ने जस्टिस जे.एस. वर्मा समिति ने देश के नागरिकों को मौलिक कर्तव्यों को सिखाने के लिए विचारों का संचालन किया।
- 42वां संशोधन अधिनियम, 1976 संविधान का अब तक का सबसे व्यापक संशोधन है जिसे-मिनी-संविधान 'के नाम से जाना जाता है।

अतः विकल्प (B) सही है।

37. भारतीय संविधान में 'लोक हितकारी राज्य' का आदर्श राज्य के नीति निर्देशक तत्वों में प्रतिष्ठापित है।

- एक लोक हितकारी राज्य सरकार की एक अवधारणा है जहां राज्य अपने नागरिकों के आर्थिक और सामाजिक कल्याण के संरक्षण और संवर्धन में महत्वपूर्ण भूमिका निभाता है।

- राज्य के नीति निर्देशक तत्व लोगों के कल्याण के लिए उन्हें आश्रय, भोजन, और कपड़े जैसी बुनियादी सुविधाएं प्रदान करके, लोक हितकारी राज्य के आदर्श को प्रोत्साहित करते हैं।

अतः विकल्प (B) सही है।

38. एक विद्युत मोटर विद्युत ऊर्जा को यांत्रिक ऊर्जा में परिवर्तित करता है। विद्युत मोटर का कार्य सिद्धांत मुख्य रूप से चुंबकीय और विद्युत क्षेत्रों के प्रेरण पर निर्भर करता है। विद्युत मोटर को मुख्य रूप से दो प्रकारों में वर्गीकृत किया गया है: प्रत्यावर्ती धारा मोटर और दिष्टधारा मोटर।

प्रत्यावर्ती धारा मोटर, इनपुट के रूप में प्रत्यावर्ती धारा लेता है, जबकि दिष्टधारा मोटर प्रत्यक्ष धारा लेता है।

अतः विकल्प (D) सही है।

39. तरंग दैर्ध्य की इस श्रेणी में विद्युत चुम्बकीय विकिरण को दृश्य प्रकाश कहा जाता है। एक विशिष्ट मानव आंख लगभग 380 से 740 नैनोमीटर तक तरंग दैर्ध्य पर प्रतिक्रिया करेगी। आवृत्ति के संदर्भ में, यह 430-770 THz के आसपास के क्षेत्र में एक बैंड के अनुरूप है।

अतः विकल्प (A) सही है।

40. अनुप्रस्थ-काट की इकाई लंबाई और इकाई क्षेत्र के एक तार द्वारा प्रस्तुत प्रतिरोध को प्रतिरोधकता या विशिष्ट प्रतिरोध (r) कहा जाता है।

$$p = R\frac{A}{l} = (\text{ओम}) \ (\text{मीटर}^2/\text{मीटर}) = \text{ओम मीटर}$$

जहाँ,

R = तार का प्रतिरोध है।

A = तार के अनुप्रस्थ-काट का क्षेत्र है।

l = तार की लंबाई है।

अतः विकल्प (A) सही है।

41. लंब वृत्तीय बेलन हेतु जिसका व्यास "r" और ऊँचाई "h",

वक्र पृष्ठ क्षेत्रफल = $2\pi rh$

दिया है,

बेलन का व्यास = 72 = 3.5 सेमी

ऊँचाई = 6 सेमी

∴ दिए गए बेलन का वक्र पृष्ठ क्षेत्रफल $= 2 \times \left(\frac{22}{7}\right) \times 3.5 \times 6$

= 132 सेमी²

अतः विकल्प (A) सही है।

42. वर्ग का क्षेत्रफल = 81 सेमी²

इसलिए वर्ग की भुजा = 9 सेमी

इस स्थिति में, वर्ग की भुजा, वृत्त के व्यास के बराबर होगी।

इसलिए, वृत्त का व्यास = 9 सेमी

इसलिए, वृत्त की त्रिज्या = 4.5 सेमी

अतः विकल्प (B) सही है।

43. दिया है:

एक वर्ग का विकर्ण = 10 सेमी

माना वर्ग की भुजा = s सेमी और विकर्ण = 10 सेमी

$\Rightarrow s^2+s^2 = (10)^2$

$\Rightarrow 2s^2 = 100$

$\Rightarrow s^2 = 1002 = 50$

$\therefore$ वर्ग का क्षेत्रफल $= s^2 = 50$ सेमी²

अतः विकल्प (C) सही है।

44. भारत ओमान रिफाइनरीज लिमिटेड (BORL) वह कंपनी है जो भारत में मध्य प्रदेश राज्य के सागर जिले के बीना में स्थित बीना रिफाइनरी का स्वामित्व और संचालन करती है।

अतः विकल्प (B) सही है।

45. ओडिशा में राउरकेला भारत का एक पेट्रोकेमिकल केंद्र नहीं है, जिसे इस्पात नगर के रूप में भी जाना जाता है और इसमें स्टील अथॉरिटी ऑफ इंडिया लिमिटेड (सेल) [राउरकेला स्टील प्लांट] का सबसे बड़ा स्टील प्लांट है।

अतः विकल्प (D) सही है।

46. पश्चिम बंगाल का कूच बिहार जिला अपने कृषि आधारित कुटीर उद्योग के लिए लोकप्रिय है, जो चिकने और चमकदार प्राकृतिक फाइबर सिल्क "कपड़ा की रानी" के उत्पादन से संबंधित है। रेशम को रेशम कीटों की एक अनोखी जैविक प्रक्रिया के माध्यम से प्राप्त किया जाता है।

अतः विकल्प (B) सही है।

47. हम जानते हैं कि दो पासा एक साथ फेंकने में,

$n(S) = 6 \times 6 = 36$

माना E = कुल 7 प्राप्त करने की घटना

$= (1,6),(2,5),(3,4),(4,3),(5,2),(6,1)$

$\therefore P(E) = \dfrac{n(E)}{n(S)} = \dfrac{6}{36} = \dfrac{1}{6}$

अतः विकल्प (A) सही है।

48. गेंदों की कुल संख्या

$= (2+3+2)$

$= 7$

माना कि S सैंपल स्पेस है

फिर, n(S) = 7 में से 2 गेंदों को निकलने के तरीकों की संख्या

$n(S) = {}^7C_2$ उपरोक्त सूत्र का विस्तार

$\Rightarrow n(S) = \dfrac{7 \times 6}{2 \times 1}$

$\Rightarrow n(S) = 21$

माना E=2 गेंदों की घटना, जिनमें से कोई भी नीली नहीं है

$\therefore n(E) = 2+3$ गेंदों में से 2 गेंदों को निकलने के तरीकों की संख्या

$n(E) = {}^5C_2$

$\Rightarrow n(E) = \dfrac{(5 \times 4)}{(2 \times 1)}$

$\Rightarrow n(E) = 10$

$\therefore P(E) = \dfrac{n(E)}{n(S)} = \dfrac{10}{21}$

अतः विकल्प (D) सही है।

49. कार्ड की कुल संख्या = 52

कुल लाल कार्ड = 26 = कुल काले कार्ड

पहले कार्ड के चयन की संभावना $= \dfrac{26}{52} = \dfrac{1}{2}$

अब शेष कुल कार्ड = 51 और शेष लाल कार्ड = 25

दूसरे कार्ड के चयन की संभावना $= \dfrac{26}{51}$

अब शेष कुल कार्ड = 50

तीसरे कार्ड के चयन की संभावना $= \dfrac{25}{50} = \dfrac{1}{2}$

इसलिए, संभावना $= \left(\dfrac{1}{2}\right) \times \left(\dfrac{26}{51}\right) \times \left(\dfrac{1}{2}\right) = \dfrac{13}{102}$

अतः विकल्प (B) सही है।

50. शब्द "संप्रभुता" लैटिन शब्द "सुपरनस" से लिया गया है जिसका 'सर्वोच्च' अर्थ है। संप्रभुता राज्य की सर्वोच्च शक्ति है कि वह अपने लोगों से आज्ञाकारिता निकाले और अवज्ञा करने वाले को दंडित करे।

अतः विकल्प (B) सही है।

51. रोम के लोग राज्य की सत्ता की समग्रता के रूप में संप्रभुता के बारे में सोचते थे। आमतौर पर यह स्वीकार किया गया था कि राज्य को अपने नागरिकों के बीच प्रश्न को हल करने में अंतिम अधिकार होना चाहिए और राज्य का कानून उन पर आधिकारिक था। रोमन को इसके अलावा कानून, एकीकृत संगठन और नियमित नागरिकता की निरंतरता की संभावना के साथ श्रेय दिया जाता है।

अतः विकल्प (A) सही है।

52. एक प्रसिद्ध राजनीतिक दार्शनिक, जीन बॉडिन के अनुसार, संप्रभुता कानून द्वारा अनर्गल नागरिकों पर सर्वोच्च शक्ति है। उनके अनुसार, संप्रभुता सदा और असीमित है और यह राज्य में सभी नागरिकों और विषयों तक फैली हुई है।

अतः विकल्प (C) सही है।

53. प्रश्नानुसार,

$$\sqrt{(x_2 - x_1)^2 + (y_2 - y_1)^2} = 5$$

$$\sqrt{(2 + 1)^2 + (-2 - x)^2} = 5$$

$$\sqrt{9 + (-2 - x)^2} = 5$$

$$9 + (-2 - x)^2 = 25$$

$$(2 + x)^2 = 16$$

$$2 + x = 4$$

$$x = 2$$

अतः विकल्प (B) सही है।

54. माना, मध्यबिंदु के निर्देशांक (x, y) हैं, तब

$$x = \dfrac{-2-6}{2}$$

$$\Rightarrow x = \dfrac{-8}{2}$$

$$\Rightarrow x = -4$$

$y = \frac{8-4}{2}$

$\Rightarrow y = 2$

इसलिए निर्देशांक (-4, 2) हैं।

अतः विकल्प (C) सही है।

55. विकर्ण की लंबाई अंक AB के बीच की दूरी है।

दूरी की गणना,

$$\sqrt{(x_2 - x_1)^2 + (y_2 - y_1)^2}$$
$$= \sqrt{(5 - 0)^2 + (0 - 3)^2}$$
$$= \sqrt{34}$$

अतः विकल्प (C) सही है।

56. The correct sentence:

Sheena is the cleverest girl in our class.

The double superlative adjective cannot be used in one sentence like in the given "most cleverest", in such cases, only the adjective is used and the antecedent is done away with.

Hence, the correct option is (A).

57. The sentence is an exclamation but we cannot add the word 'sorrowfully' here as it is not apt. Also, present tense (it is) changes to past tense (it was). Also, the structure of the sentence changes as 'subject (it) + verb (was) + object (a very hot day)'.

Hence, the correct option is (C).

58. The given sentence is in the active voice. It is a simple form of present tense. The structures for active/passive voices are:

Active: Subject + verb ("s" or "es" with singular noun) + object.

Passive: Object + Is/are/am + verb (IIIrd form) + by + subject.

So, based on the above structures, we can convert the given sentence into passive voice: Under this strategy, the investors are permitted to buy shares from unlisted companies.

Hence, the correct option is (C).

59. पुलकेशिन द्वितीय, जिसे पुलकेशी द्वितीय और पुलिकेशी द्वितीय भी कहा जाता है, चालुक्य वंश का सबसे प्रसिद्ध शासक था। पुलकेशिन द्वितीय, ने राजा हर्ष को नर्मदा नदी के तट पर 630 ई में हराया।

अतः विकल्प (B) सही है।

60. बोधगया एक धार्मिक स्थल है और भारत के बिहार राज्य में गया जिले में महाबोधि मंदिर परिसर से जुड़ा हुआ है। यह प्रसिद्ध है क्योंकि यह वह स्थान है जहाँ गौतम बुद्ध ने बोधि वृक्ष के नाम से जाना जाने वाला ज्ञानोदय प्राप्त किया था।

अतः विकल्प (C) सही है।

61. विक्रमशिला की स्थापना पाल राजा धर्मपाल द्वारा 8 वीं या 9 वीं शताब्दी की शुरुआत में की गई थी। बख्तियार खिलजी द्वारा 1200 के आसपास भारत में बौद्ध धर्म के अन्य प्रमुख केंद्रों के साथ यह लगभग चार शताब्दियों तक सफल रहा।

अतः विकल्प (B) सही है।

62. अष्टकोणीय मकबरे का आकार मध्ययुगीन भारत के लोदी राजवंश की विशिष्ट विशेषता है। लोदी राजवंश एक अफगान राजवंश था जिसने दिल्ली सल्तनत पर 1451 से 1526 तक शासन किया था। यह दिल्ली सल्तनत का अंतिम राजवंश था और बहाल खान लोदी द्वारा स्थापित किया गया था जब उन्होंने सय्यद राजवंश को बदल दिया था।

अतः विकल्प (C) सही है।

63. इब्राहिम लोदी, लोदी राजवंश के अंतिम राजा थे और दिल्ली के अंतिम सुल्तान थे। वह सिकंदर लोदी के पुत्र थे। 1526 में, पानीपत की पहली लड़ाई में बाबर ने इब्राहिम लोदी को हराया। इब्राहिम लोदी की मृत्यु हो गई जिसके कारण दिल्ली सल्तनत खत्म हो गया।

अतः विकल्प (C) सही है।

64. सालबाई की संधि, 17 मई 1782 को मराठा साम्राज्य और ब्रिटिश ईस्ट इंडिया कंपनी के प्रतिनिधियों के बीच प्रथम एंग्लो-मराठा युद्ध के परिणाम को व्यवस्थित करने पर लंबी बातचीत के बाद हस्ताक्षर की गयी थी। इसकी शर्तों के तहत, कंपनी ने सालसेट और ब्रोच का नियंत्रण बरकरार रखा और यह गारंटी दी कि मराठा मैसूर के हैदर अली को पराजित करेंगे और कर्नाटक में प्रदेशों पर पुन: कब्जा करेंगे।

अतः विकल्प (B) सही है।

65. बौद्ध, जैन, और हिंदुओं ने गोपुरा या द्वार के मार्गों पर अपने कस्बों और मंदिरों के लगभग बराबर ध्यान दिया है। ये, दोनों रूप और उद्देश्य में, मिस्र के मंदिरों के स्तंभ के समान हैं।

अतः विकल्प (C) सही है।

66. डेन्यूब नदी कई महत्वपूर्ण यूरोपीय शहरों के माध्यम से सीधे बहती है, जिसमें चार राष्ट्रीय राजधानियाँ शामिल हैं - वियना (ऑस्ट्रिया), ब्रातिस्लावा (स्लोवाकिया), बुडापेस्ट (हंगरी), और बेलग्रेड (सर्बिया)।

अतः विकल्प (C) सही है।

67. रेतीले मिट्टी पर खेती करना बहुत कठिन है। आपकी उंगलियों के बीच मिट्टी किरकिरा महसूस होती है, आपकी मिट्टी रेतीली है। जब सॉसेज आकार बनाने के लिए हाथ में लुढ़का हुआ होता है, तो वह गिर जाता है और अलग हो जाता है और अपना आकार धारण नहीं करेगा। पानी की नालियां जल्दी से दूर हो जाती हैं, हालांकि रेतीली मिट्टी एक सख्तपन विकसित कर सकती है जो जल निकासी में बाधा डालती है।

अतः विकल्प (D) सही है।

68. भूरी मिट्टी एक उष्णकटिबंधीय प्रकार की मिट्टी नहीं है। उष्णकटिबंधीय मिट्टी उच्च वार्षिक तापमान और वर्षा वाले क्षेत्रों में बनाई जाती है। तीव्र अपक्षय के कारण ये मिट्टी पोषक तत्व-खराब और कार्बनिक पदार्थों में कम हो जाती है।

अतः विकल्प (D) सही है।

69.

- "फूले कास सकल महि छाई। जनु बरसा रितु प्रकट बुढ़ाई।" पद में उत्प्रेक्षा अलंकार है।

- उपमेय (प्रस्तुत) में कल्पित उपमान (अप्रस्तुत) की सम्भावना को 'उत्प्रेक्षा' कहते है।

- यहाँ वर्षाऋतु के बाद शरद के आगमन का वर्णन हुआ है। शरद में कास के खिले हुए फूल ऐसे मालूम होते है जैसे वर्षाऋतु का बुढ़ापा प्रकट हो गया हो।

- उत्प्रेक्षा अलंकार की परिभाषा – जहां उपमेय में उपमान की संभावना अथवा कल्पना कर ली गई हो, वहां उत्प्रेक्षा अलंकार होता है। इसके बोधक शब्द हैं— मनो, मानो, मनु, मनहु, जानो, जनु, जनहु, ज्यों आदि।

अतः विकल्प (A) सही है।

70.

- छंद के चरणान्त की अक्षर-मैत्री (समान स्वर-व्यंजन की स्थापना) को तुक कहते हैं।

- जिस छंद के अंत में तुक हो उसे तुकान्त छंद और जिसके अन्त में तुक न हो उसे अतुकान्त छंद कहते हैं। अतुकान्त छंद को अंग्रेज़ी में ब्लैंक वर्स कहते हैं।

अतः विकल्प (B) सही है।

71. चार्ल्स डार्विन ने अपनी पुस्तक "द ओरिजिन ऑफ स्पीशीज़" में विकास का सिद्धांत दिया। उनके द्वारा प्रस्तावित सिद्धांत को "प्राकृतिक चयन के सिद्धांत" के रूप में जाना जाता है।

अतः विकल्प (D) सही है।

72. अनुरूप अंगों में अलग-अलग बुनियादी संरचनाएं होती हैं लेकिन एक जैसी उपस्थिति होती हैं और समान कार्य करती हैं। उदाहरण- एक कीट और एक पक्षी के पंखों में अलग-अलग संरचनाएं हैं लेकिन समान कार्य हैं।

अतः विकल्प (B) सही है।

73. सांख्यिकी का उपयोग वास्तविक दुनिया में जटिल समस्याओं को संसाधित करने के लिए किया जाता है ताकि डेटा वैज्ञानिक और विश्लेषक डेटा में सार्थक रुझानों और परिवर्तनों की तलाश कर सकें।

अतः विकल्प (A) सही है।

74. उच्चतम संख्या से सबसे कम संख्या को घटाकर सीमा को पाया जा सकता है।

सबसे पहले, संख्याओं को कम से कम सबसे बड़ी क्रम में व्यवस्थित करें

350, 280, 340, 290, 320, 310, 300 ,280, 290, 300, 310, 320, 340, 350

इसलिए, हमारी सबसे कम संख्या 280 है, और हमारी उच्चतम संख्या 350 है।

उच्चतम संख्या - सबसे कम संख्या

280 को 350 से घटाएं

= 350 - 280

= 70

अतः विकल्प (B) सही है।

75. राज्य आयोग के सदस्य, साथ ही साथ जिला मंच, ऐसे व्यक्ति हैं जो अपेक्षित योग्यता रखते हैं और उम्र पैंतीस साल से कम नहीं होनी चाहिए; किसी मान्यता प्राप्त विश्वविद्यालय से स्नातक की डिग्री प्राप्त करने और क्षमता, अखंडता, और खड़े होने के व्यक्ति हों, और अर्थशास्त्र, कानून, वाणिज्य, लेखा, उद्योग, सार्वजनिक मामलों या प्रशासन से संबंधित समस्याओं से निपटने में कम से कम दस वर्षों का पर्याप्त ज्ञान और अनुभव हो।

अतः विकल्प (C) सही है।

76. मानव संसाधन प्रबंधन एक रणनीतिक पद्धति है। यह एक संगठन में लोगों के प्रभावी प्रबंधन से संबंधित है। मानव संसाधन प्रबंधन का ध्यान पुरुषों के आसपास घूमता है।

अतः विकल्प (C) सही है।

77. आम आदमी बीमा योजना 2 अक्टूबर 2007 को शुरू की गई थी। यह एक सामाजिक सुरक्षा योजना है जो भारत के निम्न-आय वाले परिवारों की ओर लक्षित है।

अतः विकल्प (D) सही है।

78.

- भारतीय अर्थव्यवस्था के तृतीयक क्षेत्र में उत्पादक से लेकर उपभोक्ता तक माल की परिवहन, वितरण और बिक्री जैसी सेवाएं शामिल हैं।

- यह सभी क्षेत्रों के बीच सबसे ज्यादा महत्व रखता है।

अतः विकल्प (C) सही है।

79. 19 वीं शताब्दी में भारत में ब्रिटिश शासन की स्थापना हुई। 1857 के विद्रोह के बाद, ब्रिटिश सरकार को तीव्र वित्तीय संकट का सामना करना पड़ा। खजाना भरने के लिए, पहला आयकर अधिनियम फरवरी 1860 में जेम्स विल्सन द्वारा पेश किया गया था, जो ब्रिटिश-भारत के पहले वित्त मंत्री बने थे।

अतः विकल्प (B) सही है।

80.

- नागरिक उड्डयन मंत्री- हरदीप सिंह पुरी।

- प्रस्तावित विनिवेश प्रक्रिया के तहत सरकार ने एयर इंडिया में अपनी पूरी 100% हिस्सेदारी बेचने का फैसला किया।

- भारतीय विमानपत्तन प्राधिकरण ने विभिन्न हवाई अड्डों के उन्नयन और आधुनिकीकरण के लिए अगले 5 वर्षों में 25,000 करोड़ से अधिक के पूंजी निवेश की शुरुआत की है।

अतः विकल्प (D) सही है।

81. राज्य के खिलाफ नागरिकों द्वारा अधिकारों का दावा किया जाता है ताकि नागरिकों को समाज द्वारा उत्पीड़न से बचाया जा सके।

विकल्प (A) का सही विवरण: राज्य नागरिकों के खिलाफ दावा या मांग नहीं कर सकता, क्योंकि यह व्यक्तियों के अधिकारों को छीन लेता है और उन्हें नियंत्रित करता है।

विकल्प (B) का सही विवरण: संविधान में विशेषाधिकारों की कोई अवधारणा नहीं है जो समाज में असमानता पैदा करेगा।

विकल्प (D) का सही विवरण: अनुच्छेद 18 के अनुसार, सैन्य और शैक्षणिक भेदों को छोड़कर, किसी भी अन्य नागरिक के पास विशेषाधिकार नहीं हैं।

अतः विकल्प (C) सही है।

82. खरीफ की फसलों में चावल, मक्का, शर्बत, मोती बाजरा/बाजरा, उंगली बाजरा/रागी (अनाज), अरहर (दालें), सोयाबीन, मूंगफली (तिलहन), और कपास शामिल हैं।

अतः विकल्प (D) सही है।

83. रक्षा अनुसंधान एवं विकास संगठन (डीआरडीओ) भारत गणराज्य की एक एजेंसी है, जिसका नेतृत्व सेना के अनुसंधान और विकास से हुआ है, जिसका मुख्यालय नई दिल्ली, भारत में है।

अतः विकल्प (A) सही है।

84. अकाबनिक नवीकरणीय संसाधन निर्जीव चीजों जैसे जल, सूरज और हवा से आते हैं। नष्ट होने के बाद गैर-नवीकरणीय संसाधनों को आसानी से प्रतिस्थापित नहीं किया जा सकता है। इन संसाधनों के उदाहरणों में कोयला, पेट्रोलियम, तेल और प्राकृतिक गैस जैसे जीवाश्म ईंधन शामिल हैं।

अतः विकल्प (A) सही है।

85. ज्वारीय ऊर्जा, ऊर्जा का एक अक्षय स्रोत है।

ऊर्जा के पारंपरिक स्रोतों को ऊर्जा के गैर-नवीकरणीय स्रोतों के रूप में वर्णित किया जा सकता है जो लंबे समय से उपयोग किए गए हैं। मानव जाति द्वारा ऊर्जा के पारंपरिक स्रोतों का बड़े पैमाने पर उपयोग किया जाता है और उपयोग की मात्रा इतनी अधिक है कि भंडार बहुत हद तक कम हो गए हैं। उदाहरण: कोयला, पेट्रोलियम, प्राकृतिक गैस।

अतः विकल्प (C) सही है।

86. किसी देश के आर्थिक विकास को मापने के लिए आय सबसे आम तरीका है। किसी देश की राष्ट्रीय आय को मापने के लिए विभिन्न तरीके हैं। सबसे आम तरीका जीडीपी है। जीडीपी (सकल घरेलू उत्पाद) एक समय की अवधि में किसी देश की सीमाओं के भीतर उत्पादित सभी वस्तुओं और सेवाओं के मौद्रिक मूल्य को संदर्भित करता है।

अतः विकल्प (B) सही है।

87. हमारे ग्रह का घूमना पृथ्वी के सापेक्ष गतिमान सभी पिंडों पर एक बल पैदा करता है। पृथ्वी के लगभग गोलाकार आकार के कारण, यह बल ध्रुवों में सबसे बड़ा और भूमध्य रेखा पर सबसे कम है। बल, जिसे "कोरिओलिस प्रभाव" कहा जाता है, हवाओं की दिशा और समुद्र की धाराओं को विक्षेपित करता है।

अतः विकल्प (D) सही है।

88. भारतीय रेलवे ने अपने परिचालन को 17 क्षेत्रों में विभाजित किया है, जो आगे डिवीजनों में उप-विभाजित हैं, प्रत्येक में एक मंडल मुख्यालय है।

अतः विकल्प (A) सही है।

89. नियमों के अनुसार, सरकार को बजट की प्रस्तुति के 75 दिनों के भीतर पारित केंद्रीय बजट से संबंधित सभी धन विधेयक प्राप्त करना पड़ेगा। ऐसा करने में विफलता बजट के पतन का कारण बन जाएगी।

अतः विकल्प (C) सही है।

90. इसके सदस्यों को आनुपातिक प्रतिनिधित्व के माध्यम से एकल हस्तांतरणीय वोट के माध्यम से राज्यों और केंद्र शासित प्रदेशों की विधान सभा द्वारा चुना जाता है। इसके 12 सदस्य हैं जिन्हें भारत के राष्ट्रपति द्वारा नामित किया जाता है।

अतः विकल्प (D) सही है।

91. केंद्रीय कार्यपालिका में राष्ट्रपति, उप-राष्ट्रपति और प्रधानमंत्री के साथ मंत्रिपरिषद होते हैं, जो राष्ट्रपति की सहायता और सलाह देने के लिए प्रधानमंत्री होते हैं।

अतः विकल्प (B) सही है।

92. संविधान का अनुच्छेद 123 राष्ट्रपति को संसद के अवकाश के दौरान अध्यादेश जारी/प्रख्यापित करने का अधिकार देता है। राष्ट्रपति की अध्यादेश बनाने की शक्ति विधान की समानांतर सत्ता नहीं है। इसे भारत के सर्वोच्च न्यायालय द्वारा राष्ट्रपति की विधायी शक्तियां माना जाता है।

अतः विकल्प (A) सही है।

93. भारत की संसद द्वारा भारत के संविधान का उल्लंघन करने पर राष्ट्रपति को कार्यकाल की समाप्ति से पहले भी महाभियोग का प्रस्ताव लेकर हटाया जा सकता है।

अतः विकल्प (A) सही है।

94. यदि प्रधानमंत्री राज्यसभा से हैं, तो वह लोकसभा के नेता नहीं बन सकते हैं। यहां तक कि एक व्यक्ति जो संसद भवन का सदस्य नहीं है, प्रधानमंत्री के रूप में नियुक्त किया जा सकता है बशर्ते वह 6 महीने के भीतर संसद के दोनों सदनों में से किसी एक के लिए चुन लिया जाए।

अतः विकल्प (C) सही है।

95. वैश्वीकरण से प्रतिस्पर्धा बढ़ती है। यह प्रतियोगिता उत्पाद और सेवा लागत और मूल्य, लक्ष्य बाजार, तकनीकी अनुकूलन, त्वरित प्रतिक्रिया, कंपनियों द्वारा त्वरित उत्पादन आदि से संबंधित हो सकती है।

अतः विकल्प (A) सही है।

96. अनौपचारिक क्षेत्र जानबूझकर श्रम कानून में सूचीबद्ध नहीं है। उदाहरण के लिए, अनौपचारिक कार्यकर्ता 1948 फ़ैक्ट्री अधिनियम पर विचार करने वाले विषय नहीं हैं। इस योजना में महत्वपूर्ण कारक शामिल हैं जैसे सामान्य कार्य की स्थिति, सुरक्षा और स्वास्थ्य, बाल श्रम पर प्रतिबंध, काम के घंटे आदि। साथ ही, वैश्वीकरण ने देश के विभिन्न हिस्सों में खराब स्वास्थ्य, घृणित काम करने की स्थिति और साथ ही साथ बंधन का कारण बना है।

अतः विकल्प (D) सही है।

97. सुप्रीम कोर्ट के मुख्य न्यायाधीश को देश में कहीं और सुप्रीम कोर्ट की बेंच स्थापित करने से पहले राष्ट्रपति की अनुमति लेने का अधिकार है।

अतः विकल्प (D) सही है।

98. उन्हें संसद की नजर में एक सम्मानित न्यायविद होना चाहिए, सर्वोच्च न्यायालय में न्यायाधीश होने के लिए आवश्यक योग्यता नहीं है।

भारत के सर्वोच्च न्यायालय में मुख्य न्यायाधीश शामिल हैं और भारत के राष्ट्रपति द्वारा नियुक्त 30 से अधिक अन्य न्यायाधीश नहीं हैं। सुप्रीम कोर्ट के न्यायाधीश 65 वर्ष की आयु प्राप्त करने पर सेवानिवृत्त होते हैं। सर्वोच्च न्यायालय के न्यायाधीश के रूप में नियुक्त होने के लिए, एक व्यक्ति को भारत का नागरिक होना चाहिए और कम से कम पांच वर्षों के लिए, एक उच्च न्यायालय का न्यायाधीश या उत्तराधिकार में दो या अधिक ऐसे न्यायालयों का न्यायाधीश होना चाहिए, या एक एक उच्च न्यायालय के अधिवक्ता या दो या अधिक ऐसे न्यायालयों के उत्तराधिकार में कम से कम 10 वर्षों के लिए या वह राष्ट्रपति के विचार में प्रतिष्ठित न्यायविद होना चाहिए। सुप्रीम कोर्ट के एड-हॉक जज के रूप में एक उच्च न्यायालय के न्यायाधीश की नियुक्ति के लिए और उच्चतम न्यायालय या उच्च न्यायालयों के सेवानिवृत्त न्यायाधीशों के लिए उस न्यायालय के न्यायाधीशों के रूप में कार्य करने के लिए प्रावधान मौजूद हैं।

अतः विकल्प (B) सही है।

99. भारतीय राष्ट्रीय कांग्रेस ने 1929 लाहौर सत्र के दौरान पूर्ण स्वराज (पूर्ण स्वतंत्रता) की घोषणा की और 26 जनवरी, 1930 को स्वतंत्रता दिवस मनाया गया था।

अतः विकल्प (D) सही है।

100. कपास आमतौर पर काली मिट्टी में उगाई जाती है। प्रमुख कपास उत्पादक राज्य गुजरात, महाराष्ट्र, आंध्र प्रदेश, तेलंगाना, कर्नाटक, आदि हैं।

अतः विकल्प (D) सही है।

Q.1 भारत के सन्दर्भ में हाल ही में जनसंचार-माध्यमों में अक्सर चर्चित "अप्रत्यक्ष अंतरण" को निम्नलिखित में कौन-सी एक स्थिति सर्वोत्तम रूप से प्रतिबिंबित करती है?

[UPSC Prelims, 2022]

A. कोई भारतीय कंपनी, जिसने किसी विदेशी उद्यम में निवेश किया हो और अपने निवेश पर मिलने वाले लाभ पर उस बाहरी देश को कर अदा करती हो।

B. कोई विदेशी कंपनी, जिसने भारत में निवेश किया हो और अपने निवेश से मिलने वाले लाभ पर अपने आधारभूत देश को कर अदा करती हो।

C. कोई भारतीय कंपनी, जो किसी बाहरी देश में मूर्त संपत्ति खरीदती है और उनका मूल्य बढ़ने पर उन्हें बेच देती है तथा प्राप्ति को भारत में अंतरित कर देती है।

D. कोई विदेशी कंपनी शेयर अंतरित करती है और ऐसे शेयर भारत में स्थित परिसंपत्तियों से अपना वस्तुगत मूल्य व्युत्पन्न करते हैं।

Q.2 अक्सर समाचारों में सुनाई देने वाला शब्द "लिवैंट" मोटे तौर पर निम्नलिखित में से किस क्षेत्र से संगत है?

[UPSC Prelims, 2022]

A. पूर्वी भूमध्यसागरीय तट के पास का क्षेत्र

B. उत्तरी अफ्रीकी तट के पास का मिस्र से मोरक्को तक फैला क्षेत्र

C. फारस की खाड़ी और अफ्रीका के शृंग (हॉर्न ऑफ़ अफ्रीका) के पास का क्षेत्र

D. भूमध्य सागर के सम्पूर्ण तटवर्ती क्षेत्र

Q.3 हाल ही में हैदराबाद में भारत के प्रधान मंत्री द्वारा रामानुज की आसन मुद्रा में विश्व की दूसरी सबसे ऊँची मूर्ति का उद्घाटन किया गया था। निम्नलिखित कथनों में कौन-सा एक, रामानुज की शिक्षाओं को सही निरूपित करता है?

[UPSC Prelims, 2022]

A. मोक्ष प्राप्ति का सर्वोत्तम साधन भक्ति था।

B. वेद शाश्वत, आत्म-प्रतिष्ठित तथा पूर्णतया प्रामाणिक हैं।

C. तर्कसंगत युक्तियाँ सर्वोच्च आनंद के मौलिक माध्यम थे।

D. ध्यान के माध्यम से मोक्ष पाया जा सकता था।

Q.4 हाल ही में, प्रधान मंत्री ने वेरावल में सोमनाथ मंदिर के निकट नए सर्किट हाउस का उद्घाटन किया। सोमनाथ मंदिर के बारे में निम्नलिखित कथनों में कौन-से सही हैं?

1. सोमनाथ मंदिर ज्योतिर्लिंग देव-मंदिरों में से एक है।

2. अल-बरूनी ने सोमनाथ मंदिर का वर्णन किया है।

3. सोमनाथ मंदिर की प्राण-प्रतिष्ठा (आज के मंदिर की स्थापना) राष्ट्रपति एस. राधाकृष्णन द्वारा की गई थी।

नीचे दिए कूट का प्रयोग कर सही उत्तर चुनिए।

[UPSC Prelims, 2022]

A. केवल 1 और 2	**B.** केवल 2 और 3
C. केवल 1 और 3	**D.** 1, 2 और 3

Ques (5-9): Direction: Read the following passage carefully and answer the question given below it.

How many really suffer as a result of labor market problems? This is one of the most critical yet contentious social policy questions. In many ways, our social statistics exaggerate the degree of hardship. Unemployment does not have the same dire consequences today as it did in the 1930s when most of the unemployed were primary bread-winners, when income and earnings were usually much closer to the margin of subsistence, and when there were no countervailing social programs for those failing in the labor market. Increasing affluence, the rise of families with more than one wage earner, the growing predominance of secondary earners among the unemployed, and improved social welfare protection have unquestionably mitigated the consequences of joblessness. Earnings and income data also overstate the dimensions of hardship. Among the millions with hourly earnings at or below the minimum wage level, the overwhelming majority are from multiple-earner, relatively affluent families. Most of those counted by the poverty statistics are elderly or handicapped or have family responsibilities that keep them out of the labor force, so the poverty statistics are by no means an accurate indicator of labor market pathologies.

Yet there are also many ways our social statistics underestimate the degree of labor-market-related hardship. The unemployment counts exclude the millions of fully employed workers whose wages are so low that their families remain in poverty. Low wages and repeated or prolonged unemployment frequently interact to undermine the capacity for self-support. Since the number experiencing joblessness at some time during the year is several times the number unemployed in any month, those who suffer as a result of forced idleness can equal or exceed average annual unemployment, even though only a minority of the jobless in any month really suffers. For every person counted in the monthly unemployment tallies, there is another working part-time because of the inability to find full-time work, or else outside the labor force but wanting a job. Finally, income transfers in our country have always focused on the elderly, disabled, and dependent, neglecting the needs of the working poor, so that the dramatic expansion of cash and in-kind transfers does not necessarily mean that those failing in the labor market are adequately protected.

As a result of such contradictory evidence, it is uncertain whether those suffering seriously as a result of labor market problems number in the hundreds of thousands or the tens of millions, and, hence, whether high levels of joblessness can be tolerated or must be countered by job creation and economic stimulus. There is only one area of agreement in this debate—that the existing poverty, employment, and earnings statistics are inadequate for one of their primary applications, measuring the consequences of labor market problems.

Q.5 What is the main theme of the passage?

A. The causes of labor market pathologies lead to suffering.

B. The reason for the imprecise income measures in determining the rate of poverty.

C. The way by which social figures provide a vague picture of the extent of hardship due to low wages and inadequate job opportunities.

D. The areas of agreement among employment, income figures, and poverty.

Q.6 The words "labor market problems" used by the author in the passage refer to:

A. All the factors responsible for poverty.

B. Inefficiency in the training of the workforce.

C. Trade links between producers of goods and commodities.

D. Scarcity of jobs that provide sufficient income.

Q.7 The author of the passage compares the 1930s with the modern-day to prove that

A. There was more redundancy in the 1930s.

B. Redundancy now has less rigorous effects.

C. More social and employment programs are required to be implemented.

D. Poverty has decreased since the 1930s.

Q.8 The author mentions that the justifying effect of social programs concerning transfers of income on the level of income of low-income people is usually not realized by:

A. Retired people

B. Full-time workers who turn jobless

C. Reliant children in single-earner families

D. The employed poor

Q.9 A factor that leads to unemployment and earnings figures to over expect the extent of economic hardship is the:

A. Dominance, among low-income earners and the jobless, of members of families in which are working

B. Repetition of periods of redundancy for a group of low-income earners

C. The probability that income might be received from more than one job per worker

D. Setting up of a system of record-keeping which makes it feasible to pile up poverty statistics

Ques (10-12):निर्देश: निम्नलिखित गद्यांश को पढ़कर प्रश्नों के उत्तर दीजिये।

ऐसा मालूम होता है कि पुराने ईरानी कथा साहित्य का लगभग पूरा आधार ही जादू-टोने पर स्थापित है। फिरदौसी के शाहनामे में, जिसे एक प्रकार से प्राचीन ईरान का इतिहास कहा जा सकता है, अच्छे-खासे अनुपात में अलौकिक बातें पाई जाती हैं, जैसे जुहाक की छाती पर साँप लोटना, रुस्तम के पिता जाल का एक काल्पनिक पक्षी सीमुर्ग द्वारा पालन-पोषण, रुस्तम की देवों (राक्षसों) से लड़ाइयाँ आदि। कुछ कहानियों में - विशेषतः उनमें जो खलीफा हारून रशीद के नाम के साथ जुड़ी हैं, इतिहास और जादू-टोने को ऐसी दिलचस्प सूरत में मिला दिया गया है जिसमें आम लोगों की कहानी में दिलचस्पी बढ़ जाए। हारून रशीद 787 ईस्वी में खलीफा बना और 808 ईस्वी में मर गया।

Q.10 "छाती पर साँप लोटना", इस मुहावरे का क्या अर्थ है?

A. संकट पर संकट होना   B. दया आना

C. डाह करना   D. आशंका होना

Q.11 ईरान के कथा साहित्य का स्थापत्य क्या है?

A. विडम्बना   B. काल्पनिकता

C. जादू टोना   D. अहसास

Q.12 अलौकिक के स्थान पर किस शब्द का प्रयोग हो सकता है?

A. चमत्कारी   B. असाधारण

C. पारलौकिक   D. सभी

Ques (13-14):निर्देश: निम्नलिखित गद्यांश को पढ़कर प्रश्नों के उत्तर दीजिए।

नया साल झबरे-झबरे बालों वाला ऊँची नसल का नन्हा-मुन्ना प्यारा-सा पपी है जिसे बरबस, गोद में उठा लेने को जी चाहता है, ऊन के गोले जैसा गरम, गुदगुदा और वह पुराना साल खुजली का मारा, लीबर बहाता, मरियल, बूढ़ा, लावारिस कुत्ता जो हर घर से दुरदुराया जाता है। नया साल हरी-भरी दूब की वीथी है जिस पर अगल-बगल, रंग-बिरंगे सुगंधित फूलों की लताओं ने मंडप-सा तान रखा है और पुराना साल कीचड़ और काई से ढँका हुआ वह ऊबड़-खाबड़ कंकरीला रास्ता जिसे अब पीछे मुड़कर ताकते डर लगता है। नया साल एक अनजाने सुख की सिहरन है, पुराना साल भोगे हुए कष्टों की एक कड़ी। कितना बुरा था पुराना साल। ढंग का खाना न ढंग का कपड़ा। कीमतें आसमान से बात करती हुई। रहने को मकान नहीं, दस-दस कुनबे बेशर्मी की चादर ओढ़कर एक जरा-सी कोठरी में जिंदगी के दिन गुजार रहे हैं। क्या था पुराने साल में जिसे चाव से कोई याद करे। अच्छा हुआ, बहुत अच्छा हुआ, उसकी अरथी निकल गई। कोई उसके लिए दो आँसू गिराने वाला नहीं है।

Q.13 हरी-भरी दूब की वीथी किसे कहा गया है?

A. नए साल को   B. पुराने साल को

C. दोनों को   D. इनमें से कोई नहीं

Q.14 पुराने साल की तुलना निम्नलिखित विकल्पों में से किस से नहीं की गई है?

A. लावारिस कुत्ता

B. कंकरीला रास्ता

C. भोगे हुए कष्टों की एक कड़ी

D. झबरे बालों वाला पपी

Q.15 पर्यावरण के साथ रहने वाले जीवों के अध्ययन को __________ के रूप में जाना जाता है।

A. पारिस्थितिकी तंत्र   B. वातावरण

C. समुदाय   D. परिस्थितिकी

Q.16 निम्नलिखित में से कौन जनसंख्या के समूह के अध्ययन का वर्णन करता है?

A. संपारिस्थितिकी   B. ऑटोकॉलॉजी

C. बायोम   D. समुदाय

Q.17 निम्नलिखित में से कौन-से पूँजीगत लेखा की रचना करते हैं?

1. विदेशी ऋण

2. प्रत्यक्ष विदेशी निवेश

3. निजी प्रेषित धन

4. पोर्टफाकलियो निवेश

नीचे दिए गए कूट का प्रयोग कर सही उत्तर चुनिए।

A. 1, 2 और 3   B. 1, 2 और 4

C. 2, 3 और 4   D. 1, 3 और 4

Q.18 निम्नलिखित कथनों पर विचार कीजिये:

1. इन्फीरियर वस्तु वो वस्तुए है जिसकी मांग उपभोक्ता के आय बढ़ने के साथ घटती है।

2. गीफन वस्तु (Giffen good) एक विशेष प्रकार की इन्फीरियर वस्तु है जिसकी कीमत लोगों के अधिक उपभोग के साथ बढ़ती जाती है।

3. वेबलेन वस्तु (Veblen goods) विलासिता की वस्तुए होती हैं जैसे की महंगी मदिरा, आभूषण, फैशन डिजाइनर हैंडबैग, और लक्जरी कारों, जिनकी ऊंची कीमतों के कारण मांग बनी रहती है।

ऊगर दिए गए विकलों में से कौन सही हैं:

A. केवल 1   B. 1 और 2 केवल

C. उपरोक्त सभी   D. इनमें से कोई नहीं

Q.19 आर्थिक विकास सामान्यतया युग्मित होता है:

A. अवस्फीति के साथ   B. स्फीति के साथ

C. स्टैगफ्लेशन के साथ   D. अतिस्फीती के साथ

Q.20 एक शंकाकार पर्वत की तिरछी ऊँचाई 2.5 किमी है और इसके आधार का क्षेत्रफल 1.5 किमी² है $\left(\pi = \frac{22}{7}\right)$ पहाड़ की ऊंचाई है:

A. 2.2 किमी
B. 24 किमी
C. 3 किमी
D. 3.11 किमी

Q.21 △ABC, में, D तथा EE क्रमशः AB तथा AC पर दो ऐसे बिन्दु हैं, कि DEBC है, और DE त्रिभुज ABC को दो बराबर क्षेत्रफल वाले भागों में विभाजित कर देती है। तदनुसार AD तथा BD का अनुपात कितना है?

A. 1:1 B. 1: √2-1 C. 1: √2 D. 1: √2+1

Q.22 यदि $\cos^4\theta - \sin^4\theta = \frac{1}{3}$, तब $\tan^2\theta$ का मान है:

A. $\frac{1}{2}$ B. $\frac{1}{3}$ C. $\frac{4}{3}$ D. $\frac{1}{5}$

Q.23 यदि 4tanA=3, तो $\frac{4\sin A - \cos A}{4\sin A + \cos A} = ?$

A. $\frac{2}{3}$ B. $\frac{1}{3}$ C. $\frac{1}{2}$ D. $\frac{3}{4}$

Q.24 $\sin^4\theta + \cos^4\theta$ का सबसे बड़ा मान है?

A. 2 B. $\frac{3}{4}$ C. $\frac{1}{2}$ D. 1

Q.25 यदि $3x - \frac{1}{4x} = 3$, तो $64x^3 - \frac{1}{27x^3}$ का मान क्या होगा?

A. 70 B. 80 C. 90 D. 48

Q.26 यदि $\left(x + \frac{1}{x}\right)^2 = 3$, तो $x^{138} + x^{132} + x^{114} + x^{108} + x^{84} + x^{78} - 7$ का मान क्या है?

A. -1 B. -7 C. 0 D. 7

Q.27 सबसे कम संख्या जिसे 2497 में जोड़ा जाना चाहिए ताकि योग 5, 6, 4 और 3 से बिल्कुल विभाज्य हो:

A. 23.0 B. 13.0 C. 3.0 D. 33.0

Q.28 दो घनात्मक पूर्णांक के वर्गों का योग 164 है और उनके वर्गों का अंतर 36 है। संख्याओं का योग क्या है?

A. 17 B. 18 C. 19 D. 15

Q.29 25×252×37 के इकाई के स्थान वाले अंक का गुणनफल होगा?

A. 1 B. 2 C. 0 D. 5

Q.30 अघारकर रिसर्च इंस्टीट्यूट के शोधकर्ताओं द्वारा किए गए एक अध्ययन में पाया गया है कि मीथेन हाइड्रेट किस नदी के बेसिन में स्थित हैं, जो कि बायोजेनिक उत्पत्ति के कारण हैं।

A. कावेरी
B. ब्रह्मपुत्र
C. कृष्णा-गोदावरी
D. गंगा-यमुना

Q.31 शुष्क बर्फ (Dry Ice) है

A. ठोस सल्फर डाइ-ऑक्साइड
B. ठोस नाइट्रोजन डाइ-ऑक्साइड
C. ठोस अमोनियम क्लोराइड
D. ठोस कार्बन डाइ-ऑक्साइड

Q.32 'क्यूबिक जिरकोनिया' का सामान्य नाम है

A. कार्बोरेंडम
B. अमेरिकन डायमंड
C. सिरेमिक
D. प्लास्टर ऑफ़ पेरिस

Q.33 एक स्वस्थ मनुष्य के शरीर का तापमान होता है

A. 36.9°C B. 35.9°F C. 98.4°C D. 104°C

Q.34 सबसे बड़ा एकल-कोशिका वाला जीव है-

A. खमीर
B. एसीटेबुलेरिया
C. एसीटोबैक्टर
D. कौलर्पा टैक्सीफोलिया

Q.35 निम्नलिखित में से क्या संवैधानिक निकाय नहीं है?

A. राज्य के महाधिवक्ता
B. भारत के महान्यायवादी
C. भाषायी अल्पसंख्यकों के लिए विशेष अधिकारी
D. राष्ट्रीय मानवाधिकार आयोग

Q.36 भारत में राष्ट्रपति की मृत्यु के मामले में कौन पदभार ग्रहण करता है?

A. प्रधानमंत्री
B. उपप्रधानमंत्री
C. उपराष्ट्रपति
D. इनमे से कोई भी नहीं

Q.37 पृष्ठ तनाव का क्या कारण है?

A. अणुओं के बीच आसंजक बल
B. अणुओं के बीच ससंजक बल
C. अणुओं के बीच गुरुत्व बल
D. अणुओं के बीच विद्युत बल

Q.38 अधिक ऊंचाई पर पानी के क्वथनांक में कमी का कारण है:

A. उच्च तापमान
B. कम तापमान
C. उच्च वायुमंडलीय दबाव
D. कम वायुमंडलीय दबाव

Q.39 गीज़र फट जाते हैं

A. द्रवस्थैतिक दाब के कारण
B. भूतापीय ऊर्जा के कारण
C. चट्टानों के टूटने के कारण
D. वर्षा के जल के रिसने के कारण

Q.40 एक 27 सेमी लंबी, 8 सेमी चौड़ी और 1 सेमी मोटी शीट, एक घन में पिघला दी जाती है। दोनों ठोस पदार्थों के कुल पृष्ठीय क्षेत्रफल में कितना अंतर है?

A. 216 सेमी² B. 268 सेमी² C. 256 सेमी² D. 286 सेमी²

Q.41 एक समबाहु त्रिभुज के रूप में एक तार को मोड़ा जाता है जिसका क्षेत्रफल $484\sqrt{3}$ सेमी² है। यदि उसी तार को वृत्त के रूप में फिर से मोड़ दिया जाता है, तो उसकी त्रिज्या होगी- $\left(\pi = \frac{22}{7}\right)$

A. 21 सेमी
B. 15.75 सेमी
C. 10.5 सेमी
D. 9 सेमी

Q.42 एक नियमित षट्भुज का क्षेत्रफल (वर्ग सेमी में) क्या है? जो केंद्र की ओर से लंबवत दूरी $9\sqrt{3}$ सेमी है।

A. $500\sqrt{3}$ सेमी²
B. $300\sqrt{3}$ सेमी²
C. $486\sqrt{3}$ सेमी²
D. $450\sqrt{3}$ सेमी²

Q.43 बोकारो स्टील लिमिटेड की सहायता से स्थापित किया गया था:

A. चीन
B. यूएसए
C. जर्मनी
D. सोवियत संघ

Q.44 देश का सबसे बड़ा सार्वजनिक उपक्रम______है।

A. रेलवे
B. आयरन और स्टील प्लांट
C. एयरवेज
D. इनमे से कोई भी नहीं

Q.45 वस्त्रों के बाद, भारत का दूसरा महत्वपूर्ण उद्योग है:

A. जूट
B. लोहा और इस्पात
C. कोयला
D. चाय

Q.46 सतत विकास क्या है?

A. भविष्य की पीढ़ियों की अपनी जरूरतों को पूरा किए बिना, वर्तमान की जरूरतों को पूरा करने वाला विकास।

B. प्रदूषण को कम करने और पर्यावरण को नुकसान पहुंचाते हुए प्राकृतिक संसाधनों का संरक्षण करना और शक्ति के वैकल्पिक स्रोतों का विकास करना।

C. यह भूमि और निर्माण परियोजनाओं को इस तरह से विकसित करने का अभ्यास है, जो उन्हें आत्मनिर्भरता के ऊर्जा-कुशल मॉडल बनाने की अनुमति देकर पर्यावरण पर उनके प्रभाव को कम करता है।

D. ऊपर के सभी

Q.47 निम्नलिखित में से कौन सा सही है, यदि हम सतत विकास के तीन में से दो स्तंभों को प्राप्त करते हैं?

A. सामाजिक + आर्थिक स्थिरता = न्यायसंगत

B. सामाजिक + पर्यावरणीय स्थिरता = खतरे में डालना

C. आर्थिक + पर्यावरणीय स्थिरता = व्यवहार्य

D. ऊपर के सभी

Q.48 60 लड़कों की कक्षा में, 45 को पिज्जा पसंद है, 30 को बर्गर पसंद है और 5 को न ही पिज्जा और न ही बर्गर पसंद है। उन लड़कों की संख्या ज्ञात करें जो दोनों को पसंद करते हैं?

A. 25   B. 20   C. 30   D. 15

Q.49 एक कार पार्क में, 100 वाहन हैं, जिनमें से 60 कारें हैं, 30 वैन हैं और शेष लोरियां हैं। यदि प्रत्येक वाहन को छोड़ने की समान रूप से संभावना है, तो कार छोड़ने की संभावना का पता लगाएं, यदि लॉरी या वैन पहले छोड़ दिया था, तो दूसरी छोड़ने की संभावना:

A. $\frac{20}{33}$ B. $\frac{19}{33}$ C. $\frac{3}{5}$ D. $\frac{2}{5}$

Q.50 बिंदु के निर्देशांक जो कि ∆AOB के तीन शीर्षों से बराबर है जैसा कि चित्र में दिखाया गया है:

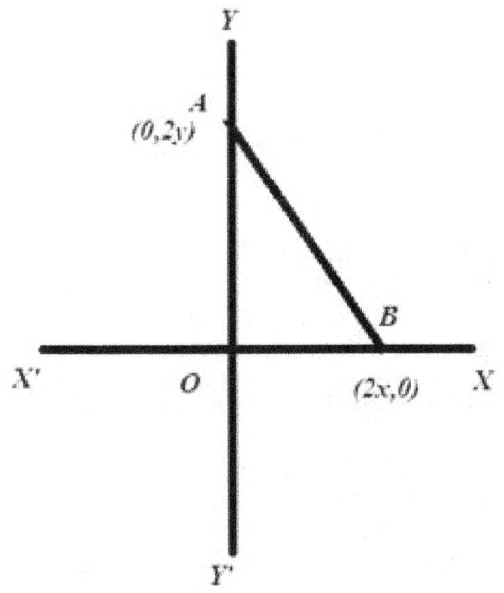

A. (x, y)   B. (y, x)   C. $\left(\frac{x}{2}, \frac{y}{2}\right)$ D. $\left(\frac{y}{2}, \frac{x}{2}\right)$

Q.51 केंद्र के रूप में मूल के साथ खींचा गया एक चक्र उस बिंदु से गुजरता है जो चक्र के आंतरिक भाग में नहीं पड़ता है

A. $\left(-\frac{3}{4}, 1\right)$ B. $\left(2, \frac{7}{3}\right)$ C. $\left(5, \frac{-1}{2}\right)$ D. $\left(-6, \frac{5}{2}\right)$

Q.52 In the following question, from the given alternative words, select the word which can be formed using the letters of the given word.

BRYOPHYLLUM

A. Burst   B. Humble   C. Hours   D. Humbly

Q.53 Direction: Improve the bracketed part of the sentence.

By next month, Ms. Jones (will be Mayor of Tallahassee) for two years.

A.   will be Mayor of Tallahassee

B.   will have been Mayor of Tallahassee

C.   will be mayor of Tallahassee

D.   will have been mayor of Tallahassee

Q.54 Direction: In the following question, out of the given four alternatives, select the one which is opposite in the meaning of the given word.

Intrusion

A. Uninteresting   B. Withdrawl

C. Sliding   D. Delusion

Q.55 कन्नड़ भाषा निम्न में से किस साम्राज्य की मातृभाषा थी?

A. राष्ट्रकूट   B. सेन   C. प्रतिहार   D. शुंग

Q.56 निम्नलिखित राज्यों में से किनका सम्बन्ध बुद्ध के जीवन से था?

1. अवंती

2. गान्धार

3. कोसल

4. मगध

A. 1, 2 और 3   B. केवल 2 और 3

C. 1, 3 और 4   D. केवल 3 और 4

Q.57 दिल्ली सल्तनत की राजकीय भाषा क्या थी?

A. उर्दू   B. अरबी   C. फारसी   D. हिन्दी

Q.58 पिट्स इंडिया ऐक्ट, 1784 क्या था?

A. नियामक अधिनियम   B. अध्यादेश

C. संकल्प   D. श्वेत पत्र

Q.59 निम्नलिखित कथनों पर विचार करें:

1. उन्होंने खुद को सिद्धांतवादी के रूप वर्णित किया था।

2. उन्होंने लाहौर षणयंत्र प्रकरण में अहम भूमिका निभाई थी।

3. वह समाजवाद में विश्वास करते थे।

उपरोक्त विशेषताएं निम्नलिखित में से किस क्रांतिकारी से संबंधित थी?

A. चंद्रशेखर आजाद   B. राम प्रसाद बिस्मल

C. भगत सिंह   D. राजेंद्र लाहिरी

Q.60 1897 में रामकृष्ण मिशन के संस्थापक कौन थे?

A. स्वामी दयानंद सरस्वती   B. स्वामी विवेकानंद

C. स्वामी सहजानंद   D. राजा राम मोहन रॉय

Q.61 निम्नलिखित में से किस महिला ने भारत के विभिन्न राज्यों में मुख्यमंत्री के रूप में कार्य किया?

1. जानकी रामचंद्रन

2. नंदिनी सत्पथी

3. राजिंदर कौर भट्टल

4. सैयदा अनवर तैमूर

निम्नलिखित विकल्पों का उपयोग करके सही उत्तर चुनें

A. 2 और 3   B. 1 और 3

C. 1 और 4   D. 1, 2, 3 और 4

Q.62 "POTUS" निम्न में से किस का टिटर हैंडल (खाता नाम) है:

A. व्लादिमीर पुतिन
B. नरेंद्र मोदी
C. डोनाल्ड ट्रम्प
D. फ्रेंकोइस होलैंड

Q.63 निम्नलिखित में से कौन मिट्टी निर्माण का सबसे महत्वपूर्ण कारक है?

A. राहत
B. जलवायु
C. प्राकृतिक वनस्पति
D. रॉक कवर

Q.64 मिट्टी के कारकों के रूप में भी जाना जाता है

A. जैविक कारक
B. भू आकृति विज्ञान कारक
C. पारिस्थितिक कारक
D. एडापिक कारक

Q.65 आवट प्रत्यय से कौन सा शब्द नहीं बना है?

A. रुकावट
B. तरावट
C. सजावट
D. घबराहट

Q.66 पिब धातु का लोट् लकार, प्रथम पुरुष बहुवचन का रूप क्या होगा?

A. पिबन्तु
B. पिबथ
C. पिबत
D. पिबन्ति

Q.67 सभी संभावित परिणामों के अंकगणितीय माध्य के रूप में जाना जाता है

A. अपेक्षित मूल्य
B. महत्वपूर्ण मान
C. झगड़ा
D. मानक विचलन

Q.68 2, 10, 1, 9, और 3: डेटा सेट का विचरण क्या है?

A. 15.5
B. 17.5
C. 5.5
D. 7.5

Q.69 निम्नलिखित जनसांख्यिकीय मुद्दों में से कौन सा मानव संसाधन प्रबंधकों के लिए एक चुनौती है?

A. तेजी से विविध कार्यबल
B. वृद्ध कार्यबल
C. आकस्मिक श्रमिकों का बढ़ता उपयोग
D. (A) और (B) दोनों

Q.70 कार्यबल में महिलाओं का अनुपात ____ तक अनुमानित है।

A. आने वाले दशक में काफी वृद्धि हुई है
B. कमी के रूप में अधिक महिलाओं को बच्चों के साथ घर रहने का फैसला किया
C. बढ़ना बंद करो
D. घटती दर पर वृद्धि

Q.71 सकल घरेलू पूंजी निर्माण के रूप में परिभाषित किया गया है

A. पूंजी स्टॉक को बढ़ाने या बनाए रखने के लिए समर्पित व्यय का प्रवाह
B. केवल भौतिक संपत्ति पर किया गया व्यय
C. उत्पादन मांग से अधिक है
D. मूल्यह्रास के बाद स्टॉक का शुद्ध जोड़

Q.72 भारत के राज्य में, राज्य वित्तीय निगम ने मुख्य रूप से विकसित करने के लिए सहायता दी है

A. कृषि फार्म
B. लघु उद्योग
C. बड़े पैमाने पर उद्योग
D. मध्यम और लघु उद्योग

Q.73 निम्नलिखित कथनों पर विचार करें:

1. दिल्ली मेट्रो रेल निगम (DMRC) ने प्रायोगिक आधार पर एयरपोर्ट एक्सप्रेस लाइन पर कार्गो सेवाएं शुरू करने की योजना बनाई है।
2. DMRC ने हाल ही में एक विशेष कार्गो एजेंसी के साथ समझौता ज्ञापन (MOU) पर हस्ताक्षर किए हैं।
3. 1 मार्च 2016 से, अविकरी/ई-कॉमर्स वस्तुओं के परिवहन के लिए कार्गो सेवाएं एयरपोर्ट एक्सप्रेस लाइन के माध्यम से सुविधा प्रदान की जाएगी।

उपरोक्त में से कौन सा कथन सही है?

A. केवल 1 और 2
B. केवल 2 और 3
C. केवल 1 और 3
D. सभी सही हैं

Q.74 वह फसल जो बड़े पैमाने पर / अधिकतर भारत में उत्पादित की जाती है

A. गेहूँ
B. ज्वार
C. मक्का
D. चावल

Q.75 निम्नलिखित में से कौन सा राज्य गेहूं की खेती नहीं करता है?

A. कर्नाटक
B. महाराष्ट्र
C. पश्चिम बंगाल
D. तमिलनाडु

Q.76 चेराव निम्नलिखित में से किस राज्य का एक प्राचीन पारंपरिक नृत्य है?

A. मिजोरम
B. मध्य प्रदेश
C. महाराष्ट्र
D. ओडिशा

Q.77 उत्तर प्रदेश का पहला राज्य प्रिंटिंग प्रेस किस राज्य में स्थापित किया गया था?

A. इलाहाबाद
B. वाराणसी
C. लखनऊ
D. इनमे से कोई भी नहीं

Q.78 जल प्रदूषण 'को कई तरीकों से परिभाषित किया जा सकता है। निम्नलिखित में से कौन सा कथन सही परिभाषा नहीं देता है?

A. जल निकायों के लिए अवांछनीय पदार्थों के अतिरिक्त
B. जल निकायों से वांछनीय पदार्थों को निकालना
C. जल निकायों के दबाव में बदलाव
D. जल निकायों के तापमान में बदलाव

Q.79 यदि वातावरण में कार्बन डाइऑक्साइड की मात्रा बढ़ जाती है तो निम्नलिखित में से कौन सा प्रभावित नहीं होगा?

A. पर्यावरण द्वारा बरकरार गर्मी की मात्रा
B. पौधों में प्रकाश संश्लेषण की प्रक्रिया
C. वैश्विक तापमान
D. रेगिस्तानी पौधों का अस्तित्व

Q.80 जब हम विकास के स्तर पर देशों की तुलना करते हैं तो सबसे महत्वपूर्ण विशेषताओं में से एक क्या माना जाता है?

A. औद्योगिक विकास
B. देश के संसाधन
C. आय
D. आयात निर्यात

Q.81 विश्व बैंक द्वारा लाए गए विश्व विकास रिपोर्ट में, देशों को वर्गीकृत करने में किस कसौटी का उपयोग किया जाता है?

A. कुल आय
B. कुल आमदनी
C. प्रति व्यक्ति आय
D. शुद्ध आय

Q.82 मानव अधिकारों के सार्वभौमिक घोषणा का अनुच्छेद 6 ______ के साथ संबंधित है।

A. सक्षम न्यायाधिकरण द्वारा उपचार का अधिकार
B. कानून के समक्ष एक व्यक्ति के रूप में मान्यता का अधिकार
C. मनमानी स्वतंत्रता और निर्वासन से स्वतंत्रता
D. कानून के समक्ष समानता का अधिकार

Q.83 तारों और आकाशगंगाओं के द्रव्यमान आमतौर पर ______ में व्यक्त किए जाते हैं।

A. पृथ्वी का द्रव्यमान
B. सौर मास
C. चंद्र मास
D. न्यूटॉन द्रव्यमान

Q.84 अरब सागर और पश्चिमी घाट के समानांतर भारतीय पश्चिमी तट पर कौन सी रेल लाइन चलती है?

A. दक्षिण मध्य रेलवे
B. कोंकण रेलवे
C. दक्षिणी रेलवे
D. दक्षिण पूर्व रेलवे

Q.85 भारतीय रेलवे नेटवर्क पर चलने वाली निम्नलिखित में से कौन सी एक्सप्रेस ट्रेनें कुल समय और दूरी के संदर्भ में सबसे लंबी चलती हैं?

A. विवेक एक्सप्रेस
B. हिमसागर एक्सप्रेस
C. नवयुग एक्सप्रेस
D. गुवाहाटी एक्सप्रेस

Q.86 निम्नलिखित में से कौन एक कथन के साथ जुड़ा हुआ है "अगर संप्रभुता पूरी तरह से नहीं है तो कोई राज्य नहीं होगा"?

A. जॉन लोके B. हेगेल C. गेटेल D. हॉलैंड

Q.87 कानूनी संप्रभुता की अवधारणा पहली बार उच्चारित की गई थी:

A. सेंट ऑगस्टाइन
B. होब्स
C. मैकियावेली
D. लोके

Q.88 वैश्वीकरण में निम्नलिखित को छोड़कर सभी का एकीकरण शामिल है

A. संस्कृति B. अर्थशास्त्र C. संचार D. नैतिकता

Q.89 1991 में, भारत में एलपीजी सुधार पेश किए गए। LPG में G क्या है?

A. कुल
B. भूमंडलीकरण
C. सामग्री
D. गया हुआ

Q.90 निम्नलिखित में से कौन सा अनुच्छेद सर्वोच्च न्यायालय की स्थापना के बारे में बात करता है?

A. अनुच्छेद 176
B. अनुच्छेद 153
C. अनुच्छेद 124
D. अनुच्छेद 324

Q.91 निम्नलिखित में से कौन सही ढंग से मेल नहीं खाता है?

A. अनुच्छेद 145: न्यायाधीशों का वेतन
B. अनुच्छेद 143: सर्वोच्च न्यायालय से परामर्श करने की राष्ट्रपति की शक्ति
C. अनुच्छेद 141: सर्वोच्च न्यायालय के आदेश भारत के सभी न्यायालयों पर लागू होते हैं
D. अनुच्छेद 139: रिट याचिका जारी करने की सर्वोच्च न्यायालय की शक्ति

Q.92 निम्नलिखित में से किस समिति ने भारतीय संविधान में मौलिक कर्तव्यों को शामिल करने का सुझाव दिया था?

A. मल्होत्रा समिति
B. राघवन समिति
C. स्वर्ण सिंह समिति
D. नरसिम्हन समिति

Q.93 भारतीय संविधान का कौन सा अनुच्छेद अस्पृश्यता को समाप्त करता है?

A. अनुच्छेद 18
B. अनुच्छेद 15
C. अनुच्छेद 14
D. अनुच्छेद 17

Q.94 तिब्बती पठार में पहाड़ों की संख्या जिनकी ऊँचाई 8,000 मीटर से अधिक है

A. 20 B. 18 C. 6 D. 16

Q.95 दुनिया का सबसे ऊँचा पर्वत है

A. माउंट एवरेस्ट
B. K2
C. फूजी पर्वत
D. माउंट वेसुवियस

Q.96 भारत के उपराष्ट्रपति को हटाने के प्रस्ताव को प्रस्तुत किया जा सकता है?

A. केवल लोकसभा
B. संसद के किसी भी सदन में
C. संसद की संयुक्त बैठक में
D. केवल राज्यसभा में

Q.97 किसके तहत प्रधानमंत्री, राष्ट्रपति और मंत्रिपरिषद के बीच संचार के एक चैनल के रूप में कार्य करता है?

A. सम्मेलन
B. क़ानून
C. अनुच्छेद 78
D. अनुच्छेद 75

Q.98 निम्नलिखित में से कौन सा पृथ्वी की भूमि के प्रतिशत के घटते क्रम में दिए गए महाद्वीपों का सही क्रम है?

A. उत्तरी अमेरिका - अफ्रीका - दक्षिण अमेरिका - यूरोप
B. अफ्रीका - उत्तरी अमेरिका - दक्षिण अमेरिका - यूरोप
C. उत्तरी अमेरिका - अफ्रीका - यूरोप - दक्षिण अमेरिका
D. अफ्रीका - उत्तरी अमेरिका - यूरोप - दक्षिण अमेरिका

Q.99 निम्नलिखित में से कौन सा कर जीएसटी द्वारा समाप्त किया जाएगा?

A. सेवा कर B. निगम कर C. आयकर D. धन कर

Q.100 जीएसटी ____ पर लगाया जाएगा।

A. निर्माताओं
B. रिटेलर्स
C. उपभोक्ताओं
D. ऊपर के सभी

// स्मार्ट उत्तर पुस्तिका //

सही उत्तर उन छात्रों के प्रतिशत को इंगित करता है जिन्होंने प्रश्नों का सही उत्तर दिया था।

छोड़ दिया उन छात्रों के प्रतिशत को इंगित करता है जिन्होंने प्रश्नों को छोड़ दिया था।

प्रश्न संख्या	उत्तर	सही उत्तर / छोड़ दिया	प्रश्न संख्या	उत्तर	सही उत्तर / छोड़ दिया	प्रश्न संख्या	उत्तर	सही उत्तर / छोड़ दिया	प्रश्न संख्या	उत्तर	सही उत्तर / छोड़ दिया	प्रश्न संख्या	उत्तर	सही उत्तर / छोड़ दिया
1	D	85.02 % / 0.0 %	17	B	64.84 % / 1.24 %	33	A	78.16 % / 0.0 %	49	A	60.0 % / 1.53 %	65	D	89.95 % / 0.0 %
2	A	88.07 % / 0.0 %	18	C	66.4 % / 1.27 %	34	D	15.87 % / 4.06 %	50	A	58.81 % / 1.74 %	66	A	40.66 % / 1.8 %
3	A	76.4 % / 0.0 %	19	B	59.76 % / 1.19 %	35	D	45.11 % / 1.88 %	51	D	52.26 % / 1.69 %	67	A	53.07 % / 1.91 %
4	A	80.4 % / 0.0 %	20	B	42.62 % / 1.16 %	36	C	54.61 % / 1.92 %	52	D	81.86 % / 0.0 %	68	B	40.01 % / 1.93 %
5	C	27.14 % / 4.84 %	21	B	57.33 % / 1.11 %	37	B	58.8 % / 1.49 %	53	D	56.14 % / 1.01 %	69	D	67.36 % / 1.46 %
6	D	10.14 % / 4.1 %	22	A	42.68 % / 1.68 %	38	D	54.02 % / 1.99 %	54	B	51.49 % / 1.76 %	70	A	54.43 % / 1.09 %
7	B	30.96 % / 4.24 %	23	C	44.24 % / 1.27 %	39	B	49.96 % / 1.05 %	55	A	14.5 % / 4.14 %	71	D	41.78 % / 1.44 %
8	D	19.06 % / 3.22 %	24	D	46.65 % / 1.41 %	40	D	40.33 % / 1.6 %	56	D	20.89 % / 4.49 %	72	D	61.92 % / 1.5 %
9	A	27.1 % / 4.18 %	25	B	84.26 % / 0.0 %	41	A	48.12 % / 1.8 %	57	C	11.09 % / 3.69 %	73	D	20.17 % / 3.54 %
10	C	15.28 % / 4.35 %	26	B	60.71 % / 1.11 %	42	C	48.67 % / 1.03 %	58	A	43.48 % / 1.82 %	74	D	85.93 % / 0.0 %
11	C	66.25 % / 1.94 %	27	A	68.28 % / 1.07 %	43	D	60.61 % / 1.18 %	59	C	52.48 % / 1.5 %	75	D	58.81 % / 1.51 %
12	D	51.13 % / 1.66 %	28	B	47.72 % / 1.38 %	44	A	79.29 % / 0.0 %	60	B	41.0 % / 1.11 %	76	A	44.41 % / 1.3 %
13	A	57.46 % / 1.73 %	29	C	65.6 % / 1.83 %	45	B	52.26 % / 1.22 %	61	D	43.94 % / 1.12 %	77	A	55.19 % / 1.93 %
14	D	44.59 % / 1.9 %	30	C	64.08 % / 1.74 %	46	D	46.01 % / 1.9 %	62	C	68.24 % / 1.96 %	78	C	62.03 % / 1.89 %
15	D	59.33 % / 1.86 %	31	D	87.29 % / 0.0 %	47	D	52.4 % / 1.15 %	63	B	67.48 % / 1.52 %	79	D	54.19 % / 1.83 %
16	A	64.97 % / 1.5 %	32	B	54.59 % / 1.24 %	48	B	64.51 % / 1.71 %	64	D	66.33 % / 1.89 %	80	C	59.4 % / 1.52 %

प्रश्न संख्या	उत्तर	सही उत्तर / छोड़ दिया
81	C	86.92 % / 0.0 %
82	B	53.71 % / 1.13 %
83	B	66.48 % / 1.54 %
84	B	49.48 % / 1.19 %

प्रश्न संख्या	उत्तर	सही उत्तर / छोड़ दिया
85	A	54.83 % / 1.52 %
86	C	54.85 % / 1.24 %
87	B	53.38 % / 1.53 %
88	D	52.54 % / 1.06 %

प्रश्न संख्या	उत्तर	सही उत्तर / छोड़ दिया
89	B	40.15 % / 1.26 %
90	C	50.7 % / 1.27 %
91	A	58.68 % / 1.31 %
92	C	51.2 % / 1.53 %

प्रश्न संख्या	उत्तर	सही उत्तर / छोड़ दिया
93	D	83.27 % / 0.0 %
94	C	50.18 % / 1.8 %
95	A	89.05 % / 0.0 %
96	D	58.66 % / 1.63 %

प्रश्न संख्या	उत्तर	सही उत्तर / छोड़ दिया
97	C	54.05 % / 1.04 %
98	B	64.06 % / 1.37 %
99	A	66.19 % / 1.47 %
100	D	51.66 % / 1.75 %

कार्य विश्लेषण	
औसत अंक (%)	58.0%
टॉपर्स स्कोर (%)	75.0%
आपका स्कोर	

//संकेत और समाधान//

1. अप्रत्यक्ष अंतरण/हस्तांतरण के प्रावधान लेनदेन के कराधान से संबंधित हैं, जिसमें शेयरों का हस्तांतरण विदेशों में होने के बावजूद, विदेशी संस्थाएँ भारत में शेयर या संपत्ति रखती हैं।

- यह उन स्थितियों को संदर्भित करता है जहां विदेशी संस्थाओं के पास भारत में शेयर या संपत्ति होती है, ऐसी विदेशी संस्थाओं के शेयरों को भारत में अंतर्निहित परिसंपत्तियों के प्रत्यक्ष अंतरण के बजाय स्थानांतरित किया जाता है। इसलिए विकल्प (D) सही है।

- अप्रत्यक्ष हस्तांतरण प्रावधान 2012 में IT अधिनियम में पूर्वव्यापी प्रभाव से पेश किए गए थे, जैसा कि सरकार ने 2007 में वोडाफोन ग्रुप Plc के हचिसन एस्सार लिमिटेड के 11 बिलियन डॉलर के अधिग्रहण (हचिसन इंटरनेशनल के स्वामित्व वाली केमैन सहायक कंपनी का अधिग्रहण करके) और भारत में कर नेट के तहत ऐसे अन्य लेनदेन लाने की मांग की थी।

- केवल वे अप्रत्यक्ष अंतरण लेनदेन जिनमें 50 प्रतिशत से अधिक अंतर्निहित परिसंपत्तियां भारत में हैं, भारत में पूंजीगत लाभ कर के अधीन होंगे। लेकिन स्पष्टीकरण ने कर को भारत के बाहर के फंडों सहित बढ़ा दिया।

अत: विकल्प (D) सही है।

2. लिवैंट एक अनुमानित ऐतिहासिक भौगोलिक शब्द है जो पूर्वी भूमध्यसागरीय तट के पास के क्षेत्र में पश्चिमी एशिया के एक बड़े क्षेत्र का उल्लेख करता है।

अपने सबसे संकीर्ण अर्थ में, जो आज पुरातत्व और अन्य सांस्कृतिक संदर्भों में उपयोग में है, यह दक्षिण-पश्चिमी एशिया में भूमध्यसागरीय सीमा से लगी भूमि के बराबर है, यानी सीरिया का ऐतिहासिक क्षेत्र, जिसमें वर्तमान सीरिया, लेबनान, जॉर्डन, इज़राइल, फिलिस्तीन और मध्य फरात के दक्षिण-पश्चिम में तुर्की का अधिकांश भाग शामिल है।

अत: विकल्प (A) सही है।

3. हाल ही में हैदराबाद में भारत के प्रधान मंत्री द्वारा रामानुज की आसन मुद्रा में विश्व की दूसरी सबसे ऊँची मूर्ति का उद्घाटन किया गया था। मोक्ष प्राप्ति का सर्वोत्तम साधन भक्ति था, रामानुज की शिक्षाओं को सही निरूपित करता है।

- रामानुज का जन्म ग्यारहवीं शताब्दी में तमिलनाडु में हुआ था, और वे अलवार सन्तो से बहुत प्रभावित थे।

- उनके अनुसार मोक्ष प्राप्त करने का उपाय विष्णु के प्रति अनन्य भक्ति भाव रखना है।

- विष्णु अपनी कृपा से भक्त को उसके साथ मिलन का आनंद प्राप्त करने में मदद करते हैं।

- रामानुज ने विशिष्टाद्वैत के सिद्धांत को प्रतिपादित किया, जिसके अनुसार आत्मा, परमात्मा से जुड़ने के बाद भी अपनी अलग सत्ता बनाए रखती है।

- रामानुज के सिद्धांत ने भक्ति की नई धारा को बहुत प्रेरित किया जो बाद में उत्तर भारत में विकसित हुई।

- प्रधानमंत्री नरेंद्र मोदी ने शनिवार को रामानुज की 216 फीट ऊंची समानता की प्रतिमा का उद्घाटन किया।

- यह भद्र वेदी नामक 54 फीट ऊंचे आधार भवन पर स्थापित है।

अत: विकल्प (A) सही है।

4. कथन 1 और 2 सही हैं।

सोमनाथ मंदिर गुजरात राज्य में भारतीय उपमहाद्वीप के पश्चिमी में अरब सागर के तट पर स्थित है। श्री सोमनाथ भारत के बारह आदि ज्योतिर्लिंगों में प्रथम हैं। इसलिए कथन 1 सही है।

इसका उल्लेख अरब यात्री अल-बरूनी ने अपने यात्रा वृत्तांत में किया था, जिससे प्रभावित होकर महमूद गजनवी ने 1024 ई. में अपने पाँच हज़ार सैनिकों के साथ सोमनाथ मंदिर पर हमला कर दिया और उसकी संपत्ति लूट ली साथ ही मंदिर को पूरी तरह से नष्ट कर दिया। इसलिए कथन 2 सही है।

प्राचीन भारतीय शास्त्रीय ग्रंथों पर आधारित शोध से पता चलता है कि पहली बार सोमनाथ ज्योतिर्लिंग की प्राण-प्रतिष्ठा (आज के मंदिर की स्थापना), वैवस्वत मन्वन्तर के दसवें त्रेता युग के दौरान श्रावण मास की शुक्ल पक्ष की तृतीया तिथि को किया गया था। 13 नवंबर, 1947 को सोमनाथ मंदिर के दर्शन करने वाले सरदार पटेल के संकल्प के साथ आधुनिक मंदिर का पुनर्निर्माण किया गया था। 11 मई, 1951 को भारत के तत्कालीन राष्ट्रपति डॉ. राजेंद्र प्रसाद ने मौजूदा मंदिर में प्राण-प्रतिष्ठा की थी। इसलिए कथन 3 सही नहीं है।

अत: विकल्प (A) सही है।

5. The main theme of the passage is the way by which social figures provide a vague picture of the extent of hardship due to low wages and inadequate job opportunities.

Hence, the correct option is (C).

6. The words "labor market problems" used by the author in the passage refer to the scarcity of jobs that provide sufficient income and it can be concluded from the given lines of the passage "Unemployment does not have the same dire consequences today as it did in the 1930s when most of the unemployed were primary bread-winners, when income and earnings were usually much closer to the margin of subsistence, and when there were no countervailing social programs for those failing in the labor market."

Hence, the correct option is (D).

7. The author of the passage compares the 1930s with the modern-day to prove that redundancy now has less rigorous effects.

This can be concluded from the given lines of the passage "Unemployment does not have the same dire consequences today as it did in the 1930s when most of the unemployed were primary bread-winners, when income and earnings were usually much closer to the margin of subsistence, and when there were no countervailing social programs for those failing in the labor market."

Hence, the correct option is (B).

8. The author mentions that the justifying effect of social programs concerning transfers of income on the level of income of low-income people is usually not realized by the employed poor.

Hence, the correct option is (D).

9. A factor that leads to unemployment and earnings figures to over expect the extent of economic hardship is the dominance, among low-income earners and the jobless, of members of families in which are working.

Hence, the correct option is (A).

10. दिये गए विकल्पों में से 'छाती पर साँप लोटना' का उचित अर्थ 'डाह करना' है।

उदाहरण: अमित ने दो बीघे जमीन क्या खरीदी उसके पड़ोसियों के कलेजे पर तो साँप लोटने लगे।

अतः विकल्प (C) सही है।

11. पुराने ईरानी कथा साहित्य का लगभग पूरा आधार ही जादू-टोने पर स्थापित है।

फिरदौसी के शाहनामे में, जिसे एक प्रकार से प्राचीन ईरान का इतिहास कहा जा सकता है, अच्छे-खासे अनुपात में अलौकिक बातें पाई जाती हैं, जैसे जुहाक की छाती पर साँप लोटना , रुस्तम के पिता जाल का एक काल्पनिक पक्षी सीमुर्ग द्वारा पालन-पोषण, रुस्तम की देवों (राक्षसों) से लड़ाइयाँ आदि मिलता है।

अतः विकल्प (C) सही है।

12. सभी विकल्प अलौकिक के समानार्थी या पर्यायवाची हैं इसलिए इन सभी का प्रयोग अलौकिक के स्थान पर किया जा सकता है।

अलौकिक के अन्य पर्यायवाची शब्द निम्न हैं- दिव्य, अनुपम, स्वर्गिक, अपार्थिव आदि

अतः विकल्प (D) सही है।

13. दिए गए विकल्पों में विकल्प 'नए साल को' सही है। अन्य विकल्प अनुचित हैं। इसलिए, इसका सही उत्तर विकल्प (A) 'नए साल को' होगा।

नया साल हरी-भरी दूब की वीथी है जिस पर अगल-बगल, रंग-बिरंगे सुगंधित फूलों की लताओं ने मंडप-सा तान रखा है। इसलिए इसका सही उत्तर 'नए साल को' है। अन्य विकल्प त्रुटिपूर्ण उत्तर होंगे।

अतः विकल्प (A) सही है।

14. विकल्प (D) इसका उचित उत्तर है क्योंकि गद्यांश में नए साल को झबरे बालों वाला पपी कहा गया है।

नया साल झबरे-झबरे बालों वाला ऊँची नसल का नन्हा-मुन्ना प्यारा-सा पपी है। पुराना साल खुजली का मारा, लीबर बहाता, मरियल, बूढ़ा, लावारिस कुत्ता जो हर घर से दुरदुराया जाता है। पुराना साल कीचड़ और काई से ढँका हुआ वह ऊबड़-खाबड़ कंकरीला रास्ता जिसे अब पीछे मुड़कर ताकते डर लगता है। नया साल एक अनजाने सुख की सिहरन है, पुराना साल भोगे हुए कष्टों की एक कड़ी। कितना बुरा था पुराना साल। ढंग का खाना न ढंग का कपड़ा। कीमतें आसमान से बात करती हुई। रहने को मकान नहीं, दस-दस कुनबे बेशर्मी की चादर ओढ़कर एक जरा-सी कोठरी में जिंदगी के दिन गुजार रहे हैं।

अतः विकल्प (D) सही है।

15. परिस्थितिकी जीवों और पर्यावरण के बीच संबंधों का अध्ययन है। यह एक दूसरे के साथ रहने वाले जीवों की बातचीत से भी संबंधित है।

अतः विकल्प (D) सही है।

16. संपारिस्थितिकी जनसंख्या के समूह का अध्ययन है, जबकि ऑटोकॉलॉजी कुछ पर्यावरणीय परिस्थितियों में व्यक्ति या एकल प्रजातियों का अध्ययन है।

अतः विकल्प (A) सही है।

17. पूंजी खाता सार्वजनिक और निजी अंतरराष्ट्रीय निवेशों का संचयी परिणाम है जो देश में आ रहा है और बाहर जा रहा है जिसमें विदेशी प्रत्यक्ष निवेश, पोर्टफोलियो निवेश और विदेशी ऋण खाते के साथ अन्य निवेश शामिल हैं। यह वर्णन दिखाता है कि 1, 2 और 4 सही हैं।

अतः विकल्प (B) सही है।

18. आलू के इंस्टेंट नूडल्स जैसे सस्ते खाद्य पदार्थ हीन वस्तुओं का उदाहरण हैं। जैसे-जैसे आय बढ़ती है, व्यक्ति अधिक महंगे, आकर्षक और पौष्टिक खाद्य पदार्थ खरीदने लगता है। तो घटिया माल की मांग घटती है। ब्रेड, गिफेन माल का एक उदाहरण है। रोटी की कीमत में वृद्धि गरीब मजदूर परिवारों के संसाधनों पर इतनी बड़ी नाली बनाती है कि वे अपने मांस की खपत और अधिक महंगे खाद्य पदार्थों पर पर्दा डालने के लिए मजबूर हो जाते हैं। रोटी अभी भी सबसे सस्ता भोजन है जो उन्हें मिल सकता है, वे इसका अधिक सेवन करते हैं। उच्च कीमत वैबलेन के सामानों को स्थिति प्रतीकों के रूप में वांछनीय बनाता है, विशिष्ट उपभोग और विशिष्ट अवकाश के माध्यम से।

तकनीकी वस्तुएं जैसे हीन सामान, वेब्लेन माल, गिफेन माल छात्रों को भ्रमित करते हैं। सभी शर्तों को एक साथ लाया गया है ताकि छात्र उन्हें सहसंबंधित कर सकें और याद रखना आसान हो।

अतः विकल्प (C) सही है।

19. मात्रात्मक शब्दों में आर्थिक वृद्धि का अर्थ है अर्थव्यवस्था के उत्पादन में वृद्धि जो उद्योगों को अधिक उधार देकर हासिल की जाती है। इससे अर्थव्यवस्था में तरलता बढ़ती है। यह उपभोक्ताओं के साथ उपलब्ध उच्च डिस्पोजेबल आय को भी संदर्भित करता है जो समग्र मांग को बढ़ाता है। यह मांग में वृद्धि मुद्रास्फीति को बढ़ाती है, जो अंततः बढ़ती अर्थव्यवस्था के लिए एक आवश्यक बुराई बन जाती है।

अतः विकल्प (B) सही है।

20. पहाड़ के आधार का क्षेत्र $= \pi r^2$

$$\Rightarrow 1.54 \text{ किमी}^2 = \frac{22}{7} r^2$$

$$\Rightarrow 1.54 \times \frac{7}{22} = r^2$$

$$\Rightarrow 0.49 = r^2$$

$$\therefore r = 0.7 \text{ किमी}$$

दिया है, तिरछी ऊँचाई = 2.5 किमी

हम जानते हें कि,

$$\Rightarrow \text{तिरछा ऊँचाई}^2 = \text{ऊँचाई}^2 + \text{त्रिज्या}^2$$

$$\Rightarrow \text{ऊँचाई} = \sqrt{2.5^2 - 0.7^2}$$

$$\Rightarrow \text{ऊँचाई} = \sqrt{5.76}$$

$$\Rightarrow \text{ऊँचाई} = 2.4 \text{ किमी}$$

अतः विकल्प (B) सही है।

21.

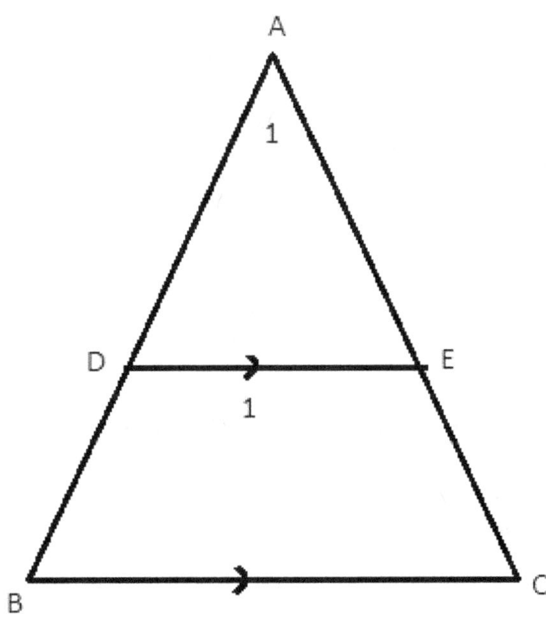

ar $AD{E~}\operatorname{=~}{ar}DEBC$

इसलिए, $ar\bigtriangleup$
AD{E~}\operatorname{=~}1~$इकाई² और
ar $AB{C~}\operatorname{=~}2$ इकाई²

$$\frac{ar \triangle ADE}{ar \triangle ABC} = \frac{AD^2}{AB^2}$$

$$\frac{1}{2} = \left(\frac{AD}{AB}\right)^2$$

$$\frac{1}{\sqrt{2}} = \frac{AD}{AB}$$

$$\therefore \frac{AD}{DB} = \frac{1}{\sqrt{2}-1}$$

Math input error

इसलिए, Math input error

अतः विकल्प (B) सही है।

22. दिया है:

$\cos^4\theta - \sin^4\theta = \dfrac{1}{3}$

$a^2 - b^2 = (a-b)(a+b)$

$\Rightarrow (\cos^2\theta - \sin^2\theta)(\cos^2\theta + \sin^2\theta) = \dfrac{1}{3}$

$\Rightarrow (\cos^2\theta - \sin^2\theta) = \dfrac{1}{3}$ $(\because \cos^2\theta + \sin^2\theta = 1)$

$\Rightarrow \cos^2\theta = \dfrac{1}{3}$ $(\because \cos^2\theta - \sin^2\theta = \cos^2\theta)$

$$\cos^2\theta = \frac{1-\tan^2\theta}{1+\tan^2\theta}$$

$$\frac{1}{3} = \frac{1-\tan^2\theta}{1+\tan^2\theta}$$

तिर्यक गुणा करने पर,

$1 + \tan^2\theta = 3(1-\tan^2\theta)$

$\Rightarrow 1 + \tan^2\theta = 3 - 3\tan^2\theta$

$\Rightarrow 4\tan^2\theta = 3-1$

$4\tan^2\theta = 2$

$\therefore \tan^2\theta = \dfrac{1}{2}$

अतः विकल्प (A) सही है।

23. दिया है:

$\dfrac{4\sin A - \cos A}{4\sin A + \cos A}$

अंश और हर दोनों में cos A द्वारा विभाजित करने पर, हमें प्राप्त होता है

$= \dfrac{\frac{4\sin A - \cos A}{\cos A}}{\frac{4\sin A + \cos A}{\cos A}}$

$= \dfrac{4\tan A - 1}{4\tan A + 1}$

$= \dfrac{3-1}{3+1}$

$= \dfrac{2}{4}$

$= \dfrac{1}{2}$

अतः विकल्प (C) सही है।

24. $\sin^2\theta + \cos^2\theta$ का सबसे बड़ा मान = 1 है।

दोनों पक्षों को वर्ग निकालते हुए, हम प्राप्त करते हैं-

$\sin^4\theta + \cos^4\theta$

$= 1 - 2\sin^2\theta . \cos^2\theta$

θ का मान 90° रखने पर

$= 1 - 2\sin^2 90° \times \cos^2 90°$

$= 1 - 0$

$= 1$

अतः विकल्प (D) सही है।

25. दिया है:

$$3x - \frac{1}{4x} = 3 \quad .....(i)$$

समीकरण (i) को $\dfrac{4}{3}$ से गुणा करने पर

$$4x - \frac{1}{3x} = 4$$

हम जानते हैं,

$$(a-b)^3 = a^3 - b^3 - 3ab(a-b)$$

घन करने पर,

$$\Rightarrow \left(4x - \frac{1}{3x}\right)^3 = (4)^3$$

$$\Rightarrow (4x)^3 - \frac{1}{(3x)^3} - 3\left(4x \times \frac{1}{3x}\right)\left(4x - \frac{1}{3x}\right) = 64$$

$$\Rightarrow 64x^3 - \frac{1}{27x^3} - 3\left(\frac{4}{3}\right)4 = 64$$

$$\Rightarrow 64x^3 - \frac{1}{27x^3} = 80$$

अतः विकल्प (B) सही है।

26. दिया गया है: $= \left(x + \dfrac{1}{x}\right)^2 = 3$

$x + \dfrac{1}{x} = \sqrt{3}$

$x^6 = -1$

अब यह मान दिए गए समीकरण में रखने पर,

$x^{138} + x^{132} + x^{114} + x^{108} + x^{84} + x^{78} = 7$

$= -1 + 1 - 1 + 1 + 1 - 1 - 7$

$= -7$

अतः विकल्प (B) सही है।

27. 5, 6, 4, 3 से विभाज्य होने के लिए, यह उनके एलसीएम से विभाज्य होना चाहिए।

उनका एलसीएम = 60

इसलिए, हम चाहते हैं कि सबसे कम संख्या 2497 से अधिक हो जो 60 से विभाज्य है।

जब 2497 को 60 से विभाजित किया जाता है, तो हमें शेष 37 और 41 का भाग मिलता है।

तो, हमें संख्या को 60 से विभाज्य बनाने के लिए एक और (60 - 37) = 23 की आवश्यकता है।

तो, 23 को 2497 में जोड़ने की आवश्यकता है।

(2497 + 23 = 2520 = 60 × 42)

अतः विकल्प (A) सही है।

28. माना कि संख्याएं 'x' और 'y' हैं।

प्रश्नानुसार,

$\Rightarrow x^2+y^2 = 164$ and $x^2-y^2 = 36$

दो समीकरणों को जोड़ने पर,

$\Rightarrow 2x^2 = 200$

$\Rightarrow x^2 = 2002$

$= 100$

$\therefore x = \sqrt{100}$

$\therefore x = 10$

किसी एक समीकरण में x = 10 रखने पर,

$\Rightarrow 100+y^2 = 164$

$\Rightarrow y^2 = 164-100$

$\Rightarrow y^2 = 64$

$\Rightarrow y = \sqrt{64}$

$\Rightarrow y = 8$

संख्याओं का योग = x+y

= 8+10

= 18

अतः विकल्प (B) सही है।

29. अभिव्यक्ति: $25×252×325$

संख्या के उपरोक्त सेट में 252 और 25 शामिल हैं और उनके गुणनफल की इकाई का अंक 0. (2×5 = 10) है।

इस प्रकार, गुणनफल के इकाई स्थान में अंक $25×252×37 = 0$ है।

अतः विकल्प (C) सही है।

30.

- अघारकर रिसर्च इंस्टीट्यूट के शोधकर्ताओं द्वारा किए गए एक अध्ययन में पाया गया है कि कृष्णा-गोदावरी (केजी) बेसिन में स्थित मीथेन हाइड्रेट बायोजेनिक उत्पत्ति के कारण हैं।

- मीथेन हाइड्रेट एक समृद्ध स्रोत है जो मीथेन की पर्याप्त आपूर्ति सुनिश्चित करेगा।

- हाइड्रोजन-बंधित पानी और मीथेन गैस के उच्च दबाव और कम गति के संपर्क में आने पर मीथेन हाइड्रेट बनता है।

अतः विकल्प (C) सही है।

31. ठोस कार्बन डाइऑक्साइड: शुष्क बर्फ ठोस कार्बन डाइऑक्साइड (CO_2) का सामान्य नाम है। इसका यह नाम इसलिए है क्योंकि यह गर्म होने पर तरल में पिघलता नहीं है; अपितु, यह सीधे गैस में बदल जाता है।

अतः विकल्प (D) सही है।

32. अमेरिकन डायमंड्स को क्यूबिक जिरकोनिया के नाम से भी जाना जाता है। मूल रूप से मूल जिरकोनियम डाइऑक्साइड को क्रिस्टलीय अवस्था में क्यूबिक जिरकोनिया कहा जाता है। पत्थर आमतौर पर असली हीरे की तरह बेरंग, सख्त और चमकदार होता है।

अतः विकल्प (B) सही है।

33. सामान्य शरीर का तापमान व्यक्ति, आयु, गतिविधि और दिन के समय के अनुसार बदलता रहता है। शरीर के औसत सामान्य तापमान को आमतौर पर 98.6° F (37° C) के रूप में स्वीकार किया जाता है। कुछ अध्ययनों से पता चला है कि "सामान्य" शरीर के तापमान की एक विस्तृत श्रृंखला हो सकती है, 97° F (36.1° C) से 99° F (37.2° C) तक।

अतः विकल्प (A) सही है।

34. जीव वैज्ञानिकों ने पौधों में संरचना और रूप (आकार) की प्रकृति का अध्ययन करने के लिए, दुनिया के सबसे बड़े एकल कोशिकीय जीव का उपयोग किया, जलीय अल्गा जिसे कौलर्पा टैक्सीफोलिया कहा जाता है। यह एक एकल कोशिकीय है जो छह से बारह इंच की लंबाई तक बढ़ सकता है।

अतः विकल्प (D) सही है।

35. राष्ट्रीय मानवाधिकार आयोग एक संवैधानिक निकाय है और संवैधानिक निकाय नहीं है। यह 1993 में संसद द्वारा बनाए गए एक कानून, अर्थात् मानवाधिकार संरक्षण अधिनियम, 1993, के तहत स्थापित किया गया था। यह अधिनियम 2006 में संशोधित किया गया था।

अतः विकल्प (D) सही है।

36. भारत का उपराष्ट्रपति, राष्ट्रपति के बाद भारत का दूसरा सर्वोच्च संवैधानिक कार्यालय है। उपराष्ट्रपति राष्ट्रपति की अनुपस्थिति में मृत्यु, त्यागपत्र, महाभियोग या अन्य स्थितियों के कारण राष्ट्रपति के रूप में कार्य करता है।

भारत का उपराष्ट्रपति राज्य सभा का पदेन अध्यक्ष भी होता है।

अतः विकल्प (C) सही है।

37. अणुओं के बीच चिपकने वाली ताकतों के कारण तरल की सतह सबसे छोटी संभव सतह क्षेत्र के लिए अनुबंधित होती है। इस सामान्य प्रभाव को पृष्ठ तनाव कहा जाता है। सतह पर अणु को चिपकने वाली शक्तियों द्वारा अंदर की ओर खींचा जाता है, जिससे सतह क्षेत्र कम हो जाता है।

अतः विकल्प (B) सही है।

38. अधिक ऊंचाई पर पानी के क्वथनांक में कमी के पीछे का कारण कम वायुमंडलीय दबाव है। जब वायुमंडलीय दबाव कम होता है, जैसे कि अधिक ऊंचाई पर, तो पानी को क्वथनांक पर लाने के लिए कम ऊर्जा लगती है। कम ऊर्जा का अर्थ कम गर्मी है, जिसका अर्थ है कि पानी कम तापमान पर अधिक ऊंचाई पर उबलता है।

अतः विकल्प (D) सही है।

39. गीजर गतिविधि, जैसे सभी गर्म पानी के झरने की गतिविधि, सतह के पानी के कारण धीरे-धीरे जमीन से नीचे गिरती है जब तक कि यह मैग्मा द्वारा गर्म

चट्टान से नहीं मिलती है। भूगर्भीय रूप से गर्म पानी तब झरझरा और खंडित चट्टानों के माध्यम से संवहन द्वारा सतह की ओर बढ़ता है।

अतः विकल्प (B) सही है।

40. दोनों ही स्थिति में, आयतन स्थिर रहेगा।

शीट का आयतन = (27×8×1) सेमी^{3} = 216 सेमी^{3}

माना घन की भुजा = a सेमी

इसलिए, घन का क्षेत्रफल a^3 = 216

⇒ a = 6 सेमी

इस प्रकार, घन का पृष्ठीय क्षेत्रफल = 6a^2 = 216 सेमी^{2}

इसलिए शीट का पृष्ठीय क्षेत्रफल = 2(27×8+8×1+27×1) सेमी^{2}

= 2(216+8+27)=2(251) = 502 सेमी^{2}

दोनों के पृष्ठीय क्षेत्रफल में अंतर = (502−216) सेमी^{2} 286 सेमी^{2}

अतः विकल्प (D) सही है।

41. समबाहु त्रिभुज का क्षेत्रफल $= \dfrac{\sqrt{3}}{4} a^2 = 484\sqrt{3}$

a = 44 सेमी

एक समबाहु त्रिभुज की परिधि = 3× एक समबाहु त्रिभुज की भुजाएँ

⇒ 44×3 ⇒ 132 वृत्त की परिधि

एक वृत्त की परिधि = 2πr

2πr = 132; π = $\dfrac{22}{7}$ (दिया है)

r = 21 सेमी

अतः विकल्प (A) सही है।

42.

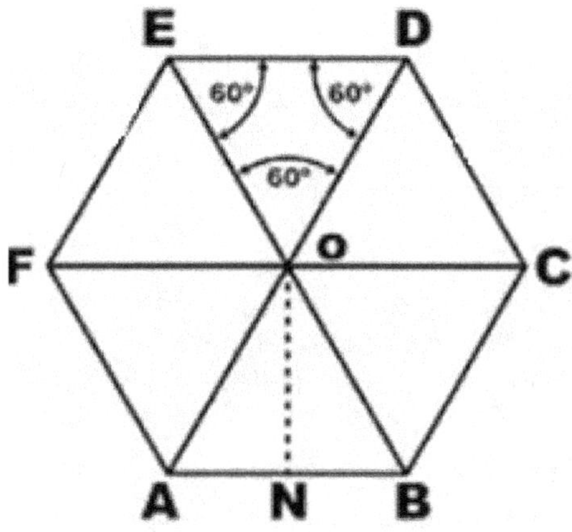

केंद्र से पार्श्व की दूरी $= \dfrac{3}{2} a = 9\sqrt{3}$ सेमी

⇒ a = 18 सेमी

षट्भुज का क्षेत्रफल a $= \dfrac{3\sqrt{3}}{2} a^2$

प्रश्नानुसार,

षट्भुज का क्षेत्र $= \dfrac{3\sqrt{3}}{2} \times 18^2 = \dfrac{3\sqrt{3}}{2} \times 324 = 486\sqrt{3}$ सेमी^{2}

अतः विकल्प (C) सही है।

43. बोकारो स्टील प्लांट सोवियत संघ के सहयोग से स्थापित किया गया था जब भारत के प्रथम प्रधान मंत्री जवाहर लाल नेहरू इस क्षेत्र में एक स्टील प्लांट स्थापित करना चाहते थे। बोकारो स्टील प्लांट का विस्तार 2011 से पहले 7.5 मीट्रिक टन से अपनी क्षमता बढ़ाने के लिए।

अतः विकल्प (D) सही है।

44. भारत में एक राज्य के स्वामित्व वाले उद्यम को सार्वजनिक क्षेत्र का उपक्रम (PSU) या सार्वजनिक क्षेत्र का उद्यम कहा जाता है। वे कंपनियां भारत की केंद्र सरकार या कई राज्य या क्षेत्रीय सरकारों या दोनों में से एक हैं। भारतीय रेलवे देश का सबसे बड़ा सार्वजनिक क्षेत्र है।

अतः विकल्प (A) सही है।

45. टेक्सटाइल के बाद, भारत का दूसरा सबसे महत्वपूर्ण उद्योग आयरन और स्टील है। भारत में वर्ष 1956-61 में दूसरी पंचवर्षीय योजना के दौरान आजादी के बाद लौह और इस्पात उद्योग में तेजी देखी गई। लोहा और इस्पात उद्योग आधुनिक औद्योगिक विकास की कुंजी है। पिछले पांच दशकों के दौरान देश में पिग आयरन और स्टील के उत्पादन में अभूतपूर्व वृद्धि हुई है।

अतः विकल्प (B) सही है।

46. सतत विकास प्राकृतिक विकास और पारिस्थितिकी तंत्र सेवाएं प्रदान करने के लिए प्राकृतिक प्रणालियों की क्षमता को बनाए रखने के साथ-साथ अर्थव्यवस्था और समाज पर निर्भर करते हुए मानव विकास लक्ष्यों को पूरा करने के लिए आयोजन सिद्धांत है।

या

भविष्य की पीढ़ियों की अपनी जरूरतों को पूरा किए बिना, वर्तमान की जरूरतों को पूरा करने वाला विकास।

प्रदूषण को कम करने और पर्यावरण को नुकसान पहुंचाते हुए प्राकृतिक संसाधनों का संरक्षण करना और शक्ति के वैकल्पिक स्रोतों का विकास करना।

यह भूमि और निर्माण परियोजनाओं को इस तरह से विकसित करने का अभ्यास है, जो उन्हें आत्मनिर्भरता के ऊर्जा-कुशल मॉडल बनाने की अनुमति देकर पर्यावरण पर उनके प्रभाव को कम करता है।

अतः विकल्प (D) सही है।

47. स्थिरता के इन तीन स्तंभों को आगे ले जाते हुए अगर हम केवल तीन स्तंभों में से दो को प्राप्त करते हैं तो हम समाप्त होते हैं:

सामाजिक + आर्थिक स्थिरता = न्यायसंगत।

सामाजिक + पर्यावरणीय स्थिरता = खतरे में डालना।

आर्थिक + पर्यावरणीय स्थिरता = व्यवहार्य।

अतः विकल्प (D) सही है।

48. कम से कम 1 चीज़ पसंद करने वाले लड़कों की संख्या = 60 - 5 = 55

अब, पिज़्ज़ा = P(a) पसंद करने वाले छात्रों की संख्या और बर्गर = P(b) और उन दोनों की संख्या पसंद करने वालों की संख्या = P(a ∩ b) = ?

तो हमारे पास

⇒ 55 = P(a) + P(b) - P(a ∩ b)

⇒ 55 = 45 + 30 - P(a ∩ b)

⇒ P(a ∩ b) = 75 – 55 = 20

अतः विकल्प (B) सही है।

49. यदि या तो एक लॉरी या एक वैन पहले निकल जाती, तो 99 वाहन शेष होते। तो, नमूना स्थान 99 होगा।

n(S) = 99

एक लॉरी या वैन के चले जाने के बाद 60 कारें हैं।

n(C) = 60.

∴ कार के दूसरी छोड़ने की संभावना $= \dfrac{n(C)}{n(S)} = \dfrac{60}{99} = \dfrac{20}{33}$

अतः विकल्प (A) सही है।

50. जैसा कि हमें निर्देशांक ढूंढना होगा जो A और B से समान हैं, माना बिंदु (a, b)

तब (a, b), AB का मध्यबिंदु होगा।

इसलिए,

$a = \dfrac{0+2x}{2}$

$\Rightarrow a = x$

$b = \dfrac{0+2y}{2}$

$\Rightarrow b = y$

तो, निर्देशांक (x, y) हैं।

अतः विकल्प (A) सही है।

51. यदि बिंदु सर्कल के आंतरिक भाग में स्थित है, तो केंद्र से बिंदु की दूरी सर्कल के त्रिज्या से कम होनी चाहिए।

वृत्त की त्रिज्या उत्पत्ति और बिंदु के बीच की दूरी है

$\sqrt{(x_2 - x_1)^2 + (y_2 - y_1)^2}$

$= \sqrt{\left(\dfrac{13}{2} - 0\right)^2 + (0 - 0)^2}$

$= \sqrt{\left(\dfrac{13}{2}\right)^2}$

$= \dfrac{13}{2}$

$= 6.5$

अतः विकल्प (D) सही है।

52. (D) Humbly → BRYOPHYLLUM, a word can be formed.

(A) Burst → BRYOPHYLLUM, the word cannot be formed because letter S and T are not present.

(B) Humble → BRYOPHYLLUM, the word cannot be formed because letter E is not present.

(C) Hours → BRYOPHYLLUM, the word cannot be formed because letter S is not present.

Therefore, 'I lumbly' is the correct alternative.

Hence, the correct option is (D).

53. "By next month" used together with "for two years" indicates something that will be completed in the future, so future perfect "will have been" is the correct tense. "Will be" [(A), (C)] means she will be mayor for two years beginning in the future. Moreover,

"Mayor" [(A), (B)] is incorrectly capitalized: it is not used as a title/name here (like "Mayor Jones").

So, the correct sentence is- By next month, Ms. Jones (will have been mayor of Tallahassee) for two years.

Hence, the correct option is (D).

54. 'Intrusion' means putting oneself deliberately into a place or situation where one is unwelcome or uninvited. Its antonym is 'Withdrawl'.

Hence, the correct option is (B).

55. राष्ट्रकूट (755-975ईस्वी) कन्नड़ मूल के थे तथा कन्नड़ उनकी मातृभाषा थी। राष्ट्रकूट राजवंश ने छठी शताब्दी से दसवीं शताब्दी में मध्य भारतीय महाद्वीप के वृहद् हिस्से पर शासन किया था। हाल ही में पश्चिम मध्य भारत के मानपुर शहर से प्राप्त 7 वीं शताब्दी की ताम्बे की प्लेट राष्ट्रकूट साम्राज्य का शिलालेख है जो राष्ट्रकूट साम्राज्य के शासन को वर्णित करती है।

अतः विकल्प (A) सही है।

56. अवंती का सीधा संबंध बुद्ध के जीवन से नहीं था, इसलिए इसे चुना जाना चाहिए।

कोसल और मगध को वैवाहिक संबंधों के माध्यम से जोड़ा गया था। बुद्ध कोसल और मगध के राज्यों में कस्बों और गांवों से भटक कर उनके दर्शनशास्त्र सिखाते थे।

अतः विकल्प (D) सही है।

57. दिल्ली सल्तनत साहित्य की शुरुआत फारसी बोलने वाले लोगों के दिल्ली सल्तनत के सिंहासन पर बैठने से हुई। जल्द ही फारसी में साहित्यिक कृतियां दिखाई देने लगीं और इसे आधिकारिक भाषा घोषित किया गया।

अतः विकल्प (C) सही है।

58. 1773 ई. के रेग्युलेटिंग एक्ट की कमियों को दूर करने और कंपनी के भारतीय क्षेत्रों के प्रशासन को अधिक सक्षम और उत्तरदायित्वपूर्ण बनाने के लिये अगले एक दशक के दौरान जाँच के कई दौर चले और ब्रिटिश संसद द्वारा अनेक कदम उठाये गए।

इनमें सबसे महत्त्वपूर्ण कदम 1784 ई. में पिट्स इंडिया एक्ट को पारित किया जाना था,जिसका नाम ब्रिटेन के तत्कालीन युवा प्रधानमंत्री विलियम पिट के नाम पर रखा गया था। इस अधिनियम द्वारा ब्रिटेन में बोर्ड ऑफ़ कण्ट्रोल की स्थापना की गयी जिसके माध्यम से ब्रिटिश सरकार भारत में कंपनी के नागरिक,सैन्य और राजस्व सम्बन्धी कार्यों पर पूर्ण नियंत्रण रखती थी।

अतः विकल्प (A) सही है।

59. उपरोक्त सभी विशेषताएं भगत सिंह से संबंधित हैं। उन्होंने लाहौर सेंट्रल जेल में कैद होने पर एक निबंध 'मैं नास्तिक क्यों हूँ' लिखा था। उन्होंने चंद्रशेखर और राजगुरु जैसे क्रांतिकारियों के साथ, मिलकर लाहौर में एक पुलिस अधिकारी सांडर्स की हत्या कर दी थी। इस प्रकरण को लाहौर षणयंत्र प्रकरण कहा गया था।

वह समाजवादी विचारधारा से भी प्रभावित थे। उन्होंने वैज्ञानिक तरीके से समाजवाद के बारे में बताया और कहा कि समाजवाद का अर्थ पूंजीवाद और वर्ग-प्रभुत्व का पूर्ण उन्मूलन है।

अतः विकल्प (C) सही है।

60. स्वामी विवेकानंद (मूल रूप से नरेंद्रनाथ दत्त) ने 1897 में रामकृष्ण मिशन को एक सामाजिक सेवा संघ के रूप में स्थापित किया था जो 1897 में एक न्यास के रूप में पंजीकृत था।

अतः विकल्प (B) सही है।

61. जानकी रामचंद्रन, जिन्हें वी. एन. जानकी के नाम से भी जाना जाता है, एक भारतीय राजनीतिज्ञ, कार्यकर्ता और तमिलनाडु की पहली महिला मुख्यमंत्री थीं। वह 7 जनवरी 1988 से 24 दिनों के लिए तमिलनाडु की चौथी मुख्यमंत्री बानी थीं।

नंदिनी सत्पथी ओडिशा की पहली महिला मुख्यमंत्री और स्वतंत्र भारत में मुख्यमंत्री बनने वाली दूसरी महिला थीं। वह जून 1972 से दिसंबर 1976 तक ओडिशा के मुख्यमंत्री थीं।

राजिंदर कौर भट्टल पंजाब की पूर्व मुख्यमंत्री और पंजाब में मुख्यमंत्री का पद संभालने वाली पहली महिला हैं। नवंबर 1996 से फरवरी 1997 तक सेवा करते हुए, वह भारतीय इतिहास में आठवीं महिला मुख्यमंत्री बनीं हैं।

सैयदा अनवर तैमूर एक भारतीय राजनीतिज्ञ थीं, जो 6 दिसंबर 1980 से 30 अगस्त 1981 तक असम राज्य की मुख्यमंत्री बनीं थीं।

अतः विकल्प (D) सही है।

62. "POTUS" अमेरिका के राष्ट्रपति का आधिकारिक ट्विटर हैंडल (खाता नाम) है। डोनाल्ड ट्रम्प संयुक्त राज्य अमेरिका के वर्तमान राष्ट्रपति हैं।

अतः विकल्प (C) सही है।

63. मिट्टी बनाने में जलवायु सबसे महत्वपूर्ण कारक है। गर्म तापमान और पानी की एक बहुतायत में मिट्टी के गठन को गति देने की प्रवृत्ति होती है, कुछ मामलों में नाटकीय रूप से। जबकि ठंडा तापमान और कम वर्षा मिट्टी के निर्माण को धीमा कर देती है।

अतः विकल्प (B) सही है।

64. एडैफिक कारक वे हैं जो मिट्टी की स्थितियों से संबंधित या निर्धारित होते हैं। ये अजैविक कारक किसी विशेष क्षेत्र की मिट्टी की भौतिक या रासायनिक स्थितियों से संबंधित हैं।

अतः विकल्प (D) सही है।

65. 'आवट' प्रत्यय से 'घबराहट' शब्द नहीं निर्मित हुआ है बल्कि इस शब्द में 'आहट' प्रत्यय है।

अन्य सभी शब्दों में 'आवट' प्रत्यय है। रुक+आवट = रुकावट, तर+आवट = तरावट, सज+आवट = सजावट आदि।

अतः विकल्प (D) सही है।

66. पिब धातु का लोट् लकार, प्रथम पुरुष बहुवचन का रूप 'पिबन्तु' होगा।

अतः विकल्प (A) सही है।

67. उम्मीद (या अपेक्षित मूल्य) एक यादृच्छिक चर के सभी संभावित परिणामों का अंकगणित माध्य है।

अतः विकल्प (A) सही है।

68. सबसे पहले, माध्य की गणना करें

माध्य = (सभी राशियों का योग) / (राशियों की संख्या)

$$माध्य = \frac{2+10+1+9+3}{5} = \frac{25}{5} = 5$$

अब विचरण की गणना करें

$$S^2 = \frac{\sum (xi-x)^2}{n-1}$$

कहाँ,

S^2 = नमूना विचरण

x_i = एक अवलोकन का मूल्य

x = सभी टिप्पणियों का औसत मूल्य

n = अवलोकनों की संख्या

$$विचरण = \frac{(2-5)^2+(10-5)^2+(1-5)^2+(9-5)^2+(3-5)^2}{5}$$

$$= 17.5$$

अतः विकल्प (B) सही है।

69. जनसांख्यिकीय मुद्दे मानव संसाधन प्रबंधकों के लिए एक चुनौती का प्रतिनिधित्व करते हैं-

- भर्ती और चयन
- तेजी से विविध कार्यबल
- आकस्मिक श्रमिकों का बढ़ता उपयोग
- कर्मचारियों की भावनात्मक और शारीरिक स्थिरता
- प्रबंधन और कर्मचारियों के बीच संतुलन
- प्रशिक्षण, विकास और मुआवजा
- प्रदर्शन का मूल्यांकन
- ट्रेड यूनियन से निपटना

अतः विकल्प (D) सही है।

70. आने वाले वर्षों या दशकों में महिला श्रमिकों की संख्या बढ़ने का अनुमान है। महिलाओं के अधिकारों की सुरक्षा के लिए विभिन्न कानून पेश किए गए हैं। भेदभाव विरोधी अधिनियम, उचित वेतन भुगतान प्रणाली, मातृत्व लाभ और दुकानें, और प्रतिष्ठान अधिनियम महिलाओं को लाभ प्रदान करते हैं।

अतः विकल्प (A) सही है।

71. सकल घरेलू पूंजी निर्माण से तात्पर्य अर्थव्यवस्था की माप अवधि के भीतर घरेलू, सार्वजनिक और सरकारी क्षेत्रों द्वारा भौतिक संपत्ति में शुद्ध वृद्धि से है। इसलिए, इसमें उस अवधि में गठित निश्चित पूंजी यानी अचल संपत्तियां, स्टॉक में बदलाव यानी इन्वेंटरी में बदलाव और कीमती चीजें जो बेची गई स्टॉक के मूल्यांकन को बनाए रखती हैं, शामिल हैं।

अतः विकल्प (D) सही है।

72. भारत के राज्य में, राज्य वित्तीय निगम ने मुख्य रूप से मध्यम और छोटे स्तर के उद्योगों को विकसित करने के लिए सहायता दी है। सरकार की कई योजनाएँ हैं जो मध्यम और लघु उद्योगों के लिए उनके विकास के लिए आसान ऋण और वित्तीय स्थिरता प्रदान करती हैं।

अतः विकल्प (D) सही है।

73. दिल्ली मेट्रो रेल कॉर्पोरेशन (DMRC) ने प्रायोगिक आधार पर एयरपोर्ट एक्सप्रेस लाइन पर कार्गो सेवा शुरू करने की योजना बनाई है। 1 मार्च 2016 से, एयरपोर्ट एक्सप्रेस लाइन के माध्यम से गैर-नाशपाती / ई-कॉमर्स वस्तुओं के परिवहन के लिए कार्गो सेवाओं की सुविधा होगी। DMRC ने हाल ही में एक विशेष कार्गो एजेंसी के साथ एक समझौता ज्ञापन (एमओयू) पर हस्ताक्षर किए हैं। एजेंसी नई दिल्ली और IGI एयरपोर्ट मेट्रो स्टेशनों के बीच तीन महीने के लिए परीक्षण के आधार पर कार्गो परिवहन के लिए एयरपोर्ट एक्सप्रेस लाइन का उपयोग करेगी। यह पहल जीवाश्म ईंधन, CO_2 उत्सर्जन की खपत को कम करेगी और वायु गुणवत्ता में सुधार करेगी क्योंकि कम मालवाहक वाहन सड़कों पर निर्भर होंगे।

अतः विकल्प (D) सही है।

74. भारत में बड़े पैमाने पर चावल का उत्पादन किया जाता है और प्रमुख चावल उत्पादक राज्य पश्चिम बंगाल, यू.पी., ए.पी., पंजाब, तमिलनाडु, ओडिशा और बिहार हैं।

अतः विकल्प (D) सही है।

75. तमिलनाडु गेहूं की खेती नहीं करता है। क्योंकि इन क्षेत्रों में तापमान आवश्यक स्तर तक नहीं गिरता है, क्योंकि इसके उचित विकास के लिए तापमान 10 डिग्री से 15 डिग्री सेल्सियस से अधिक नहीं बढ़ना चाहिए।

अतः विकल्प (D) सही है।

76. चेरव नृत्य को मिजोरम के सबसे पुराने नृत्यों में से एक के रूप में पहचाना जाता है, चेरव नृत्य मिजोरम के लगभग हर त्योहार का एक अभिन्न अंग बन गया है।

ऐसा माना जाता है कि चेराव नृत्य की उत्पत्ति पहली शताब्दी के पूर्व हुई थी।

अतः विकल्प (A) सही है।

77. उत्तर प्रदेश का पहला राज्य प्रिंटिंग प्रेस इलाहाबाद में स्थापित किया गया था।

पहले राज्य प्रेस की स्थापना आजादी के पहले युद्ध के बाद इलाहाबाद में हुई थी। मुद्रण और लेखन विभाग उत्तर प्रदेश सरकार का एक सेवा विभाग है।

अतः विकल्प (A) सही है।

78. पर्याप्त मात्रा में हानिकारक या आपत्तिजनक सामग्री के साथ जल निकायों का संदूषण, जो पानी के गुणों जैसे स्वाद, बनावट, तापमान आदि को कम करता है, जल प्रदूषण है।

जैसा कि ऊपर कहा गया है, विकल्प A, B और D गलत हैं।

पानी के दबाव में परिवर्तन एक प्रकार का जल प्रदूषण नहीं है।

अतः विकल्प (C) सही है।

79. कार्बन डाइऑक्साइड भी प्रकाश संश्लेषण प्रक्रिया में उपयोग किए जाने वाले सबस्ट्रेट्स में से एक है। कार्बन डाइऑक्साइड एकाग्रता में वृद्धि से प्रकाश संश्लेषण की दर बढ़ जाएगी। रेगिस्तानों में वृद्धि को मरुस्थलीकरण कहा जाता है। मरुस्थलीकरण से मरुस्थलीय पौधों का प्रसार होगा। वर्षा में कमी, वायुमंडलीय प्रदूषण, वनों की कटाई आदि जैसे कई कारक रेगिस्तानों के प्रसार के लिए जिम्मेदार हैं, लेकिन मरुस्थलीकरण सीधे कार्बन डाइऑक्साइड की बढ़ती मात्रा से जुड़ा नहीं है।

अतः विकल्प (D) सही है।

80. देशों की तुलना करने के लिए, उनकी आय को सबसे महत्वपूर्ण विशेषताओं में से एक माना जाता है। अधिक आय वाले देश कम आय वाले दूसरों की तुलना में अधिक विकसित होते हैं। यह इस समझ पर आधारित है कि अधिक आय का मतलब उन सभी चीजों से अधिक है जो मानव को चाहिए। जो भी लोग पसंद करते हैं, और उनके पास होना चाहिए, वे अधिक आय के साथ प्राप्त करने में सक्षम होंगे। तो, बड़ी आय को ही एक महत्वपूर्ण लक्ष्य माना जाता है। वास्तव में, देश की आय देश के सभी निवासियों की आय है। इससे हमें देश की कुल आय प्राप्त होती है। हालांकि, देशों के बीच तुलना के लिए, कुल आय इतना उपयोगी उपाय नहीं है। चूंकि, देशों की आबादी अलग-अलग है, कुल आय की तुलना हमें यह नहीं बताएगी कि एक औसत व्यक्ति की कमाई की संभावना क्या है।

अतः विकल्प (C) सही है।

81. प्रति व्यक्ति आय विभिन्न देशों को वर्गीकृत करने में विश्व बैंक द्वारा उपयोग की जाने वाली मुख्य कसौटी है। इस कसौटी की सीमा है:

→ यह आय के वितरण को नहीं दिखाता है।

→ यह अन्य कारकों जैसे कि शिशु मृत्यु दर, साक्षरता स्तर, स्वास्थ्य सेवा आदि की उपेक्षा करता है।

अतः विकल्प (C) सही है।

82. मानव अधिकारों के सार्वभौमिक घोषणा का अनुच्छेद 6 कानून के समक्ष एक व्यक्ति के रूप में मान्यता का अधिकार के साथ संबंधित है।

यूडीएचआर के अनुच्छेद 6 में कहा गया है कि "प्रत्येक व्यक्ति को कानून के समक्ष एक व्यक्ति के रूप में हर जगह मान्यता प्राप्त करने का अधिकार है", भले ही वे नागरिक या अप्रवासी, छात्र या पर्यटक, श्रमिक या शरणार्थी, या कोई अन्य समूह का हो।

अतः विकल्प (B) सही है।

83. तारों और आकाशगंगाओं के द्रव्यमान आमतौर पर सौर द्रव्यमान में व्यक्त किए जाते हैं। सौर द्रव्यमान (M) खगोल विज्ञान में द्रव्यमान की एक मानक इकाई है, जो लगभग 2×10^{30} किलोग्राम के बराबर है।

अतः विकल्प (B) सही है।

84. कोंकण रेलवे भारत के 3 राज्यों - गोवा, महाराष्ट्र और कर्नाटक से होकर गुजरती है। यह अरब सागर और पश्चिमी घाट के समानांतर भारतीय पश्चिमी तट पर चलता है। यह महाराष्ट्र से कर्नाटक तक चलने वाला एक बेहद खूबसूरत और दर्शनीय मार्ग है।

अतः विकल्प (B) सही है।

85. भारतीय रेल नेटवर्क दुनिया के सबसे बड़े रेलवे नेटवर्क में से एक है। दूरी और समय के लिहाज से विवेक एक्सप्रेस भारतीय रेल नेटवर्क का सबसे लंबा रूट है और दुनिया का 9 वां सबसे लंबा रूट है। यह 4,273 किमी की यात्रा करता है, जिससे यह कुल समय और दूरी के मामले में सबसे लंबे समय तक चलता है।

अतः विकल्प (A) सही है।

86. रिचर्ड ग्लेन गेटेल ने भी इस संबंध में बहुत स्पष्ट टिप्पणी की है, "यदि संप्रभुता पूर्ण नहीं है, तो कोई राज्य मौजूद नहीं है। यदि संप्रभुता को विभाजित किया जाता है, तो एक से अधिक राज्य मौजूद हैं"।

अतः विकल्प (C) सही है।

87. थॉमस हॉब्स ने लेविथान (1651) में बोडिन के समान संप्रभुता की एक अवधारणा को सामने रखा, जिसने सिर्फ "पीस ऑफ वेस्टफेलिया" में कानूनी स्थिति हासिल की थी, लेकिन विभिन्न कारणों से।

अतः विकल्प (B) सही है।

88. वैश्वीकरण या वैश्वीकरण दुनिया भर में लोगों, कंपनियों और सरकारों के बीच बातचीत और एकीकरण की प्रक्रिया है। यह विभिन्न आबादी और संस्कृतियों के बीच बढ़ती परस्पर जुड़ाव भी लाता है।

अतः विकल्प (D) सही है।

89. भारत की नई आर्थिक नीति की घोषणा 24 जुलाई, 1991 को एलपीजी या उदारीकरण, निजीकरण और वैश्वीकरण मॉडल के रूप में की गई थी। उदारीकरण- यह नीतियों को आर्थिक गतिविधि के कम अवरोध बनाने और टैरिफ में कमी या गैर-टैरिफ बाधाओं को हटाने की प्रक्रिया को संदर्भित करता है।

अतः विकल्प (B) सही है।

90. अनुच्छेद 124 पर 24 मई 1949 को बहस हुई थी। इसने भारत के सर्वोच्च न्यायालय की स्थापना की और इसके न्यायाधीशों की नियुक्ति, महाभियोग और आचरण से संबंधित प्रावधान भी रखे।

अतः विकल्प (C) सही है।

91. अनुच्छेद 145 न्यायाधीशों के वेतन से संबंधित नहीं है।

अनुच्छेद 145 पर 6 जून 1949 को बहस हुई। इसने उच्चतम न्यायालय को अपने कामकाज के नियम बनाने के लिए अधिकृत किया।

अतः विकल्प (A) सही है।

92. भारतीय कर्तव्य संविधान (फोर्टी-सेकंड अमेंडमेंट) अधिनियम, 1976 द्वारा स्वर्ण सिंह समिति की सिफारिशों पर मौलिक कर्तव्यों को शामिल किया गया था।

अतः विकल्प (C) सही है।

93. भारतीय संविधान का अनुच्छेद 17 अस्पृश्यता को समाप्त करता है। इसमें कहा गया है: "अस्पृश्यता" को समाप्त कर दिया गया है और किसी भी रूप में इसका अभ्यास निषिद्ध है। "अस्पृश्यता" से उत्पन्न किसी भी विकलांगता का प्रवर्तन कानून के अनुसार दंडनीय अपराध होगा।

अतः विकल्प (D) सही है।

94. समुद्र तल पर 8,000 मीटर से अधिक की 6 चोटियाँ, समुद्र तल पर 7,000 मीटर से अधिक की 50 चोटियाँ और तिब्बत में समुद्र तल पर 6,000 मीटर से अधिक की कई चोटियाँ हैं, जहाँ विश्व का सबसे ऊँचा शिखर माउंट है। एवरेस्ट 8848.13 मीटर की ऊंचाई के साथ खड़ा है।

अतः विकल्प (C) सही है।

95. माउंट एवरेस्ट समुद्र तल से ऊपर पृथ्वी का सबसे ऊंचा पर्वत है, जो हिमालय की महालंगुर हिमालय उप-श्रेणी में स्थित है। चीन-नेपाल सीमा अपने शिखर बिंदु पर चलती है। इसकी ऊंचाई 8,848.86 मीटर है जो हाल ही में नेपाली और चीनी अधिकारियों द्वारा 2020 में स्थापित की गई थी।

अतः विकल्प (A) सही है।

96. उपराष्ट्रपति को राज्यसभा के सदस्यों के एक प्रस्ताव द्वारा हटाया जा सकता है। इस तरह के प्रस्ताव को प्रस्तुत करने के लिए, 14 दिनों का नोटिस दिया जाता है। इस तरह का प्रस्ताव हालाँकि राज्यसभा में प्रस्तुत किया जाता है लेकिन इसे लोक सभा की भी सहमति चाहिए।

अतः विकल्प (D) सही है।

97. अनुच्छेद 78 के अनुसार, प्रधानमंत्री का यह कर्तव्य होगा कि वह देश के प्रशासनिक एवं विधायी मामलों तथा मंत्रिपरिषद के निर्णयों के संबंध में राष्ट्रपति को सूचना दे, यदि राष्ट्रपति इस प्रकार की सूचना प्राप्त करना आवश्यक समझे।

अतः विकल्प (C) सही है।

98. पृथ्वी की भूमि के उनके प्रतिशत के घटते क्रम में दिए गए महाद्वीपों का सही क्रम अफ्रीका - उत्तरी अमेरिका - दक्षिण अमेरिका - यूरोप है।

अतः विकल्प (B) सही है।

99. जीएसटी भारत में लागू सभी अप्रत्यक्ष करों को कम करेगा। सेवा कर एक अप्रत्यक्ष कर है, इसलिए इसे पूरे भारत में समाप्त कर दिया जाएगा।

अतः विकल्प (A) सही है।

100. जीएसटी एक अप्रत्यक्ष कर है जिसका अर्थ है कि कर को अंतिम चरण तक पारित किया जाता है, जिसमें वह माल और सेवाओं का ग्राहक होता है जो कर वहन करता है।

अतः विकल्प (D) सही है।

Q.1 किस देश ने जुलाई 2022 में अपने स्थायी अंतरिक्ष स्टेशन के लिए दूसरा अंतरिक्ष मॉड्यूल सफलतापूर्वक लॉन्च किया ?

A. जापान **B.** चीन **C.** रूस **D.** यूके

Q.2 झारखंड के मुख्यमंत्री हेमंत सोरेन ने 13 सितंबर 2022 को रांची में झारखंड ___ नीति 2022 लॉन्च की है।

A. किसान **B.** खेल
C. अकुशल श्रम **D.** उपरोक्त सभी

Q.3 वर्ष 2018 का रमन मैग्सेसे पुरस्कार किसे प्रदान किया गया है?

[Super TET Paper - I, 2019]

A. भरत वाटवानी **B.** ब्रूस रिटमैन
C. रॉबर्ट लांगलैंड्स **D.** रिचर्ड एच॰ थेलर

Q.4 पीएनएस तैमूर, जिसे चीन ने पाकिस्तान को दिया था, एक ________ है?

A. कौर्वेट **B.** फ्रिगेट
C. डिस्ट्रॉयर **D.** विमान वाहक

Q.5 किस बैंक ने शहरी सहकारी बैंकों को एक वर्ष के भीतर मानद पदों को समाप्त करने का निर्देश दिया?

A. बैंक ऑफ बड़ौदा **B.** पंजाब नेशनल बैंक
C. स्टेट बैंक ऑफ इंडिया **D.** भारतीय रिजर्व बैंक

Q.6 नई सौर ऊर्जा नीति 2021 की घोषणा निम्नलिखित में से किस राज्य द्वारा की गई है?

A. उत्तर प्रदेश **B.** गुजरात
C. महाराष्ट्र **D.** गोवा

Q.7 निम्नलिखित हिंद महासागर द्वीप राष्ट्रों में से किस एक ने हाल ही में एक जमीनी जहाज से तेल रिसाव के कारण पर्यावरण आपातकाल की स्थिति की घोषणा की है?

[Officers Training Academy (OTA), 2020], [Indian Military Academy (IMA), 2020]

A. मालदीव **B.** मॉरिशस
C. मेडागास्कर **D.** श्रीलंका

Q.8 दिसंबर 11 से 13, 2021 के बीच आयुर्वेद महोत्सव का आयोजन बिहार के किस जिले में किया गया?

A. भागलपुर **B.** सीतामढ़ी **C.** नालंदा **D.** पूर्णिया

Q.9 निम्नलिखित में से नियोप्लाज्म (सूजन) का दूसरा नाम क्या है?

A. फ्रैक्चर **B.** अस्थमा
C. ट्यूमर **D.** इनमें से कोई नहीं

Q.10 एस्ट्रोजेन और प्रोजेस्टेरोन ________ में विकास को नियंत्रित और उत्तेजित करते हैं।

A. पीयूष ग्रंथियाँ **B.** थायराइड ग्रंथियाँ
C. स्तन ग्रंथियाँ **D.** अधिवृक्क ग्रंथि

Q.11 विटामिन C निम्नलिखित में से किस खनिजों के अवशोषण में मदद करता है?

A. आयरन **B.** फॉस्फेट **C.** आयोडीन **D.** कैल्शियम

Q.12 मक्खन कोलोयड कब बनता है?

A. जब प्रोटीन पानी में छितर जाता है
B. जब पानी में वसा छितर जाता है
C. जब वसा की गुलिकाएं पानी में छितर जाते है
D. जब कार्बोहाइड्रेट पानी में घुल जाता है

Q.13 निम्न में से क्या साधारण नमक का रासायनिक नाम है?

A. सोडियम सल्फेट **B.** कैल्शियम फॉस्फेट
C. आयरन ऑक्साइड **D.** सोडियम क्लोराइड

Q.14 नोबल गैसें व्यक्तिगत ________ के रूप में मौजूद हैं।

A. परमाणुओं **B.** अणुओं **C.** तत्वों **D.** यौगिकों

Q.15 पहाड़ की चोटियों पर आलुओं को पकाने (गलाने) में अधिक समय लगता है क्योकि:

A. उच्च वायुमंडलीय दबाव
B. कम वायुमंडलीय दबाव
C. पहाड़ की चोटी पर तापमान समुद्र की सतह पर तापमान से कम है
D. पहाड़ के शीर्ष पर तापमान अधिक है

Q.16 एक धातु की तार में करंट कैसे निर्मित होता है?

A. इलेक्ट्रॉन **B.** प्रोटॉन
C. न्यूट्रॉन **D.** इनमें से कोई नहीं

Q.17 मोटर-गाड़ियों में पीछे देखने के लिए किस प्रकार के दर्पण का प्रयोग होता है?

A. अवतल **B.** उत्तल
C. समतल **D.** इनमें से कोई नहीं

Q.18 निम्नलिखित में से कौन-से हड़प्पा सभ्यता की मुख्य विशेषताएं हैं?

1. नगर नियोजन
2. मानक बाट और माप का उपयोग
3. मुहरों पर सिंधु लिपि
4. मृतकों को दफनाने की प्रथा

नीचे दिए गए कूट का प्रयोग कर सही उत्तर चुनिए।

A. केवल 1, 2 और 3 **B.** केवल 1, 2 और 4
C. केवल 3 और 4 **D.** 1, 2, 3 और 4

Q.19 हड़प्पा सभ्यता की अवधि थी?

A. 3500-2000 BC **B.** 2500-1750 BC
C. 3000-1000 BC **D.** 1600-1200 BC

Q.20 'राज्य' शब्द का प्रयोग सर्वप्रथम किसने किया?

A. प्लेटो **B.** अरस्तू
C. मैकियावेली **D.** होब्स

Q.21 मोहनजोदड़ो की खुदाई ________ के किनारे की गयी थी।

A. नर्मदा **B.** ब्रह्मपुत्र **C.** गोदावरी **D.** सिंधु

Q.22 निम्नलिखित में से किस राजा के तहत सरकार का इस्तेमाल किया गया था?

A. शाहजहाँ **B.** शेरशाह **C.** जहांगीर **D.** औरंगजेब

Q.23 लॉर्ड माउंटबेटन का सबसे विवादास्पद उपाय निम्न में से कौन सा था?

A. पंजाब और बंगाल का विभाजन
B. उत्तर पश्चिम फ्रंटियर प्रांत (NWFP) में एक जनमत संग्रह आयोजित

करना

C. अकेले भारतीयों की एक कार्यकारी परिषद की स्थापना

D. शक्ति हस्तांतरण की तारीख को जून 1948 से 15 अगस्त 1947 कर दी

Q.24 निम्नलिखित में से कौन सही सुमेलित है-

A. महात्मा गांधी - पूर्ण स्वराज

B. जवाहर लाल नेहरू - बारदोली सत्याग्रह

C. खान अब्दुल गफ्फार खाँ - लाल कुर्ती आंदोलन

D. वल्लभभाई पटेल - दांडी मार्च

Q.25 1917 में, महात्मा गांधी ने से किस आंदोलन की शुरुआत की थी?

A. चंपारण सत्याग्रह   **B.** असहयोग आंदोलन

C. भारत छोड़ो आंदोलन   **D.** स्वदेशी आंदोलन

Q.26 भारतीय राष्ट्रीय कांग्रेस के किस सत्र में राष्ट्रीय गीत वंदे मातरम पहली बार गाया गया था?

A. 1888 का इलाहाबाद सत्र

B. 1887 का मद्रास सत्र

C. 1896 का कलकत्ता सत्र

D. 1907 का सूरत सत्र

Ques (27-31):Direction: Read the passage carefully and select the best answer to each question out of the four alternatives.

Many people who are looking to get a pet dog get a puppy. There are many reasons why people get puppies. After all, puppies are cute, friendly, and playful. But even though puppies make good pets, there are good reasons why you should consider getting an adult dog instead. When you get a puppy you have to teach it how to behave, you have to make sure that the puppy is housebroken so that it does not go to the bathroom inside the house. You have to teach the puppy, not to jump up on your guests or chew on your shoes. You have to train the puppy to walk on a leash. This is a lot of work. On the other hand, when you get an adult dog there is a good chance that it will already know how to do all of the previously mentioned things. Many adult dogs have already been housebroken. Many adult dogs will not jump on or chew things that you do not want them to jump on or chew. Many adult dogs will be able to walk on a leash without pulling you to the other side of the street.

Puppies also have a lot of energy and want to play all of the time. This can be fun, but you might not want to play as much as your puppy does. Puppies will not always sleep through the night or let you relax as you watch television. On the other hand, most adult dogs will wait on you to play, what is more, they will sleep when you are sleeping and are happy to watch television on the couch right beside you. There is one last reason why you should get an adult dog instead of a puppy when most people go to the pound to get a dog, they get a puppy. This means that many adult dogs spend a lot of time in the pound and some never find good homes. So if you are looking to get a dog for a pet, you should think about getting an adult dog, they are good pets who need good homes.

Q.27 Which is the best example of a dog that is housebroken?

A. Muffin chews on People's shoes

B. Spot goes outside to use the bathroom

C. Rex always breaks things inside the house

D. Rover never jumps on guests

Q.28 The author apparently thinks that puppies are:

A. not as Playful as adult dogs

B. hardworking

C. friendly and playful

D. not as cute as adult dogs

Q.29 Which is the best synonym for "behave" as applicable to this passage?

A. act   **B.** listen

C. understand   **D.** train

Q.30 The passage speaks of:

A. the work involved in training puppies

B. the immature acts of puppies

C. how puppies do not make good pets

D. how puppies can be very destructive

Q.31 As used in paragraph 2, which is the best synonym of relax?

A. Rest   **B.** Work   **C.** Leave   **D.** Play

Q.32 वह छोटी से छोटी संख्या ज्ञात कीजिए जो 8, 12, 16 और 20 से विभाजित करने पर शेष 5 प्राप्त होगा ।

A. 240   **B.** 245   **C.** 265   **D.** 235

Q.33 दो धनात्मक पूर्णांकों का गुणनफल 128 है और उनमें से एक दूसरे से दोगुना है। छोटी संख्या ज्ञात कीजिए

A. 8   **B.** 64   **C.** 16   **D.** 1024

Q.34 1000 और 5000 के बीच की कितनी संख्या 225 से विभाज्य है?

A. 20   **B.** 25   **C.** 18   **D.** 15

Ques (35-39):निर्देश: निम्नलिखित गद्यांश को पढ़कर इस पर आधारित प्रश्न का उत्तर दीजिये:

हमारे देश के त्यौहार चाहे धार्मिक दृष्टि से मनाए जा रहे हैं या नये वर्ष के आगमन के रूप में, फसल की कटाई एवं खलिहानों में भरने की खुशी में हो या महापुरुषों की याद में सभी देश की राष्ट्रीय एवं सांस्कृतिक एकता और अखण्डता की मजबूती प्रदान करते हैं। ये त्यौहार जनमानस में उल्लास, उमंग एवं खुशहाली भर देते हैं। ये हमारे अन्दर देश-भक्ति एवं गौरव की भावना के साथ-साथ विश्व-बन्धुत्व एवं समन्वय की भावना भी बढ़ाते हैं। इनके द्वारा महापुरुषों के उपदेश हमें इस बात की याद दिलाते हैं कि सद्विचार एवं सद्भावना द्वारा ही हम प्रगति की ओर बढ़ सकते हैं। इन त्यौहारों के माध्यम से हमें यह भी सन्देश मिलता है कि वास्तव में धर्मों का मूल लक्ष्य एक है। केवल उस लक्ष्य तक पहुँचने के तरीके अलग हैं।

Q.35 त्यौहारों का मनाना किससे सम्बन्धित है?

A. विश्व बन्धुत्व   **B.** एकरसता से छुटकारे

C. सांस्कृतिक विविधता   **D.** फसल

Q.36 'अलग-अलग' तरीके के माध्यम से किस ओर संकेत किया गया है?

A. विभिन्न सम्प्रदाय   **B.** विभिन्न पूजा-स्थल

C. अलग-अलग रास्ते   **D.** अलग-अलग उपाय

Q.37 निम्नलिखित में से कौन-सा त्यौहार किसी महापुरुष से नहीं जुड़ा है?

A. गाँधी जयन्ती   **B.** गणतन्त्र दिवस

C. शिक्षक दिवस   **D.** बाल दिवस

Q.38 त्यौहार राष्ट्र को क्या लाभ पहुँचाते हैं?

A. सभी एक ही धर्म का अनुगमन करते हैं

B. राष्ट्र की आर्थिक हालत सुधरती है

C. राष्ट्र खुश रहता है
D. सभी मिल-जुलकर रहते हैं

Q.39 'देशभक्ति' में कौन-सा समास है?
A. तत्पुरुष समास B. द्विगु समास
C. कर्मधारय समास D. द्वन्द्व समास

Q.40 निम्नलिखित मे से कौन-से शब्द भाववाचक संज्ञा नहीं है?
A. पांडित्य B. बंधुत्व C. कुरान D. प्रभुता

Q.41 निम्नलिखित शब्दों में किसमें परिमाणवाचक विशेषण है?
A. तीन लड़के B. चौगुना धन
C. दोनों भाई D. थोड़ा दूध

Q.42 'घंटी बजी है, कोई आया' पंक्ति में कौनसा सर्वमान है?
A. निजवाचक B. अनिश्चयवाचक
C. पुरुषवाचक D. निश्चयवाचक

Q.43 "मेरे पहुँचते ही वह रो पड़ा।", वाक्य में क्रिया का भाव है-
A. पूर्वकालिक B. अकर्मक
C. सकर्मक D. तात्कालिक

Q.44 निम्नलिखित में से किसके पास भारतीय सुरक्षा बलों पर सर्वोच्च कमान प्राप्त है?
A. भारत के प्रधानमंत्री
B. भारत के रक्षामंत्री
C. भारत के केन्द्रीय मंत्री परिषद्
D. भारत के राष्ट्रपति

Q.45 CPI(M) की स्थापना कब हुई?
A. 1999 B. 1964 C. 1984 D. 1925

Q.46 विज्ञापनों पर किए जाने वाले व्यय को क्या कहते हैं?
A. बिक्री लागत B. निश्चित लागत
C. अधिशेष लागत D. निहित लागत

Q.47 सांख्यिकीय मापन जो मुद्रा की क्रय शक्ति को मापने में मदद करता है?
A. समय श्रृंखला B. हार्मोनिक माध्य
C. सूचकांक संख्या D. अंकगणितीय औसत

Q.48 Direction: Select the answer choice that identifies the noun in the sentence.
The Trojans' rash decision to accept the wooden horse led to their destruction.
A. Their B. Led
C. Accept D. Destruction

Q.49 Direction: Select the answer choice that identifies the pronoun in the sentence.
My sister thinks that she would like to be a nurse.
A. Sister B. Nurse C. She D. Would

Q.50 Direction: Select the answer choice that identifies the verb in the sentence.
Amber used to recite the alphabet in Chinese.
A. The B. Alphabet C. In D. Recite

Q.51 व्यवसाय पर कर की वसूली किसके द्वारा की जा सकती है?
A. केवल राज्य सरकार द्वारा
B. राज्य और संघ दोनों सरकार द्वारा

C. केवल पंचायत द्वारा
D. केवल केंद्र सरकार

Q.52 संसद के निम्न सदन में कितने निर्वाचन क्षेत्र हैं?
A. 555 B. 544 C. 543 D. 545

Q.53 एक सिलेंडर अपनी चौड़ाई के बारे में एक आयत को रोल करके बनाया गया है। आयत की चौड़ाई और लंबाई क्रमशः 7 मीटर और 11 मीटर है। निर्मित सिलेंडर का आयतन ज्ञात कीजिए?
A. $\frac{363}{7}$ B. $\frac{343}{11}$ C. $\frac{343}{8}$ D. $\frac{343}{4}$

Q.54 PQ व्यास है और $PQRS$ एक चक्रीय चतुर्भुज है। यदि कोण $\angle PSR = 150°$ है तो, कोण $\angle RPQ$ का माप ज्ञात कीजिये?
A. 90° B. 60°
C. 30° D. इनमें से कोई नहीं

Q.55 $(x^2 + x + 1)(x^2 - x + 1)$ के विस्तार में x^2 का गुणक बताइये।
A. +1 B. -1 C. +2 D. -2

Q.56 यदि $x + y = 25$ तब $(x - 15)^3 + (y - 10)^3$ होगा :
A. 0 B. 25 C. 125 D. 625

Q.57 एक समलम्ब का क्षेत्रफल 480 सेमी² है, दो समानांतर पक्षों के बीच की दूरी 15 सेमी है और समानांतर पक्षों में से एक 20 सेमी है। दूसरा समानांतर पक्ष है:
A. 44 B. 80 C. 60 D. 64

Q.58 एक वृत्त का क्षेत्रफल 616 सेमी² है। इसकी परिधि (सेमी में) क्या है?
A. 176 B. 88 C. 70 D. 140

Q.59 ट्रिम्सी 9 बार में से 2 बार सच बोलती है। कार्ड के पैक से यादृच्छिकता से एक कार्ड का चयन करने पर, वह कहती है कि यह राजा या इक्का है। वास्तविक में राजा या इक्का के होने की प्रायिकता ज्ञात कीजिये।
A. $\frac{45}{91}$ B. $\frac{4}{117}$ C. $\frac{25}{91}$ D. $\frac{32}{117}$

Q.60 एक गोलाकार मेज़ के चारों ओर, 13 व्यक्ति 13 कुर्सियों पर बैठे हैं। इनमें से एक हैरी है। इनमें से एक व्यक्ति (हैरी के अलावा) यादृच्छिक रूप से चुना गया। चुने गये व्यक्ति और हैरी के मध्य पूर्ण रूप से 2 व्यक्ति होने की क्या प्रायिकता है?
A. $\frac{1}{3}$ B. $\frac{1}{6}$ C. $\frac{1}{5}$ D. $\frac{2}{13}$

Q.61 पृथ्वी की भूमि की सतह का प्रतिशत जो पठारों द्वारा कवर किया गया है-
A. 38% B. 65% C. 45% D. 50%

Q.62 पृथ्वी की धुरी जो एक काल्पनिक रेखा है, अपने कक्षीय तल के साथ _______ का कोण बनाती है।
A. 90 डिग्री B. 60 डिग्री C. 45 डिग्री D. 66 डिग्री

Q.63 पहली डब्ल्यूएसएफ बैठक ____ में आयोजित की गई थी।
A. ब्राज़ील B. मुंबई
C. नैरोबी D. इनमें से कोई नहीं

Q.64 वैश्वीकरण _______ के बारे में कौन से कथन सही हैं।
A. वैश्वीकरण विशुद्ध रूप से एक आर्थिक घटना है
B. 1991 में वैश्वीकरण शुरू हुआ
C. वैश्वीकरण पश्चिमीकरण के समान ही है
D. वैश्वीकरण एक बहुआयामी घटना है

Q.65 राष्ट्रीय मानवाधिकार आयोग का मुख्यालय कहाँ है?

A. नई दिल्ली   B. मुंबई
C. अहमदाबाद   D. कोलकाता

Q.66 राष्ट्रीय मानवाधिकार आयोग के अध्यक्ष की नियुक्ति के लिए गठित समिति में निम्नलिखित में से कौन शामिल नहीं है?

A. अध्यक्ष
B. प्रधानमंत्री
C. लोकसभा अध्यक्ष
D. मुख्य विपक्षी दल के नेता

Q.67 क्योटो प्रोटोकॉल का उद्देश्य है:

A. ग्रीन-हाउस गैसों के उत्सर्जन से युक्त
B. ओजोन आवरण को स्थिर करना
C. जल प्रदूषण को कम करना
D. मरुस्थलीकरण का प्रबंध

Q.68 पानी में अस्थायी कठोरता ____ की उपस्थिति के कारण होती है।

A. मैगनीशियम सल्फेट
B. सोडियम क्लोराइड
C. कैल्शियम सल्फेट
D. कैल्शियम हाइड्रोजन कार्बोनेट

Q.69 राज्य सभा के निर्वाचित सदस्यों का कार्यकाल कितने वर्षों का होता है?

A. 2 वर्ष   B. 4 वर्ष   C. 6 वर्ष   D. 8 वर्ष

Q.70 भारत के संविधान के अनुसार, लोकसभा की अधिकतम शक्ति (सदस्यों की संख्या) क्या है?

A. 530   B. 540   C. 550   D. 552

Q.71 ब्लैकफुट रोग (BFD) निम्नलिखित में से किस कारण से पीने के पानी को दूषित करता है?

A. नाइट्रेट   B. आर्सेनिक   C. बुध   D. कैडमियम

Q.72 एक पारिस्थितिकी तंत्र में ऊर्जा के प्रवाह की दिशा क्या है?

A. अप्रत्यक्ष   B. द्विदिश
C. मल्टीडायरेक्शनल   D. चक्रीय

Q.73 सार्वजनिक यातायात के लिए भारत में पहला रेलवे कब संचालित किया गया था?

A. 1857   B. 1858   C. 1855   D. 1853

Q.74 भारत का पहला डाकघर किस स्थान पर स्थापित किया गया?

A. मद्रास   B. कलकत्ता   C. बॉम्बे   D. दिल्ली

Q.75 किस अधिनियम के आधार पर, भारत में द्वैध शासन की शुरुआत की गई थी।

A. भारतीय परिषद अधिनियम, 1909
B. भारत सरकार अधिनियम, 1919
C. भारत सरकार अधिनियम, 1935
D. भारतीय स्वतंत्रता अधिनियम, 1947

Q.76 किसे 'ओल्ड लेडी ऑफ़ इंडियन नेशनलिज्म' के रूप में जाना जाता है?

A. डॉ. एनी बेसेंट   B. डॉ. सरोजिनी नायडू
C. डॉ. मुथुलक्ष्मी रेड्डी   D. कस्तूरबा गांधी

Q.77 निम्नलिखित में से कौन सी प्राकृतिक वनस्पति एक पौधे समुदाय को संदर्भित करती है जो मानव सहायता के बिना स्वाभाविक रूप से बढ़ी है और लंबे समय तक मनुष्यों द्वारा निर्जीव छोड़ दिया गया है?

A. स्थानिक वनस्पति   B. वर्जिन वनस्पति

C. रेगिस्तानी वनस्पति   D. इनमें से कोई नहीं

Q.78 निम्नलिखित में से किस मिट्टी में शुष्क स्थिति में दरारें और सिकुड़न के गुण होते हैं?

A. काली मिट्टी   B. लाल झरझरी मिट्टी
C. रेत भरी मिट्टी   D. बलुई मिट्टी

Q.79 प्रसिद्ध पेंटिंग 'मोनालिसा' ______ का निर्माण था

A. माइकल एंजेलो   B. लियोनार्दो दा विंची
C. पिकासो   D. वैन गो

Q.80 पहली बार जापान को पश्चिम के लिए खोलने वाली कानागावा की संधि पर किस अमेरिकी नौसेना के कमांडर ने 1854 में हस्ताक्षर किए?

A. जॉन रोजर्स   B. मैथ्यू पेरी
C. जेम्स बिडल   D. फ्रांसिस शेरमन

Q.81 निम्नलिखित में से कौन सी बीमारी महिलाओं को पुरुषों की तुलना में आसानी से प्रभावित करती है?

A. हेपेटाइटिस   B. गठिया
C. दिल का दौरा   D. जोड़ गठिया

Q.82 आलू है, एक -

A. जड़   B. तना   C. कली   D. फल

Q.83 वह बिंदु जो बिंदु (7, –6) और (3, 4) को जोड़ने वाले रेखा खंड को 1:2 के आंतरिक भाग में विभाजित करता है-

A. वृत्त-खंड I   B. वृत्त-खंड II
C. वृत्त-खंड III   D. वृत्त-खंड IV

Q.84 AOBC एक आयत है जिसके तीन कोने लंबवत A (0, 3), O (0, 0) और B (5, 0) हैं। इसके विकर्ण की लंबाई है:

A. 5   B. 3   C. $\sqrt{34}$ D. 4

Q.85 निम्नलिखित में से कौन सा उद्योग चूना पत्थर का उपयोग कच्चे माल के रूप में करता है?

A. एल्यूमीनियम   B. सीमेंट
C. चीनी   D. जूट

Q.86 ओसाका का कपड़ा उद्योग अन्य देशों से ____ आयात करता है।

A. सूती वस्त्र   B. चावल   C. धातु   D. लोहा

Q.87 माध्यिका परीक्षण में प्रयुक्त परीक्षण सांख्यिकीय का वितरण है:

A. द्विपद   B. साधारण
C. टी-परीक्षण   D. ची-वर्ग

Q.88 प्रतिगमन गुणांक के परिवर्तन से स्वतंत्र है:

A. पैमाने
B. मूल
C. पैमाना और मूल दोनों
D. न तो पैमाना और न ही मूल

Q.89 भारत का सबसे बड़ा वाणिज्यिक बैंक कौन सा है?

A. बैंक ऑफ इंडिया   B. ऐक्सिस बैंक
C. भारतीय स्टेट बैंक   D. एचडीएफसी

Q.90 भारतीय रिजर्व बैंक का प्रधान कार्यालय निम्नलिखित में से किस शहर में स्थित है?

A. मुंबई   B. नई दिल्ली   C. कोलकाता   D. देहरादून

Q.91 जब हम हवा में सांस लेते हैं, तो ऑक्सीजन के साथ-साथ नाइट्रोजन भी अंदर जाती है। नाइट्रोजन की नियति क्या है?

A. यह कोशिकाओं में ऑक्सीजन के साथ चलता है

B. यह साँस छोड़ने के दौरान CO_2 के साथ बाहर आता है

C. यह केवल नाक की कोशिकाओं द्वारा अवशोषित होता है

D. नाइट्रोजन संकेंद्रण कोशिकाओं में पहले से ही अधिक है इसलिए यह बिल्कुल अवशोषित नहीं है।

Q.92 मिट्टी में खनिज का प्रमुख स्रोत है:

A. मूल चट्टान जिसमें से मिट्टी बनती है

B. पौधे

C. जानवर

D. जीवाणु

Q.93 M2 में M1 और ______ शामिल है

A. करेंसी और सिक्के   **B.** डाकघर बचत जमा

C. RBI में सावधि जमा   **D.** सावधि जमा

Q.94 करेंसी नोट और सिक्कों को कहा जाता है:

A. फ्लैट मनी   **B.** कानूनी निविदाएं

C. फिएट पैसे   **D.** (B) और (C) दोनों

Q.95 तमिलनाडु का चावल का कटोरा ___ जिला है।

A. पेरियार   **B.** तंजावुर

C. उत्तर आर्कोट   **D.** धर्मपुरी

Q.96 भारत में उगाई जाने वाली 80 प्रतिशत से अधिक अरबी कॉफी_______ राज्य की है।

A. तमिलनाडु   **B.** असम   **C.** मध्य प्रदेश   **D.** कर्नाटक

Q.97 निम्नलिखित में से कौन सा पठार नहीं है?

A. कोलंबिया   **B.** पम्पास   **C.** बोलीविया   **D.** बी

Q.98 निम्नलिखित में से किस राहत सुविधा को टेबललैंड के नाम से भी जाना जाता है?

A. पहाड़ों   **B.** हिल्स   **C.** मैदानों   **D.** पठारों

Q.99 कौन सा लेख मौलिक अधिकारों के प्रवर्तन के लिए उपचारों का अधिकार देता है?

A. 32   **B.** 31   **C.** 36   **D.** 35

Q.100 भारतीय संविधान के निम्नलिखित में से कौन सा अनुच्छेद 'भारत के क्षेत्र के भीतर कानून और कानून के समान संरक्षण से पहले समानता' की गारंटी देता है?

A. 15   **B.** 14   **C.** 17   **D.** 18

// स्मार्ट उत्तर पुस्तिका //

सही उत्तर — उन छात्रों के प्रतिशत को इंगित करता है जिन्होंने प्रश्नों का सही उत्तर दिया था।

छोड़ दिया — उन छात्रों के प्रतिशत को इंगित करता है जिन्होंने प्रश्नों को छोड़ दिया था।

प्रश्न संख्या	उत्तर	सही उत्तर / छोड़ दिया	प्रश्न संख्या	उत्तर	सही उत्तर / छोड़ दिया	प्रश्न संख्या	उत्तर	सही उत्तर / छोड़ दिया	प्रश्न संख्या	उत्तर	सही उत्तर / छोड़ दिया	प्रश्न संख्या	उत्तर	सही उत्तर / छोड़ दिया
1	B	67.69 % / 1.64 %	17	B	69.68 % / 1.81 %	33	A	60.76 % / 1.73 %	49	C	60.72 % / 1.02 %	65	A	61.7 % / 1.86 %
2	B	47.32 % / 1.24 %	18	D	42.59 % / 1.18 %	34	C	64.83 % / 1.11 %	50	D	50.71 % / 1.8 %	66	A	49.42 % / 1.2 %
3	A	65.33 % / 1.24 %	19	B	65.83 % / 1.48 %	35	C	54.83 % / 1.09 %	51	A	69.3 % / 1.65 %	67	A	41.9 % / 1.46 %
4	B	69.09 % / 1.09 %	20	C	46.45 % / 1.82 %	36	A	50.29 % / 1.81 %	52	C	53.28 % / 1.7 %	68	D	46.25 % / 1.04 %
5	D	64.17 % / 1.3 %	21	D	56.96 % / 1.12 %	37	B	69.86 % / 1.03 %	53	C	41.77 % / 1.3 %	69	C	66.48 % / 1.56 %
6	B	42.13 % / 1.97 %	22	B	62.05 % / 1.35 %	38	D	69.67 % / 1.93 %	54	B	40.69 % / 1.79 %	70	D	46.54 % / 1.81 %
7	B	69.34 % / 1.44 %	23	D	47.8 % / 1.04 %	39	A	62.48 % / 1.97 %	55	A	59.81 % / 1.85 %	71	B	60.13 % / 1.24 %
8	C	76.36 % / 0.0 %	24	C	67.04 % / 1.56 %	40	C	51.67 % / 1.54 %	56	A	41.07 % / 1.33 %	72	A	57.15 % / 1.03 %
9	C	61.53 % / 1.65 %	25	A	44.93 % / 1.99 %	41	D	43.92 % / 1.24 %	57	A	45.5 % / 1.97 %	73	D	54.65 % / 1.75 %
10	C	69.5 % / 1.58 %	26	C	58.32 % / 1.75 %	42	B	49.51 % / 1.15 %	58	B	76.18 % / 0.0 %	74	B	52.67 % / 1.89 %
11	A	48.91 % / 1.47 %	27	B	18.15 % / 3.87 %	43	D	42.82 % / 1.67 %	59	B	66.25 % / 1.8 %	75	B	53.71 % / 1.22 %
12	C	60.1 % / 1.12 %	28	C	23.03 % / 4.03 %	44	D	43.47 % / 1.35 %	60	B	67.58 % / 1.13 %	76	A	55.28 % / 1.2 %
13	D	60.35 % / 1.64 %	29	A	18.84 % / 4.6 %	45	B	60.85 % / 1.05 %	61	C	59.33 % / 1.82 %	77	B	44.75 % / 1.13 %
14	A	63.8 % / 1.81 %	30	A	27.4 % / 3.74 %	46	A	56.91 % / 1.12 %	62	D	56.1 % / 1.72 %	78	A	44.24 % / 1.77 %
15	B	44.08 % / 1.59 %	31	A	27.19 % / 4.65 %	47	C	64.37 % / 1.19 %	63	A	43.72 % / 1.3 %	79	B	69.85 % / 2.0 %
16	A	52.56 % / 1.39 %	32	B	50.4 % / 1.22 %	48	D	51.25 % / 1.77 %	64	D	66.57 % / 1.88 %	80	B	63.77 % / 1.23 %

प्रश्न संख्या	उत्तर	सही उत्तर / छोड़ दिया
81	C	50.84 % / 1.51 %
82	B	60.03 % / 1.91 %
83	D	45.89 % / 1.21 %
84	C	48.73 % / 1.91 %

प्रश्न संख्या	उत्तर	सही उत्तर / छोड़ दिया
85	B	55.41 % / 1.6 %
86	A	59.92 % / 1.33 %
87	D	61.08 % / 1.35 %
88	B	42.89 % / 1.5 %

प्रश्न संख्या	उत्तर	सही उत्तर / छोड़ दिया
89	C	57.53 % / 1.97 %
90	A	65.73 % / 1.72 %
91	B	65.32 % / 1.33 %
92	A	44.46 % / 1.53 %

प्रश्न संख्या	उत्तर	सही उत्तर / छोड़ दिया
93	B	67.59 % / 1.33 %
94	D	67.54 % / 1.9 %
95	B	48.81 % / 1.65 %
96	D	66.11 % / 1.08 %

प्रश्न संख्या	उत्तर	सही उत्तर / छोड़ दिया
97	B	62.9 % / 1.63 %
98	D	43.47 % / 1.08 %
99	A	63.54 % / 1.66 %
100	B	63.89 % / 1.84 %

कार्य विश्लेषण	
औसत अंक (%)	56.0%
टॉपर्स स्कोर (%)	69.0%
आपका स्कोर	

//संकेत और समाधान//

1. चीन ने 24 जुलाई 2022 को अपने स्थायी अंतरिक्ष स्टेशन के लिए दूसरा अंतरिक्ष मॉड्यूल सफलतापूर्वक लॉन्च किया।

23-टन वेंटियन प्रयोगशाला मॉड्यूल रॉकेट, लॉन्ग मार्च 5 बी पर लॉन्च किया गया था।

वेंटियन लैब मॉड्यूल अन्य लैब मॉड्यूल के साथ अंतरिक्ष यात्रियों को वैज्ञानिक प्रयोग करने में सक्षम बनाएगा। यह अपने स्थायी अंतरिक्ष स्टेशन के लिए आवश्यक तीन अंतरिक्ष मॉड्यूल में से दूसरा है।

अतः विकल्प (B) सही है।

2. झारखंड के मुख्यमंत्री हेमंत सोरेन ने 13 सितंबर 2022 को रांची में झारखंड खेल नीति 2022 लॉन्च की है।

- इस नीति का उद्देश्य राष्ट्रीय और अंतर्राष्ट्रीय स्पर्धाओं में उत्कृष्ट प्रदर्शन करने वाले खिलाड़ियों के रास्ते की बाधाओं को कम करना है।
- पांच साल की अवधि के लिए बनाई गई खेल नीति झारखंड में इस तरह की दूसरी नीति है।
- पिछली बार ऐसी नीति 2007 में बनाई गई थी।

अतः विकल्प (B) सही है।

3. वर्ष 2018 का रमन मैग्सेसे पुरस्कार भरत वाटवानी को प्रदान किया गया है।

भरत वाटवानी मुंबई में एक भारतीय मनोचिकित्सक हैं। उन्हें 2018 में रमन मैग्सेसे पुरस्कार से सम्मानित किया गया था, जो हजारों मानसिक रूप से बीमार सड़क पर रहने वाले गरीबों के इलाज और उनके परिवारों के साथ पुनर्मिलन के लिए बचाव का नेतृत्व कर रहे थे। भरत वाटवानी और उनकी पत्नी ने सड़कों पर रहने वाले मानसिक रूप से बीमार व्यक्तियों को बचाने के उद्देश्य से 1988 में श्रद्धा पुनर्वास फाउंडेशन की स्थापना की; मुफ्त आश्रय, भोजन और मानसिक उपचार प्रदान करना; और उन्हें उनके परिवारों से मिलाना।

अतः विकल्प (A) सही है।

4. पीएनएस तैमूर पाकिस्तान को चीन से प्राप्त दूसरा प्रकार 054ए/पी युद्धपोत है। पोत को शंघाई के हुडोंग-झोंगहुआ शिपयार्ड में कमीशन किया गया था। इस साल जनवरी में, पीएनएस तुगरिल पाकिस्तान नेवी फ्लीट का हिस्सा बनने वाला पहला टाइप 054ए/पी फ्रिगेट बना।

अतः विकल्प (B) सही है।

5. रिजर्व बैंक ने शहरी सहकारी बैंकों (यूसीबी) को बोर्ड स्तर पर मानद पद या पद जैसे चेयरमैन एमेरिटस और ग्रुप चेयरमैन का सृजन नहीं करने को कहा क्योंकि इससे एक छाया प्राधिकरण का निर्माण होता है।

अतः विकल्प (D) सही है।

6. गुजरात राज्य ने नई सौर ऊर्जा नीति -2021 की घोषणा की है। राज्य ने 11,000 मेगा वाट उत्पादन क्षमता हासिल कर ली है और अब 2022 तक 30,000 मेगा वाट ग्रीन ऊर्जा उत्पादन का लक्ष्य रखा है जिसमें मुख्य रूप से सौर और पवन ऊर्जा शामिल होंगे। नई सौर ऊर्जा नीति 2021 में सौर ऊर्जा की खपत और उत्पादन में वृद्धि होगी और इस प्रकार उद्योगों के लिए उत्पादन लागत कम होगी और मेड इन गुजरात ब्रांड वैश्विक बाजारों में अपनी उपस्थिति बढ़ाने में मदद करेगा।

राज्य के ऊर्जा मंत्री सौरभ पटेल और प्रमुख सचिव (ऊर्जा और पेट्रोकेमिकल) सुनैना तोमर की उपस्थिति में गांधीनगर में प्रेस कॉन्फ्रेंस में यह घोषणा की गई। सिक्योरिटी डिपॉजिट 25 लाख रुपये प्रति मेगा वाट से घटाकर 5 लाख रुपये प्रति मेगा वाट हो जाता है।

अतः विकल्प (B) सही है।

7. हिंद महासागर द्वीप राष्ट्रों में से मॉरिशस ने हाल ही में एक जमीनी जहाज से तेल रिसाव के कारण पर्यावरण आपातकाल की स्थिति की घोषणा की है।

प्रभाव:

- तेल रिसाव से मॉरिशस के समुद्र तट की पारिस्थितिकी और हिंद महासागर में समुद्री जीवन को खतरा है।
- यह पहले से ही लुप्तप्राय प्रवाल भित्तियों, उथले पानी में समुद्री घास, मैंग्रोव, मछलियों और अन्य जलीय जीवों को खतरे में डालता है।

अतः विकल्प (B) सही है।

8. बिहार के नालंदा जिले में 11 से 13 दिसंबर 2021 तक आयुर्वेद महोत्सव का आयोजन किया गया। यह आयुष मंत्रालय के सहयोग से बिहार सहित भारत के 4 राज्यों में आयोजित किया गया था। बिहार में इस कार्यक्रम का उद्घाटन मुख्यमंत्री नीतीश कुमार ने नालंदा जिले के इंटरनेशनल कन्वेंशन सेंटर में किया था।

अतः विकल्प (C) सही है।

9. ट्यूमर नियोप्लाज्म का दूसरा नाम है।

नियोप्लाज्म रोग ऐसी स्थितियां हैं जो ट्यूमर के विकास का कारण बनती हैं - दोनों सौम्य और घातक। सौम्य ट्यूमर कैंसरमुक्त होते हैं। वे आमतौर पर धीरे-धीरे बढ़ते हैं और अन्य ऊतकों में नहीं फैल सकते हैं। घातक ट्यूमर कैंसरयुक्त होते हैं और धीरे-धीरे या जल्दी से बढ़ सकता है।

अतः विकल्प (C) सही है।

10. एस्ट्रोजन और प्रोजेस्टेरोन स्तन ग्रंथियों में विकास को नियंत्रित और उत्तेजित करते हैं।

महिला प्रजनन हार्मोन एस्ट्रोजन, प्रोजेस्टेरोन और प्रोलैक्टिन स्तन कैंसर पर एक बड़ा प्रभाव डालते हैं और प्रसवोत्तर स्तन ग्रंथि के विकास को नियंत्रित करते हैं। इष्टतम स्तन विकास के लिए एस्ट्रोजन और प्रोजेस्टेरोन दोनों की आवश्यकता होती है।

अतः विकल्प (C) सही है।

11. विटामिन C आयरन के अवशोषण में मदद करता है।

आयरन एक खनिज है जो शरीर को विकास के लिए चाहिए। मानव शरीर हीमोग्लोबिन बनाने के लिए आयरन का उपयोग करता है, जो लाल रक्त कोशिकाओं में एक प्रोटीन होता है जो फेफड़ों से ऑक्सीजन को शरीर के सभी हिस्सों और मायोग्लोबिन में ले जाता है, एक प्रोटीन जो मांसपेशियों को ऑक्सीजन प्रदान करता है। मानव शरीर को कुछ हार्मोन बनाने के भी लिए आयरन की आवश्यकता होती है।

अतः विकल्प (A) सही है।

12. जब वसा ग्लोब्यूल्स को पानी में फैलाया जाता है, तो मक्खन बनता है। एक कोलाइड एक मिश्रण है जिसमें एक विशेष पदार्थ किसी दिए गए फैलाव माध्यम में फंस जाता है लेकिन रासायनिक रूप से मिश्रित नहीं होता है। मक्खन में, पानी के अणु वसा कणों के बीच फंस जाते हैं और फिर यह एक कोलाइड बनाता है।

अतः विकल्प (C) सही है।

13. सोडियम क्लोराइड साधारण नमक का रासायनिक नाम है।

सोडियम क्लोराइड, जिसे आमतौर पर नमक के रूप में जाना जाता है (हालांकि समुद्री नमक में अन्य रासायनिक लवण भी होते हैं), रासायनिक सूत्र NaCl के साथ एक आयनिक यौगिक है, जो सोडियम और क्लोराइड आयनों के 1:1 अनुपात का प्रतिनिधित्व करता है।

अतः विकल्प (D) सही है।

14. नोबल गैसें व्यक्तिगत परमाणुओं के रूप में मौजूद हैं।

नोबल गैसें सभी रंगहीन, गंधहीन और स्वादहीन होती हैं। नोबल गैस सात रासायनिक तत्व हैं जो आवर्त सारणी के समूह 18 (VIIIa) को बनाते हैं। तत्व हीलियम (He), नियोन (Ne), आर्गन (Ar), क्रिप्टन (Kr), क्सीनन (Xe), रेडॉन (Rn), और ओगेनसन (Og) हैं।

अतः विकल्प (A) सही है।

15. कम वायुमंडलीय दबाव के कारण पहाड़ की चोटियों पर आलू पकाने (गलाने) में अधिक समय लगता है।

हवा में ऑक्सीजन और वायुमंडलीय दबाव कम होता है, इसलिए खाना पकाने में अधिक समय लगता है। नमी जल्दी से वाष्पित हो जाती है। 3,000 फीट से अधिक ऊंचाई पर, भोजन की तैयारी के लिए समय, तापमान या नुस्खा में बदलाव की आवश्यकता हो सकती है।

अतः विकल्प (B) सही है।

16. इलेक्ट्रॉन एक धातु के तार में करंट का निर्माण करते हैं।

एक विद्युत धारा प्रवाहित होती है जब इलेक्ट्रॉन एक सुचालक (धातु के तार) के माध्यम से चलते हैं। विद्युत धारा को मूल रूप से सकारात्मक से नकारात्मक तक के प्रवाह के रूप में परिभाषित किया गया था। वैज्ञानिकों ने बाद में पता लगाया कि विद्युत धारा वास्तव में नकारात्मक रूप से चार्ज किए गए इलेक्ट्रॉनों का प्रवाह है।

अतः विकल्प (A) सही है।

17. गोटर गाड़ियों में पीछे देखने के लिए उत्तल दर्पण का उपयोग होता है।

उत्तल दर्पण का दृश्य बहुत विस्तृत होता है क्योंकि वे बाहर की ओर मुड़े होते हैं। इसलिए, उत्तल दर्पण चालक को समतल दर्पण की तुलना में बहुत बड़ा क्षेत्र देखने में सक्षम बनाता है। बनी हुई छवियां ऊर्ध्व शीर्ष होती हैं और उनका आकार वस्तु से बहुत छोटा है। इसलिए, वाहन के पीछे की ओर वस्तुओं को देखने के लिए इसे ऑटोमोबाइल में रियरव्यू मिरर के रूप में उपयोग किया जाता है।

अतः विकल्प (B) सही है।

18. • कथन 1 सही है: हड़प्पा सभ्यता की सबसे उल्लेखनीय विशेषता उसका नगरीकरण थी। प्रत्येक नगर दुर्ग क्षेत्र जहां नागरिक और धार्मिक जीवन के आवश्यक संस्थान स्थित थे और निचले आवासीय क्षेत्र जहां नगरीय आबादी रहती थी। मोहनजोदड़ो और हड़प्पा में, दुर्ग ईंट की दीवारों से घिरा था। कालीबंगा में, दुर्ग और निचला शहर दोनों दीवार से घिरे थे। मानक आकार की पकी और कच्ची ईंटों के उपयोग से पता चलता है कि ईंट निर्माण हड़प्पा वासियों के लिए बड़े पैमाने का एक उद्योग था।

• कथन 2 सही है: बाट और माप की हड़प्पाई प्रणाली उत्कृष्ट थी। छोटी के साथ ही बड़ी वस्तुएं तौलने के लिए उत्तमता से बनाए गए गोमेद के घनों को उपयोग में लाया जाता था। बाट कम मूल्यवर्ग में द्विआधारी प्रणाली (binary system) का पालन करते थे: 1, 2, 4, 8 से 64 तक और फिर 160 तक जाते थे और उसके बाद फिर 16, 320, 640, 1600, 3200 आदि के दशमलव (decimal multiples) का अनुसरण करते थे।

• कथन 3 सही है: सिंधु लिपि मुहरों पर पाई गई है जैसे मोहनजोदड़ों और हड़प्पा में। हालांकि, अभी तक इसकी लिपि पढ़ी नहीं गई है। इसके साथ ही, कालीबंगा से मिले कुछ ठीकरों पर अक्षरों के अधिव्यापन से पता चलता है कि लेखन शैली बुस्ट्रोफेदन थी अर्थात बारी-बारी से दाएं से बाएं और बाएं से दाएं होता था।

• कथन 4 सही है: सिंधु घाटी में पचपन से भी अधिक अंत्येष्टि स्थल पाए गए हैं। अंत्येष्टि की मुख्य रूप से सामाजिक संरचना और पदानुक्रम, प्राकृतिक, अतिप्राकृतिक, जीवन और मृत्यु की धारणाओं के प्रतिबिंब के रूप में व्याख्या की जाती है। प्रमुख स्थल हड़प्पा, कालीबंगा, राखीगढ़ी, लोथल, रोजदी, और रोपड़ हैं। सामान्यत:, हड़प्पाई अवधि में अंत्येष्टि ईंट या पत्थर का अस्तर लगे आयताकार या अंडाकार गड्ढों में होती थी। शरीर साधारणतया आवृत दफनाया जाता था या सीधी दिशा में, उत्तर से दक्षिण दिशा में, लकड़ी के ताबूत

में दफनाया जाता था। यह महत्वपूर्ण था कि शरीर भूमि के संपर्क में नहीं आता था। लोथल, रोपड़, और रोजदी के समाधि स्थलों में कुछ अनूठी अंत्येष्टियां पाई गई हैं। रोपड़ में कुत्ते के साथ दफनाया गया मनुष्य का शव मिला है। रोजदी में दो शिशु घर की फर्श के नीचे दफनाए गए मिले हैं।

अतः विकल्प (D) सही है।

19. सिंधु घाटी सभ्यता 3300 ईसापूर्व से 1700 ईसापूर्व तक विश्व की प्राचीन नदी घाटी सभ्यताओं में से एक प्रमुख सभ्यता है। यह सभ्यता कम से कम 8000 वर्ष पुरानी है। यह हड़प्पा सभ्यता और 'सिंधु-सरस्वती सभ्यता' के नाम से भी जानी जाती है। इसका विकास सिंधु और हकड़ा (प्राचीन सरस्वती) के किनारे हुआ। मोहनजोदड़ो, कालीबंगा, लोथल, धोलावीरा, राखीगढ़ी और हड़प्पा इसके प्रमुख केन्द्र थे।

अतः विकल्प (B) सही है।

20. 'राज्य' शब्द का प्रयोग सर्वप्रथम मैकियावेली ने किया।

अतः विकल्प (C) सही है।

21. मोहनजोदड़ो का अर्थ है 'मृतकों का टीला' यह प्राचीन सिंधु घाटी सभ्यता की सबसे बड़ी बस्तियों में से एक था। इसकी खुदाई 1922 में सिंध के लरकाना जिले में आरडी बनर्जी ने सिंधु नदी के किनारे की थी।

अतः विकल्प (D) सही है।

22. शेरशाह ने 47 राज्यों में पूरे राज्य को विभाजित किया और उन्हें "सरकार" कहा। इन सरकारों को परगना में बांटा गया था। हर परगना एक शिकदार के अधीन था, जिन्होंने अपने परगना के कानून और व्यवस्था को देखा। परगना स्तर पर उन्होंने न्यायिक और प्रशासनिक अधिकारियों को नियुक्त किया।

अतः विकल्प (B) सही है।

23. शक्ति हस्तांतरण की तारीख को जून 1948 से 15 अगस्त 1947 करना, लॉर्ड माउंटबेटन का सबसे विवादास्पद उपाय था।

अतः विकल्प (D) सही है।

24. खान अब्दुल गफ्फार खाँ - लाल कुर्ती आंदोलन

जवाहरलाल नेहरू द्वारा पूर्ण स्वराज की माँग की गई थी।

दांडी मार्च की शुरुआत महात्मा गांधी ने की थी।

बारदोली सत्याग्रह का नेतृत्व सरदार वल्लभ भाई पटेल ने किया था।

अतः विकल्प (C) सही है।

25. 1917 में महात्मा गांधी ने चंपारण से चंपारण आंदोलन का नेतृत्व किया। यह भारत में गांधी के नेतृत्व में पहला सत्याग्रह आंदोलन था। इसे भारतीय स्वतंत्रता आंदोलन में ऐतिहासिक रूप से महत्वपूर्ण विद्रोह माना जाता है। यह ब्रिटिश औपनिवेशिक काल में भारत के बिहार के चंपारण जिले में हुआ किसान विद्रोह था।

अतः विकल्प (A) सही है।

26. राष्ट्रीय गीत वंदे मातरम 1896 में कलकत्ता के कांग्रेस सत्र में गाया गया था।

एक नजर में तथ्य: वंदे मातरम भारत का राष्ट्रीय गीत है, जिसे मूल रूप से संस्कृत और बंगाली में बंकिम चंद्र चटर्जी द्वारा संगीतबद्ध किया गया था।

अतः विकल्प (C) सही है।

27. The examples are given in options (A), (C), and (D) are of dogs that are not housebroken. A housebroken dog never does things as it is trained in that. A good example of such a dog is given in option (B).

For the given question we refer to the 4th line of the passage to get the correct answer that is-

Spot goes outside to use the bathroom is the best example of a dog that is housebroken.

Hence, the correct option is (B).

28. For the given question we refer to the 2nd line of the passage to get the correct answer that is-

The author apparently thinks that puppies are friendly and playful.

In the given passage, the author compares puppies with adult dogs with the intention of showing that the adult dogs are good to be purchased. The author believes that many people buy puppies just because they look cute and they are very playful.

Hence, the correct option is (C).

29. The word "behave" means to "act" in a particular way. So, it is the correct synonym of the given word.

Hence, the correct option is (A).

30. In the first line of the passage, the author mentions that people tend to purchase puppies rather than adult dogs. The author has mentioned that although the puppies may become a good pet, there are a lot of works involved in training them. One has to housebreak them in order to teach them how to behave in a particular situation or at home.

Hence, the correct option is (A).

31. The word "relax" means to rest or do something that is enjoyable.

Hence, the correct option is (A).

32. वह छोटी से छोटी संख्या का पता लगाना है, इसलिए हम 8, 12, 16 और 20 के LCM का पता लगाते हैं।

$8 = 2 \times 2 \times 2$;

$12 = 2 \times 2 \times 3$;

$16 = 2 \times 2 \times 2 \times 2$;

$20 = 2 \times 2 \times 5$;

$LCM = 2 \times 2 \times 2 \times 2 \times 3 \times 5 = 240$;

यह सबसे छोटी संख्या जो 8, 12, 16 और 20 से बिल्कुल विभाज्य है

इसी प्रकार,

आवश्यक संख्या जिससे शेष 5 प्राप्त होगा,

240 + 5 = 245

अतः विकल्प (B) सही है।

33. माना छोटी संख्या = x

बड़ी संख्या = 2x

प्रश्नानुसार,

2x × x = 128

$x^2 = 64$

$x = \pm 8$

लेकिन हमें धनात्मक पूर्णांकों का गुणनफल ज्ञात करना है।

x = 8

छोटी संख्या = 8

अतः विकल्प (A) सही है।

34. दिया है,

$$\frac{5000}{225} = 22.22 \text{ and } \frac{1000}{225} = 4.44$$

अभीष्ट संख्या = 22 - 4 = 18

अतः विकल्प (C) सही है।

35. हमारे देश में भिन्न-भिन्न त्यौहार मनाए जाते हैं जो विविधता से पूर्ण होते हैं तथा उनमें भिन्न-भिन्न संस्कृतियों का समावेश रहता है।

अतः विकल्प (C) सही है।

36. 'अलग-अलग' तरीके के माध्यम से अलग-अलग रीति-रिवाज या विभिन्न सम्प्रदायों की ओर संकेत किया गया है।

अतः विकल्प (A) सही है।

37. गणतन्त्र दिवस एक राष्ट्रीय पर्व के रूप में मनाया जाता है जो किसी महापुरुष विशेष से सम्बन्धित न होकर राष्ट्र से सम्बन्धित है।

अतः विकल्प (B) सही है।

38. त्यौहारों को मनाने से लोगों में सद्भाव एवं मेल-जोल की भावना का विकास होता है।

अतः विकल्प (D) सही है।

39. देशभक्ति= 'देश के प्रति भक्ति' में तत्पुरुष समास है। वह समास है जिसमें बाद का अथवा उत्तर पद प्रधान होता है तथा दोनों पदों के बीच का कारक-चिह्न लुप्त हो जाता है। जैसे- राजा का कुमार - राजकुमार

अतः विकल्प (A) सही है।

40. जो शब्द पदार्थों की अवस्था , गुण , दोष , धर्म , दशा , स्वभाव आदि का बोध कराते हैं उन्हें भाववाचक संज्ञा कहते हैं। जैसे :- बुढ़ापा , मिठास , बचपन , चढ़ाई , थकावट , मोटापा , मानवता , चतुराई , जवानी , लम्बाई , मित्रता , मुस्कुराहट , अपनापन , परायापन , भूख ...ऊपर दिए गए वाक्य में पांडित्य, बंधुत्व और प्रभुता का उदाहरण है और एकमात्र कुरान व्यक्तिवाचक संज्ञा है।

अतः विकल्प (C) सही है।

41. जिस विशेषण से किसी वस्तु की नाप-तौल का बोध होता है, उसे परिमाण-बोधक विशेषण कहते हैं।

जैसे-

1. मुझे दो मीटर कपड़ा दो।

2. उसे एक किलो चीनी चाहिए।

ऊपर दिए गए वाक्य में 'थोड़ा दूध' परिमाणवाचक विशेषण है।

अतः विकल्प (D) सही है।

42. जिस सर्वनाम से किसी निश्चित व्यक्ति या पदार्थ का बोध नहीं होता, उसे अनिश्चयवाचक सर्वनाम कहते हैं। जैसे- बाहर कोई है। मुझे कुछ नहीं मिला। इन वाक्यों में कोई और कुछ शब्द अनिश्चयवाचक सर्वनाम हैं। कोई शब्द का प्रयोग किसी अनिश्चित व्यक्ति के लिए और कुछ शब्द का प्रयोग किसी अनिश्चित पदार्थ के लिए प्रयुक्त होता है।

अतः विकल्प (B) सही है।

43. "मेरे पहुँचते ही वह रो पड़ा।", वाक्य में तात्कालिक क्रिया का भाव है। इस वाक्य में पहुँच धातु के अन्त में 'ते' प्रत्यय तथा इसके बाद 'ही' लगाने से तात्कालिक क्रिया बनती है। जिस क्रिया में एक क्रिया की समाप्ति के पश्चात् ही दूसरी क्रिया का सम्पन्न होना पाया जाता है, तात्कालिक क्रिया कहलाती है।

अतः विकल्प (D) सही है।

44. भारतीय रक्षा बलों की सर्वोच्च कमान भारत के राष्ट्रपति के साथ भारतीय संविधान के अनुच्छेद 53 में उल्लिखित है। हालाँकि राष्ट्रपति की ऐसी शक्ति नाममात्र की होती है और वास्तविक शक्ति प्रधान मंत्री की अध्यक्षता में मंत्रिपरिषद के पास रहती है जैसा कि अनुच्छेद 74 में उल्लेखित है।

अतः विकल्प (D) सही है।

45. 31 अक्टूबर से 7 नवंबर, 1964 तक कलकत्ता में आयोजित भारतीय कम्युनिस्ट पार्टी की सातवीं कांग्रेस में CPI (M) का गठन किया गया था।

अतः विकल्प (B) सही है।

46. विज्ञापन के व्यय को बिक्री लागत में शामिल किया जाता है क्योंकि विज्ञापन बाजार संप्रेषण का ऑडियो अथवा विजुअल रूप है, जिसे उत्पाद, सेवा अथवा विचार को बढ़ावा देने अथवा बेंचने के लिए खुले रूप से अथवा गैर-व्यक्तिगत संदेश के रूप में प्रयोजित किया जाता है।

अतः विकल्प (A) सही है।

47. क्रय शक्ति वस्तुओं या सेवाओं की मात्रा के संदर्भ में व्यक्त मुद्रा का मान है जो धनराशि की एक इकाई से खरीद सकती है। सूचकांक संख्या एक संख्या है जो किसी निर्दिष्ट समय पर मूल्य या मूल्य की तुलना में मूल्य में भिन्नता दिखाता है (अक्सर संख्या 100 द्वारा दर्शाया जाता है)। सूचकांक संख्या एक विशेष प्रकार का औसत है जो कीमत स्तर, मुद्रा बाजार, आर्थिक चक्र जैसे मुद्रास्फीति, अपस्फीति आदि पर आर्थिक उतार-चढ़ाव को मापने में मदद करता है।

अतः विकल्प (C) सही है।

48. Destruction is a noun. Their (A) is a plural possessive pronoun modifying destruction. Led (B) and accept (C) are verbs.

Hence, the correct option is (D).

49. "She" is the third-person feminine, singular personal pronoun. Sister (A) and nurse (B) are nouns. Would (D) is the auxiliary verb for the subjunctive mood of the verb like.

Hence, the correct option is (C).

50. "Recite" is the verb. "The" (A) is an article modifying the noun "alphabet" (B). "In" (C) is a preposition.

Hence, the correct option is (D).

51. व्यवसाय पर कर भारत में राज्य सरकारों द्वारा लगाया और वसूला जाने वाला कर है। यह एक अप्रत्यक्ष कर है। वेतन से आय अर्जित करने वाला व्यक्ति या पेशे से चार्टर्ड अकाउंटेंट, कंपनी सेक्रेटरी, वकील, डॉक्टर इत्यादि जैसे पेशे से जुड़े किसी व्यक्ति को इस पेशेवर कर का भुगतान करना आवश्यक है। विभिन्न राज्यों में संग्रह की अलग-अलग दरें और विधियाँ हैं। भारत में हर महीने व्यवसाय पर कर लगाया जाता है।

अतः विकल्प (A) सही है।

52. भारत की संसद का निम्न सदन लोकसभा, संसद सदस्यों (सांसदों) से बना है। प्रत्येक सांसद, एक ही भौगोलिक निर्वाचन क्षेत्र का प्रतिनिधित्व करता है। वर्तमान में 543 निर्वाचन क्षेत्र हैं।

अतः विकल्प (C) सही है।

53. आयत को उसकी चौड़ाई की ओर से मोड़कर बेलन बनाया जाता है, अतः बनाये गए वृत्त की परिधि आयत की चौड़ाई के बराबर होगी।

$$\text{परिधि} = 2\pi r = 2 \times \left(\frac{22}{7}\right) \times r$$

$$7 = \left(\frac{44}{7}\right) \times r$$

$$r = \frac{49}{44} \text{ मीटर}$$

और बेलन की ऊंचाई $= 11$ मीटर

∴ बेलन का आयतन $= \pi r^2 h$, जिसमें r बेलन की त्रिज्या है और 'h' बेलन की ऊंचाई है।

$$= \left(\frac{22}{7}\right) \times \left(\frac{49}{44}\right)^2 \times 11$$

$$= \left(\frac{22}{7}\right) \times \left(\frac{49}{44}\right) \times \left(\frac{49}{44}\right) \times 11$$

$$= \left(\frac{7}{2}\right) \times \left(\frac{49}{4}\right)$$

$$= \frac{343}{8}$$

अतः विकल्प (C) सही है।

54.

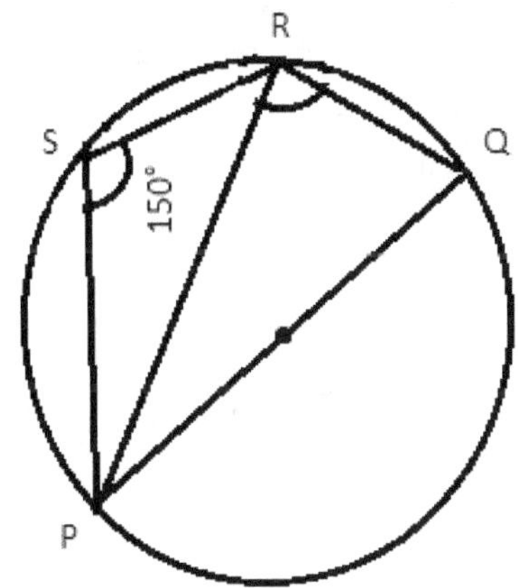

$PQRS$ एक चक्रीय चतुर्भुज है।

तब, $\angle PQR + \angle PSR = 180°$

[चक्रीय चतुर्भुज के विपरीत कोण पूरक हैं।]

$$\Rightarrow \angle PQR + 150 = 180°$$

$$\Rightarrow \angle PQR = 180° - 150° = 30°$$

$\triangle PQR$, में,

$$\angle PRQ = 90°$$

(अर्धवृत्त में कोण)

फिर, $\angle RPQ + 90° + 30° = 180°$

[त्रिभुज के कोणों का योग]

$$\Rightarrow \angle RPQ + 120° = 180°$$

$$\Rightarrow \angle RPQ = 60°$$

अतः विकल्प (B) सही है।

55. दिया गया समीकरण $(x^2 + x + 1)(x^2 - x + 1)$

इसे हल करने पर, हमें मिलता है

$$= x^4 - x^3 + x^2 + x^3 - x^2 + x + x^2 - x + 1$$

$= x^4 + x^2 + 1$

इसलिए, x^2 का गुणक 1 है।

अतः विकल्प (A) सही है।

56. दिया गया है,

$x + y = 25$

$\Rightarrow x = 25 - y$

अब, $(x - 15)^3 + (y - 10)^3$

$= (25 - y - 15)^3 + (y - 10)^3$

$= -(y - 10)^3 + (y - 10)^3$

$= 0$

अतः विकल्प (A) सही है।

57. समलम्ब का क्षेत्रफल $= \dfrac{1}{2}h(a + b)$

$a = 20$ सेमी, $h = 15$ सेमी, क्षेत्रफल $= 480$ वर्ग सेमी

$480 = \dfrac{1}{2}(15)(20 + b)$

$20 + b = \dfrac{(480 \times 2)}{15}$

$20 + b = 64$

$b = 44$ सेमी

अतः विकल्प (A) सही है।

58. 'r' त्रिज्या वाले वृत्त का क्षेत्रफल $= \pi r^2$

$\Rightarrow \dfrac{22}{7} \times r^2 = 616$

$\Rightarrow r^2 = 196$

$\Rightarrow r = \sqrt{196} = 14$ सेमी

$\therefore$ वृत्त की परिधि $= 2\pi r = 2 \times \dfrac{22}{7} \times 14 = 88$ सेमी

अतः विकल्प (B) सही है।

59. सच कि प्रायिकता $= \dfrac{2}{9}$ या झूठ की प्रायिकता $= \dfrac{7}{9}$

चूँकि प्रत्येक 52 कार्ड के पैक में 4 इक्के और 4 राजा होते हैं।

इसलिए,

राजा या इक्का प्राप्त करने की प्रायिकता $= \dfrac{8}{52}$

जब ट्रिम्सी यह कहती है कि यह राजा या इक्का है तो राजा या इक्का प्राप्त करने की प्रायिकता $= \left(\dfrac{2}{9}\right) \times \left(\dfrac{8}{52}\right)$

$\Rightarrow$ P (जब ट्रिम्सी यह कहती है कि यह राजा या इक्का है तो राजा या इक्का प्राप्त करने की प्रायिकता) $= \dfrac{4}{117}$

अतः विकल्प (B) सही है।

60. चुने हुए व्यक्ति और हैरी के मध्य पूर्ण रूप से 2 व्यक्ति होने के लिए, चुने हुए व्यक्ति को या तो हैरी के बायीं ओर से तीसरे स्थान पर या हैरी के दायीं ओर से तीसरे स्थान पर होना चाहिए।

इनमें से एक व्यक्ति (हैरी के आलावा) यादृच्छिक रूप से चुना गया।

तो, व्यक्ति 12 संभव व्यक्तियों में से चुना जा सकता है।

$\therefore$ प्रायिकता $= \dfrac{2}{12} = \dfrac{1}{6}$

अतः विकल्प (B) सही है।

61. पठार पृथ्वी की 45 प्रतिशत भूमि की सतह को कवर करते हैं और आमतौर पर समुद्र तल से 15,000 फीट ऊपर होते हैं। पठार ऊपर की ओर मुड़ा हुआ होता है, आसपास की भूमि के अपरदन या लाखों वर्षों तक लावा प्रवाह होता है।

अतः विकल्प (C) सही है।

62. सूर्य के चारों ओर एक निश्चित पथ या कक्षा में पृथ्वी की गति को परिक्रमा कहते हैं। पृथ्वी की धुरी जो एक काल्पनिक रेखा है, अपने कक्षीय तल के साथ $66°$ का कोण बनाती है।

अतः विकल्प (D) सही है।

63. पहला वर्ल्ड सोशल फ़ोरम 25 जनवरी से 30 जनवरी 2001 तक पोर्टो एलेग्रे, ब्राज़ील में आयोजित किया गया था, जिसका आयोजन फ़्रेंच एसोसिएशन फ़ॉर टैक्सेशन ऑफ़ फ़ाइनेंशियल ट्रांज़ैक्शन फ़ॉर सिटिज़न्स (एटीटीएसी) सहित कई समूहों द्वारा किया गया था।

अतः विकल्प (A) सही है।

64. वैश्वीकरण एक बहुआयामी अवधारणा है। इसमें राजनीतिक, आर्थिक और सांस्कृतिक अभिव्यक्तियाँ हैं। राजनीतिक रूप से यह राज्य क्षमता के क्षरण का परिणाम है क्योंकि कल्याणकारी राज्य के स्थान पर, यह बाजार है जो आर्थिक और सामाजिक प्राथमिकताओं को निर्धारित करता है।

अतः विकल्प (D) सही है।

65. राष्ट्रीय मानवाधिकार आयोग का मुख्यालय नई दिल्ली में स्थित है। भारत का राष्ट्रीय मानवाधिकार आयोग (NHRC) एक वैधानिक सार्वजनिक निकाय है जिसका गठन 12 अक्टूबर 1993 को 28 सितंबर 1993 के मानव अधिकार अध्यादेश के तहत किया गया था। इसे मानवाधिकार अधिनियम, 1993 (PHRA) द्वारा वैधानिक मौलिकता दी गई।

अतः विकल्प (A) सही है।

66. प्रधानमंत्री के नेतृत्व में राष्ट्रीय मानवाधिकार आयोग के अध्यक्ष की नियुक्ति के लिए एक समिति का गठन किया गया, जिसमें लोकसभा अध्यक्ष, गृहमंत्री, मुख्य विपक्षी दल के नेता और राज्यसभा के उपाध्यक्ष शामिल हैं।

अतः विकल्प (A) सही है।

67. क्योटो प्रोटोकोल:

- यह एक अंतर्राष्ट्रीय समझौता है जिसका उद्देश्य कार्बन डाइऑक्साइड उत्सर्जन और ग्रीनहाउस गैसों का प्रबंधन और कम करना है।

- क्योटो प्रोटोकॉल जलवायु परिवर्तन पर संयुक्त राष्ट्र फ्रेमवर्क कन्वेंशन के तहत एक समझौता है, जिसे दिसंबर 1997 में अपनाया गया है।

- यह ग्रीनहाउस उत्सर्जन को कम करने के लिए कानूनी रूप से बाध्यकारी संधि है।

अतः विकल्प (A) सही है।

68. पानी की अस्थायी कठोरता कैल्शियम हाइड्रोजन कार्बोनेट $Ca(HCO_3)_2$ की उपस्थिति के कारण है

गर्म होने पर कैल्शियम हाइड्रोजन कार्बोनेट का विघटन होता है। यह तब होता है जब पानी उबला हुआ होता है, जिसके परिणामस्वरूप अघुलनशील कैल्शियम कार्बोनेट होता है। अवक्षेपण अभिक्रिया निम्नानुसार है:

$$Ca(HCO_3)_2 \rightarrow CO_2 + H_2O + CaCO_3 \downarrow$$

अतः विकल्प (D) सही है।

69. राज्य सभा एक स्थायी निकाय है और विघटन के अधीन नहीं है। हालांकि, एक-तिहाई सदस्य हर दूसरे साल सेवानिवृत्त होते हैं और उनकी जगह नए चुने गए सदस्य होते हैं। प्रत्येक सदस्य 6 वर्ष की अवधि के लिए चुना जाता है। भारत का उपराष्ट्रपति राज्यसभा का पदेन अध्यक्ष होता है।

अतः विकल्प (C) सही है।

70. सदन की अधिकतम शक्ति 552 सदस्य है - राज्यों का प्रतिनिधित्व करने के लिए 530 सदस्य, केंद्र शासित प्रदेशों का प्रतिनिधित्व करने के लिए 20 सदस्य और एंग्लो-इंडियन कम्युनिटी से 2 सदस्य राष्ट्रपति द्वारा नामित है। वर्तमान में, सदन की शक्ति 545 है।

अतः विकल्प (D) सही है।

71. आर्सेनिकोसिस या ब्लैकफुट रोग पीने के पानी में आर्सेनिक की लंबी समयावधि अवधि के कारण होता है। यह भोजन या हवा के माध्यम से आर्सेनिक के सेवन के कारण भी हो सकता है।

अतः विकल्प (B) सही है।

72. प्रकाश संश्लेषण प्रक्रिया के माध्यम से ऊर्जा सूर्य से पौधों में प्रवेश करती है। यह ऊर्जा फिर एक खाद्य श्रृंखला में एक जीव से दूसरे जीव में जाती है। पारिस्थितिकी तंत्र में ऊर्जा का प्रवाह अप्रत्यक्ष है क्योंकि खाद्य श्रृंखला के जीवित जीवों से गर्मी के रूप में खोई गई ऊर्जा को प्रकाश संश्लेषण में पौधों द्वारा पुन: उपयोग नहीं किया जा सकता है। एक पारिस्थितिकी तंत्र में क्रमिक ट्राफिक स्तरों के माध्यम से ऊर्जा के हस्तांतरण के दौरान, रास्ते में सभी ऊर्जा का नुकसान होता है।

अतः विकल्प (A) सही है।

73. भारतीय रेलवे का इतिहास 160 साल पहले का है। 16 अप्रैल 1853 को बोरीबंदर (बॉम्बे) और ठाणे के बीच 34 किमी की दूरी के बीच पहली यात्री ट्रेन चली। यह साहिब, सुल्तान और सिंध नाम के तीन लोकोमोटिव द्वारा संचालित किया गया था, और तेरह डिब्बे थे।

अतः विकल्प (D) सही है।

74. भारत का पहला डाकघर कलकत्ता में स्थापित किया गया। ईस्ट इंडिया कंपनी ने अपना पहला डाकघर 1727 में स्थापित किया। 1774 में कलकत्ता GPO की स्थापना हुई। जिस स्थान पर GPO स्थित है, वह वास्तव में पहले फोर्ट विलियम का स्थल था।

अतः विकल्प (B) सही है।

75. ब्रिटिश राज के लिए भारत सरकार अधिनियम (1919) द्वारा द्वैध शासन व्यवस्था शुरू की गई। इसने भारत के ब्रिटिश प्रशासन की कार्यकारी शाखा में लोकतांत्रिक सिद्धांत का पहला परिचय अंकित किया।

अतः विकल्प (B) सही है।

76. एनी बेसेंट (1847-1933) को राजनीतिक सुधारक, महिला अधिकार कार्यकर्ता, थियोसोफिस्ट और ओल्ड लेडी ऑफ़ इंडियन नेशनलिज्म के रूप में जाना जाता है।

अतः विकल्प (A) सही है।

77. प्राकृतिक वनस्पति एक पौधे समुदाय को संदर्भित करती है जो मानव सहायता के बिना स्वाभाविक रूप से बढ़ी है और लंबे समय तक मनुष्यों द्वारा निर्विवाद रूप से छोड़ दिया गया है। इसे वर्जिन वनस्पति कहा जाता है। इस प्रकार, खेती की गई फसलें और फल, बाग-बगीचे वनस्पति का हिस्सा बनते हैं लेकिन प्राकृतिक वनस्पति नहीं।

अतः विकल्प (B) सही है।

78. काली मिट्टी में शुष्क स्थिति में दरारें और सिकुड़न के गुण होते हैं जब मिट्टी सूखने पर सिकुड़ जाती है तो दरारें बन जाती हैं जो अंततः परिवहन गुणों को निर्धारित करने वाले नेटवर्क का निर्माण करती हैं।

अतः विकल्प (A) सही है।

79. मोनालिसा विश्व प्रसिद्ध इटली के महान कलाकार लियोनार्डो दि विंची की वह अमर कलाकृति है। यह कला के सबसे जीवंत काम के रूप में प्रशंसित है।

अतः विकल्प (B) सही है।

80. 1853 में, संयुक्त राज्य अमेरिका की नौसेना के कमोडोर मैथ्यू पेरी को अमेरिकी राष्ट्रपति मिलर्ड फिलमोर द्वारा युद्धपोतों के बेड़े के साथ भेजा गया था ताकि जरूरत पड़ने पर गनबोट कूटनीति के उपयोग के जरिए जापानी बंदरगाहों को अमेरिकी व्यापार हेतु खोलने के लिए मजबूर किया जा सके।

कानागावा संधि संयुक्त राज्य अमेरिका और टोकुगावा शोगुनेट के बीच पहली संधि थी। बल प्रयोग के खतरे के तहत हस्ताक्षरित, इस संधि ने शिमोडा और हाकोडेट के बंदरगाहों को अमेरिकी जहाजों के लिए खोलकर जापान की 220-वर्षीय राष्ट्रीय पृथक्करण (सकोकू) की नीति का अंत किया।

अतः विकल्प (B) सही है।

81. हृदय रोग पुरुषों और महिलाओं दोनों के लिए घातक है, लेकिन पुरुषों की तुलना में महिलाओं को दिल का दौरा पड़ने के बाद मरने की अधिक संभावना है।

अतः विकल्प (C) सही है।

82. आलू भूमिगत तने पर बढ़ता है, जिसे स्टोलन कहा जाता है। हम जानते है कि आलू के कंद वास्तव में मोटे तने होते हैं क्योंकि उनमें कलियाँ होती हैं जो तने और पत्तियों को अंकुरित करती हैं। जड़ें ऐसा नहीं करतीं।

अतः विकल्प (B) सही है।

83. दिये गये बिन्दु $(7,-6)$ और $(3,4)$,
दिए गए बिन्दुओं को मिलाने वाली रेखाखंड को विभाजित किये जाने का अनुपात
$= 1:2$
मान लिया दिये गये बिन्दुओं को मिलाने वाली रेखाखंड को विभाजित करने वाला बिन्दु है $P(x,y)$
हम जानते हैं कि,
विभाजन सूत्र के अनुसार, यदि कोई बिन्दु (x,y) किसी दो बिन्दुओं (x_1,y_1) और (x_2,y_2) को मिलाने वाली रेखाखंड को $m_1:m_2$ के अनुपात में विभाजित करता है, तो
$$x = \frac{m_1 x_2 + m_2 x_1}{m_1 + m_2} \text{ और } y = \frac{m_1 y_2 + m_2 y_1}{m_1 + m_2}$$
यहाँ, $x_1 = 7, y_1 = -6$
और, $x_2 = 3, y_2 = 4$
तथा, $m_1 = 1, m_2 = 2$
अतः विभाजन सूत्र के अनुसार,
$$x = \frac{1(3) + 2(7)}{1+2}$$
$$\Rightarrow x = \frac{17}{3}$$
$$y = \frac{1(4) + 2(-6)}{1+2}$$
$$\Rightarrow y = -\frac{8}{3}$$
इसलिए, बिन्दु $\frac{17}{3}, -\frac{8}{3}$ है जो वृत्त-खंड IV में स्थित है।
अतः विकल्प (D) सही है।

84. विकर्ण की लंबाई बिंदु AB के बीच की दूरी है।

दूरी की गणना,

$$\sqrt{(x_2 - x_1)^2 + (y_2 - y_1)^2}$$
$$= \sqrt{(5 - 0)^2 + (0 - 3)^2}$$
$$= \sqrt{34}$$

अतः विकल्प (C) सही है।

85. चूना पत्थर का उपयोग मुख्य रूप से सीमेंट उद्योगों में कच्चे माल के रूप में किया जाता है। इसका उपयोग एक निर्माण सामग्री के रूप में, और ब्लास्ट फर्नेस में लोहे को शुद्ध करने के लिए किया जाता है। इसका उपयोग कांच, और सीमेंट के निर्माण में भी किया जाता है।

अतः विकल्प (B) सही है।

86. कई भौगोलिक कारकों के कारण ओसाका में कपड़ा उद्योग विकसित हुआ। ओसाका में कपड़ा उद्योग पूरी तरह से आयातित कच्चे माल पर निर्भर करता है। यहाँ मिस्र, भारत, चीन और अमरीका से सूती वस्त्र का आयात किया जाता है।

अतः विकल्प (A) सही है।

87. परीक्षण आँकड़ा एक ची-वर्ग वितरण के लिए माना जाता है जहाँ स्वतंत्रता की डिग्री k- 1 के रूप में परिभाषित की जाती है। T आँकड़ा लगभग आकस्मिक तालिका के x^2 मान के बराबर है।

अतः विकल्प (D) सही है।

88. प्रतिगमन गुणांक मूल के परिवर्तन से स्वतंत्र हैं। लेकिन, वे पैमाने के परिवर्तन से स्वतंत्र नहीं हैं। इसका मतलब है कि प्रतिगमन गुणांक पर कोई प्रभाव नहीं पड़ेगा यदि कोई स्थिर x और y के मान से घटाया जाता है।

अतः विकल्प (B) सही है।

89. भारतीय स्टेट बैंक भारत का सबसे बड़ा वाणिज्यिक बैंक है। इस बैंक का मुख्यालय मुंबई, महाराष्ट्र में स्थित है। भारतीय स्टेट बैंक एक सार्वजनिक क्षेत्र का बैंक है।

अतः विकल्प (C) सही है।

90. रिज़र्व बैंक का केंद्रीय कार्यालय शुरू में कोलकाता में स्थापित किया गया था, लेकिन 1937 में स्थायी रूप से मुंबई ले जाया गया।

अतः विकल्प (A) सही है।

91. नाइट्रोजन प्रकृति में सबसे प्रचुर मात्रा में गैस है इसलिए साँस लेते समय नाइट्रोजन ऑक्सीजन के साथ हमारे शरीर के अंदर जाती है। लेकिन यह हमारे शरीर द्वारा उपयोग नहीं किया जाता है और कार्बन डाइऑक्साइड के साथ उत्सर्जित हो जाता है।

अतः विकल्प (B) सही है।

92. मिट्टी में खनिजों का प्रमुख स्रोत मूल चट्टान है जिसमें से मिट्टी बनती है। चट्टान अपक्षय एक ऐसी प्रक्रिया है जो मिट्टी बनाती है। चट्टानें स्वाभाविक रूप से मिट्टी के समुच्चय हैं जो खनिजों से समृद्ध हैं।

तो चट्टान मिट्टी में खनिजों का स्रोत है।

अतः विकल्प (A) सही है।

93. M2 मुद्रा की पूर्ति की गणना है जिसमें M1 के सभी तत्वों के साथ-साथ "निकट धन" भी शामिल है। M1 में नकदी और चेक जमा शामिल हैं, जबकि निकट धन बचत जमा, मुद्रा बाजार प्रतिभूतियों, म्यूचुअल फंड और अन्य सावधि जमा को संदर्भित करता है।

अतः विकल्प (B) सही है।

94. फिएट मनी से तात्पर्य किसी ऐसी मुद्रा से है जिसमें आंतरिक मूल्य की कमी होती है जिसे सरकार द्वारा कानूनी निविदा घोषित किया जाता है। मुद्रा नोटों और सिक्कों को कानूनी निविदा और फिएट मनी दोनों कहा जाता है।

अतः विकल्प (D) सही है।

95. तंजावुर जिला राज्य के सबसे उपजाऊ क्षेत्र कावेरी डेल्टा में स्थित है। यह जिला राज्य का प्रमुख चावल उत्पादक क्षेत्र है और इसलिए इसे तमिलनाडु का चावल का कटोरा कहा जाता है। कावेरी नदी और उसकी सहायक नदियाँ जिले को सिंचित करती हैं।

अतः विकल्प (B) सही है।

96. भारत की 80 प्रतिशत अरबी कॉफी कर्नाटक में उगाई जाती है। इस क्षेत्र में, अरबी कॉफी 1000 से 1500 मीटर की ऊंचाई पर उगाई जाती है, जिसमें 2000 मीटर तक कुछ उत्पादन होता है।

अतः विकल्प (D) सही है।

97. दिए गए विकल्पों में, संयुक्त राज्य अमेरिका में कोलंबियन पठार, एंडीज में बोलिवियन पठार, और दक्षिण अफ्रीका में बी पठार को पठारों के रूप में वर्गीकृत किया गया है। दूसरी ओर, पम्पास, दक्षिण अमेरिका के घास के मैदान हैं।

अतः विकल्प (B) सही है।

98. पठार भूभाग हैं जो पड़ोसी क्षेत्रों से खड़ी ढलान के साथ अचानक बढ़ते हैं। उनका शीर्ष या तो गोल या सपाट है। अपने बड़े क्षेत्र के कारण, उन्हें टेबललैंड के रूप में भी जाना जाता है।

अतः विकल्प (D) सही है।

99. अनुच्छेद 32 एक पीड़ित नागरिक के मौलिक अधिकारों के प्रवर्तन के लिए उपचारों करने का अधिकार देता है।

मौलिक अधिकारों को संरक्षित करने का अधिकार अपने आप में एक मौलिक अधिकार है।

यह मौलिक अधिकारों को वास्तविक बनाता है।

अतः विकल्प (A) सही है।

100. भारतीय संविधान का अनुच्छेद 14 कानून के समक्ष समानता या भारत के क्षेत्र के भीतर कानूनों के समान संरक्षण की गारंटी देता है।

अतः विकल्प (B) सही है।

// टिप्पणियाँ //

// टिप्पणियाँ //